TEXTES LITTÉRAIRES FRANÇAIS

LE MYSTERE
DE
SAINT REMI

Edition critique
par
JELLE KOOPMANS
(Université d'Amsterdam)

DROZ

1997

TEXTES LITTÉRAIRES FRANÇAIS

LE MYSTERE
DE
SAINT REMI

Edition critique
par

JELLE KOOPMANS
(Université d'Amsterdam)

DROZ

1997

TEXTES LITTÉRAIRES FRANÇAIS

LE MYSTERE
DE
SAINT REMI

Edition critique
par
JELLE KOOPMANS
(Université d'Amsterdam)

LIBRAIRIE DROZ S.A.
11 rue Massot
GENÈVE
1997

842
m998

AE I - 6171
ISBN: 2-600-00203-0
ISSN: 0257-4063

Avant-Propos.

Si j'ose proposer aujourd'hui aux érudits une édition du
Mystère de saint Remi, je le fais non sans réticences. Le
texte n'est pas tout à fait inconnu, car il a été mentionné
dans le répertoire de Petit de Julleville et il a fait l'objet
d'une thèse allemande par Hinrichs, l'un des élèves de
Stengel qui ont tant fait pour l'étude des mystères français au
début de notre siècle[1]. Pourtant cette pièce compte parmi les
«textes mineurs», voire oubliés, de la fin du moyen âge;
certains érudits ont même essayé de justifier cet oubli. Dans
le manuscrit unique de ce texte, conservé à la bibliothèque
de l'Arsenal à Paris, on trouve une notice manuscrite de la
fin du XIXe siècle, qui spécifie que ce mystère inconnu est
peut-être unique, et ajoute qu'il n'est «guère recommandable
par le stile, ni même par la singularité des idées; la versification est mauvaise et le plan très médiocre». En outre, le
manuscrit serait «presqu'indéchiffrable» et il y manquerait
des pages «qui ne sont guère à regretter». Après avoir brièvement commenté un seul passage du texte (d'une dizaine de
lignes), le savant annotateur conclut: «au reste, pas un seul
vers à citer dans plus de quinze mille». Le jugement est
sévère, et peut-être immérité, mais on se demandera à juste
titre si c'est là une raison suffisante pour proposer au-

---

[1] L. Petit de Julleville, *Les mystères*, Paris 1880 (2 vols.) t.2 pp.555-
556; B. Hinrichs, *Le mystère de saint Remi. Manuskript der Arsenalbibliothek zu Paris 3364, nach Quellen, Inhalt und Metrum untersucht*, Greifswald
1907.

jourd'hui au public une édition de cette pièce dramatique de
près de quinze mille vers, qui n'est pas exempte de longueurs. Bien sûr, toute publication d'un texte littéraire inédit
a en soi une importance et notre mystère est l'un des seuls à
n'avoir jamais été imprimé, mais pourquoi avoir choisi, entre
tous les textes inédits du moyen âge français, ce jeu hagiographique?

Dans une approche moins esthétisante, la pièce pourrait
cependant présenter un grand intérêt, surtout à cause des informations au sujet des représentations médiévales de certains mythes qu'elle contient. Surtout le «mythe national de
la conversion de Clovis» retient l'attention et l'importance
qu'il a pu revêtir au XVIe siècle. En outre, il semble bien
que les mystères de la *Passion*, sur lesquels bien des travaux
ont été publiés, conditionnent un peu trop l'image que
l'érudition se fait des mystères dramatiques et du théâtre
religieux plus en général. Notons que, si l'on considère leur
importance numérique, les *Passions* ne sont nullement repré-
sentatives du genre entier. Fort curieusement, les mystères
hagiographiques sont restés un peu à l'ombre, malgré les
multiples travaux de Runnalls sur ces mystères. L'édition de
ce texte a donc aussi un but exemplaire et peut être rangée à
côté des mystères de *saint Martin* et de *saint Sébastien* édités
par Duplat et par Mills. En même temps, à cause de l'in-
scription locale de cette pièce, elle se rapproche de textes
tels que le mystère de *saint Didier* de Langres (édité par
Carnandet) et de certains mystères commentés par Chocheyras dans ses études sur la Savoie et la Dauphiné. Sur de
telles mises en scène de la vie des patrons locaux ou des
fondateurs de communautés chrétiennes en France, nous ne
sommes guère renseignés. Et cet état de choses est regretta-
ble pour plus d'une raison.

Dans le cadre de l'histoire des mentalités, l'attention presqu'exclusive portée aux *Passions* présente certes beaucoup d'intérêt pour la compréhension d'une vision du monde partagée par une collectivité plus ou moins large et assez diffuse. L'étude des mystères hagiographiques locaux, par contre, nous confronte au problème très direct de la vision du monde, de la conscience historique et de l'axiologie d'une communauté bien déterminée dans le temps et dans l'espace, celles des citadins de telle ou telle ville à tel ou tel moment, en l'occurrence Reims au début du XVIe siècle. Selon cet axe de lecture, la représentation de notre mystère a constitué une glorification de la ville de Reims et de son histoire: il s'y exprime un patriotisme local qui nous laisse entrevoir la conscience historique des citadins au début du XVIe siècle. C'est ce qu'a bien pressenti Petit de Julleville, qui a noté, il y a plus d'un siècle, dans son analyse des mystères: «la publication du mystère encore inédit de saint Remi offrirait quelque intérêt pour l'histoire, ou du moins pour la légende nationale»[2]. Aujourd'hui, au jour où le quinze-centenaire du baptême de Clovis est devenu une «célébration nationale» (quelque peu controversée, il est vrai) en France, c'est une question qui a d'autant plus de pertinence[3], ne serait-ce que

---

[2] Petit de Julleville, *Les mystères…*, pp.71-72, citées par H. Jadart, «La vie de saint Remi dans la poésie populaire. Anciens hymnes & proses, le mystère de saint Remi, les tapisseries», TRAVAUX de l'ACADEMIE NATIONALE de REIMS 97 (1894-1895) pp.115-169, p.154.

[3] Si beaucoup de manuels donnent 496 comme date du baptême, la date exacte, qui a fait couler beaucoup d'encre, n'est toujours pas établie avec certitude (496? 497? 498? 506? 508?). M. Spencer, «Dating the Baptism of Clovis 1886-1993», EARLY MODERN EUROPE 3 (1994) pp.97-116 montre qu'une date à l'extrême fin du Ve siècle est la plus probable; pour M. Rouche, *Clovis*, Paris 1996 pp.272-277, 499 est plus probable que 498.

puisqu'aucune étude de la légende de Clovis au XVe siècle
ne mentionne ce texte.

On pourrait même essayer d'aller plus loin: puisque le
Mystère de saint Remi met en scène les origines de la royauté
française et montre comment elle est tributaire de l'histoire
ecclésiastique (car c'est l'archevêque de Reims, Remi qui
baptise le roi de France, Clovis!), ce serait même l'un des
mystères les plus importants, héritier des chansons de geste
pour ce qui est de la légitimation du pouvoir. Aujourd'hui,
1500 ans après l'événement, il est tout à fait intéressant
d'étudier comment on l'a vu 1000 ans après les faits. Car le
mystère hagiographique cache, dans ce cas, une célébration
nationale avant la lettre. On pourrait également se poser la
question de savoir pourquoi la «légende nationale» n'est
traitée en ce mystère qu'en fonction des origines de l'épiscopat rémois.

Cependant, je ne voudrais pas seulement soumettre un
document au lecteur, mais je tiens également à présenter un
texte littéraire et dramatique. C'est que, dans ce mystère,
nous voyons l'influence de la «grande rhétorique» sur l'art
littéraire dans les villes. Artifices versificatoires, strophes
acrobatiques et formes fixes s'y côtoient. A côté de cet
aspect poétique, relevons un problème d'histoire littéraire.
Tout se passe comme si, à partir des premières épopées,
ensuite devenues épopées «nationales» axées sur l'époque
carolingienne, l'intérêt se déplaçait de plus en plus vers les
débuts de la chrétienté en France, vers l'époque des Francs.
Aux XIVe et XVe siècles, nous voyons apparaître les *romans
de geste* ou *chansons d'aventure*, selon les heureuses expres-
sions respectives de Verhuyck et Kibler. Le genre de ces
interminables narrations en alexandrins est peu connu, donc
signalons quelques titres: *Théséus de Cologne, Dieudonné de*

Hongrie, *Belle Hélène de Constantinople*, *Cipéris de Vigne-
vaux*. La liste provisoire dressée par Kibler en 1987 nous
signale deux exemples entre le XIIe et le XIIIe siècle; sept
chansons du XIIIe; treize représentants du genre au XIVe;
dix-neuf titres du XVe. Ces chiffres sont seulement indicatifs
de l'importance prise par cette tradition vers la fin du moyen
âge et n'ont rien de très précis, car les textes sont extrême-
ment difficiles à dater avec précision. Ainsi la *Belle Hélène
de Constantinople*, datée communément de 1286, à cause
d'une mention où «Hélène» renvoie à mon avis à l'histoire
troyenne, provient probablement du début du XVe siècle,
puisqu'elle présente un lien très net avec la guerre de Cent
Ans[4]! Plusieurs de ces chansons reprennent des textes antérieurs en décasyllabes, mais d'autres proposent de nouveaux
thèmes épiques. Ce qui est surtout remarquable en cela, c'est
l'intérêt accru qu'y prennent les débuts de la chrétienté en
France. Dans la plupart des chansons d'aventure/romans de
geste, c'est surtout la propagande pour Saint Denis (et le roi
Dagobert) qui aura son importance, mais un grand nombre
de ces chansons relatent également la conversion de Clovis.
On trouve notamment de fréquentes mentions de la bataille
de Tolbiac, et plus spécialement l'apparition soudaine et
miraculeuse des lys de France (d'abord fond d'azur semé de

---

[4] C. Roussel (éd.), *Le roman de la belle Hélène de Constantinople*,
Genève 1995; cf. W.W. Kibler, «Relectures de l'épopée», *Au carrefour des
routes d'Europe: la chanson de geste* (= Actes du Xe Congrès de la Société
Rencesvals, Strasbourg 1985), *Senefiance* 20, 1987 (2 vols.) I, pp.103-140;
P. Verhuyck, «Et le quart est à Arras. Le roman de *La Belle Hélène de
Constantinople* et la légende du Saint-Cierge d'Arras», *in:* M.-M. Castellani
& J.-P. Martin (réd.) *Arras au moyen âge. Histoire et littérature*, Arras
1994, pp.111-124; J. Koopmans, «Aspects de l'histoire artésienne dans la
Belle Hélène de Constantinople», *Ibid.* pp.125-136.

lys, appelé 'France ancient' par l'héraldique anglo-saxonne;
puis trois lys sur fond d'azur: 'France modern') y est importante[5]: elle figure dans les textes à partir du XIVe siècle
(*Florent et Octavien* 1356; *Hugues Capet* 1358, *Théséus de
Cologne*[6]). Dans la *Belle Hélène de Constantinople*, la perspective est différente. Une lecture politique de ce roman
montre qu'il y est avant tout question de la Flandre et, plus
particulièrement, d'une Flandre pro-anglaise. Je ne peux ici,
ne fût-ce qu'à cause de la complexité de l'action, résumer ici
la *Belle Hélène*; je me contente de renvoyer au recueil d'articles *Arras au Moyen Age*, où les articles de Paul Verhuyck
et de moi-même esquissent les lignes les plus importantes de
l'action. Ce qui paraît singulariser cette chanson, c'est l'importance accordée à l'Angleterre (présentée comme le seul
royaume chrétien d'Occident à côté de l'Empire de Constantinople). Le miracle des armes de France qui apparaissent à
Clovis y trouve également sa place, mais cette fois-ci à côté
de l'apparition miraculeuse des *trois lupards* d'Angleterre.
Notons là une allusion héraldique importante: l'écu d'Angleterre se composant, au début du XVe siècle, de deux quartiers de lupards et deux quartiers de fleurs de lis. A noter en
outre que les armes primitives de l'Angleterre se seraient
composées de trois *croisettes*, alors que les Francs auraient
eu trois crapauds. Les trois crapauds, dont la légende appa-

---

[5] A.C. Cox-Davies, *A Complete Guide to Heraldry*, New York 1978
(1909) p.274.

[6] N. Laborderie (éd.), *Florent et Octavien*, Paris 1991, E.E. Rosenthal
(éd.), *Theseus de Cologne. A General Study and a Partial Edition*, Londres
1976 (thèse dactylographiée; 4 vols.).

raît vers la fin du moyen âge[7], renvoient aux Francs saliens, et par là à la loi salique. Les trois crapauds auraient constitué les armes du premier roi salique Pharamond. Ce roi mythique se retrouve encore dans *Henry V* de Shakespeare (I,2 vv.35-45).

Dans l'historiographie des XIVe et XVe siècles, Colette Beaune constate une simplification: le roi wisigothique Alari devient un Sarrasin et Clovis devient celui qui a fixé les limites de la France. Sous Louis XI, la guerre burgonde connaît un certain succès, mais du reste le roi Clovis devient «saint Clovis», modèle de tous les Louis, qui connaîtra un certain culte à la fin du moyen âge[8].

J'ai l'impression qu'on pourrait y lire un rapport avec la guerre de Cent Ans où la loi salique, franque, a revêtu une importance particulière, mais c'est là une hypothèse qui demande à être vérifiée. Développement peut-être corollaire, l'influence de l'hagiographie sur l'épopée tardive va grandissant. Il n'est peut-être pas tout à fait fortuit que la disparition de telles gestes coïncide avec l'apparition de mystères hagiographiques qui choisissent le même cadre chronologique. Ce rapport peut être étayé par le grand nombre de passages plus ou moins «militaires» dans des mystères hagiographiques locaux.

Entre-temps, nous assistons à un spectacle visuel important, qui nous montre entre autres un incendie de la ville de Reims, des exorcismes de jeunes filles possédées qui débitent des contresens (?) curieux, un mort qui parle d'outre-tombe,

---

[7] A. Lombard-Jourdan, *Fleur de lis et Oriflamme. Signes célestes du royaume de France*, Paris 1991 pp.34-38.

[8] C. Beaune, *Naissance de la nation France*, Paris 1985 ch.2.

un moulin miraculeusement détruit, des guerres et des prières lyriques charmantes. L'effet visuel a dû être de taille, la
pyrotechnie exubérante et le suspense énorme. C'est là un
intérêt dramaturgique du texte.

Ensuite, notre mystère tend à démystifier — de par son
caractère épisodique — l'idée des grandes représentations au
XVe siècle avec la globalité de leur symbolisme; le *Mystère
de saint Remi* a clairement été conçu comme une suite de
plusieurs unités de diffusion, je n'ose dire journées, sans
qu'il y ait eu une ligne générale sous-jacente, comme l'on a
également pu observer pour les mystères, peu typiques, il est
vrai, du *Vieil Testament* et des *Actes des Apôtres* (joué à
Bourges en 1538), mais dans ces deux derniers cas, la ligne
de force sous-jacente est plus claire que dans notre texte, qui
se compose d'épisodes isolés. La «construction globale» des
représentations de mystères ne vaudrait peut-être que pour
une partie de cette production dramatique religieuse de la fin
du moyen âge; de toute façon, notre mystère a une structure
rhapsodique fortement marquée.

Finalement, pourquoi le taire, le *Mystère de saint Remi*
est un texte qui se lit non sans agrément, qui témoigne
parfois d'une finesse poétique et d'un savoir-faire versificatoire tout à fait méritoires. Malgré les longueurs, il subsiste
assez de fraîcheur dans le dialogue, assez de jeu visuel dans
l'action, assez d'art dans le vers.

Jelle Koopmans
Université d'Amsterdam

(Recherches financées par l'Académie Royale
des Arts et des Sciences)

Introduction

SOURCES TEXTUELLES.

Le manuscrit de l'Arsenal.

Le manuscrit unique de notre mystère a été conservé à la Bibliothèque de l'Arsenal (Arsenal ms. 3364).

C'est un manuscrit sur papier de 119 ff. (avec un feuillet A) qui mesure 273 mm. sur 205. Le feuillet A, d'une main du XIXe siècle, contient un commentaire dépréciatif au sujet du texte. Le texte du mystère est écrit sur deux colonnes; l'écriture est soignée (et loin d'être «presqu'indéchiffrable»). Les didascalies sont plutôt rares; elles se trouvent centrées dans la colonne (non pas en marge). Le copiste a apporté peu de corrections au texte; il y a des rubriques pour séparer les différents épisodes. Bien que le catalogue des manuscrits de l'Arsenal date l'écriture de la fin du XVe siècle, le manuscrit est probablement du début du XVIe.

L'examen du texte nous montre que ce manuscrit doit être une copie tardive: l'on y observe des inversions de vers et le copiste a même sauté des passages entiers qu'il a rajoutés en appendice (*C'est ce qu'il convient ajouter...*). Il manque le premier feuillet, qui devrait contenir le titre et le début du prologue[9], ainsi qu'un certain nombre de feuil-

[9] La pagination moderne («119 ff. plus le f.A, Mai 1884» indiquée sur le feuillet de garde) n'a pas tenu compte de cette lacune et commence par f.1.

lets après f°8 (qui devaient contenir la naissance de Remi et son premier miracle: la guérison de l'aveugle Montain à l'aide du lait de sa mère)[10]. Après la fin du mystère (ff. 114 v° — 115 v°, 116 r° — 117 r°, 117 r° — 117 v°), le manuscrit donne trois fragments à intercaler dans l'histoire de la fille de Toulouse (resp. f° 39 r°, f° 40 r°, f° 47 r°). Le recto du feuillet 118 est blanc, mais sur les derniers feuillets du manuscrit (ff. 118v° - 119 r°) on trouve trois petits textes, sans colonnes, écrits d'une main plus hâtive: il s'agit d'actes notariés.

Ce manuscrit répond à la plupart des critères du type G de la typologie élaborée par Runnalls pour les manuscrits des mystères français[11]: c'est-à-dire qu'il s'agit d'un manuscrit confectionné afin de conserver le texte d'une pièce qui a été représentée. Ces manuscrits n'ont donc pas été à la base d'une représentation, mais la suivent plutôt; peut-être étaient-ils destinés à la lecture. A côté des détails susmentionnés (colonnes, écriture soignée...), Runnalls signale encore comme traits distinctifs:

* Les feuillets ont une dimension de 30 cm. sur 20 ou légèrement inférieure (en l'occurrence 27 cm. sur 20)
* Il y a souvent une période considérable entre la date de représentation et celle du manuscrit (voir *infra*: «datation»).

Il y a cependant deux détails qui singularisent ce manuscrit dans la catégorie établie par Runnalls: les feuillets qui manquent et les parties qui sont rajoutées en appendice.

Le manuscrit provient de la collection du marquis de Paulmy, où il porta la cote Belles Lettres 1767. La collection

---

[10] Il doit s'agir d'un cahier entier au moins.

[11] G.A. Runnalls, «Towards a Typology of Medieval French Play manuscripts», P.E. Bennet & G.A. Runnalls (réd.), *The Editor and the Text*, Edimbourg 1990 pp.96-113, p.107.

du marquis de Paulmy fut — comme on sait — à la base des fonds de l'Arsenal.

Les trois actes notariés transcrits à la fin du manuscrit ont rapport à des transactions foncières; ces documents fournissent un *terminus ante quem* pour la transcription du manuscrit et ils peuvent nous informer sur ses possesseurs au XVIe siècle.

Ces trois actes, datés respectivement du lundi 17 février 1528, du lundi 25 février 1528 et et du 25 janvier 1528 et passés devant un certain *Pierre de Bery escuier seigneur de Salleu*, montrent que l'on peut considérer janvier 1528 (1529 n.st.) comme *terminus ante quem* assez certain pour la rédaction du manuscrit et, partant, pour la représentation de notre texte. Cela suggère également que le manuscrit a appartenu à Pierre de Berry. Le titre *de Berry* était seulement porté, à la fin du moyen âge, par des parents directs du roi, mais probablement il s'agit ici d'un autre nom. Il faut croire que les actes proviennent de Saleux, sur la Selle, juste sous Amiens; dans le troisième acte, la *riviere de Selle* est nommée. Cette localisation est corroborée par les picardismes (*presenche, Le Monesque, Le Ferriere, renonché*). Si l'on compare les noms de famille qui figurent dans ces trois documents à ceux mentionnés dans les inventaires après décès étudiés par Labarre, il apparaît que nous avons effectivement affaire, ici, à un possesseur amiénois[12]. La plupart des noms de famille (comme de Clé, de La Haie, Boyer, Guillebert, de Paris, Warin, Feret, Rogeau) de nos documents sont attestés à Amiens au XVIe siècle. Le cas le plus éloquent est le nom de Charles de Louvencourt, qui apparaît dans le troisième acte et dans le *corpus* de Labarre (il est mort en 1535), tandis que dix autres Louvencourt s'y retrouvent. Malheureusement, nous n'avons pas d'inventaire de Pierre de Berry, mais bien d'un certain Nicolas de Bary (ou Baril), écuyer, seigneur de Camp du Roy, qui a été archer de la garde du roi[13], qui pourrait bien être un proche parent de Pierre.

---

[12] A. Labarre, *Le livre dans la vie amiénoise du XVIe siècle*, Paris-Louvain 1971.

[13] Labarre, *Le livre...*, p.120.

Que l'on possédât, à Amiens, des manuscrits de mystères, n'étonne point: Labarre y a repéré dix *Passions* (dont deux manuscrites), deux *Vengeances* imprimées et un *Homme pescheur* imprimé[14].

Si notre manuscrit, qui a donc pu être confectionné pour une confrérie comme celle de saint Remi à Reims, se retrouve un peu plus tard à Amiens, probablement puisqu'une confrérie amiénoise a voulu monter un mystère analogue. Les manuscrits de mystères voyageaient, pour être ré-utilisés (la *Passion* de Gréban reprise par Jean Michel et à Troyes, la *Passion de Mons* qui adapte celle d'Amiens, perdue; le mystère des *Actes des Apôtres* de Bourges repris à Paris). Il se peut que notre manuscrit remonte à une source imprimée (voir les notes aux vv.860, 2161, 5194); de toute façon, certaines corrections du copiste montrent qu'il ne comprenait pas toujours bien le texte (p.ex. au v.8988 *le filz* pour *le fruit*).

La copie manuscrite de Reims

La bibliothèque municipale de Reims conserve une transcription du manuscrit de l'Arsenal (ms.1313). Il s'agit d'un manuscrit non relié de 240 ff. numérotés en cahiers de 8 ff. précédé d'une transcription de la notice placée en tête du manuscrit de l'Arsenal (ff.A-C). C'est une copie qui date du XIXe siècle et qui a été faite par M. Duchénoy. Elle est assez précise, malgré quelques fautes de lecture; en marge de la notice qui donne la date de 1544, Duvernoy note «Erreur. Ces pièces sont de 1528». Une feuille plus moderne, d'une main postérieure, donne la table des matières

[14] Labarre, *Le livre...*, pp.192-193.

(avec deux notes qui signalent la mention du *vin de la Rouge Maison* et de celui *d'Anjou* dans notre texte). Il est à vrai dire assez surprenant que cette transcription n'ait pas suscité l'intérêt des chercheurs locaux champenois; j'ai dû constater pendant mes recherches que ni à la bibliothèque municipale ni aux archives on n'était au courant de l'existence de ce mystère. Louis Paris, dans son histoire du théâtre à Reims paraît l'ignorer ou du moins n'en parle pas; Quéruel paraît ignorer ce mystère dans son article récent sur les fêtes théâtrales à Reims à la fin du moyen âge[15].

Sur cette copie, voir le catalogue de Loriquet publié en 1904[16]. Je tiens à remercier la bibliothèque municipale de Reims d'avoir bien voulu m'envoyer des photocopies de ce manuscrit.

ANALYSE DU TEXTE.

En fait, notre mystère a un caractère épisodique très net. L'on dirait presque que les différentes parties (unités de diffusion?) sont indépendantes l'une de l'autre à tel point qu'il convient même de se demander s'il ne s'agit pas de différentes pièces, jouées par exemple à différents endroits

---

[15] L. Paris, *Le théâtre à Reims depuis les Romains jusqu'à nos jours*, Reims 1885; D. Quéruel, «Fête et théâtre à Reims à la fin du XVe siècle», *Et c'est la fin pourquoi nous sommes ensemble. Hommage à Jean Dufournet*, Paris 1993 (3 vols.) t.3 pp.1171-1186.

[16] H. Loriquet, *Catalogue des manuscrits de la bibliothèque municipale de Reims*, Paris 1904.

de la ville. Le procédé est attesté par exemple pour les mystère joués à l'occasion du sacre de Charles VIII[17]. Peut-être notre mystère est-il un texte composite, une réunion de différentes pièces sur Clovis et sur Remi qui auraient chacune leur date précise mais qui ont été combinées dans un «mystère factice» auquel le *facteur* a ajouté un prologue.

0. *Sermon*

Le prologue commence par un sermon sur le *thema* «Venite, opera Dei videte», qui relate la crucifixion et la dévotion de saint Remi et qui se termine sur des voeux pratiques (beau temps pour la représentations, que les spectateurs ne se moquent pas des acteurs qui se trompent) (vv.1-160).

> Comme les premiers feuillets du manuscrit manquent, le début de ce sermon ne nous a pas été conservé.

1. *Montain et la naissance de Remi*

Le premier jeu met en scène l'aveugle Montain qui se plaint de son infirmité et s'endort (161-272). Au paradis, Dieu tient conseil; les anges, la Vierge et les saints se lamentent du sort de la France. Dieu envoie Gabriel sur terre pour annoncer la naissance de Remi à Montain: Remi naîtra du vieux duc Emile et de la vieille dame Céline et le lait maternel de Céline guérira Montain (273-566). Le duc Emile décide de retourner chez lui à Cerni alors que Montain porte la nouvelle à Céline, où l'aveugle arrive miraculeusement. Trois jours plus tard, au retour d'Emile, Céline lui annonce la bonne nouvelle (567-925). Entre-temps, le prévôt formule ses craintes pour la santé de l'archévêque Bennades et pose la

---

[17] Voir *infra*: «datation».

question d'un éventuel successeur au chapitre (vv.926-1007)[18]. Plus d'un an (?) plus tard, Montain se rendra de nouveau chez Céline (vv.1008-1117). C'est, bien sûr, une combinaison évidente des motifs bibliques de l'annonciation faite à Marie et du vieux couple stérile (la fleur au milieu du désert...).

Les passages du mystère où on a pu voir la naissance de saint Remi et la guérison miraculeuse de Montain par le lait maternel de Céline manquent dans le manuscrit. Le manuscrit ne reprendra qu'au milieu de l'épisode suivant, à peu près 22 ans plus tard (cf. v.1351), lorsque Remi est sur le point d'être nommé archevêque de Reims, car il a été nouvellement élu (*non tam electus quam raptus*, comme le dit Flodoard de Reims[19]).

2. *La nomination de Remi*

Un vilain parle à un messager qui promet de lui chercher une femme. Le messager convoque une réunion d'archevêques (Sens, Soissons, Laon[20]) en passant, pour une entrevue profane, chez une certaine Jacqueline. Les évêques se rendent à Reims pour rencontrer Remi. Remi ne veut pas accepter la charge, mais un rayon de soleil miraculeux se pose sur sa tête. Les bourgeois de Reims ordonnent des

[18] En fait, c'est un épisode qui devrait se situer logiquement dans la seconde *histoire*, celle de l'élection de Remi, puisque l'affaire de la succession épiscopale se situe 22 ans plus tard dans l'hagiographie et dans notre mystère.

[19] M. Sot, *Un historien et son église. Flodoard de Reims*, Paris 1993 p.382.

[20] Rappelons, avec Sot (*Un historien...*, p.381), l'importance de Soissons et de Laon pour l'épiscopat de Reims. Le frère aîné de Remi, Principe, fut évêque de Soissons.

festivités, alors que les évêques expliquent la signification des attributs[21]. Le tout se termine par un *Te Deum laudamus* (vv.1118-1727).

3. *La guérison de Floquart*
Alfons se lamente devant Placidas de son fils «demoniacle». En effet, Floquart débite des contre-sens et, bien qu'il soit lié, il se démène comme un diable. Alfons et Placidas échangent des exemples bibliques de guérisons miraculeuses (vv.1728-1959). Karitas soumet un problème théorique au sujet d'un aveugle à saint Remi (vv.1960-2032). Entretemps, les diables complotent et veulent envoyer Belzebus aller chercher l'âme de Floquart (v.2032-2148). Alfons plaint le sort de Floquart, mais Remi arrive et chasse le diable du corps du possédé (vv.2149-2385).

4. *Les oiseaux*
Remi veut aller voir sa parente près de Reims pour un dîner; mais avant cela, les oiseaux viennent manger les miches de pain (vv.2386-2564). Chez Gente, la tante de Remi, les serviteurs veulent boire. Elle prépare un joli repas. Fortin est envoyé au cellier, mais il n'y trouve plus rien. Gente constate le désastre. Entre-temps, Remi arrive chez elle, constate l'absence de vin et y pourvoit miraculeusement, tout comme le Christ aux noces de Cana. Tous louent Dieu (vv.2565-2902).

---

[21] Un passage analogue se trouve dans le *Mystère de saint Didier*: J. Carnandet (éd.), *La vie et passion de monseigneur sainct Didier (...) par (...) Guillaume Flamang*, Paris 1855 pp.102-105.

5. *L'incendie*

Andrieu, Baudon et Jourdain, bourgeois de Reims, se félici-
tent de leur évêque (2902-2949). Tandis que Remi prie, les
diables se font des soucis à cause de lui; Sathan projette un
incendie (2950-3214). Les bourgeois s'inquiètent du mauvais
temps et vont chercher Remi; les diables ouvrent l'enfer et
font *trespiteux orage* (3215-3350). Les prières du saint
mettent les diables en fuite et éteignent le feu (3351-
3452)[22].

6. *Résurrection du mort*

Galehault, le mari de Sardine, a perdu des terres. Il accuse
les chanoines (Marc, Matthieu, Lucas, *sic!*) d'avoir accaparé
une partie de l'héritage du père de sa femme (3453-3712).
L'évêque de Hidrissen, le promoteur, le registreur, l'appariteur et l'official tiennent *journee*; avec Galehault, il y a de
faux témoins, mais juste avant midi, les chanoines ne sont
pas encore là (vv.3712-3834). Galehault s'impatiente, mais
les chanoines sont à l'heure; après avoir entendu les témoins
et vu les documents, la cour ajourne la cause (vv.3835-
4088). L'évêque de Hidrissen s'étonne du cas et envoie son
messager Perceval chez Remi (vv.4089-4159). Perceval
invite Remi, alors que Galehault arrive chez l'évêque de
Hidrissen pour lui rappeler que c'est la fin du mois. Arrive
Perceval qui annonce Remi (vv.4160-4316). Remi arrive et
les partis plaident leur cause; Remi propose que l'évêque
juge, mais Galehault reste mécontent, donc Remi propose
d'entendre l'avis du défunt, enterré il y a quatorze ans
(vv.4317-4630). Au cimetière, Remi prie Dieu, le mort est

---

[22] Sot (*Un historien...*, pp.382-383) rappelle que les pas de Remi se
seraient imprimés sur les marches de la basilique Saint-Nicaise.

ressuscité et explique le cas; Galehault se répent de ses péchés et veut devenir ermite ou vivre dans un désert. On chante (vv.4631-4808).

7. La fille de Toulouse

Prolice, la mère de Fleurie, et ses demoiselles plaignent le sort de Fleurie la folle. Porrus, chevalier du roi Alari (Alaric II), vient s'enquérir chez elle de l'état de sa fille et promet de la secourir; ballade du roi Alari (vv.4809-5009). Fleurie débite des contresens devant son père affligé. Son cousin lui suggère d'amener Fleurie à Rome (5010-5221). Le père en informe Prolice (vv.5222-5301). Scène chez Alari (vv.5302-5343). La compagnie arrive à Rome, auprès de Piettre Paule[23]. On lie Fleurie pour bien la battre, mais le stratagème n'est pas couronné de succès (vv.5344-5457). A Subiaco, Benoît s'entretient avec Ambroise, alors qu'à Toulouse, Galois, le messager, vient apprendre à Alari que Fleurie est toujours malade à Rome (vv.5458-5563). A Rome, Fleurie est toujours aussi folle; alors Piettre Paule suggère de l'amener chez saint Benoît. Entre-temps, Galois arrive à Rome (vv.5563-5751). Bien que Sathan trame de nouveaux complots, la compagnie arrive chez Benoît. Cependant, le valeureux saint n'arrive pas à exorciser Fleurie, mais Sathan — parlant par la bouche de Fleurie — mentionne le nom de Remi; Benoît lui écrit une lettre (vv.5752-6107)[24]. A Toulouse, Alari se lamente. A Subiaco, Benoît a

[23] Le personnage combine, bien sûr, les noms des apôtres Pierre et Paul; il est à noter que le mystère emploie une forme italianisante. Y aurait-il ici une allusion à la basilique des SS. Pierre et Paul?

[24] Le passage a son importance, car le père du monachisme occidental désigne en quelque sorte Remi comme son maître.

fini d'écrire; la compagnie peut partir et arrive à Toulouse,
chez Alari (vv.6108-6413). Benoît prie à Subiaco; à Toulouse, on décide d'aller à Reims (vv.6414-6500). La compagnie
rencontre Remi qui essaie d'exorciser Fleurie, mais la pauvre meurt (vv.6501-6786). Remi la fait revivre et chasse
Sathan de son corps (vv.6787-6972).

8. *Le baptême de Clovis*
Le messager Trottemenu annonce à Clovis que l'armée
allemande se prépare; à Reims, le messager a rencontré
Remi (vv.6973-7064). Clovis se lamente du sort de ses fils;
sa femme le presse de se convertir (vv.7065-7197). Clovis
réunit son armée; les Allemands se parlent en un allemand
de fantaisie et en français: le roi donne des ordres au messager (vv.7198-7409). A Reims, Remi prie et parle avec
Karitas: la reine ne réussira pas à convertir Clovis, leur
seigneur; Remi ira donc lui-même (7410-7527). Le messager
est de retour en Allemagne; Remi et la reine prient, puis elle
lui explique le problème (vv.7528-7693). Les deux se rendent chez Clovis qui ordonne derechef au messager de réunir
les troupes (vv.7694-7795). En route, le messager allemand
boit, puis arrive chez Clovis et défie les Français. Il est
récompensé et se réjouit fort pendant le retour. Devant le roi
d'Allemagne, il se vante de son beau *satin blanc* (vv.7796-
7877). Les Allemands se préparent; Clovis est indigné, mais
la reine lui suggère d'entendre l'avis de Remi. Remi signale
qu'il faut neutraliser la force par la force, mais il faut surtout
bien croire en Dieu (vv.7878-8049). Clovis lui fait la sourde
oreille. Les troupes se rendent au champ de bataille, mais les
Français sont vite déconfits (vv.8050-8140). Les Allemands
se vantent; Clovis se lamente et se rend compte que «ses»
Dieux ne valent rien; sur le conseil d'Aurelien, il veut se

convertir (vv.8141-8307). A Reims, la reine et Remi parlent
des événements; les deux vont prier (vv.8308-8349). Reprise
de la bataille: les Allemands sont constitués prisonniers
(vv.8350-8494). Le messager se rend auprès de la reine, puis
chez Remi (vv.8495-8568). Clovis est accueilli par sa femme
et lui annonce sa conversion; les deux se rendent chez Remi
pour le baptême. Remi se retire pour prier (vv.8569-8758).
Entre-temps, Dieu commande à saint Michel d'apporter la
sainte Ampoule à Reims; Remi mène Clovis aux fonts baptismaux, mais Karitas a laissé le chrême à la cathédrale. Remi
prie Dieu et chante *Veni creator spiritus* et le saint Esprit
descend pour apporter le chrême. Clovis est baptisé et l'on
chante l'antienne *Inviolata* (vv.8759-9219).

9. *Victoire sur Ragone & Remi recompensé*

Ballade pieuse de Remi, puis ballade d'imprécations contre
les chrétiens par Ragone[25], chef des Francs restés païens
qui a gardé un plaisant lieu sur la Somme; il veut aller à la
pêche près de Compiègne. Par conséquent, il convoque des
monarques païens à une guerre contre Clovis et envoie le
messager Vignolles à Clovis (vv.9220-9473). Ce dernier
prépare son armée; pendant la bataille, Ragone est pris et
mis ès ceps (vv.9474-9699), mais Clovis l'épargne (vv.9700-
9791).

Ailleurs, un meunier prononce une ballade. Clovis
entend donner un présent à Remi: Remi aura toutes les terres
qu'il pourra contourner pendant la sieste de Clovis (vv.9792-
10.026). Remi rencontre le meunier, qui lui résiste, c'est
pourquoi il brise le moulin par télékinèse; le meunier se

---

[25] Il s'agit de Raganaire, chef des Francs.

lamente (vv.10.027-10.165). Ensuite, Remi va placer une
borne dans le bois près de Chavignon, mais deux forestiers,
Mouflart et Lourdin, l'insultent, puis s'enfuient. Remi prie
(10.166-10.282). Entre-temps, Clovis se réveille et Remi,
revenu, reçoit une charte de son don (10.283-10.340)[26].

10. *Victoire sur Gondebaut & le flacon miraculeux*
Gondebaut, roi de Bourgogne, veut faire la guerre contre son
ennemi Clovis (10.341-10.487). L'espion Paterne a tout
entendu et chemine vers Reims (10.488-10.501). Remi s'inquiète (10.502-10.525), mais Paterne arrive devant Clovis et
l'informe de l'affaire; Clovis envoie Trottemenu à l'armée
(10.526-10.643). L'armée franque se divertit en parlant des
plaisirs d'amour et des dames lorsque Trottemenu arrive. La
compagnie part pour Soissons (10.644-10.793). Clovis
envoie Trottemenu chez Remi; Remi et Karitas se rendent
chez Clovis (10.794-10.877). Dans la bonne humeur guer-
rière, Remi rappelle à Clovis que Dieu lui a confié la mission de garder le royaume de France et il lui donne un flacon
de vin: tant que Clovis n'aura pas été victorieux, le flacon
restera plein. L'armée part en campagne (10.878-11.126).
Trottemenu annonce à Gondebaut que Clovis le défie; entre-
temps, l'armée burgonde s'amuse (11.127-11.204). La
bataille se déclenche, mais les adversaires *battent froid fer* et
perdent la bataille. Clovis donne une tournée de vin miraculeux à ses hommes (11.204-11.420). Cependant, les adversaires se regroupent tout piteux et sont d'accord pour se
réfugier à Avignon (11.421-11.446), mais les Francs déci-
dent à leur tour de défier Alari, «roi des Provençaux», et

---

[26] Il s'agit donc d'une légitimation des possessions foncières des archevêques de Reims.

envoient Trottemenu en Provence. Le roi wisigoth Alari va
appeler au secours un certain nombre de princes païens, aux
noms fantaisistes, et leur envoie le messager Nazart (11.447-
11.626). Les renforts des païens arrivent en Provence et les
guerriers rivalisent de fanfaronnades (11.627-11.743). La
bataille commence, mais rapidement, l'armée franque a le
dessus; depuis la guerre de Troie il n'y a pas eu une telle
déconfiture. Clovis remercie Dieu (11.744-11.918).

11. *La conversion de Phillas*
Le curé, ayant appris que Remi est en *ce pays* (l'Italie!)
s'inquiète de ce que Phillas n'est pas encore chrétien; ce
dernier comprend la vanité de la vie dans le siècle et envoie
son messager au curé, qui se rend chez Phillas (11.919-
12.058). Remi prie, et le curé mentionne devant Phillas le
nom de Remi. Les serviteurs de Phillas parent les lieux. Le
curé se rend chez Remi (à Reims!) et lui explique le cas
(12.059-12.305). Les serviteurs de Phillas cherchent à boire,
alors que le curé et Remi arrivent chez Phillas, où Remi lui
explique brièvement les points essentiels de la religion chrétienne et veut le baptiser ensuite, mais les fonts baptismaux
du curé sont cassés et vides; le saint Esprit descend et la
cérémonie peut avoir lieu (12.306-12.906).

12. *Le péché de Genebaut*
Saint Genebaut de Laon se lamente sur ses péchés (12.907-
12.979). Remi décide de se rendre chez lui avec entre autres
saint Thierry (12.980-13.037). A Laon, on s'inquiète; finalement Milet est envoyé à Reims et porte une lettre à Remi
(13.038-13.300). Les serviteurs s'amusent à la cave (13.301-
13.379). Remi arrive chez Genebaut qui confesse qu'il a
rompu le célibat et engendré deux enfants qu'il a nommés,

par pénitence, Larron et Renarde; il se soumettra à la pénitence que lui infligera Remi (13.380-13.670). Remi l'em-
mène en prison et l'enferme pour sept ans (13.671-13.736).
Sept ans plus tard[27], Dieu envoie saint Michel chez Genebaut pour le libérer de prison, mais celui-ci refuse d'être
délivré par un autre que Remi (13.737-13.894). Remi se
rend sur-le-champ à Laon et Genebaut est restitué à ses
fonctions (13.895-14.019).

13. *Saint Pierre et saint Paul*
Au ciel, les anges chantent (14.020-14.113). Remi veut aller
dire matines dans sa chapelle; Dieu y envoie saint Pierre et
saint Paul (14.114-14.263). L'archidiacre de Reims s'est
endormi, mais il aperçoit les deux saints qu'il épie. Saint
Remi arrive à dire matines avec l'aide des deux saints
(14.264-14.309). L'archidiacre s'excuse; interrogé par Remi,
il prétend d'abord n'avoir rien vu, mais ensuite il dit la
vérité et Remi lui explique le cas (14.310-14.477).

Cette analyse montre d'abord que le mystère est conçu
comme une suite de miracles où le saint Esprit à une fonction spéciale. Ce qui ressort également de cette analyse, c'est
l'emploi du chant ecclésiastique comme fin d'épisode; les
répliques de Remi commencent le plus souvent par une
(longue) prière.

---

[27] A noter que les sept ans se passent au milieu d'un octosyllabe!

La vie de saint Remi.

Saint Remi, apôtre des Francs et patron de la ville de Reims, fait l'objet d'un grand nombre de légendes, qui n'ont pas toujours une base historique solide. Ses rapports avec Clovis, roi des Francs et premier roi chrétien y sont pour quelque chose; rappelons que nous n'avons que peu de certitudes biographiques sur ce premier roi chrétien; «tout, ou presque, est sujet à interrogations dans ce règne inaugural»[28]. Puisque 3.950 vv. du mystère sont consacrés à Remi et Clovis, il faudra également parler du roi mérovingien. Notre source principale pour son règne reste l'*Histoire des Francs* de Grégoire de Tours, dont le témoignage a été jugé de diverses façons. Grégoire a dû connaître une *Vita Remigii* perdue; les *vies* connues sont tardives par rapport à son témoignage. Donnons d'abord quelques données historiques plus ou moins sûres.

Saint Remi est né vers 440 aux environs de Laon d'une famille gallo-romaine. Son père fut le duc Emile, sa mère avait nom Cilina. La localisation de sa naissance à Cerny-en-Laonnois constitue une tradition tardive rejetée par la critique du XIXe siècle[29], car le *Cesurnicum* mentionné dans la *vita* n'est pas Cerny. Remi provient d'un milieu cultivé; son frère aîné Principe fut évêque de Soissons. Remi a dû recevoir une

---

[28] J. Verseuil, *Clovis ou la naissance des rois*, Paris 1992 p.83; cf. P.J. Geary, *Before France and Germany. The Creation and Transformation of the Merovingian World*, Oxford 1988 p.83: «the chronology is hopelessly obscure». Dans le déluge de publications consacrées à Clovis en 1996, recommandons l'ouvrage de M. Rouche, *Clovis...*.

[29] Jadart, «La vie de saint Remi...» p.156.

éducation importante, car à 22 ans, bien avant l'âge canonique de 30 ans, il se voit consacré archevêque de Reims comme successeur de Bennage. Il entre en contact avec Sidoine Apollinaire.

En 486, Clovis, roi des Francs depuis 481[30], propose la bataille au chef romain Syagrius, bataille dont il sort victorieux. A cette occasion, Remi lui adresse une lettre (qui ne nous est parvenue que sous une forme corrompue)[31]; l'anecdote, apocryphe, du vase de Soissons montrerait que dès ce moment, Clovis aurait ménagé les intérêts de l'église[32]. Syagrius se réfugie auprès du roi wisigoth Alari II, mais celui-ci le rend à Clovis qui décapite Syagrius. Ensuite, Clovis procède à une véritable nettoyage de roitelets; ainsi il annihile Ragnacaire (roi de Cambrai) qui avait encore com-

---

[30] Date peu sure. Les dates dans la vie de Clovis sont controversées et avant tout celle de son baptême. Il y a des «traditionnalistes», qui se basent surtout sur Grégoire de Tours malgré la séquence quinquennale des événements importants, et des «révisionnistes» qui voient dans les périodes de cinq ans un *topos* pur et simple et placent le baptême de Clovis après l'an 500 (506, 508...). Dans un article récent, M. Spencer («Dating the baptism...») a montré que la position révisionniste de Weiss et de Wood est intenable; M. Rouche, *Clovis...*, p.275 arrive à la même conclusion. C'est pourquoi nous suivons les dates qu'il considère les plus probables.

[31] A noter que Remi est fils d'un patricien gallo-romain alors que Clovis est un barbare, issu d'une tribu germanique.

[32] Principe, frère de Remi, est évêque de Soissons. Les soldats pillent l'église où il y eut e.a. une urne d'une beauté remarquable; Principe demande à Clovis au moins cet objet. Le rite de partage des Francs donnait une cinquième partie au le roi, ensuite le reste était partagé entre les soldats au juste poids. Clovis promet le vase à Principe et veut l'excepter du partage. Un soldat mécontent casse le vase de sa hache. L'année suivante, sous prétexte d'un armement mal fourbi pendant une revue d'armes, Clovis abat le soldat et aurait ajouté «Souviens-toi du vase de Soissons».

battu Syagrius aux côtés de Clovis; il achève Chararic (peut-être roi de Tongres); il élimine Rignomer (roi du Mans). C'est vers 492 que Clovis serait également parti en campagne contre les Thuringiens.

Vers 492 ou 493, Clovis a épousé une princesse burgonde, chrétienne, fille de l'arien Chilpéric. Selon des sources tardives, ce serait son serviteur Aurélien qui serait allé la chercher. La combinaison de ce mariage et des contacts avec Remi auraient abouti au baptême de Clovis. Si «l'apostolat domestique» de Clothilde n'est pas assuré, l'intervention de Remi dans la catéchèse du roi des Francs est certaine. La date du baptême de Clovis reste un sujet de controverses, on l'a vu; le comité des célébrations nationales a retenu 496 (date rejetée par la plupart des historiens); 498 et 499 ont également été proposés, tout comme 506 et 508. Verseuil opte pour 498, non sans réserves, alors que Rouche considère 499 comme la date la plus probable[33].

Cela signifierait que c'est en 497 que Clovis part en campagne contre les Alamans. La bataille à lieu à Tolbiac (Zülpich), près de Cologne; c'est pendant cette bataille que le roi franc aurait vu la lumière et aurait invoqué le Dieu de Clothilde, ce qui aurait provoqué chez les Alamans une peur incommensurable. Selon Grégoire de Tours, Clothilde aurait fait venir Remi en secret.

---

[33] Verseuil, *Clovis ou la naissance...* p.126. Wood, «Gregory of Tours and Clovis», REVUE BELGE de PHILOLOGIE et d'HISTOIRE 63 (1985) pp.249-272, faisant valoir que l'évêque Grégoire de Tours avait tout intérêt à placer la baptême de Clovis *avant* ses grands succès politiques, considère même que 508 reste la date la plus plausible. Spencer, «Dating the baptism...» montre que Wood se trompe, mais ne se prononce pas entre 496 et 498/499; Rouche, *Clovis...*, pp.272-275 donne un subtil calcul qui aboutit à 499.

Peut-être en 498, probablement entre Tolbiac et le baptême à Reims, une expédition mène Clovis en Aquitaine; près d'Amboise, Clovis et Alari II se jurent amitié réciproque.

Godégésile, roi arien de Genève, désirait prendre le royaume de son frère Gondebaud, roi des Burgondes, mais tout seul il n'était pas à même d'en réaliser la conquête; c'est pourquoi il fait appel à Clovis. Les deux combattent Gondebaud qui se réfugie à Avignon, mais réussira à rétablir son royaume.

Ensuite, c'est la campagne contre les Wisigoths, brièvement interrompue par une aggression alémanique en 506. Clovis descend vers Poitiers et en 507, il gagne une bataille importante à Vouillé, où il a vaincu les Wisigoths; Alari II meurt.

En 509, un événement capital a lieu: Clovis transfèrera la capitale de son règne à Paris où il mourra le 27 novembre 511.

Si je me suis arrêté un instant sur la biographie de Clovis, qui paraît être si intimement liée à celle de Remi, c'est qu'il n'y a pas de données sûres au sujet de leurs relations après le baptême. Cependant, les hagiographes ont bien trouvé une place pour Remi en ces épisodes guerriers; notre mystère en témoigne également. Plus curieux encore: le 10 juillet 511, Clovis réunit presque tous les archevêques et évêques pour un concile national, mais Remi n'est pas là sans qu'on sache pourquoi.

On sait pourtant qu'à partir du baptême de Clovis, Remi consacre son temps surtout à l'organisation ecclésiastique; en 514 il convoque une synode, probablement à Reims, où il a jeté les bases de l'organisation ecclésiastique du royaume. Remi aurait érigé Laon en évêché et — selon Hincmar de

Reims — le mari d'une nièce, Saint·Genebaud, qui a délaissé son épouse, est nommé évêque. Le célibat médiéval est un problème compliqué. Rappelons qu'à l'époque, l'Eglise exigeait l'abstinence des évêques mariés: Genebaud pouvait continuer à vivre, chastement, avec son épouse. Mais Genebaud a rompu son voeu de chasteté (ses deux enfants reçoivent les noms Larron et Renarde!). Il fait sa pénitence, pendant sept ans, dans la deuxième décennie du VIe siècle; pendant cette période, Remi l'aurait remplacé[34]. Ensuite, Genebaud aurait vécu comme un saint et fut reconnu comme tel, tout comme son fils Larron qui lui succéda[35]. L'intervention de Remi est probablement légendaire et sert, dès le IXe siècle, des buts de propagande dans la polémique entre Hincmar de Reims et son neveu Hincmar de Laon[36]. Effectivement, Genebaud et Larron sont les deux premiers évêques de Laon, mais rien ne prouve l'origine rémoise de l'église de Laon. Remi est mort presque centenaire en 533[37]. Le document le plus important qu'il nous a laissé est son testament, dont plusieurs versions (e.a. une rédaction tardive interpolée) subsistent[38]. Après la mort de Clovis en

[34] J.E. Stadtler, *Vollständiges Heiligenlexikon*, t.II p.370; *Bibliotheca sanctorum* t.VI pp.110-111.

[35] Selon Flodoard, qui ajoute ces détails à l'histoire de Hincmar, voir M. Sot, *Un historien…*, pp.387-388.

[36] *Ibid.*

[37] Jacques de Voragine donne deux vies de Remi dans sa légende dorée, J.-B. M. Roze & H. Savon (trad.), *Jacques de Voragine. La légende dorée*, Paris 1967 (2 vols.) resp. t.1 pp.122-124, t.2 pp.250-252. Dans la première, Voragine donne 500 comme date de sa mort; dans la seconde, il spécifie seulement que Remi vécut vers 490.

[38] Voir les appendices dans M. Rouche, *Clovis…*, pp.385-572.

511, Clothilde se retire au monastère auprès du tombeau de
saint Martin (et c'est à Tours notamment que son beau-fils
procèdera à l'investiture de Grégoire de Tours[39]).

Bien qu'il soit le plus vénéré des évêques rémois, Remi
est déjà le quinzième évêque de Reims. Sa grande réputation
est liée aux débuts de la royauté française plutôt qu'aux
débuts de l'épiscopat rémois.

LA SURVIE LÉGENDAIRE.

L'activité des hagiographes s'empare de Remi dès sa mort;
peu de temps après, une première *vita*, perdue, a été écrite.
Toujours au VIe siècle (?), une autre *vita* de Remi a été
composée; elle a été publiée par les Bollandistes. On a
attribuée cette hagiographie à tort à Venance Fortunat; c'est
pourquoi l'auteur est souvent appelé le pseudo-Fortunat.
Grégoire de Tours s'est servi, dans son *Historia francorum*
(vers 580), de cette vie, mais là, le rôle de Remi est subor-
donné aux faits d'armes de Clovis et l'emprunt de Grégoire à
la *vita* n'est certain que pour un seul épisode (la résurrection
du mort). L'hagiographie la plus importante est celle d'Hincmar, archevêque de Reims (806-882). C'est d'ailleurs Hincmar qui attribue sa source à Fortunat. L'archevêque de

---

[39] Ce qui donne à Grégoire une place de choix parmi les témoins, soit
puisqu'il dispose d'informations de première (seconde?) main (opinion de
W. von den Steinen, *Chlodwigs Uebergang zum Christentum, eine Quellenkritische Studie*, Darmstadt 1969), soit parce qu'il a donné un caractère de
propagande à sa version des faits, ce qui est tout aussi bien possible.

Reims se base largement sur ce pseudo-Fortunat pour sa *Vita Remigii*. Devisse a bien montré comment Hincmar se sert de cette source à laquelle il ajoute des méditations pastorales et des commentaires savants[40]. Pour l'histoire de saint Genebaud, Hincmar est notre seule source, à accepter — selon Rome — *con precauzione*[41]; l'oppositoin entre Reims et Laon y joue sans doute toujours. Peu après, Flodoard (893-966) reprendra la *vita* de Hincmar dans son histoire rémoise; il consacre 13 des 26 chapitres du premier livre à Remi. L'oeuvre de Flodoard a été analysée et commentée par Sot[42]. A côté de la *vie* proprement dite, Flodoard décrit la translation des reliques de Remi ainsi que leurs miracles. Selon Sot, la démarche de Flodoard est analogue à celle d'Hincmar; il donne «le récit de la vie de Remi qui apparaît comme le parangon de l'évêque, dont la sainteté est confirmée par de nombreux miracles»[43].

La première *Vie de saint Remi* en langue vulgaire a été écrite par un certain Richier, vers la fin du XIIIe siècle. Cette *Vie* en français compte 8250 octosyllabes à rimes plates; elle a été éditée par Bolderston[44]. Beaucoup de manuscrits subsistent du texte de Richier; ainsi on peut mentionner un manuscrit rémois du XVe siècle (conservé à Reims ms. 791) ainsi qu'une version conservée à Bruxelles (publiée dans les *Anal. Boll.* 1885-1886, vs. 1410, avec de belles

---

[40] J. Devisse, *Hincmar, archevêque de Reims 845-882*, Genève 1976-1979 (3 vols.) t.2 pp.1004-1055.

[41] *Bibliotheca Sanctorum* t.VI, pp.110-111.

[42] M. Sot, *Un historien...*; sur Remi, voir notamment pp.378-393.

[43] Sot, *Un historien...*, p.379.

[44] W.N. Bolderston (éd.), *La vie de saint Remi*, Londres-Rennes 1912.

miniatures). Paul Meyer a signalé deux exemplaires de cette *vie* dans la bibliothèque de Charles V[45].

Evidemment la *Légende dorée* de Jacques de Voragine doit présenter une biographie de l'évêque rémois. Elle en présente même deux, basées principalement sur la *Vita Remigii* d'Hincmar[46]. En langue française, il y aurait eu encore une dizaine de *Vies* (inédites) en prose selon le *Dictionnaire des Lettres Françaises*[47]. Bien sûr, la vie de saint Remi s'est également trouvé une place dans la pratique de la prédication; le recueil de sermons français de Metz (Bibliothèque municipale ms.262) contient le sermon *Sainz Remex fu arcevesques de Roins. Il baptiza Clodoucir lou roi*[48]. L'importance liturgique de Remi, déjà apparente chez Hincmar, est amplement attestée: Jadart a retrouvé six hymnes (dont quatre datent du moyen âge) et dix proses (dont 8 du moyen âge) consacrés à l'archevêque[49].

Remi apparaît également comme personnage dans des textes dramatiques avant notre mystère. Dans les *Miracles de Notre Dame par personnages* joués entre 1339 et 1382 par le *puy des orfèvres* à Paris, nous rencontrons le miracle «Comment le roy Clovis se fit crestienner a la requeste de Clotilde

---

[45] P. Meyer, «Notice de deux manuscrits de la vie de saint Remi en vers ayant appartenu à Charles V», *Notices et extraits de manuscrits de la Bibliothèque Nationale* t.35¹ (1896) pp.117-130.

[46] Trad. Roze-Savon I.122-124; II.250-252.

[47] Article «Saint Remi (Vie de)», *Dictionnaire des Lettres françaises. Le Moyen Age*, Paris 1992 p.1349.

[48] Zink, *La prédication...*, p.519 n°592.

[49] Jadart, «La vie....».

sa feme et comme, en le crestiennant, anvoia Diex la sainte ampole»[50]. Ce miracle de 2450 vers suit pour la plus grande partie le récit de Grégoire de Tours, mais ici, la conversion de Clovis est liée à la guerre contre le roi Gondebaud et la guérison miraculeuse du second fils de Clovis y tient une place plus importante. Après le baptême de Clovis, l'ar-chevêque enjoint aux chevaliers d'envelopper le roi de la tête aux pieds «d'un drap linge a mestier» et de le porter ainsi dans son palais.

Le thème du «baptême de Clovis» a connu, dès la fin du moyen âge, une certaine popularité au théâtre. A une date inconnue au XVe siècle, une *Histoire du roy Clovis* aurait été jouée à la cour des ducs de Savoie à Chambéry[51]. A Chieri (Piémont), on joua en 1494 une *Ystoire de la victoire du roy Clovys*. Dix ans plus tôt, à l'occasion du sacre de Charles VIII, on a pu assister à Reims à un grand nombre de specta-cles; on dirait presque: à un mystère de nature épisodique. Quelques exemples puisés dans la riche description de Jehan Foulquart[52]: sur le boulevard entre la fontaine de Jouvence et la porte de Saint-Victor, on joua *le bateme du roy Clovis*; au parois *le roy guerissant des ecrouelles*, mais *au regard des autres lieux, les histoires ne furent pas determinees*. Jean Foulquart lui-même aurait écrit l'histoire de la guérison miraculeuse, mais maître Coquillart (le père du poète connu) aurait écrit une *histoire de l'élection et couronnement de Pharamond premier roy de France et de l'institution de la loi*

---

[50] G. Paris & U. Robert (éd.), *Les miracles de Notre Dame par person-nages*, Paris 1876-1893 (8 vols.) t.7 pp.195-277.

[51] J. Chocheyras, *Le théâtre religieux en Savoie au XVIe siècle*, Genève 1971 p.73.

[52] Ms. Reims BM 1697, c'est une copie de la main de Lacourt.

salicque pour jouer au coin St. Fiacre[53]. A noter que là encore, il s'agit avant tout de Clovis et de l'ascendance salique. Mais on joua à cette même occasion également l'histoire de Romulus et Remus, sans doute pour souligner uassi les origines romaines de Reims et la gemellité de Rome et Reims: Remus aurait donné son nom à la ville de Reims tout comme Romulus a donné le sien à la ville de Rome. Et Remi, tout comme Remus, est éponyme de Reims. Ce sont d'ailleurs des exemples typiques de la construction des mythes d'origine à la fin du moyen âge.

A Saint-Remy (Savoie), une représentation d'un *Jeu de saint Remy* eut encore lieu le 16 juillet 1605[54].

Autant dire que notre mystère ne constitue pas un cas isolé: la «matière nationale» a eu son importance avant et après cette pièce, à divers endroits. Et il est même possible que les différentes pièces sur saint Remi jouées à Reims aient été à la base du mystère.

Le culte de saint Remi est assez répandu. Dès 585, il y aurait eu, selon Grégoire de Tours, une fête de saint Remi à Metz et l'évêque Trasarich aurait consacré une église aux saints Pierre, Paul, Martin et Remi[55]. A la fin du moyen

---

[53] On connaît l'importance prise, au XVe siècle, par le mythe «salique» selon lequel Clovis descend du roi des Francs saliens Pharamond et selon lequel les trois crapauds du blason royal se muent par la conversion de Clovis en fleurs de lys; voir A. Lombard-Jourdan, *Fleur de lis et Oriflamme. Signes célestes du royaume de France*, Paris 1991 et mon article «Aspects de l'histoire artésienne dans la *Belle Hélène de Constantinople*», J.-P. Martin & M.-M. Castellani (réd.), *Arras au Moyen Age. Histoire et littérature*, Arras 1994 pp.124-136.

[54] Chocheyras 1971 pp.XVI, 65.

[55] Von den Steinen 1969 p.18; Grégoire de Tours VIII,21.

âge, l'on retrouve ce culte par exemple dans les Vosges, en Provence[56]. Il est même intéressant de noter que le village de Domrémy est une filiale de Reims[57]. Nombreuses sont, bien sûr, les représentations du baptême de Clovis, du relief de la cathédrale de Chartres (1220-1230) jusqu'aux miniatures dans des ouvrages comme *Les grandes chroniques de France* ou *La chronique de Hainault.* L'image de Clovis dans de telles chroniques de la fin du moyen âge a été étudiée par Beaune[58]. L'église Saint Remi de Troyes conserve des peintures sur bois du XVIe siècle; à Mognéville (Meuse), on peut encore voir un rétable du XVIe siècle et l'hôtel de ville de Bruxelles dispose de deux salles avec 6 tapisseries flamandes dui XVIIe siècle). La cathédrale de Reims, les vitraux et le portail sud à Chartres constituent également une documentation importante. Les tapisseries sur la vie de saint Remi occupent une place spéciale. Bien qu'il existe également ment une série de tapisseries avec *L'histoire du fort roy Clovis* (Arras 1468) conservée à Reims, le document le plus important est sans doute la série de tapisseries de *La vie de saint Remi* commandée en 1531 par l'archevêque rémois Robert de Lenoncourt.

---

[56] Cf. M. Deloche, *Saint Remi en Provence au moyen âge,* Paris 1892.

[57] M. Guy, *Présentation des tapisseries de Reims,* Reims 1967 p.39; Jadart, «La vie...» p.118.

[58] C. Beaune, *Naissance de la nation France,* Paris 1985.

Les tapisseries de la vie de saint Remi.

Au moment même de sa nomination, l'archevêque de Reims Robert de Lenoncourt commande la série de tapisseries sur la vie de la Vierge (actuellement palais de Thau à Reims); la série fut achevée en 1530. Par la suite, Lenoncourt fait réaliser une série sur la vie de saint Remi (actuellement Musée S. Remi à Reims) et une série sur S. Symphorien (aujourd'hui disparue). Cette dernière série a été commandée à Tournai, ce qui a amené certains érudits à croire que les deux autres séries seraient également tournaisiennes. Selon Guy, elles sont cependant «d'une facture...plus française que flamande»[59]. Les deux séries sont de la même main[60]. De toute façon, il y eut des contacts fréquents entre Reims et les tapissiers de Tournai[61] et l'évêché de Tournai dépend de Reims jusqu'en 1556 (érection de l'évêché de Malines). Les tapisseries de saint Remi, qui ont été données au monastère de S. Remi par Robert de Lenoncourt en 1531, semblent vouloir «faire de Remi un nouveau Christ»[62]. Cela doit avoir d'autant plus d'importance que Robert de Lenoncourt, abbé de S. Remi et archevêque de Reims, pouvait se prévaloir d'être l'héritier direct de Remi. Effectivement, Lenoncourt figure lui-même sur la dernière tapisserie. On a également ment conservé à Reims deux tapisseries sur l'histoire de

[59] M. Guy, *Présentation des tapisseries de Reims*, Reims 1967 p.7.

[60] Guy, *Présentation...*, p.39.

[61] Comte de Marsy, «Les origines tournaisiennes des tapisseries de Reims», TRAVAUX de l'ACADEMIE NATIONALE de REIMS 89 (1886-1887) pp.359-399.

[62] Guy, *Présentation...*, p.39.

Clovis, provenant de la collection de Charles Quint et données au palais de Thau par le cardinal de Lorraine[63].

Description de la série de saint Remi:

1. A gauche, en haut: ermite endormi; le Christ, la Vierge et les Apôtres lui indiquent que Céline sera mère:

> Dieu puissant dit a saint Montain
> Pres son hermitage endormy
> Que Celine pour tout certain
> Aurait un filz nommé Remy

A droite, en haut: l'ermite raconte la vision à Céline et révèle qu'une goutte de lait lui rendra la vue:

> Esperant la vue recouvrer
> Devers Celine se transporte
> Car Dieu luy promist d'y ouvrer
> Par le mystere qu'il rapporte

A gauche, en bas: Céline annonce la nouvelle à son mari Emilius:

> Sainte Celine après se transporta
> Vers son mary Emiles pour l'affaire
> Puis saint Remy en vieillesse porta
> Qu'elle enfanta pour bonne oeuvre parfaire

---

[63] H. Jadart, «La vie de saint Remi dans la poésie populaire. Anciens hymnes & proses, le mystère de saint Remi, les tapisseries», TRAVAUX de l'ACADEMIE NATIONALE de REIMS 97 (1894-1895) pp.115-169, p.163.

Au centre, la naissance de Remi et à droite, en bas, son premier miracle: il guérit Montain par une goutte de lait de sa mère:

Le Createur ce cas entendit
L'enfant Remy prinst du laict qu'il tetoit
Et d'icelluy claire vue rendit
A saint Montain qui lors aveugle etoit.

Cette tapisserie reprend donc la première partie du mystère.

2. Remi s'est rendu à l'élection du successeur de l'archevêque, mais aux cris «Remi évêque!», il s'enfuit dans son oratoire.
A gauche: les Laonnois se servent de haches pour ouvrir la maison de Remi et le forcer à dire «oui» aux clercs et aux nobles en procession (en haut à droite):

En l'hermitage ou saint Remy repose
Tout le clergé a bien faire empesché
Le va prier disant qu'il se dispose
Pour accepter de Reims l'archeveché

Au centre: la consécration:

Faisant reffuz a l'eglise ou on le meyne
La est sacré d'aulcuns devotz prelatz
Donnant l'aumone un jour de la sepmaine
Ung demoniacle il remist en soulas

En bas, à droite: Remi bénit le *démoniacle* et deux démons sortent de son corps. Cette tapisserie reprend la deuxième partie (consécration) et la troisième partie (la guérison de Floquart) de notre mystère.

3. A gauche, en haut: les oiseaux viennent manger sur la table de Remi (et ceci 7 siècles avant S. François d'Assise!):

Sans crainte les oyseaulx des champs
Venaient manger dessus sa table
Et denotaient par leurs doulx chantz
Le saint piteulx et charitable

En bas: nous voyons comment Remi, invité chez sa cousine Celse, réussit à emplir les tonneaux vides lorsque le vin vient à manquer.
Au centre: l'incendie de Reims:

Diables avaient dedans Reims le feu mys
Pour les manans mectre en adversité
Mais saint Remy chasse tels ennemys
Et preserva de feu cette cité

A droite, en haut: Remi guérit une pucelle possédée morte: il triomphe à la fois du diable et de la mort:

Une pucelle avait le diable au corps
Qui au sortir a dure mort la livre
Saint Remy faict que par divins recordz
La resuscite et de mal la delivre

Même suite d'épisodes dans notre mystère, qui intercale cependant, entre le miracle du vin et l'exorcisme de la fille de Toulouse, l'histoire de l'évêque de Hydrissen, qui manque sur la tapisserie.

4. En haut, à gauche: la bataille de Tolbiac, où Aurelien suggère la conversion:

> Les Allemands mettent en fuyte
> Clovis et ses gens dont s'exclame
> Aurelien. Et en poursuyte
> Dist au roi pour eviter blasme:
> Croy au Dieu auquel croit ta femme.
> Ce qu'il fait. Puis a coups de taille
> Revient sur eux et les diffame
> Et soubdain gaigne la bataille

En avant, on voit Clovis qui tue un adversaire; en bas à gauche: l'éducation de Clovis. «Cette scène pourrait s'intituler: 'réunion à la cour du roi François Ier', et en vérité, elle représente 'une leçon de catéchisme à un roi barbare au XVe [sic!] siècle de notre ère'»[64].

> Clotilde reyne à saint Remy envoye
> Diligemment pour le cueur esmouvoir
> Au roi Clovis afin que le pourvoie
> De saincte foy que chacun doibt avoir

Au centre: le baptême de Clovis. Le chrême vient à manquer, mais une colombe apporte la sainte Ampoule; un ange apporte les fleurs de lys pour remplacer les trois crapauds[65].

> A saint Remy requiert bapteme
> Et se repent d'avoir sans lui vescu
> Dieu tout puissant lui transmet le saint Chreme
> Semblablement des fleurs de lys l'ecu

Dans le mystère, le miracle des fleurs de lys manque (dans

---

[64] Guy, *Présentation...*, p.46.

[65] cf. mon article «Aspects de l'histoire artésienne ...».

le texte du moins), ce qui est très remarquable vu l'importance de ce miracle et de la «légende de Joyenval» à
l'époque[66].

5. En haut, à gauche: le meunier qui ne veut pas laisser son
moulin à Remi:

> Un moulnier de mauvais affaire
> Son moulin au sainct refusa
> Qui en vouloit bonne oeuvre faire
> Et pour ce fondit et brisa

En haut, à droite: Remi confie à Clovis un petit baril de vin
bénit qui ne pourra s'épuiser jusqu'à la fin de la campagne
contre les rois Gondebaud et Godegisèle qui ont conclu un
pacte pour assaillir Clovis:

> A Clovis comme il fut notoire
> Ung baril de vin prepara
> Et luy dit: tu auras victoire
> Autant que le vin durera

Le reste de cette tapisserie montre l'histoire de S. Genebaud,
enfermé par S. Remi pour une durée de sept ans:

> Par saint Remy en prison fut incluz
> Saint Genebaulz sans faire resistance
> Durant sept ans dist qu'il seroit reclus
> Par son peché et feroit penitence

Avant l'histoire du meunier, le mystère met en scène la

---

[66] Voir Beaune, *Invention de la nation....*

guerre entre Clovis et Ragone; avant l'histoire de S. Genebaud, il relate la conversion de sieur Phillas.

6. Le Testament d'un bourgeois (= l'histoire de Hydrissen,
signalée plus haut dans le mystère).

> Ung bourgeois laissa aucun sien heritage
> Pour prier Dieu et la Vierge Marie
> Mais un sien gendre ayant mauvais courage
> Longtemps après aux lois il contrarie

Au coin supérieur à droite: la cour se réunit dans une *loggia*;
le gendre a réuni les faux témoins devant le chapitre:

> De faulx temoins ce gendre solicite
> Pour l'heritage il faict venir chapitre
> Devant l'evesque un proces il suscite
> Et le debat qu'il le tient a faulx titre

A gauche, en bas, nous voyons le procès:

> Ung bon prelat avecques saint Remy
> En jugement au procès il assiste
> Mais avarice avait tant endormy
> Le poursuyvant qu'en son mal il persiste

Alors saint Remi ressuscite le bourgeois:

> Le procès veu et le tout compassé
> Sainct Remy dict au gendre sans doubter
> Si de ce cas croirait le trepassé
> Que devant tous Dieu fit ressusciter

7. En haut: prévoyant une famine, Remi a réservé aux
champs près de Sept-Saulx des meules de blé; deux habitants

ivres mettent le feu aux meules. La partie inférieure montre le concile rassemblé par Clovis pour combattre l'Arianisme. Les épisodes de cette septième tapisserie ne figurent pas dans notre mystère.

8. En haut: Saint Pierre et saint Paul viennent aider Remi à chanter matines:

> Saint Pierre et Pol d'admirable façon
> Viennent des cieux soubs terrestre courtines
> Et chacun d'eulx entonne une leçon
> Puis saint Remy paracheve matines

mais saint Thierry, le disciple favori de Remi, a tout vu. Remi lui dit:

> Puisque avez vu ce beau mistaire
> Je vous supplie de le taire

et la légende porte:

> Voyant qu'ils sont remontez es sainctz cieulx
> Demande a Dieu sa benediction
> Saint Thierry homme devocieux
> Se musse et cache en contemplation

C'est la dernière partie du mystère (inachevé?).
En bas: le testament de Remi. Sur ce testament, dicté en présence de Genebaud de Laon, Médard de Noyon, Loup de Soissons, et Béat d'Amiens, une littérature abondante existe[67]. Il est ironique que le pauvre Remi, maintenant que le

---

[67] Voir Sot 1993 pp.751-753.

lait miraculeux de sa mère n'est plus là, arrive à recouvrer la
vue d'une autre manière. Puis, Remi meurt.

9. Tapisserie consacrée aux funérailles et à la peste de 565.
Aucune de ces scènes ne figure dans le mystère.

10. La dernière tapisserie nous montre les interventions de
Remi après sa mort. Au centre, Robert de Lenoncour qui est
présenté à la sainte Vierge par saint Remi (!):

> L'an mil cinq cent trente et un ajoute
> Le reverend Robert de Lenoncourt
> Pour decorer ce lieu de tous cotés
> Me fist parfaire encore le bruit en court
> Honorant Dieu et sa celeste cour
> En laquelle est le benoist Remi

Aucune de ces scènes ne figure dans le mystère.
    A côté de cette suite fort riche de tapisseries, la ville de
Reims dispose également d'une admirable série de toiles
peintes sur la Passion qui ont pu servir aux multiples représentations de mystères de la Passion. Ainsi on emprunta à
Gobert de Bohan «sa belle nappe semée de fleurs de lys»
pour les festivités du sacre de Charles VIII en 1484[68]. En
même temps, les Carmes prêtèrent la couronne pour le roi
Pharamond et l'hôtel Dieu prêta ses tapisseries pour servir
«audit mystère»[69]. Le mystère du *baptistère et sacre du roy
Clovis* fut joué sur un *eschaffaut bien tendu de tapisseries*[70].

---

[68] Lacourt dans Reims ms.1697 f° 3v°.

[69] Reims ms.1697 f° 5r°.

[70] Paris, *Le théâtre à Reims...* p.26.

SOURCES DU MYSTÈRE.

Nonobstant le caractère épisodique du mystère, les grandes
lignes de l'hagiographie y sont présentes. Certaines légendes,
cependant, n'y ont pas trouvé leur place, comme celle des
stocks de blé de Remi incendiés par les habitants de Sault,
ivres. De même le synode convoqué par Remi en 514 manque. Tant que la majorité des *Vies* de saint Remi reste in-
édite, une étude ponctuelle des sources directes du mystère
reste impossible; voici cependant un premier relevé.

1. Montain: déjà Flodoard, Fortunat, Hincmar, Voragine 1
2. Election: déjà Flodoard, Hincmar, Voragine 1 (sommaire)
3. Floquart: chez Flodoard, il s'agit de la guérison d'un
aveugle. La transformation de la cécité en aliénation menta-
le, voire possession diabolique, est significative et témoigne
bien de l'obsession du Malin telle qu'elle sévissait au moyen
âge finissant.
4. Les oiseaux: déjà Flodoard, Hincmar, Voragine 1
5. L'incendie: déjà chez Flodoard, Hincmar
6. Résurrection du mort: épisode que Grégoire de Tours a
explicitement emprunté à une *vita* latine; sur les tapisseries à
Reims on le voit comme «testament d'un bourgeois». Reste à
expliquer le déplacement vers l'Allemagne.
7. Fille de Toulouse: Hincmar, Flodoard (chez Flodoard, il
s'agit du tombeau de saint Pierre et non de Piettre Paule;
dans notre texte, un messager vient chez Alari pour dire que
Fleurie est toujours malade à Rome: ici, le mystère est plus
logique que le récit de Flodoard; Sot se voit contraint de

noter qu'Alari ne se trouvait point à Rome)[71].

8. Baptême de Clovis: dans toutes les sources; le saint Esprit descend avec chrême: Sot suppose que c'est Hincmar qui a emprunté ce détail à la liturgie rémoise; il en serait de même pour la prophétie de l'aveugle Montain[72].

9. Victoire sur Ragone et récompenses: Ragone dans la plupart des sources; Remi récompensé également chez Hincmar et Flodoard qui racontent d'abord l'histoire de Genebaud; Voragine 2 donne également l'épisode de Remi récompensé.

10. Gondebaut & le flacon miraculeux: Hincmar, Flodoard.

11. La conversion de Phillas: ne figure dans aucune source latine.

12. Le péché de Genebaut: Hincmar, Flodoard, Voragine 1

13. Saint Pierre et saint Paul: dans aucune source latine, mais bien sur les tapisseries à Reims.

DATATION.

Reims connaît une riche vie théâtrale à la fin du moyen âge[73], mais notre mystère reste difficile à situer avec précision. Sans vouloir refaire les études de Paris et de Quéruel, donnons quelques éléments de description du théâtre rémois. Un des éléments importants, c'est l'existence d'un théâtre profane, charivaresque: la fête des Innocents à Reims dé-

---

[71] Sot, *Un historien…*, p.383.

[72] Sot, *Un historien…*, p.384.

[73] Voir Quéruel, «Fête et théâtre…».

grade, c'est pourquoi, en 1479, on la permet *modo fiat sine larvis et strepitu tubicinis ac sine equitatione par villam*[74]. A la même période, on assiste à la *Miquemaque* de Reims[75]. En même temps, il existe un théâtre «officiel»; en 1462, à l'occasion du sacre de Louis XI, on joue *aucuns mystères sans parler*[76]. Pour le sacre de Charles VIII en 1484, beaucoup de festivités ont été organisés et les Rémois montent des pièces sur la fontaine de Jouvence et sur le baptême de Clovis; Jean Malot fut «requis de bailler sa fille pour faire Clotilde». Ces pièces ont été écrites par Guillaume Coquillart; cependant, le Coquillart en question n'est pas l'auteur des parodies juridiques, mais son père[77]. Coquillart écrit aussi une *histoire* de l'élection et couronnement du roi Pharamond premier roi de France[78] et nous savons qu'il a reçu la somme de huit livres en tant que responsable de la «conduicte des personnages et des mysteres qui se feront a la venue du roy»[79]. Il y eut également une histoire de Romulus et Remus (sans doute pour montrer que la ville de Reims — fondée par Remus — équivaut à celle de Rome — fondée par Romulus) et une «histoire de Clovis premier roy chrétien de France et la mission de la sainte Ampoule». Il n'est pas exclu que nous ayons, dans la partie correspondante de notre

---

[74] Marlot, *Histoire de la ville...*, IV,265.

[75] Paris, *Le théâtre à Reims...* p.20.

[76] Paris, *Le théâtre à Reims...* p.19.

[77] Voir M. Freeman (éd.), *Guillaume Coquillart. Oeuvres*, Genève 1975.

[78] Paris, *Le théâtre...* p.24. Figurent dans cette pièce, à côté du roi Pharamond, les quatre docteurs Salagast, Vuisogast, Bosogast et Vuidagast!

[79] Freeman, *Guillaume Coquillart...*, p.XXIV.

mystère épisodique, une adaptation de cette pièce du sacre de 1484.

En 1488, le jour de l'épiphanie, on joue un *Mystère des trois rois* «en l'église de Reims entre l'offertoire et la préface quy dura deux heures». Un an plus tard, Reims va avoir sa *Passion*. On peut bien suivre les préparatifs: le mercredi 22 juillet 1489, on prit la décision de monter une Passion; en septembre, Cocquault et d'autres promirent de jouer la chambrée du Christ. En novembre, on désigne un meneur de jeu en en décembre, on distribue les rôles. En février 1490, Cocquault est nommé procureur du mystère et l'on ne joue que le 30 mai, dimanche de la Pentecôte. La *monstre* a lieu le 23 mai; à cette occasion, le ville donne du vin au spectateurs et du vin ainsi que des pâtisseries aux acteurs[80]. La *Passion* se termine le 7 juin par la résurrection et l'Ascension et nous savons que la veille, pour le *crucifiement*, il y eut un public de 16 mille *personnes regardans*.

En avril 1498, on prépare le sacre de Louis XII et Guillaume Coquillart (père?) visite les lieux «pour faire les fictions». Aucun document ne permet d'assigner cette date à notre mystère; aucune trace de représentations sur saint Remi non plus en 1515, pour le sacre de François Ier.

En 1518, le conseil avance une somme de 229 livres et 14 sous à Thomas Grossaine et Gibrien Pioche pour la préparation d'un *Mystère de la Passion*; la représentation devait avoir lieu à la Pentecôte, mais à cause des ravages du gel printanier, elle a été remise à plus tard. L'Hôtel-de-Ville conserva «les angelets, pourtraitures et autres choses servant audit mystère». En cas d'une représentation, Grossaine et

---

[80] Paris, *Le théâtre à Reims...* p.35.

Pioche devaient acquitter leur dette avant de tirer profit du mystère; si le spectacle n'avait lieu dans dix ans, Grossaine devait vendre les attributs et remettre la recette au trésorier de la ville. En fait, le mystère ne fut joué qu'en 1531, grâce à un financement privé. Les financiers demandaient aux spectateurs «quelques deniers raisonnables»: une place aux stalles coûte alors trois deniers (pour une *journée*?); une place dans une loge coûte deux livres (pour le spectacle intégral)[81]. Selon Wright, il a dû s'agir d'une représentation de la *Vengeance de Notre Seigneur*. Sans doute parce qu'en 1530, l'archevêque Robert de Lenoncourt fit exécuter des «toiles peintes» de la *Vengeance*. La légende de la première toile lit: «Cy apres s'ensuit le mistere de la vengence de la mort et ... Jhesucrist». Wright signale la présence d'un meneur de jeu et de danseurs et musiciens sur ces toiles. Le lien possible entre ces toiles peintes et la représentation rémoise est d'autant plus intéressante qu'il existe également une série de tapisseries sur la vie de saint Remi. L'étude que L. Paris a consacrée à l'histoire du théâtre à Reims ne mentionne pas notre mystère, mais dans son étude des toiles peintes et des tapisseries de Reims, il mentionne le mystère et postule un lien intime entre les tapisseries et le drame[82].

Quelle serait la place de notre mystère dans le théâtre rémois? Nous avons déjà vu qu'il faudrait placer notre pièce avant 1529 à cause des pièces d'archives transcrites sur les derniers feuillets du manuscrit. Selon Jadart, le mystère date

---

[81] Galpern, *The Religion...*, pp.80-81; cf. S.K. Wright, *The Vengeance of Our Lord. Medieval Dramatizations of the Destruction of Jerusalem*, Toronto 1989, pp.131-132.

[82] Paris, *Toiles peintes et tapisseries...*.

du XVe, mais a peut-être été achevé au XVIe[83]. Cette datation prudente n'est malheureusement fondée sur aucun document précis. Il ajoute que notre mystère a été «joué sans
doute fréquemment, durant les XVe et XVIe siècles, sur le
parvis de la cathédrale de Reims et joué aussi, avec non
moins d'attrait, dans les cours du monastère de Saint Remi
aux jours de fête et d'allégresse populaire»[84]. Voilà le
moyen âge cher aux érudits du XIXe siècle! En fait, rien ne
nous permet de situer avec précision ne fût-ce qu'une seule
représentation de ce mystère. La datation paléographique
proposée par le catalogue de l'Arsenal («écriture de la fin du
XVe siècle») est sujette à caution, car de telles impression
visuelles n'ont, le plus souvent, qu'une valeur toute relative.
Anatole France, dans sa *Vie de Jeanne d'Arc* cite les répliques de saint Estienne et de saint Nicolas (vv.386-424) au
sujet des malheurs du royaume en se basant sur le manuscrit
de l'Arsenal; pour lui, notre mystère date «du temps des
guerres en Champagne», donc de la première moitié du XVe
siècle[85]. Chatelain, qui a étudié la versification de notre
mystère, le date de la seconde moitié du XVe siècle, mais
ses arguments ne sont pas toujours concluants[86]. Ainsi peut-
on envisager la possibilité que la versification soit archaï-
sante, surtout si certains épisodes préexistaient à la rédaction
finale.

---

[83] Jadart, «La vie de saint Remi...», p.154.

[84] Jadart, «La vie de saint Remi...», p.162.

[85] France I,62-63.

[86] H. Chatelain, *Recherches sur le vers français au XVe siècle: rimes,
mètres et strophes*, Paris 1908 (New York 1971; Genève 1974) p.258.

S'il n'existe aucun document qui permet de retrouver la date exacte de notre mystère, il est possible d'apporter quelques précisions.

Une première piste à suivre, c'est l'intention «gallicanisante» du texte. En 1438, la *Pragmatique Sanction* de Bourges a tenté de régler l'indépendance par rapport au pape, l'abolition des taxes papales, la subordination des cours ecclésiastiques à la cour royale et le droit du clergé local d'élire des dignitaires ecclesiastiques. On s'en doute, le clergé et la couronne furent vite d'accord sur les mesures anti-romaines, mais l'opposition juridique entre le roi et le clergé continuait à faire problème. Jean Versoris relate des élections problématiques en 1525[87]. Dans notre mystère, l'esprit gallican est omniprésent: la fille de Toulouse est guérie non pas par le pape, ni même par saint Benoît, mais bien par saint Remi; Remi est élu par les Rémois (et un signe céleste confirme leur choix!). Clovis est baptisé grâce à l'archevêque de Reims. Comme élément de datation, cet argument reste relatif, car la *Pragmatique Sanction* de 1438 a été suspendue par Louis XI et par Charles VIII avant d'être réaffirmée par Louis XII en 1499. Finalement, le concordat de Bologne (déjà préfiguré par celui d'Amboise en 1472) a définitivement réglé la problème «gallican». Une datation du mystère vers le début du XVIe siècle aurait pour elle une certaine logique.

Un second élément de datation, à partir de la formation du mythe de Clovis, reste un peu flou. C'est que, selon Beaune, les fortunes du mythe de Clovis aux XIVe et XVe siècles ont été peu étudiées, mais il est clair que la fin du

---

[87] Ed. Joutard pp.81, 82, 85.

moyen âge connaît une simplification énorme de la biographie mérovingienne d'où la guerre burgonde disparaît, sauf pendant le règne de Louis XI[88]. Une telle datation pourrait être confirmée par la présence d'un *Jason* parmi les bourgeois de Reims au moment de la nomination de Remi: il dénoterait le soutien bourguignon. Si, comme je le crois, le mystère est une compilation de pièces préexistantes, ces éléments ne datent que des épisodes et non pas la rédaction finale du texte.

Il existe heureusement quelques données externes permettent d'être encore plus précis. De toute façon, il est hautement improbable que le mystère ait été écrit entre 1479 et 1498, car entre ces deux dates, Jean Foulquart a écrit des *mémoires* circonstanciées sur les événements locaux à Reims, où il rapporte de telles entreprises dans le détail, entre autres la préparation pour les jeux joués pour les sacres et l'organisation du mystère de la *Passion* de Reims en 1490. La piste de la réaffirmation de la *Pragmatique Sanction* en 1499 se révélerait donc juste. Ce qui fait que, me semble-t-il, il est impossible de suivre Quéruel qui signale qu'entre la *Passion* de Reims de 1490 et celle de 1531, «il n'y a pas eu de projet semblable»[89]. Au contraire: c'est justement entre ces deux dates qu'il faudrait placer la rédaction de notre texte; s'il y eut une véritable représentation, on ne sait. Sur le plan de la typologie des manuscrits, il faut croire que le manuscrit de l'Arsenal suit une représentation (voir *supra*: description du

---

[88] Beaune, *Naissance...*, pp.58-59. Notons que Beaune ignore l'existence de notre mystère et ne connaît pas non plus la *Belle Hélène de Constantinople* qui relate le miracle des fleurs de lys; cf. mon article «Aspects de l'histoire artésienne...».

[89] Quéruel 1993 p.1181.

manuscrit). Il paraît donc assez probable que notre texte date
de la période 1499-1528, donc du début du XVIe siècle et
non pas de la fin du XVe. Dans le texte, on trouve même
une indication qui suggère une datation après 1520, car au
vers 3700, un Allemand invoque le roi d'Espagne; cela peut
fort bien faire allusion aux fonctions de Charles Quint, roi
d'Espagne depuis 1516 et empereur depuis 1520! De toute
manière, le déplacement de l'histoire du «testament d'un
bourgeois» vers l'Allemagne, unique dans notre mystère,
indique également un déplacement sur le plan politique.
L'allusion faite, aux vv. 9344-9346, à une captivité de Clovis
pourrait refléter celle de François Ier après la bataille de
Pavie.

   Puis, une partie du mystère est consacrée à l'incendie de
Reims, éteinte grâce aux prières de saint Remi. Bien qu'il
s'agisse là d'un miracle rapporté par la plupart des biographes, on peut très bien y voir un rapport avec le problème
des *boutefeux* en Champagne au début du XVIe siècle. Les
fameux boutefeux de Troyes (1524) ont été étudiés par
Penny Roberts (que je remercie de m'avoir donné le texte de
sa communication)[90]. Le livre de raison rédigé par Nicolas
Versoris à Paris entre 1519-1530 mentionne également à
plusieurs reprises les *boutefeux* en Champagne[91]. On peut
supposer que le passage où le diable compte mettre à feu la

----

[90] P. Roberts, «Arson, Conspiracy and the Power of Rumour in France»,
communication au colloque de Warwick sur la culture populaire, juillet
1994.

[91] Allusions aux boutefeux de Troyes (1524) et de Montargis (1525)
ainsi qu'un témoignage des échos de ces affaires à Paris chez Nicolas
Versoris (aux pp. 61, 63, 66, 68, 69, 88 de l'édition Joutard 1962). Que
Reims se soit senti menacée de même est plus que probable.

bonne ville de Reims ait justement pu appeler à un public citadin lorsque le problème des boutefeux fut «chaud» et qu'il fallait exorciser la peur des Rémois à ce sujet par une représentation rituelle. C'est pourquoi le roi Gondebaut mentionne également, dans un contexte totalement différent, les boutefeux (v.11208).

Le roi *Ferrant d'Espagne* (v.9321) paraît renvoyer à Ferdinand d'Aragon (+1516) et *Gal d'Allemagne* (v.9320) pourrait désigner Charles Quint. Et la mention de l'*Yle bonne* (v.11689) et de la *Mer Septentrion* pourrait fort bien faire allusion aux différends entre les marins normands et les marins portuguais autour de 1522, mais peut-être est-ce un souvenir de la guerre de Cent ans.

Tout cela tend à suggérer une datation entre 1520 et 1528, fourchettes assez précises mais pas tout à fait satisfaisantes. La commande de tapisseries sur le sujet même de ce mystère par l'archevêque Robert de Lenoncourt, terminées vers 1530, pourrait rapprocher notre pièce de la date de 1528 plutôt que de 1520. Car, mais ce n'est là qu'une impression, il se pourrait fort bien que ce mystère ait justement été créé pour montrer la préexcellence des évêques de Reims par rapport aux rois de France et veuille par conséquent expliquer que le roi de France doit son titre aux évêques de Reims, ce qui est également l'argument central des tapisseries, où l'on a vu la place prépondérante de Lenoncourt. Le concordat de Bologne, cependant, pourrait rapprocher le texte plutôt de 1520: le clergé rémois, mécontent du concordat aurait essayé de réaffirmer ses droits.

Toutefois, l'affaire de la *Passion* manquée de 1518 pose problème. Ne serait-il pas étonnant qu'on représente un mystère de saint Remi alors que la *Passion* dormait encore dans le tiroir? Peut-être, mais une grande *Passion* du type

Gréban-Michel, est plus difficile à monter qu'une pièce comme la nôtre, qui ne doit sa longueur qu'à sa structure rhapsodique et dont les différentes parties ont pu être jouées simultanément à différents endroits de la ville. Une telle représentation se serait faite sans doute à l'occasion d'un événement important, comme un sacre, comme un entrée royale, mais j'avoue avoir été incapable de retrouver, entre 1520 et 1528, l'événement en question.

POSSIBILITES DE MISE EN SCENE.

Tout d'abord, nous ne savons pour le moment si ce mystère à été représenté comme une pièce complète ou comme une série d'épisodes, représentés simultanément ou successivement. En d'autres mots: faut-il parler d'une scénographie isolée ou plutôt d'une scénographie totale? L'examen de la mise en scène qui suivra, est avant tout théorique; en même temps elle est minimaliste et essaie de dégager ce qu'il a fallu *au moins* pour monter un tel spectacle (ce qui ne correspond pas nécessairement à la réalisation scénique, mais les entrepreneurs furent des hommes pratiques). Dans cette vision, je suis parti d'une disposition scénique avec différentes *mansions* pour signifier les «lieux» de l'action et d'une aire de jeu libre, non circonscrite, où certaines parties de l'action ont pu avoir lieu. Chaque lecteur doué d'un certain sens spatial découvrira tout de suite d'autres possibilités, plus riches, de mise en scène. Un exemple de ces options «minimalistes»: pour «le champ de bataille», il a fallu sans doute un camp franc, un camp ennemi, un lieu pour la mêlée;

pourtant je ne conjecture qu'un seul «lieu», en l'occurrence
l'aire de jeu. La division en quinze épisodes est basée sur les
didascalies du manuscrit.

0. Sermon: Hors scène (1-160)
     Il faut assumer que ce prologue ait été prononcé au milieu de l'aire de
     jeu, face au public

1. Naissance: Ardennes (161-272)
     Au ciel (273-513)
     Ardennes (514-604)
     Près de Cerni (605-624)
     Ardennes (625-650)
     Chez Celine (651-796)
     Près de Cerni, trois jours plus tard (797-810)
     Chez Celine (811-925)
          [Chez le prévôt (926-958)
          Au chapitre (959-985)][92]
     Chez Celine (986-1007)
     Ardennes (1008-1037)
     Chez Celine (1038-1117)

Probablement on a utilisé les mansions suivantes: les Ardennes, le
Ciel, la maison de Celine; pour mettre en scène les personnes en route
(Emile 605-624 p.ex.) on s'est servi de l'aire de jeu centrale. Des
mansions spéciales ont dû être aménagées pour le prévôt et le chapitre.

2. Election: En route, le vilain (1118-1147)
     Sens (1148-1161)
     En route, chez Jacqueline (1162-1185)
     Sens (1186-1203)
     Chez Remi (1204-1235)
     Soissons (1236-1245)
     Laon (1246-1291)

---

[92] En fait, ces deux passages appartiennent déjà au second épisode:
l'élection de Remi.

Reims (1292-1727)

Le centre de l'action est Reims; probablement il faut des mansions pour figurer Sens, Soissons et Laon; les autres scènes (le messager en route) ont probablement été jouées sur l'aire de jeu.

3. Floquart: Chez Alfons (1728-1959)
                 Chez Remi (1960-2032)
                 En enfer (2032-2148)
                 Chez Alfons (2149-2385)

En principe, la mise en scène est simple et trois mansions suffisent.

4. Oiseaux: Chez Remi avec son jardin (2386-2564)

L'épisode le moins «mobile» du mystère; Remi reste chez lui. Pourtant, il s'agit probablement d'un numéro de cirque où des oiseaux dressés viennent d'abord manger à la table de Remi et s'envolent sur commande.

5. Tonneau: Sur un champ près de Thugny (2565-2623)
                 Chez Gente (2624-2690)
                 A la cave (2691-2722)
                 Chez Gente (2723-2736)
                 A la cave (2737-2756)
                 Le champ (2757-2772)
                 Chez Gente (2773-2846)
                 A la cave (2847-2902)

La mise en scène a dû être simple; un décor campagnard sur l'aire de jeu pour suggérer le champ avec les moissonneurs; une mansion figurant la maison de Gente avec (plus bas?) une cave.

6. L'incendie: A Reims (2903-2949)
                 Chez Remi (2950-2985)[93]
                 En enfer (2986-3214)
                 A Reims (3215-3257)

---

[93] Il existe une différence entre la ville de Reims et le monastère de Saint-Remi, où Remi vivait selon notre mystère.

Chez Remi (3258-3328)
En enfer (3329-3350)
A Reims (3351-3452)

Malgré la pyrotechnie imposante nécessaire à rendre l'incendie de
Reims, la disposition des lieux est assez simple: deux mansions
suffisent pour la chapelle de Remi et l'enfer; l'aire de jeu (avec décor)
pourrait avoir été utilisée pour Reims.

7. Hydrissen:

En route (3453-3487)
Chez Galehault (3488-3509)
A l'évêché (3510-3541)
Au chapitre (3542-3553)
A la chancellerie (3554-3567)
En route (3568-3572)
A la chancellerie (3573-3712)
A l'évêché (3712-3763)
Chez Galehault (3764-3786)
A l'évêché (3787-3797)
Chez Galehault (3798-3834)
Au chapitre (3834-3856)
A la cour, probablement l'évêché (3856-4159)
A Reims (4160-4264)
En Allemagne (4265-4290)
A l'évêché (4291-4638)
Au cimetière (4639-4808)

Plusieurs mansions s'imposent: l'évêché, la chancellerie, le chapitre, la
maison de Galehault et Reims. De plus il faut, pour la scène finale, un
cimetière pour monter la résurrection miraculeuse du *corps*. Pour les
scènes *en route* on a pu utiliser l'aire de jeu. La demeure de Remi à
Reims peut correspondre à ce que l'on a vu dans les épisodes précé-
dents; pour les scènes en Allemagne, il a fallu sans doute de nouveaux
décors ou de nouvelles mansions.

8. Fille de Toulouse:

Chez Prolice (4809-4881)
En route (4882-4905)
Chez Prolice (4906-4985)
Chez le roi Alari (4986-5009)

Fleurie (5010-5061)
Non loin de là (5062-5077)
Fleurie (5078-5301)
Chez Alari (5302-5343)
A Rome (5344-5475)
Chez saint Benoît (5476-5513)
En route (5514-5524)
Chez Alari (5525-5563)
A Rome (5563-5603)
En route (5603-5625)
A Rome (5626-5689)
En route (5690-5699)
A Rome (5700-5799)
Chez saint Benoît (5800-6107)
A Toulouse (6108-6162)
Chez saint Benoît (6163-6214)
A Toulouse (6214-6413)
Chez saint Benoît (6414-6461)
A Toulouse (6462-6500)
A Reims (6501-6539)
Près de Reims (6540-6595)
A Reims (6596-6972)

Pour cet épisode, la disposition des lieux est plutôt compliquée. La maison de Prolice, la cour du roi Alari à Toulouse, Rome avec Piettre Paule, saint Benoît à Subiaco et Reims paraissent exiger des mansions spécifiques; à côté de cela l'aire de jeu a dû être utilisé pour les passages «en route» ou «près de» tel ou tel lieu.

9. Baptême: En route (6973-6996)
Chez Clovis à Soissons (6997-7246)
En Allemagne (7247-7262)
Chez Clovis (7263-7296)
L'armée française (7297-7383)
En Allemagne (7384-7409)
A Reims (7410-7526)
En Allemagne (7527-7562)
A Reims (7563-7693)
Chez Clovis (7694-7735)
L'armée française (7736-7767)

Chez Clovis (7768-7795)
En route (7796-7821)
Chez Clovis (7822-7865)
En Allemagne (7866-7913)
Chez Clovis (7914-8087)
Sur le champ de bataille (8088-8170)
Le camp franc (8071-8307)
A Reims (8308-8349)
Sur le champ de bataille (8350-8494)
En route (8495-8514)
Chez Clovis (8515-8556)
Chez Remi (8557-8568)
Chez Clovis (8569-8676)
Chez Remi (8677-8758)
Au ciel (8759-8787)
Chez Remi (8788-9219)

Sans doute l'épisode le plus élaboré du point de vue de la scénographie. Au moins quatre mansions sont nécessaires: le ciel, Reims, Soissons, l'Allemagne. L'armée franque, le champ de bataille et les passages «en route» peuvent avoir été joués sur l'aire de jeu, mais on a également pu utiliser d'autres mansions pour cela.

10. **Ragone:**
Chez Remi (9220-9254)
Chez Ragone (9255-9473)
Chez Clovis (9474-9566)
Chez Ragone (9567-9622)
A Reims (9623-9690)
Chez Ragone (9691-9699)
Chez Clovis (9700-9791)

Trois mansions, les demeures de Remi, de Clovis et de Ragone, suffisent pour la mise en scène de cet épisode. L'aire de jeu peut avoir servi de champ de bataille.

11. **Moulin:**
Chez le meunier (9792-9821)
Chez Clovis (9822-9892)
Chez Remi (9893-9931)
En route (9932-9948)
Chez Remi (9949-9968)

Chez Clovis (9969-10.026)
Chez le meunier (10.027-10.165)
Au bois (10.166-10.282)
Chez Clovis (10.283-10.340)

A côté de l'utilisation de l'aire de jeu (en route, éventuellement même le moulin et le bois), les mansions seront celles de Clovis et de Remi. Pour le «miracle» du moulin effondré, il fallait une machinerie importante.

12. Gondebaut: Chez Gondebaut (10.341-10.487)
                  En route (10.488-10.501)
                  Chez Remi (10.502-10.525)
                  Chez Clovis (10.526-10.643)
                  L'armée franque (10.644-10.685)
                  En route (10.686-10.703)
                  L'armée franque (10.704-10.785)
                  Chez Clovis (10.786-10.852)
                  Chez Remi (10.853-10.877)
                  Chez Clovis (10.878-11.126)
                  Chez Gondebaut (11.127-11.148)
                  L'armée burgonde (11.149-11.204)
                  Sur le champ de bataille (11.205-11.510)
                  En Provence (11.511-11.602)
                  A Bagdad (11.603-11.626)
                  En Provence (11.627-11.743)
                  Chez Clovis (11.744-11.771)
                  Sur le champ de bataille (11.772-11.918)

De nouveau une mise en scène assez compliquée pour un épisode «guerrier». Remi, Gondebaut, Clovis, Alari et le caliphe déterminent les mansions principales; le champ de bataille et les différentes armées peuvent avoir été figurés sur l'aire de jeu.

13. Phillas converti:
                  Chez le curé (11.919-11.982)
                  Chez Phillas (11.983-12.032)
                  Chez le curé (12.033-12.058)
                  Chez Remi (12.059-12.094)
                  Chez Phillas (12.095-12.219)

En route (12.220-12.237)
Chez Remi (12.238-12.305)
Chez Phillas (12.306-12.347)
En route (12.348-12.363)
Chez Phillas (12.364-12.697)
Chez le curé (12.698-12.906)

Cet épisode demande trois mansions fixes, respectivement chez Phillas, chez le curé et chez Remi (à Reims ou en Italie? Voir notes). Il y a deux passages «en route» juste avant que les personnages n'atteignent leur destination.

14. **Genebaut:** Chez Genebaut (12.907-12.979)
Chez Remi (12.980-13.037)
A Laon (13.038-13.256)
Chez Remi (13.257-13.300)
A la cave (13.301-13.379)
Chez Remi (13.380-13.427)
A Laon (13.428-13.670)
En prison (13.671-13.736)
Au ciel, sept ans plus tard[94] (13.737-13.799)
En prison (13.800-13.894)
Chez Remi (13.895-13.928)
En prison (13.929-14.019)

Surtout Reims et Laon comptent, avec à Laon, il faut, bien sûr une mansion figurant la prison. Cependant, nous voyons réapparaître dans cet épisode le Ciel.

15. **Pierre et Paul:**
Au ciel (14.020-14.113)
A Reims (14.114-14.223)
Au ciel (14.224-14.263)
A Reims (14.264-14.477)

Une scènographie simple avec les mansions le Ciel et Reims (l'intérieur de la chapelle, l'aire de jeu pouvant figurer l'extérieur) suffit.

---

[94] On notera que les sept ans s'écoulent au milieu d'un octosyllabe! Donc pas de pause?

LES PERSONNAGES.

L'onomastique de ce mystère est riche et mérite un commentaire à part. Dans les noms mêmes des personnages, le
facteur a cherché à accumuler les parallélismes historiques et
mythologiques, parfois au détriment de la logique du texte.
On conçoit aisément que, pour montrer la sainteté des personnages en question, les chanoines de Hydrissen s'appellent
Marc, Luc, Mathieu (mais on regrette l'absence de Jean). Il
est moins logique que leurs adversaires sont le chevalier
Galehault, avec un souvenir de l'histoire du Graal (et, éventuellement, un jeu sur *gale - hault*: «celui qui fait bien la
noce») et sa femme Sardine, mais il est franchement étonnant
que le messager s'appelle Perceval. Certes, s'il est rapide, il
est celui qui *perce* les vallées, mais la proximité de Galehault
est trop évidente pour ne pas y voir une allusion à l'histoire
du Graal. Une allusion analogue à des héros littéraires se
rencontre dans l'épisode de la fille de Toulouse, où les
chevaliers du roi wisigoth s'appellent Porrus et Alixandre, un
souvenir du *Roman d'Alexandre*[95]. Souvenirs historiques
aussi, par exemple dans l'épisode de la fille de Toulouse, où
le chapelain de saint Benoît s'appelle Ambroise. Dans l'épisode du roi Gondebaut, l'espion de Clovis s'appelle Paterne;
or, selon ses biographes, Remi aurait eu des contacts avec
saint Paterne[96]. Les soldats de Ragone, adversaires de l'ar-

---

[95] Cf. L. Harf-Lancner (éd.), *Le roman d'Alexandre*, Paris 1994 pp.539-
567 où Porrus, roi de l'Inde, s'insurge contre Alexandre et perd la vie dans
la bataille.

[96] Beaune, *Naissance...*, p.57; saint Patern fut évêque de Vannes dès
463 (Rouche, *Clovis...*, p.542).

mée franque, s'appellent Hazart, Hurtaut, Hedroit et Hargneux, mais les quatre soldats francs qui s'opposent à eux s'appelleront, bien sûr, Joyeulx, Courtois, Plaisant et Hardi! Ailleurs, les soldats francs ont nom Angelot, Lucerne, Olivier, Flouret, Amiet, Cointinet et s'opposent aux soldats païens Trubert, Volant, Clabaut, Bridou, Taillevant et Vermine. Qu'un messager assoiffé porte, malgré l'existence du village de ce nom, le nom Vignolles, n'est que trop logique. Les bourgeois de Reims s'appellent tantôt Andrieu, Baudon et Jourdain (épisode de l'incendie), tantôt Jazon, Hercules et Thésée (épisode de la nomination). Ces derniers noms doivent sans doute montrer l'importance du soutien que reçoit Remi, car ces héros mythologiques ont souvent été utilisés comme images d'un pouvoir princier (Jason et la Toison d'Or des Bourguignons, le fameux Hercule français). Le servant de Remi, Karitas, s'explique facilement; en effet on peut retrouver dans les épisodes du mystère les oeuvres de charité (nourrir les pauvres, désaltérer les assoiffés, libérer les prisonniers, visiter les malades).

VERSIFICATION.

La versification de notre mystère a été étudiée par Chatelain dans sa monographie sur le vers français au XVe siècle[97]. C'est pourquoi, ici, un bref inventaire des détails les plus notables suffira.

---

[97] Chatelain, *Recherches sur le vers....*

Le mystère est avant tout écrit en octosyllabes à rimes plates, mais nous y trouvons un certain nombre d'artifices versificatoires. Parfois, l'auteur utilise des vers plus courts, de 4 ou de 5 syllabes, qui donnent parfois une troisième rime (p.ex. vv.17, 28, 35, 53, 89, 193...) (également dans le *Mystère de saint Didier*). Parfois, le procédé mène à des suites de strophes hétérométriques (p.ex. vv.6108-6152, 6266-6317, 10373-10390). L'utilisation de rimes croisées est assez courante (4116-4119, 7205-7213, 7886-7909, 7914-7945...); aux vv.11299-11302 on trouve des rimes embrassées; une suite de rimes embrassées précédée par une strophe *abbacc* se trouve aux vv.10823-10848.

Parmi les formes strophiques, mentionnons surtout l'emploi du triolet (on en trouve 23, p.ex. 514-523, 605-612, 1378-1385, 2213-2220...) et la ballade (26 en tout), le plus souvent sans envoi, avec tantôt un refrain d'un seul vers (2438-2461, 2962-2985, 4809-4844, 4882-4905...), tantôt deux ou trois vers comme refrain (en huit cas, 5806-5829, 7410-7433, 8525-8556...); une ballade de septains à refrain se trouve aux vv.10172-10192). Aux vers 9073-9088, il y a un rondel double. Les huitains du type villonien (ababbcbc) sont assez fréquents (2378-2385, 5912-5975, 6242-6265...), mais d'autres types se rencontrent également (6407-6414: ababbaba; 6501-6508: abbaabab).

Certains vers sont isolés pour la rime (2003-2005, 3939), d'autres ont trois ou quatre rimes (7795-7797, 7969-7972, 8005-8008). Les strophes plus compliquées qu'utilise notre auteur sont les suivantes:
- 2986-3033: clauses concatenées de trois rimes (a8a8a8b4b8b8c4c8c8..)
- 6788-6821: aabbababba ccdccddccd eeffeef4eef4
- 8622-8635: a4b4ab4bccb4bc4cb4bc4
- 8709-8750: ababb4b4b4b4b aaa4a4a4a4a ccc4c4c4c4c d4ddd4d4d4d efeff4f4f4fgfg (cf. virelai?)
- 8788-8814: abab ccbbc ddeddeeded fgfgghgh

- 8902-8907: strophe monorime 448448
- 9132-9140: a4a4a8b4b4b8c4c4c8
- 9151-9156: aaab4b4b8
- 9295-9311: a8a4a4a8b4b4b8c8c8d4d4d4d4d4d8e4e8
- 9547-9558: ab4bb4a4a4ab4b4ba4
- 10594-10630: ab4abb4aa4acac puis huitains, puis aa4b4aa4bbcbc
- 11868-11911: AB4BA4ABBAccdccd ab4ba4abbaccdccd ab4ba4abba AB4B A4ABBA (virelai[98])
- 13025-13027: a4a4abc4cb4bccbc
- 14085-14094: a4a4a4abbc4c4c4c
- 14160-14173: a4ab4baab4ba4aba4a4b
- 14357-14393: a4a4abbcc d4d4deeff g4g4gh4h4h4h4h4h4h4h iiiij4j4j4jk 4k4k

On peut donc dire que la versification, bien que variée et assez riche, n'atteint pas les sommets des «grands» mystères d'un Gréban ou d'un La Vigne, mais que l'auteur n'évite point des structures recherchées.

L'étude de la rime se situe quelque peu à cheval sur la versification et la langue. C'est pourquoi le lecteur trouvera ici quelques éléments de rimaire où se trouvent les rimes les plus notables. D'abord, certaines particularités, surtout au niveau du vocalisme, méritent d'être signalés:

AI   - *sainctes:joinctes* 39-40 (Lote III,293; Chatelain 3); *main:amen*
          (ind.pr.1 *amener*) 694-695; *paix:croix* 4685-4686
          - La rime *-aire* alterne avec *-ere* 91-94 (Lote III,294 les considère
          comme identiques), cf. *mais:prez* 280-281
          - *servaige:linage* 179-180 (Lote III,291); *lignage:ymaige* 301-302
AN   - *joyans:biens* 1329-1330 (Lote III,311; cf. Catach 1995 p.1117);
          Hidrissen:an 4075-4076 (Lote III,307; *en*=*an* mais les Picards et
          les Wallons les séparent); *Hidrissen:sens* 4227-4228

---

[98] Brandenburg, *Die festen Strophenbildung...*, p. 63 l'appelle un «virelai amplifié».

- *enfant:font* 2166-2167. cf. la graphie *dongier* pour «danger»: 5038, 5039, 6221, 9244, 9581 (Lote III,308: c'est une rime ancienne qui persiste; exemples *Mystère de saint Clément*, Gréban, *Mystère de saint Quentin*; Chatelain p.4 situe cette rime dans l'Est et en Lorraine)

AR — *part:appert* 3731-3732, cf. les graphies *parverse* 4809, 12117, *pardurable* 8692, *peresse* 8729, 10512, *Merceille* 1284 (rime parisienne, cf. la préface à Villon de Marot, mais selon Lote III,290-291: Paris et au-delà; relevons dans le *Mystère de saint Didier* p.3 *cherrue*; p.25 *sarre*; p.57 *remarcier*; 73 *perfasse*; 144 *marcy*; Gougenheim 1974 p.18 e.a. Ronsard; certains milieux, selon Tory, réagissent: Paris prononce a pour é; Lyon prononce é pour a: mon méry, Péris, Catach 1995 p.1101)

C/CH — Très souvent, *c(h)e* se trouve à la fin du vers: 27, 483, 627, 2034, 4822, 4878, 5730, 6353 (cf. Dupire 1932 p.323); cf. les graphies *fachiés* 765; *pieche d'achier* 1572; *chachier* 2088; *trence* 3221; *abusche* 6524; *conchue* 11548; *cha(s)sier* 450, 9248, 9448; *douche* 8688; *rachine* 8736; *tace* (tache) 9925; *avanchons* 11624 (Lote III,317 «phonétique locale») Gossen § 38, Miélot (Heinz 40-44); *arcevesque* 10850, 10974 (aussi dans le *Mystère de saint Didier*)

EIGNE — *Alemai(n)gne:enseigne* 4225-4226, 8653-8654; *Alemaingne:tiengne* 8492-8493 (Lote III,292)

EIL — *esmerveil:licheu* («linceul») 10819-10820; *vueil:nepveu* 11467-11468; *vueil: seul* («seuil») 10873-10874; *orgueil:pareil* 13742-13743 (Lote III,297 exemples de Machaut et de Meschinot)

EILLE — Relevons les graphies *merville* 883; *mervilleux* 6359; *mervilleusement* 7159, 11400; *milleur* 5126, 11144, 11380, 11435; cf. *beniçon* 11091, 11100 (Chatelain p.23: rime *eille:ille* serait rare; le parisien Versoris écrit bien *consilliers* pp.34,36,41 et *mervilleux* p.93; chez Coquillart on rencontre p.ex. *rigle* p.18, *possidé* p.30; *diffinitive* p.53); par contre, on trouve la rime *merveilles:vermeilles* 11237-11420 (cf. Gossen § 34, Heinz 40-44; Catach 1995 p.1102 qui situe ces graphies dans le Nord, dans l'Est, en Picardie); *vermeille:vueille* 1493-1494

ER — *amer* («amer»):*amer* («aimer») 411-412; *mer:amer* («aimer») 969-970 (Lote III,296; c'est la fameuse rime dite «normande». Exemples chez Deschamps, Villon, Chartier... Voir aussi la *Condamnation de Banquet* p.43). Cette rime explique aussi pourquoi la rime en -*er* alterne avec celle en -*ez* 1069-1072, tout comme dans la *Condamnation de Banquet* (p.43) et dans le *Mystère de saint Didier* (p.128); aux vv.3152-3155, les rimes en -*fer* alternent avec celles en -*chier*

IE   *prie:Die* («Dieu»; cf. v.11435 *espiez* «épieux») 7674-7675

N   *potence:que ce* 626-627

O   *reproche:bouche* 4045-4046 (Lote III,304); cf. les graphies *souleil* 5483, 9896; *fourment* 8612; *fourmas* 8785; *fourma* 10676, 11848; *fourme* 10574; *voulenté* 9107 (cf. Lote III,303-304; Chatelain p.19; le *Mystère de saint Didier aproucher* p.76, *abourder* p.89; chez Versoris *Hodon* à côté de *Houdon* p.36; cf. Fouché 1967 p.64, Ronsard rime encore *jalouse* contre *repose*; Gougenheim 1974 p.16 donne des exemples de Marot, de Ronsard, et fait valoir qu'au XVIIe seulement prendra fin la «querelle des ouistes et des non ouistes»; Catach 1995 p.1102, selon Meigret, en 1542 le timbre n'est pas distingué)

OI   - La rime en -*oit* alterne avec celle en -*ois* 1109-1112, mais *octroy:soit* 1495-1496; *resjoÿ:Besnoy* 4071-4072, 2154-2155
     - *fas:fois* 2154-2155 (Lote III,292; cf. Chatelain qui y voit une rime parisienne, mais il y a des exemples du *Siège d'Orléans* et de Guillaume Coquillart)
     - *moinne:Ardenne* 724-725; *souviengne:tesmoingne* 1991-1992; cf. la graphie *meins* pour *moins* 5482 (Lote III,312)

OIRE   *victore:voire* 11787-11788; *inventore:memore:victoire* 11835-11838; *memoire:cibore* 8701-8703; cf. les graphies *glore* 47, 276, 11898 et *oratore* '8759 (cf. *Condamnation de Banquet* p.43, Marchello-Nizia p.66; *Mystère de saint Didier Isidore:notoire*); Lote III.304 situe cette rime en Picardie et dans l'Est. Chatelain p.38 signale que cette rime s'explique par le parallélisme du latin et qu'il n'y a pas de rime en -*ore* pour un verbe comme *boire*; Lote relève pourtant *boire:encore*. Gossen § 27, également chez Miélot, Heinz 1964 40-44); par contre, on trouve les rimes *deduire:yvoire* 8538-8540 (cf. *yvire* 8548) et *pire:ivoire* 8554-8556 (C'est, cependant, un cas un peu spécial)

OUER   *terrouer:jouer* 10214-10215 (cf. Versoris p.130 *terroer*)

R   *pour ce:courouce* 27-28; *bourse:secousse* 1171-1172 (même rime chez Coquillart p.221; cf. Lote III,326); *trotte:reporte* 10646-10647

UI   *luite* («lutte»):*fuite* 8622-8624; *luitte:duites* 11539-11544; cf. les

> graphies *fuissions* 8622 (passé simple *être*) et *pluiseurs* 501,
> 4064, 9289, 11209 (Lote III,306; cf. Coquillart p.273 *ruit:deduit*;
> *fuiron* «furon» Coquillart p.16; *Mystère de saint Didier* p.6
> *relusance*)

Au niveau du consonantisme, on constate également que
beaucoup de consonnes sont amuïes, ou du moins ne comptent pas pour la rime. Exemples: 1255-1256 *Jhesucrist:es-
cript*; 1311-1312 *Jhesucrist:esprit*; 6377-6378 *escripte:re-
torique*; 4525-4526 *lieve:sacrilege*, mais il s'agit là de phéno-
mènes dûment attestés dans les textes de l'époque. Dans
quelques cas, c'est du timbre des consonnes qu'il s'agit:

12299-12300:	*monde:monte*
13216-13217:	*fine:digne* (Lote III,311, 319; même rime chez Greban et dans *Saint Didier* pp.80-81)

Quelques autres rimes sont à signaler, mais dans la plupart
des cas, il s'agit de cas où il faut supposer une corruption du
texte:

5396-5397:	*ariere:cervelerie*
5573-5574:	*finies:renouvellees* (Lote III,296)
11954-11955:	*idolatrie:tire*
12633-12634:	*benit:ayt*

QUELQUES DÉTAILS DE LANGUE.

Sans prétendre donner une véritable description linguistique
du *Mystère de saint Remi*, je signale dans ce chapitre certains
faits linguistiques notables avec une sélection d'exemples. En

premier lieu, afin de poursuivre l'étude entamée dans le chapitre consacré à la versification, il faut mentionner quelques particularités d'ordre phonétique ou graphique.

Tout d'abord, le copiste affectionne des formes avec -*a*- étymologique comme *fas* («je fais», voir *infra*: «verbe»); *amez* 9113; *esclarci* 9162; *char* 9358; *entrebasier* 9494; *ame* («aime») 1146[99].

Pour *encore*, on peut relever, à côté des formes *encore* et *encor*, la forme *ancor* (4939, 9349, 9886, 10698: pour la graphie sans -*e*, voir Catach p.411).

La préposition *à* est écrite avec -*d* étymologique: *ad ce* 52, 1347, 2344, 8858; *ad fin* 396, 1329, 2525, 2836, 2875, 4052, 4651, 8524, 9497, 9553, 10968; cf. *adcompli* 10533 (cf. Coquillart p.36 *advouer* et *ad* dans le glossaire de l'éd. Freeman; *Mystère de saint Didier* p.48 *ad ce*).

Des formes avec -*eu*- se rencontrent pour bien des mots. Parmi les noms, citons *espeux* 710 («époux»), *espeuses* 443; *espeusse* 3630; *cleu* 29; *leups* 5100 (cf. Lote III,298 avec des exemples de Machaut). L'adjectif *crueux* («cruel» 6729; cf. *crueuse* 407, 6336, 11887) se rencontre également dans la *Passion d'Arras*. La forme verbale la plus notable à ce propos est *sequeure* 3908, 4244, 5078, 5790, 6883, 8587 (cf. Locey p.48 v.1033, Fouché 1967 p.142) qui rime tantôt avec *meure* (de *mourir*), tantôt avec *meure* («mûre»). Signalons encore *doeulle* 11026 (de *douloir*), *euvre* 11653 (d'*ouvrir*) et *coeuvrent* 8893 (de *couvrir*; Fouché 1967 p.59 n.5, au XVIe encore: Meigret, Pelletier, Tabourot).

Peu s'écrit *po* 1025, 1044, 1282, 4326, 4944, 5787, 9405, 9886, 9979, 10698, 10963, 11278.

---

[99] Rime avec *femme* 1145!.

La métathèse du -r- est fréquente: *pourfitable* 1196, 1391; *vremeil* 2798; *pourfit* 4385; *porcés* 4487; *retourver* 4682; *tourble* 7753; *pourpos* 7967; *herbregier* 10130; *pourcession* 10200; *espruvier* 10451; *pourvenceaulx* 11056, 11449, 11471, 11574 (cf. Coquillart *pourmenee* p.355; Bourciez § 180,i)

Morphologie du verbe
La première personne de l'indicatif présent se construit souvent sans désinence -*e*: *amen* 695; *present* 787; *gart* 1154, *commant* 2204, 4148; *maint* 2320; *pri* 2552, 3555 (contre *prie* 2556) *pry* 2837; *cry* 4753; *suppli* 4745, 5931 (Dupire 1932 p.308); *apport* 6743, *merci* 9134; *vent* 9332, 11251 («vante») (Fouché 1967 p.182: XVIe, -*e* pour radicaux terminés par consonne; *pri, suppli* encore chez Hardy).

Un cas spécial: *je fas* 1852, 3200, 3984, 4510, 5668, 6064, 7380, 9021, 9277, 9577, 9657, 10305 (Fouché 1967 p.74: moyen français: *faz* remplacé analogiquement par *fais*), à comparer à la forme *je vas* 1269 (Fouché 1967 p.426: encore chez La Fontaine, *Le Loup et l'Agneau*). De même, à la troisième personne, on trouve fréquemment *il vat* 1824, 2376, 3150, 3414, 4149, 4840, 7600, 9405, 11805 (Fouché 1967 pp.425-426 signale encore *Malborough s'en vat-en guerre*). Au v.7499 *vueille* vient de *veiller* (Fouché 1967 p.42: veut < vigilet); au v. 10211 *fauch* vient de *faillir* (cf. au v.10444 *faurrons* au futur).

Le subjonctif de *donner* donne *donge* 2405 et *doinst* 3633, 3673 (Fouché 1967 pp.145, 201: au XVIe siècle on ne trouverait plus de traces de l'ancien français, sauf *doint*, p.ex. 3286). La forme *voise* 629, 10145, 11968, tout comme *voit* 3731, se serait conservé, selon Fouché 1967 p.427, jusqu'au XVIIe siècle; cf. *envoit* v.6154. La forme *doions*

870, 1037 est archaïque; *fachiés* 765 est également une forme à noter.

Le futur et le conditionnel d'*avoir* se construisent sur le radical *ar*—: *ara* 1784; *aray* 1903; *arés* 749; *arez* 923, 1342; *aroit* 1714; cf. 2165, 2203, 2285, 2289, 2397, 2479, 2501, 2596, 3220. Il en est de même pour *savoir*: *saray* 2720; *saroit* 10390; *saroie* 1259; *saroit* 1757 (Fouché 1967 p.396). *Laisser* a laissé des formes analogues: *laras* 8776 (*Saint Didier* p.62); *laray* 9472, 9580; *laira* 1002. Autres formes notables du futur: *mainterra* 1668 (de maintenir); *asserray* 10058, 10171 (d'*asseoir*, cf. Fouché 1967 p.410). Le verbe *boire* donne *buvray* 1909, 6979, 6995, 9876. 9877, 9941, 11385, 11401, 11498; *buvra* 2658, 3559; *buvrons* 11343; *buvrez* 11416; *buvroit* 7530; *buirez* 11417 (cf. Fouché 1967 p.395); *donner* donne *donrras* 591, *donrra* 762, 1879.

Les futurs des verbes dont le radical se termine par -*l* ou -*n* n'ont pas de consonnes intercalaires: *vaulront* 487, *voulrois* 680, *voulroie* 4262, 8845, 9293, 9833, 11294; *volra* 11365; *voulra* 11598, 11681, 11773; *vourra* 3784; *prenra* 9395; *venra* 4626; *venra* 9014, 9179; *venrons* 11623; *tenray* 9055; *tenra* 9692; *faulray* 11565 (Fouché 1967 p.275: Nord, Nord-Est, et une partie de l'Est; également chez Miélot, Heinz 40-44). Cf. la graphie *prenre* 865, 5486, 9557. Forme assimilée: *mainterra* 1668.

Un cas spécial, assez notable, est constitué par le futur de *veoir*: *veurons* 5298; *veuray* 5621; *veurras* 6310; *veurez* 7191, 8513; *veuray* 9857, 10915 (Fouché 1967 p.397: «*veniral* étant devenu, en picard, *venra* ou *verra* (avec assimilation de *n* avec *r*), on trouve dans ce dialecte un futur *venra* pour *verra* < *viderat*», ex. dans *Aiol*, *Chev 2 esp.*). J'ai mes doutes au sujet de cette interprétation et j'y verrais volontiers une graphie *eu* pour *e*: cf. les graphies courantes *theume* («thème»); *fumelle* («femelle»); *frumé* («fermé») et dans notre texte *fluche* 5024 («flèche»), *espruvier* 10451 («épervier»).

Au vers 6285 *ysteraie* paraît être une forme d'*issir* (mais Gougenheim p.109 relève le verbe *ystre* chez Lemaire de Belges); au vers 3848 *seriens* est la première personne du pluriel (Fouché 1967 p.424; cf. *vourriens* au v. 4517). Le futur *ert* 599 («sera») est archaïque.

Au parfait, des formes sigmatiques se rencontrent: *volsist* 7083; *voulsissent* 8614; *volsissent* 9364 (Dupire 1932 p.309; Coquillart p.373); *vaulsist* (cf. *Saint Didier* p.163 *faulsist*); pf. *tenist* 10690 Gossen § 76; Miélot (Heinz 40-44).

Le verbe *suivre* est représenté par l'infinitif *suir* (11443); cf. 2395 *Suyez*; 9380 *suyent*; 10843 *enssuïr* (Fouché 1967 p.396)

Notons finalement l'impératif *alons m'en!* 3917 (cf. Cohen 1949 p.56 v.283) et *foy* 3732 de *faire*.

Nom

Le nom *chapitre* se construit le plus souvent sans article: 932, 960, 1150, 1256, 1406, 3738, 3863, 3898, 3912, 3924, 3959; pourtant on trouve *le chapitre* 1707, *au chapitre* 4716 (cf. *Mystère de saint Didier* p.8 *du --*; p.20 sans article).

Des traces de flexion subsistent: *preudons* 485, 514, 756, 1157, 4615; *chier sires* 1327; *simples homs* 1336; *uns homs* 1357 (forme également chez Molinet, condamnée par Fabri, Dupire 1932 p.308); *amis* 1829; *compains* 2069, 11516 (mais *compaignon* 11515); *aveugles* 2235; *nobles homs* 3981; *li diables* 4084 (au pluriel; cf. *li bon reclus* 853); *amis* 1829, 2213; *doulz cousins* 5088; *sains homs* 6840; *riens* 1364 *emperere* 9918 (cf. Chatelain p.36 qui relève la rime *empereur:pleniere*); *il est malades* 929; *il est aveugles* 2235 (Lote III,331: Villon restaure le *-s* du cas sujet même pour le complément; Gougenheim 1974 pp.39-40: «vestiges de la flexion casuelle»).

Article
L'emploi de la forme picarde pour l'article au singulier féminin est fréquent: *le queue* 2707; *Le grant doulceur* 8881; *le croix* 8994; *le ire* 9493; *le merdaille* 9655 (Miélot, Heinz 40-44) Gossen § 63). Rarement, l'ancien article *li* est utilisé: *li bon reclus* 853, *li diables* 4084 (pl.); *li tresbien venu* 4304, *li bien venu* 13298.

Adjectif
Les adjectifs de la seconde déclinaison ont encore souvent leur forme ancienne au féminin: *hache pesant* 1571; *plaisant et belle* 4907; *prudent* 7132, 7602; *grant* 4854, 8697; *elle est bien grant* 8916; *grant joie* 9135, 9188; *grant eglise* 9189; *meschant merdaille* 9393; *tresgrant necessité* 9773; *grant solempnité* 11397 (cf. Versoris p.41 *grants vertus*); *telz choses …sont bien duissans* 10952; *tel deluge* 4923, sur *tel* au féminin, voir Locey p.xxiii: la forme cède la place à *telle* qui finit par l'emporter au XVIe. Ici nous trouvons aussi *quel* au féminin: *quelz nouvelles* 10708 (*Mystère de saint Didier* p.11 *Quelz novelles*); *quel part* 2242, 3245, 5359, 11515; *quelz gent* 4050.

Beaucoup de comparatifs et superlatifs du type synthétique sont utilisés; relevons *grigneur* 4113, 4365, 4629, 5520, 6520, 6644, 7188, 7473,…; *saintisme* 8934, *saintime* 9220 (Gougenheim 1974 pp.54, 59) et *meneur* 11010.

Les formes picardes de l'adjectif possessif se rencontrent parfois: *vo* 762, *no* 1843, 2843.

Pronom

Le trait le plus marquant est l'emploi de *y* pour «il» 328,
1073, 1821, 2665, 2696, 2699, 2714….; l'auteur emploie
également les formes archaïques *li* et *ly* pour «lui» 472, 480,
504, 554, 4837, 4900, 8632, 9343, 9522, 10145, 11271,
11526, 11532, 11666, 11762, 11966, 11971, 11762; même *li
propre* pour «lui-même» 10231; cf. *li mesmes* 3341, 3688.
L'emploi de *nezun* au v.887 paraît également archaïque. Le
relatif *qui* s'emploie également au datif: *Qui Gabriel porta
nouvelle* 250.

Préposition

Les formes *o* et *ou* s'emploient dans différents sens: *ou* «en
le» 2129, 2350; *o* «du» 10421; *ou* «en» 10964; *o* «au» 3260,
3288, 3289. 3290, 11003.

Syntaxe

La construction absolue, sans préposition, du déterminant
subsiste: *service Dieu* 358; *la vie Hedroit* 3175; *pere vostre
preude femme* 3586; *pere ma femme* 3593; *fille ma mere*
5013; *des biens Dieu* 10715.

   La forme tonique du pronom personnel objet direct peut
être employée devant l'infinitif: *De moy…gesir* 1044; *Toy
serviray* 2280; *Pour soy garder* 3651; *De moy croter* 7542;
de soy lever 10282; *de toy tarder* 11519; *le moy commander*
12140. Cet emploi n'est nullement systématique, témoin
l'exemple *a lui loer, a le servir* 4170. La construction *en
moy revenant* (v.7021) «en revenant» est typique. Le partitif
est parfois employé pour combiner la préposition et du
pronom objet direct: *Du trespasser* 3695 («de trépasser cela»).

Etablissement du texte.

L'édition a été faite dans le plus grand respect du manuscrit unique, lisible et de bonne qualité, quoi qu'en dise la notice du XIXe siècle. Des éléments de description diplomatique se trouveront dans les notes:

—	rayure dans le manuscrit
+	ajouté sur la ligne
\ /	addition interlinéaire au-dessus du texte
/ \	addition interlinéaire sous le texte
a.m.	addition marginale

S'y trouvent également les leçons rejetées dans les (rares) cas où j'ai été contraint d'émender le texte. J'ai mis des crochets autour des éléments que je propose d'ajouter; les suggestions d'omission ont été mises entre parenthèses. Un certain nombre d'interventions d'éditeur a été nécessaire pour rendre le texte accessible au public: une distinction i/j et u/v, l'introduction de cédilles et d'accents aigus (Foulet-Speer pp.67-68), une ponctuation sommaire et une modernisation de l'emploi de la majuscule. La graphie *x*- pour *ch*-, p.ex. dans *xrestien*, ne prête à nul équivoque et a été maintenue. Les rares abréviations ont été résolues.

Les didascalies ont été imprimées en italiques; les didascalies conjecturées, souvent une explicitation des didascalies indirectes, ont été mises en italiques et entourées de crochets; les passages en latin ont été imprimés en caractères gras.

Les vers ont été numérotés par quatre; pour la numérotation des lacunes et des vers sur les feuillets qui manquent, le minimum théorique a été introduit (un ou deux vers), ce qui fait que les vers du cahier manquant sont numérotés (arbitrairement) vv. 1118-1120.

Pour la Bible, les sigles des livres sont ceux de l'édition Colunga-Turrado 1982. En l'absence de normes fiables pour l'édition de textes dramatiques des XVe et XVIe siècles, on peut renvoyer au guide de Foulet & Speer pour l'édition de textes narratifs du XIIIe en ce qui concerne la plupart des questions «techniques».

Le MYSTERE de SAINT REMI

Texte critique

[LE PROLOGUEUR
....
.......................]
Ses piez et ses mains clos ficher,   [1 r°a]
4   Couronne sur son chief fichier,
Son digne costé laissa fendre,
Son precieux saint sang espandre.
Hé! Est il martire grigneur
8   Que la vaillance du seigneur
Qui pour ses serfs souffry a tort
L'orrible angoisse de la mort.
A tort, las, c'est trop asservi
12 Car point ne l'avoit desservi,
Mais pitié et misericorde
Pour nous oster du col la corde
L'amonnesterent de ce faire
16 Pour nostre grant doleur deffaire.
    Or disons doncques:
Je ne cuide point qu'on veist oncques

1-2   Nous conjecturons une lacune minimale et théorique de 2 vers; en
      fait il devrait y avoir eu une introduction plus longue (probable-
      ment un sermon dont le premier feuillet manque). De toute façon,
      le sermon a dû commencer par le *thema* repris par la suite
      (vv.137-138, 153-154): *Venite, opera Dei videte.* Le sujet de la
      phrase initiale est bien sûr Jésus-Christ.
17   *Disons*: cf. *Sermon joyeux de saint Velu* (éd. Koopmans 1984)
      v.6': *or disons.* Est-ce une didascalie qui montre que le début a
      été une litanie psalmodiée?

      Don de si grant seigneur acertes
20   D'ou a si pou de dessertes
      Car nous qui le deussions servir
      Jour et nuyt et nous asservir
      L'ame et le corps en le servant
24   N'alons point s'amour desservant
      Et a presques perdu les biens
      Qu'il a faiz a pluisieurs xrestiens.
         Et pourquoy? Pour ce:
28   Je voy si tost c'on se courouce
      En despitant pour moins d'un cleu.
      Communement on renie Dieu
      On le despite, on le parjure,
32   On fait a saincte Eglise injure,
      La Vierge n'est point honnouree,
      Nostre foy est deshonnouree
         Plus qu'onquemais.
36   Chieres gens, verrons nous jamais
      Devocion en nous venir?
      Or nous deust il souvenir
      Que tant de benois saincts et sainctes
40   Pour la foy de Dieu les mains joinctes
      S'aloient offrir a martire
      Comme saint Georges et saint Spire   [1 r°b]
      Saint Berthelemi, saint Lorent,
44   Saint Pol, saint Pierre, saint Vincent
      Sainte Agnez, sainte Marguerite,

28 sq.   Série de complaintes sur la dévotion qui se perd; c'est une
         véritable *laudatio temporis acti* (cf. vv.3454-3487).
29   Locution; Di Stefano p.174 donne *Ne qu'un clou.*

Dont ilz orrent telle merite
Comme la glore des sains cieulx.
48 Avisons nous, c'est pour le mieux;
Pensons a nostre sauvement
Nous ne savons quant ne comment
La mort nous venra assaillir
52 Car ad ce ne povons faillir:
   Morir nous fault.
Nulle richesse ne nous vault
Tant que servir Dieu et sa mere.
56 Je le dy pour ung exemplaire
Doulce piteuse et amiable
Et a Jhesus Crist aggreable:
C'est du glorieux saint Remi,
60 Vray confesseur, de Dieu ami,
Ami de Dieu, apostre en France,
Saintiffié ains sa naissance.
A saint Montain clarté donna
64 Et ses deux yeulx renlumina
Devant tous en vraie lumiere
Seulement du lait de sa mere,
Comme vous verrez cy aprez.
68 Nostre sainte loy lonc et prez
Exaussa, prescha et maintint.

50-51   Cf. Mt 24,36; Mc 13,32.
53   Proverbe Hassell M 225; cf. Morawski n°1011 (Gerson VIII,292).
60-61   Enchaînement avec inversion, artifice versificatoire.
67   *Verrez* annonce le premier épisode du mystère. Notez le caractère «visuel» du texte; cependant, le passage en question manque dans le texte conservé.

Tout son vivant chaste se tint,
Sur toute chose Dieu doubtoit,
72 Le povre peuple confortoit,
Si bien fondé fut en science
Que pareil n'ot de sapience
En Gaule ne dedens Lutesse.
76 De paraige de grant noblesse
Estoit, et de Cerni la ville
Son pere fut le duc Emile,
Seigneur de Laon et de Lannois,
80 Qui de tout homme avoit la voix   [1 v°a]
De grant preudommie enterine.
Sainte fut sa mere Celine,
Qui en l'eglise est honnouree
84 Et en paradis couronnee
Avec les sains et les saintes
Pour les euvres belles et saintes
Dont elle fut plaine et garnie
88 Vers Dieu tout le temps de sa vie.
      Pour ce dit on
Que bon fruit porte bon geton

---

75   Cf. *Saint Didier* (éd. Carnandet 1855 p.4): *Pour tant s'en nostre*
     euvre jolye [...] / L'on parle de Galle ou Gallie, / Entendrez
     tousjours que c'est France.
77   La naissance de Remi à Cerni: tradition non reprise par Flodoard
     (Sot 1993 p.381).
82   Céline est également présentée comme une sainte par Flodoard
     (Sot 1993 p.380) et elle figure sur le calendrier officiel.
     Rappelons que la première canonisation papale date de 993; ce
     n'est qu'en 1234 que Rome se réserve le droit des canonisations.
90   Proverbe; cf. Morawski n° 289 «Bon fruit vient de bonne
     semence»

Quant il est doulz et debonnaire.
92   Ici en voit on l'exemplaire:
Le fruit le filz, l'aubre et la mere,
Le saint estre ce fut le pere
Et quant le fruit vient de bon estre
96   Le fruit mauvais ne porroit estre
Ains est bel, doulz et gracieux,
Sans laide taiche et vertueux.
A ce puis Remi comparer,
100   Qui de tel fruit se volt parer
Dont l'amour de Dieu a acquise.
Arcevesque fut de l'eglise
De Reins par vraie election
104   Et par l'anonciation
De la sainte voix angelicque.
N'onques bete dyabolicque
Ne le surmonta en pechié
108   Qui devers Dieu l'ait empeschié.
Tant fit Dieu pour lui en son temps
Qu'il est au lieu ou je m'atens
Que nous soions trestous menez,
112   Car de bonne heure furent nez
Tous ceulx qui yront en ce lieu:

93   *Et* pour *est*.
94   *Estre ce*: peu clair dans le manuscrit; *esperit* ferait l'affaire, mais
je lirais plutôt *estre ce*: le père est le jardin dans cette métaphore
horticole.
99   Comparaison: cf. la rhétorique du sermon.
103 Annonce le second épisode du mystère.
104 Annonciation, parallèle de l'annonce faite à Marie et, surtout, de
celle faite à Anne.
107 Comprendre: *surmonta en*: «n'arriva à l'induire en».

C'est le palais la ou est Dieu,
La est la haulte deïté
116   La est la saincte Trenité
La est le filz, la est le pere,
Le saint Esprit, la Vierge mere,   [1 v°b]
Anges, apostres et martirs,
120   Confesseurs, vierges et plaisirs,
Joie sans fin, repos tousdis:
C'est le lieu saint, c'est paradis.
La est Remi sans nul dangier;
124   Ainsi l'a voulu Dieu logier.
Pourquoy? Pour ce que sans sejour
Son entente fut nuyt et jour
A le loer et gracier
128   De prendre en gré et le mercier
Toutes les importunitez,
Courrous, dangiers, adversitez
Que Fortune donne en ce monde.
132   Son vouloir estoit pur et munde.
En cest estat vesquit, helas,
L'ennemi tient bien en ses las
Tous ceulx qui recordent sa vie
136   Se de bien faire n'ont envie.
Et pour ce ay je dit: **venite!**
Opera Dei videte!
Ci nous doint Dieu belle journee,

---

114   *Palais*: littéralement «la loge construite pour le Paradis».
137-138   Rappel du *thema* du sermon avec emphase sur l'aspect visuel de
           la représentation.
139-143   Après avoir débité son sermon introductoire, le prolocuteur passe
           aux questions pratiques. Signalons que les deux sujets de la plus

140 Beau temps et science aournee,
    Parfait memoire et telle espace
    Que l'istoire ici se face
    Et que chascun la vueille entendre.
144 Mais se vous nous veez mesprendre
    En fait, en dit ou en langaige
    Ou qu'aucun ne soit assez saige
        De prononcier,
148 Ne vueilliez la faulte anoncier
    Ne tenir en derision.
    Nous de bon cuer vous en prions,
    Car tel ne scet faire maniere
152 Qui a devocion entiere.

    Venite en bonne esperance,
    Videte et faictes silence
    Car qui de Dieu fait mention,   [2 r°a]
156 Il pourchace sa mansion

        grande peur sont l'imprévisibilité du temps et la mémoire parfois
        défaillante des acteurs!
142   *Istoire* veut dire ici: «jeu à sujet historique», cf. A. Knight,
        Aspects of Genre....
144-148 N'oublions pas qu'il s'agit probablement d'un théâtre amateur.
        Est-ce que la *derision* est un *topos* ou est-ce que le public avait
        l'habitude de se moquer des mauvais acteurs? Cf. les vers
        d'introduction du *Mystère de saint Didier* (éd. Carnandet 1855
        p.XL): *...s'il y a point / Des joueurs aucun mal appris / Qui ait
        fait quelque mauvais point / Recepvez le en gré pour son pris*.
151-152 Proverbe non retrouvé. *Faire maniere*: Di Stefano p.521; cf.
        ROMANIA 1980 p.377.
153-154 Reprise sommaire du *thema* du sermon.
156   *Mansion* ici au sens concret et au sens figuré.

Des sains sieges de paradis
Ou est, sera et fut tousdis
Ille qui vivit et regnat
160 **In secula seculorum.**

Chantez, menestrez, jouez, orgues!

                                                    [*Dans les Ardennes*]

MONTAIN
O digne et sainte Trinité
Trois personnes en unité,
Trois, un, conjoint en une essence
164 Et d'une mesme substance   (-1)
Sans fin et sans commencement,
Vray Dieu, je croy certainement
Que tu creas toute lumiere,
168 Ciel, terre, feu et mer amere.
Cherubins formas et les anges,
Les seraphins et les arcanges,
Poestez et dominacions,
172 Planettes et conjonctions.
Adam formas, le premier homme,
Qui folement pour une pomme

160'   Impératif qui se soustrait à la rime et à la versification.
          Didascalie ou texte à débiter?
161   Montain prie; beaucoup de scènes avec saint Remi commenceront
          également par une prière.
164   La forme archaïque *meïsme* ferait l'octosyllabe.
168   Les quatre éléments.
169-172   Seulement huit des neuf éléments de la hiérarchie céleste
          formulée p.ex. par le ps.-Denys. La présence des *planettes* et des
          conjonctions est quelque peu étonnante.

Ton commandement trespassa,
176 Dont de paradis le chassa
Le saint ange, par ton vouloir,
Dont le cuer nous doit moult doloir,
Car par le mors fut en servaige
180 Condampné tout l'umain linage
Ou tenebreux lymbe infernal.
Hé! Mon tresdoulz Dieu que de mal
Maint bon prophete y endura
184 Tant comme ce temps dur dura,
Mais vraie amour, sainte pitié,
Ardant desir et amitié
Firent pour nous ton filz offrir
188 En la croix et la mort souffrir
Pour effacier le grant meffait
Qu'Adam et Eve avoient fait.
Ce fut fait de vraie nature
192 Quant createur pour creature
   Se livra a mort.   [2 r°b]
Benoit soit homme qui se amort
De l'en mercier nuit et jour.
196 Franc cuer ne doit avoir sejour
De le loer treshumblement
A genoux plourer tenrement
Et avoir de lui souvenance,
200 De la mortele pacience,
De la doleur laide et honteuse,
Aigre, terrible et angoisseuse

---

184   Rime en écho: procédé de rhétoriqueur.
198   *Tenrement* sans consonne intercalaire: cf. notre introduction.

Que souffry par humilité
204 Le filz de toute deïté.
    Las, que sera ce?
Las, mes doulz yeulx, couvrez ma face
De larmes de sanc et mon corps!
208 Hé, Jhesucrist, quant je recors
Que je suis eschus en ma vie
Ou pechié d'orgueil et d'envie,
En convoitise et en paresse,
212 En gloutenie qui tant blesse
    Ma tres povre ame!
O Jhesucrist, a toy me clame,
A toy me rens, a toy me donne,
216 A toy commande ma personne,
Mon fait et mon gouvernement
Et te rens grace humblement
    De tous les biens
220 Que tu fais a moy et aux miens,
Combien que pouvre aveugle soie
Ne n'est tant soit po que je voie.
Aveugle suis, beau sire Dieux,
224 N'oncques ne vis de mes deux yeulx.
Montain d'Ardenne suis, reclus,
Montain suis je qui ne sçay plus
Ou aller ne que devenir
228 Pour le temps qu'on voit avenir,
Car bien sçay que puis mon enfance
On a eu et a parmi France   [2 v°a]
En bours, en villes et en citez,

---

207   Les *larmes de sanc* occupent une place spéciale dans les miracles.

232 Tant (que) de dures adversitez
     Que les gens par grant discorde
     Mettent l'un l'autre ou col la corde.
     Nul n'a parfaicte charité
236 Nul ne doubte la Trinité
     Ne les commandemens de Dieu.
     Devocion n'a point de lieu;
     Nous sommes en foy recreans
240 Pour ce viennent les mescreans
     Nous ravaler et mectre jus
     Et les paiens nous courent sus
     Pour vostre sainte loy destruire.
244 O Jhesucrist, vray Dieu, vray sire,
        Doulz createur,
     Des povres pecheurs redempteur,
     Qui enduras la mort amere
248 En l'onneur de ta sainte mere
     La tressainte Vierge pucelle,
     Qui Gabriel porta nouvelle
     De ta haulte nativité.
252 Sains et saintes en unité,
     Apostres, martirs et confés,
     Vierges, prophettes et prophés,
     Vueillez entreprenre le soin
256 De nous aidier a ce besoin,
     De nous aidier, tresdoulz seigneur:

232   Correction pour le mètre; probablement confusion entre *tant* et la
      conjonction *tant que*.
234   Cf. v.14
235-243 *Topos* de la décadence de la foi: cf. vv.33-34 du prologue.
250   *Qui*: «à qui».

Oncques besoin n'en fu grigneur.
   Vray Dieu, vray pere,
260   Fay s'il te plaist qu'il nous appere
De paix, d'amitié aucun signe
Et moy, povre reclus indigne,
T'en suppli de cuer angoisseux
264   Et que la clarté de mes yeulx
Par ta vertu me soit donnee.
Oncquemais creature nee
Ne fut comme moy travillié;
268   Vray Dieu, j'ay si longtemps veillié
Que tout suis ataint de sommeil,
Pourquoy dormir ici me vueil
En nom du hault pere et du filz   [2 v°b]
272   Soit mon corps seigniez et benis.

[*il s'endort*]

[*Au paradis*]

DIEU
Anges, arcanges, ça venez!
[...]
Beau Gabriel, levez vous sus!
276   Ma mere et les sains deça, sus!
Ma beneïçon vous soit donnee
Et la glore habandonnee
De paradis a tousjours mais.
280   Ma doulce mere, venez prez:
Si loing de moy ne devés estre,

276   *Deça*: indication concrète?

Mais joieusement a ma destre.
   Soiés loee
284   Et par mes anges saluee
Du tresdoulz salut que jadis
Vous envoiay du paradis.
Gabriel, ne vous feingniez mie!
288   C'est ma mere, fille et amie,
C'est celle qui a l'abandon
De demander grace et pardon
Pour ceulx qui ont iniquement
292   Erré contre mon mandement,
C'est de tout la souveraine
C'est des sains cieulx la chastelainne,
C'est le miroir des arcanges,
296   C'est le plaisant regart des anges,
C'est des apostres l'union,
Des martirs consolacion,
C'est des confesseurs la lumiere,
300   C'est des vierges la singuliere,
C'est de tretout l'umain lignage
Le piler et la droicte ymage
Et doncques pour la resjoïr,
304   Gabriel, je vous vueil oïr   [3 r°a]
La saluer, et vous, Michiel.

MICHIEL
Dieu tout puissant qui le saint ciel,
La lumiere et les mouvemens
308   Et les quatre beaux elemens
Ordonnas a ton bon plaisir,
De ce faire ay moult grant desir,
Car la tressainte Vierge pure,

312   Confort d'umainne creature,
        Vueil je servir et serviray.

        GABRIEL
        Michiel, je vous aideray.
        En l'onneur du doulz Jhesucrist
316   Autrefois ay le salut dit.

        DIEU
        C'est moult bien dit. Ma doulce mere,
        D'une cause dure et amere
        Par voie de consolacion
320   Vueil avoir vostre oppinion
        Et de tous qui ici sont.
        La dessoubz forte guerre ont
        Les Franchois et les mescreans,
324   Les Sarazins et les payens,
        Tant que France est presques destruite.
        L'un est robé, l'autre est en fuite
        Et se combatent nuyt et jour;
328   Y n'y a repos ne sejour,
            Mais toute guerre
        Et est merveille que la terre
        Ne se part pour les departir.
332   L'ennemi ne s'en veult partir,
        Qui les met en discension
        Pour en avoir possession

316   Ici, le lien avec l'annonciation est explicite.
321   *La dessoubz* est probablement une indication concrète.
323-324   Anachronismes évidents.

En enfer le tresangoisseux,
336 Orrible, obscur et tenebreux,
La ou jamais n'aura clarté.

NOSTRE DAME
Aÿde, sainte Trinité   [3 r°b]
Aÿde, joieulx saint Esprit,
340 Aïde, mon filz Jhesucrist
Aïde, mon Dieu trespuissant,
Aïde, mon tres doulz enfant!
Ramembre toy de ta pucelle,
344 De ta mere, fille et ancelle
Qui te supplie a jointes mains
Grace et pardon pour tous humains.
Tu es fontaine de pitié,
348 D'onneur, d'amour et d'amitié.
Chier sire, si vray que jadis
Pour tous pecheurs en croix pendis
Et souffris le coup de la lance
352 Aiez mercy de celle France
Qui pieça fut Gaulle appellee,
De Lutesse et de la contree
Ou la cité fonda Remus
356 Qui fut frere de Romulus.

347   Locution *fontaine de* — Di Stefano 367.
353   Petit lapsus: Notre Dame part de la perspective du XVe siècle.
355-356 La fondation mythique de Reims par Remus donnait une
         légitimation importante à la royauté française puisqu'elle faisait
         du pouvoir français le «jumeau» du pouvoir romain fondé par
         Romulus et de l'évêque de Reims un second pape, cf. le
         Gallicanisme.

C'est Reins, c'est le tresnoble lieu,
C'est Reins, ou le service Dieu
Est acompli devotement.
360 Hé filz, qui tout le firmament
As fait et creé par mesure,
Ne seuffre pas que creature
Chee en pechié jour ne demi
364 N'en temptacion d'annemi
Mais aux incredules paiens
Donne vouloir d'estre xrestiens
Et qu'aux xrestiens soit paix donnee.

SAINT PIERRE
368 Sire qui as habandonnee
Ta sainte gloire doulcement
A ceulx qui ton commandement
      Obeïront,
372 Qui te croient et qui croiront
Ta tressainte nativité
Et que de mort fus suscité,
Qu'enfer rompis et seurmontas
376 Et aussi qu'ez sains cieulx montas: [3v°a]
Tous tes apostres te supplient
A jointes mains et de cueur prient

---

368   S. Pierre parle au nom des apôtres.
375   Descente du Christ aux limbes: dogme catholique, basé surtout
       sur Act 2,24, Mt 12,40, 1 Petr 3,19. Depuis le VIe siècle, la
       descente devient, sous l'influence des apocryphes, surtout de
       l'*Evangile de Nicodème*, un thème iconographique. On la
       retrouve dans beaucoup de mystères européens de la *Passion*.

Que par ta haulte seignourie
380 Garde France d'estre perie
Ne par malle temptacion
Ne chee en desolacion.
Sire, par ta sainte amitié
384 Du crestien peuple aiez pitié;
Paix et pardon requiers pour eulx.

SAINT ESTIENNE

O Jhesus Crist qui les sains cieulx
As de lumiere environnez,
388 Soleil et lune enluminés
Et ordonnez a ta plaisance.
Pour le tresdoulz païs de France
Les martirs, non pas un, mais tous
392 A jointes mains et a genoux
Te requierent que tu effaces
La grant doleur de France, et faces
Par ta sainte digne vertu
396 Qu'ilz aient paix, ad fin que tu,
Ta doulce mere et tous les sains
Et ceulx qui sont de pechiez sains
Devotement servis y soient.

SAINT NICOLAS

400 Les confesseurs, sire, m'envoient
A ta [tres]sainte majesté
Requerir ta benignité

386   S. Etienne parle au nom des martyrs; il est considéré comme
       «proto-martyr».
400   S. Nicolas parle au nom des confesseurs.

Comme cellui qui a puissance
404   Comme a cellui qui a science
De recongnoistre bien et mal.
A l'ennemi qui est l'aval,
Serpentine beste crueuse,
408   Poignant a mort et venimeuse,
Tresfons de tout mauvais malice.
Dieu tout puissant, fay tant qu'il ysse
Hors du doulz païs sans amer
412   Que toutes gens doivent amer: [3 v°b]
C'est France ou sont les bons xrestiens.
S'on les confont, si les soustiens,
Car l'engin de leur adversaire
416   Et son faulx art les tire a faire
Contre ta sainte voulenté.
Aiez pitié de crestienté,
   Beau sire Dieux,
420   Tant en France qu'en autres lieux
Ce seroit pitié a oultrance
Que si noble roiaume comme France
Fust par male temptacion
424   Mis du tout a perdicion.
Hé, saintes vierges pardurables,
De l'amour Dieu inseparables,
Priez en plourant tenrement
428   Qu'il vueille abatre le tourment,
L'angoisse, le dueil, le martire
Que Sathan contre France tire.

---

403   Eventuellement on pourrait corriger *Comme [a]*: cf. v.404.
413   *France* est un nouvel anachronisme.

Le faulx tirant a tant tiré
432 Que le monde est trestout yré,
Peres, enfans, oncles, cousins
Tant xrestiens comme Sarazins,
L'un het l'autre mortelement.

SAINTE KATHELINE
436 Sire qui pour le sauvement
De toute creature humaine
Enduras et souffris le peine
De morir en la sainte croix,
440 Les vierges en piteuse voix
Humblement en pleurs et en plains
Te supplient a jointes mains,
Comme tes filles et espeuses,
444 Que de tes vertus precieuses
Dont tu as si grand habundance
Et si vray, sire, que Maxance
L'empereur me fist encloer
448 Et sur les roues enrouer
Dont sainne et nette me gettas,   [4 r°a]
Vueille chas[t]ier le Sathanas
Qu'il n'ait puissance ne droiture
452 Ne maistrie sur creature
          Qui croit ton nom.

431   Jeu de mots pseudo-étymologique: le *tirant* a *tant tiré*.
436   Ste. Catherine parle au nom des vierges.
446-448 Ste. Catherine (IVe siècle) a été martyrisée sur la roue qui,
       depuis, porte son nom, par l'empereur Maxence. L'hagiographie
       autour de la sainte est importante, mais des données historiques
       manquent.

Fais aux pecheurs grace et pardon
   Et les acorde
456 Par ta sainte misericorde
Et tellement que au parvenir
Puissent en tes sains cieulx venir;
Souviengne toy que faiz nous as
460 Et que de terre nous creas,
Ne donne pas ce qui est tien
°A l'annemi, mais nous retien
Mors et vifz en ta compaignie

DIEU
464 Gabriel, pour la seignourie
De ma mere premierement
Et du gracieux parlement
Des sains et saintes qui ci sont
468 La demande que ci me font
   Vueil ottroier.
Si te vueil tantost envoier
A mon ami Montain la bas
472 Et de par moy tu ly diras
Que sa requeste est exaussee
Et en mon paradis passee,
Presens ma mere et sains et saintes
476 Qui m'en ont fait prieres maintes,
Et aussi qu'il m'en a requis
Car en moy priant a acquis

466-467 Le ciel a tenu des «états généraux» et le *parlement* démocratique
des saints a décidé. Le parallèle entre les procédures au ciel et les
structures urbaines mériterait une plus ample étude.

Partie de son sauvement.
480 Di ly que bien prochiennement
Naistra un filz magnifié
Qui pieça est saintifié.
Sainctifié est avant ce
484 Qu'il viengne au terme de naissance.
    Preudons sera
Et tant en son vivant fera
Que mainte gent en vaulront mieux
488 Tant en France qu'en autres lieux.   [4 r°b]
Emile duc sera son pere
Et Celine sera sa mere,
Nobles gens de grant renom.
492 L'enfant en baptesme ara nom
Remi, ainsi sera nommé:
Remi sera le renommé,
Remi sera par sa prudence
496 Nommé comme apostre de France.
De si bonne heure sera né;
Montain sera renluminé
De ses yeulx dont goutte ne voit
500 Quant Remi y mettra son doit.
Autres choses pluiseurs fera
Dont le monde s'esjoïra.
Va, Gabriel, n'areste plus,
504 Va li dire au povre reclus
    Si hault qu'il l'oie.

496   Cette précision annonce le thème nationaliste, voir introduction.

GABRIEL

Moult suis liez et plain de joie
De commandement parfaire,
508 Puis qu'i te plait, je le voy faire
A ton congié, sire.

DIEU

                    Michiel!
Mon archange et prevost du ciel,
Assez avons parlementé
512 Desor(e)mais dictes **sillete**
Deux fois ou trois a voix series.

                    [*On chante pendant que
                    Gabriel se transporte sur terre*]

GABRIEL

Preudons Montain, Dieu te benie,
Qu'i te croisse honneur et bonté:
516 Jhesus a ta priere oÿe.
Preudons Montain, Dieu te benie,
Et m'a chargié que je te die
Partie de sa voulenté.   [4 v°a]
520 Preudons Montain, Dieu te benie,
Qu'i te croisse honneur et bonté.

513'   *Sur terre* n'est peut-être qu'une indication métaphorique, car le
        message de Gabriel sera vu (entendu) par Montain dans un rêve;
        aux vv.585-586 le reclus des Ardennes dira même que son esprit
        a été *ravi ez sains cieux*, ce qui impliquerait une autre mise en
        scène.

Pour ce que tu as Dieu servi
Veule Dieu qu'il te soit desservi
524 Et tant com plus le serviras
Tant plus s'amour desserviras.
Desservir or le te veult
Pour ce que ton ame se deult
528 Pour la doleur, pour la misere
Pour la discension amere,
Pour la tenebreuse obscurité
Qui est par toute xrestienté.
532 Pour ce te mande Dieu par moy
Que pour exaucier vraie foy
Naistra ung enfant bel et digne
Qui en son temps fera maint signe
536 De miracles et de vertus
Et seront par luy abatus
   Moult de pechiez,
Discordes et grand meschiez.
540 La sainte foy remettra sus
Et sera cest enfant conceus
Ne demourra pas longuement.
Montain, or entengs bien comment
544 Je dis et aprez sommillier
Ne vueilles mon dit oublier.
Le duc de Laon nommé Emile,
Seigneur puissant de mainte ville,

---

523 *Veule* sic; *veult* (transcription de Reims) serait une meilleure
leçon.
542 Sens: «et il ne se fera pas longtemps attendre».
544 *Sommillier*: infinitif substantivé; sens «ton sommeil».

548　　Au plaisir Dieu sera son pere;
　　　　Dame Celine en sera mere,
　　　　Sainte femme et de noble lieu
　　　　Et moult bien amee de Dieu,
552　　Mais de viellesse est si attainte
　　　　Que nature est en li estainte,
　　　　Parquoy ja pieça est passee
　　　　Selon nature sa portee.
556　　Sans vertu concepvoir ne puet,
　　　　Mais la ou Dieu veult il pleut.
　　　　L'enfant sera de Dieu ami.　　　　　　　　　[4 v°b]
　　　　Sus fons sera nommé Remi.
560　　Au plaisir Dieu ta lumiere
　　　　Te rendra du lait de sa mere.
　　　　En son temps sera arcesvesque
　　　　De Reins, et lors de maint evesque
564　　Sera il mettapolitain.
　　　　Adieu, mon doulz ami Montain,
　　　　Et du nom Remi te souviengne.

　　　　MONTAIN [*se reveille*]
　　　　O filz de Dieu, grant bien me viengne.
568　　Je me seigne, hahay, qu'esse cy?
　　　　Je ne sçay? Je te cry merci!
　　　　Vray Dieu, j'ay oÿ un chose
　　　　Si mervilleuse que je n'ose

558-559　　Cf. vv. 59-60.
553　　*Nature* signifie ici «fertilité».
557　　Proverbe Hassell D 91; Morawski n° 1019; cf. Gédéon et la
　　　　toison d'or (Jud 6,36)?
564　　La transcription de Reims lit *mettropolitain*.

572 Le dire ne le raconter.
Assez ne m'en puis espovanter
Ne je n'ay le sens de le dire
Et toutesfois le cueur me tire
576 Que c'est ma consolacion
Et ma propre redempcion,
Mon sauvement et mon salut.
O filz de Dieu, moult me valut
580 L'eure et le jour que je vins cy.
Rendre t'en doy grace et merci
Cent mile fois se je savoie,
Car comme je soumeilloie
584 Je congnois et sçay pour verité
Que mon esp[e]rit a esté
Ravi devant toy ez sains cieux.
Sains et saintes, jones et vieux
588 Ont moult requise ta puissance
D'envoier bonne paix en France.
Sire, vray Dieu, tu l'acordas
Par le moien que tu donrras
592 Ung enfant plain d'euvre divine
Au duc Emile et a Celine,
Dont je doy estre moult joieulx
Car la lumiere de mes yeulx   [5 r°a]
596 Me doit en ton saint nom donner.
Tel enfant doit on couronner
Et joie avoir de sa venue,
Dont mon corps et m'ame ert tenue

589   Le désir d'une nation en paix peut refléter l'actualité politique,
       mais il est tout aussi bien possible qu'il s'agisse d'un *topos* pur et
       simple.

600   De le haultement reveler
       Au vaillant duc, si vueil aler
       Savoir a Cerni en Lannois
       Que le duchesse fait. Je y vois
604   Et luy diray ceste aventure.

                              [*sur la route de Cerni*]

       EMILE
       Chascun oisel a sa nature
       Se tire tout communement.
       Coustume mainne par nature:
608   Chascun oisel a sa nature
       Et quant ilz ont prins leur pasture
       En chantant crient hautement.
       Chascun oisel a sa nature
612   Se tire tout communement.

       Pour moy le dis premierement
       Et pour Celine la duchesse.
       Je voy bien que dame Viellesse
616   Dedens ses las nous a enclos.
       Si tirons souvent a repos,
       Car nature a ce nous semont.
       Pieça ne descendi ce mont
620   De Laon dont je suis le duc,
       Mais foy que doy le bon saint Luc,

603   *Que* au sens de «ce que».
605   Proverbe *Chascun oisel a sa nature se tire*; idée, cf. Morawski
       n°1326, Hassell N 4.
616   Locution Di Stefano p.467.

Je me vueil par cy avaler
Et tout droit a Cerni aller
624   Ung po esbatre.

[Dans les Ardennes]

MONTAIN
Se je devoie aler a quatre,
A deux bastons ou a potence,
Si me contraint desir que ce
628   Que j'ay promis a Dieu a faire
Dilegemment voise parfaire.
O Jhesucrist en qui je croy,   [5 r°b]
Tu sces bien que goutte ne voy
632   Ne qu'une taulpe dedens terre
Ne je ne sçay a qui enquerre
        Chemin ne voie,
Se ton ange ne me convoie
636   Ou par miracles ne le fais.
Sire Dieu qui aux contrefais
Aux aveugles et aux mesiaux,
Aux boisteux, aux sours, aux muaux
640   Donnés santé,
Vueillés moy prester voulenté
Et telle puissance envoier
Que ne me puisse fourvoier
644   Ne que le bon Abacuc fist

---

622   *Par cy*: il indique le chemin.
632   Cf. Di Stefano p.821 *voir comme une taupe*.
644   Allusion biblique: Dan 14,33-39.

Quant l'ange a ung cheveul le prist
Et a Daniel le porta
Qui de tes biens le conforta.
648   Or ay ferme fience en toy.
Je m'en voy, sire, condui moy:
Se me conduis, je n'auray garde.

[*Chez Celine*]

CELINE
Que fais tu, Marson?

MARSON
                          Je regarde
652   Ung preudomme qui ci vient
Et ung baton en main tient
Ou une potence petite.
Ha, madame, c'est ung hermite,
656   Ung povre moinne ou ung reclus.
Je doubte qu'il ne chee jus
Et si croy bien qu'il ne voie goutte.

CELINE
Va prez de lui, il nous escoute.
660   Espoir est il hors de sa voie.
Je te prie, va, si le convoie
Et le remés en son chemin.   [5 v°a]

[Marson se rend auprès de Montain]

651 sq.   Didascalie indirecte: Marson décrit l'action dramatique.

MONTAIN

Nul ne pourroit en parchemin

664 Les grans vertus de Dieu escripre.

Je sens Ne-sçay-qui qui me tire!

Qui est ce la? Qui? Hau!

MARSON

                    Ami doulz,

Je viens cy au devant de vous

668 Pour vous garder de trebucher.

Helas! Mon tresdoulz ami chier,

Je croy que goutte n'y voiez

Et que vous estes fourvoiés

672 Du chemin ou vous devés estre.

MONTAIN

Se m'ayt Dieu qui me fist naistre,

M'amie, je m'en doubte bien.

MARSON

Et dont venés vous?

MONTAIN

                  Dont je vien?

676 Je vien d'Ardene au bois ramage

Ou je demeure en hermitage

Passé a trente ans et demi.

Et si voulrois estre a Cerni,

680 Une bonne ville en Lannois:

665-666   Indiquent un jeu scénique.

Ou nom de Dieu mon pere y vois.
Si vous prie, dame, doulcement,
Par pitié et non autrement,
684 Que me vueilliez mettre en la voie
Car je n'oz oncques si grant joie
Com de parler a la duchesse.

MARSON
Mon ami, par la sainte messe
688 Ou est sacré le corps de Dieu,
Vous estes arrivé au lieu
De Cerni que vous demandez.   [5 v°b]
Venez en et plus n'attendés!
692 Je vous feray parler a elle.

MONTAIN
Loez soit Dieu de la nouvelle!
Dame, prenez moy par la main.

MARSON [devant Celine]
Chiere dame, je vous amen
696 Ce seigneur cy, qui vous queroit.
Par m'ame, je croy qu'i ne voit
Ne ne vit oncques tant soit peu.

CELINE
Mon chier ami, au plaisir Dieu
700 Soiez vous le tresbien venu.
Qu'est il de nouvel avenu
Se Dieu vous gart qui point me fine?

MONTAIN
Se vous estes dame Celine,
704 La duchesse, femme d(e)' Emile,
Et dame de Cerni la ville,
En l'onneur de sainte Marie,
Le me dictes, je vous en prie.
708 Point ne voy, sy ne vous congnois.

CELINE
Mon ami, le duc de Lannois
Est mon seigneur et mon espeux.

MONTAIN
Ce vueil je bien, loez soit Dieu
712 Et la douce Vierge benigne.
C'est donc Emile, et vous Celine,
Pour qui je suis venus ici.

CELINE
Il est vray, sire, et grant mercy.
716 Or me dictes de vos nouvelles.

MONTAIN
Je les vous diray, dame, si belles   [6 r°a]
Qu'oncques depuis l'avenement
De Dieu ne le crucefiement
720 Ne furent si tresprecieuses,
Si saintes ne si glorieuses.
Haulte dame, dame tressainte,
Dame de l'amour de Dieu attainte,
724 Je suis Montain le reclus, moinne,
Je suis Montain qui vien d'Ardenne

Dire la revelacion
A vous par grant devocion
728   Que Dieu m'a commandé a faire.
J'ay tel desir de la parfaire
Qu'a peinne dire le pourroie.
Dame sainte plaine de joie,
732   Pieça deux enfans avez eux
Que Dieu a haultement pourveux.
L'un fut saint Prins de Soissonnois,
Evesques, et saint Leu en Lannois.
736   Les deux en vos sains flans portastes
Et doulcement les alaitastes.
Tant avez fait, et eulx aussi
Que Dieu par sa grace et merci
740   Les a fais sains en paradis.
O france dame, qui tousdis
Avez de bon cuer saintement
Servi Dieu angeliquement,
744   Escoutez ce que diray:
Se Dieu plaist, ja ne mentiray,
Jhesucrist qui est toutpuissant
A qui je suis obeissant
748   Vous mande que vous porterés
Ung fils dont si grant joie arés
            Qu'a dire voir

734   S. Principe, frère de Remi.
735   S. Loup, en fait, ne fut pas un frère de Remi, mais le neveu de
      Principe et de Remi. Sur le «triangle» Laon — Soissons —
      Reims, voir Sot 1994 p.387.
740   Les deux frères présentés comme morts: anachronisme (cf. au
      v.734 *fut*)!

Plus grant ne pourroit femme avoir.
752 Tel don lui a ja Dieu donné
Qu'il sera saint avant que né.
Bon clerc sera des son enfance
Et par li aura paix en France.
756 Preudons sera, plain de bontés   [6 r°b]
Et si se verra, n'en doubtés,
Arcevesque de Reins paisible.
Si bon sera et si paisible,
760 Si bel, si saint, si precieux
Qu'il donrra clarté a mes yeux
Quant vo mamelle alaitera
Si vous pri: quant ce sera,
764 Vous me fachiés a savoir.

CELINE
Doulz ami, je vous diray voir,
S'il est ainsi que vous me dictes,
Qu'un enfant plain de telz merites
768   Concevoir doie,
Je vous envoiray a grant joie
Querir, de ce ne doubtez point.
Mon ami, or y a ung point
772 Que je vous diray tout en l'eure
Sans mentir se Dieu me sequeure:
J'ay ja pieça oultrepassee
Selon nature ma portee.
776 Quatre vins ans avec dix

755   *Paix en France*: voir v.589 avec note.
758-759   Rime proscrite? C'est probablement un saut du même au même.
774   Cf. le *topos* du vieux couple stérile (Abraham et Sarah).

Puis bien avoir tous acomplis;
  Ce seroit fort!

MONTAIN
Cellui qui pour nous rechut mort,
780 C'est Jhesucrist nostre seigneur,
En vous mectroit vertus grigneur
S'il li plaisoit que ceci n'est.
Promettez moy si l'enfant naist
784 Que bientot m'envoirez querir.
Aultre don ne vueil requerir
  Quant a present.

CELINE
Mon ami doulz, je vous present
788 Ma bonne foy que si feray je.
Certain message y envoiray je
Et des biens. Monseigneur, vous plaise
Disner, je vous tenray tout aise   [6 v°a]
792   Se Dieu ait m'ame.

MONTAIN
Grant merci, ma treschiere dame,
A Dieu soiez vous commandee
Qui ceste doulceur m'a donnee:
796 Vous vueille de peril garder.

                                            [exit]

        [Trois jours plus tard; sur le chemin de Cerni]
EMILE
Cellui qui tout peut regarder
Bas et hault, en ciel et en terre,

Nous envoit paix en lieu de guerre
800 Et en la fin place ez sains cieux.
Qu'esse ci, je suis plus joieux
Que ne fuis oncques en ma vie.
Douleur est hors de moy ravie.
804 Je suis, Dieu merci, en bon point.
Ancor li pri[e] qu'il me doint
De ma femme aucun bien oïr
Dont je me puisse rejoïr.
808 C'est tout. Je m'en vois a Cerni;
Mon manoir est assez garni
Pour fere en(cor)nuyt bonne chiere.

                              [*arrivant chez lui*]

Qui est la? Celine, amie chiere?
812 Bon jour vous doint nostre Dame
Et santé au corps et a l'ame.
(Dictes) Comment vous sentés vous?

CELINE
                              Tres bien!
Tousjours en viellesse me tien.
816 Loez soit nostre createur
Qui de vous soit conservateur,
Mais vous avez moult demouré.

---

805   Nous avons corrigé *pri[e]*, *pri* et *prie* se rencontrant tous les deux
       (2552, 2556); éventuellement, on pourrait lire *Ancor[e]*,
       correction que nous avons souvent dû opérer (vv.3478, 3884).
812   Hypométrique puisque *doint* ne peut être disyllabique (Lote 1955
       III,127). Cf. cependant notre correction au v.805 où *doint* figure
       également (rime sur *point* monosyllabique).

EMILE
S'ay, mon Dieu en soit aouré,
820 Reposons nous, mes amours belles,
Et me comptés de vos nouvelles:
Si me ferés moult grant plaisir.

CELINE   [6 v°b]
Monseigneur, j'en ay tel desir
824 Qu'a peine dire le vous ose,
Car c'est la plus estrange chose
Que vous oïstes oncques dire.

EMILE
Dictes la moy!

CELINE
                    Voulentiers, sire.
828 Depuis trois jours m'est avenu
Q'un hermite est ceans venu
Qui Montain d'Ardenne se dit,
Mais se Dieu ait de moy respit,
832 C'est ung devot moinne sans doubte.
Reclus est, et si ne voit goutte,
Homme prudent, de beau langage,
Et m'est venu faire ung message
836 Mervilleux et de haulte emprise.
Vous savez comment je me brise
Et que pleinne suis de viellesse

828   *Trois jours*: les unités n'existent pas encore!
836   La transcription de Reims porte *entreprise*.

Ne jamais ne me peult jonesse
840   Donner vertu de concepvoir,
Mais il afferme et dit pour voir
Qu'avant qu'il soit an et demi
Arons ung filz nommé Remi,
844   A qui Dieu a donné le fais
De mettre en France bonne paix.
Ancor li a il tant donné
Qu'il sera saint avant que né.
848   De Reins archevesque doit estre
Et de mon lait, aprez son naistre,
Doit cest aveugle enluminer
Et clarté en ses yeux donner,
852   Mais au sourplus
M'a bien prié li bon reclus
De l'envoier querre a ceste heure.

EMILE
Dictes vous voir? Dieu nous sequeure
856   Et tous les sains de paradis!
Hé, vray Dieu qui en croix pendis   [7 r°a]
Pour nous et souffris passion,
De ceste annonciacion
860   Te remercie a nulz genoulx.
Beau sire Dieu, tu sces que nous

---

845   Cf. vv.589, 755.
846-847   Cf. vv.752-753.
849   *Naistre*: infinitif substantivé.
854   *Ceste heure* au sens de «à cette heure-là».
860   Le manuscrit porte *genolux* (faute curieuse: indication d'une
           source imprimée? cf. vv.2161, 5194); *nulz* (sic) pour *nudz*.

Nonobstant humilité
Sommes plains de fragilité
864   Ne n'avons mie sapience
De prenre peinne en pacience
Ne d'acomplir les mandemens
De t(r)es tressains commandemens.
868   Pecheurs sommes, de grace indignes
Et tu nous voeulz fere si dignes
Que ung saint enfant avoir doions.
Venés ça, dame, nous voions
872   Que grant viellesse nous assault
Et touteffois croire nous fault
Que Dieu est plus puissant cent fois
Que ne sont ducz, comtes ne rois.
876   Bien y parut a la pucelle
Sarre, la belle demoiselle
Qui fille fut de Ragueil,
Quant le saint ange Raphael
880   Le filz Thobias y mena
Et le mariage ordonna
Du beau filz et la fille ensemble.
Ce fut merville, ce me samble,
884   Car ja avoit eu six maris
Estranglez par les ennemis.
Ne sçay s'avecques elles gurent,
Mais nezun d'eulx ne la congnurent
888   Carnelement ne violerent.
Trestous pucelle la laisserent
Et lors Thobie l'espousa

877-878   Tb 11.

Par l'ange qui l'en avisa,
892   Voire comment:
En servant Dieu devotement,
En gardant l'onneur haultement
Du sacrement de mariage.
896   Et pour ce dame de vostre aage
Ne vous doit chaloir tant soit peu,   [7 r°b]
Car tout est au plaisir de Dieu.
Pour ce dy, ma tresdoulce seur,
900   Se nous le servons de bon coeur
Bien nous venra de le servir.
Pensons de l'onneur desservir
Qu'il nous voeult faire.

CELINE
904   La sainte Vierge debonnaire,
Sire, nous en doint voulenté,
Si vray que par ma xrestienté,
Trestoute ma devocion,
908   Trestoute mon affection,
Tout mon soulas, toute ma joie
Et trestout quanque mon coeur joie,
Mon desir, mon corps et mon ame
912   Est de servir la doulce dame
Et son chier filz.

EMILE
                    Vous dittes bien!
N'espargniez, dame, riens du mien,

898   Cf. Hassell D 84

Soiez joieuse desor(e)mais,
916   Vivez doulcement et en paix
Et ne soiez point solitaire.
Vostre estat ne me devez taire
Se Dieu nous donne aucune chose,
920   Belle chambre avez et bien close
Et bien garnie de tous biens,
Reconfort de moy et des miens
Arez souvent, n'en doubtez mie.
924   Reposons nous ici, m'amie,
Lyesse et joie demenant.

[*Chez le prévôt*]

LE PREVOST
Je ne suis mie souvenant
Que nostre arcevesques Bennades
928   Fust mis au compte des malades.
Il est malades, ce dit on,
Pourquoy de sa mort nous doubton.   [7 v°a]
Or sçay de vray que s'il mouroit
932   Chapitre ung autre en esliroit.

918   I.e. «Faites-le savoir si vous êtes enceinte».
926   Ici commence un épisode qui n'a rien à voir avec la naissance de
saint Remi, mais qui est plutôt un prélude au second épisode du
mystère: la nomination de Remi. Pourtant, le passage est relié
par la rime à l'histoire de la naissance de Remi (vv.925-926;
vv.985-986); à cause de l'écart de 22 ans entre les deux épisodes,
cet enchevêtrement est plutôt curieux.
932   *Chapitre*: ce substantif est systématiquement employé sans article
dans notre texte, tout comme sur les tapisseries faites pour Robert
de Lenoncourt (voir introduction).

C'est nostre droit, c'est nostre guise.
Or suis je prevost de l'eglise,
Premiere dignité, sans moien,
936   La seconde est le doyen
Qui le .ii.ᴱ en chapitre entre.
Le maistre du cueur, c'est le chantre
Qui est la tierce dignité.
940   Les chanoines par unité,
Selon leur vraie entencion,
Et nous faisons l'election
Du prelat qui nous vient nouvel.
944   Ja n'y fault estriller Fauvel.
Chascun le jure sur son ame.
Cellui seroit pire qu'infame
Qui vray preudomme n'esliroit.
948   Ce seroit pechié qui yroit,
Dieu le scet, contre son ser(e)ment.
C'est le chemin de dampnement.
Or ne scet on des aventures,
952   Les maladies sont obscures.
        On voit a plain
Qu'un homme n'a point de demain.

---

933   *Droit*: est-ce une allusion à la *Pragmatique Sanction*, qui règle le
        droit du clergé local d'élire ses dignitaires?
935   Petite partie didactique qui explique la hiérarchie ecclésiastique
        au public.
944   Locution Di Stefano p.330; Hassell F 26; Morawski n°2357 (8
        occurrences dans *Renart le Contrefait*, écrit par «le clerc de
        Troyes» et postérieur d'une vingtaine d'années au *Fauvel* de
        Gervais du Bus!).
954   Le Roux de Lincy p.247 «L'homme n'a nul demain», cf. Hassell
        D 20 «L'en n'a nul demain» (Gerson VII,300).

Le peril est de jour en jour,
956 Si ne vueil plus estre a sejour.
Maintenant a eulx m'en yray;
Ce cas ici leur compteray.

[*au chapitre*]

    Mes bons seigneurs
960 De chapistre estes les grigneurs,
Si vous avise qu'on regarde
Ou c'on commette aucune garde
A nostre arcevesque de Reims.
964 Il est presques a ses jours derrains,
Ce dit on, et n'en doubtez mie.

DOYEN
En nom Dieu, la vierge Marie
Et la tressainte Trinité
968 Li doint joie, paix et santé.　　　　　　　[7 v°b]
C'est ung seigneur c'on doit amer;
Je croy qu'il n'a deça la mer
Si vray preudomme.

CHANTRE
            Certes non!
972 Il a du peuple bon renon,
Il a a son chapitre paix,
Il fait justice des mauvais,
Il a en lui misericorde,
976 Il vest la haire, il ceint la corde,

956　Locution Di Stefano p.792.

Il het toute discencion,
Il est plain de devocion.
Si est bon de nous acquitter
980 De le faire visiter,   (-1)
Car c'est ung homme de grant sens.

PREVOST
Quant est de moy, je m'y consens:
Le premier iray voulentiers.

LE DOIEN
984 Je le second!

CHANTRE
     Et moy le tiers!
Or alons, que Dieu nous conduie!
        [Ils vont chez Bennades]

        [Chez Celine]

EMILE
Ma doulce seur, ne vous ennuie,
Par amour avons devisé,
988 Dieu merci, mais j'ay avisé
Que jusques a Reins aller me fault.
Je revenray sans nul deffault
Au plaisir Dieu diligemment.
992 Mahieu!

MAHIEU
     Sire?

EMILE   [8 r°a]

        Secrettement
Me voeul ung po aler esbatre
Sans apeler gens .iii. ne quatre:
Nous deux, sans plus, il me souffist.

MAHIEU

996   Mon chier seigneur, cellui qui fit
De pure eaue devenir vin
Aux grans nopces Architriclin
Me doint par son vouloir espace
1000   D'aquerir vostre bonne grace.
Alons la ou il vous plaira!
Mon corps jamais ne vous laira,
Mais vous serviray a grant joie,
1004   Car milleur trouver ne pourroie,
Je le sçay bien.

CELINE

           Or, adieu, sire.
Cellui qui de tout maulx est mire
Vous doint a joie revenir.

[les deux s'en vont]

996-1000   Ce miracle du Christ (Jo 2,7-10) est un exemple préféré dans la
littérature bachique: cf. le *Sermon joyeux de saint Raisin* (éd.
Koopmans 1988 n°27), Villon *Testament* v.1243. Au moyen âge,
le substantif *architriclinus* («maître d'hôtel») était interprété
comme le nom de l'époux aux noces de Cana. Dans les mystères,
les messagers sont toujours assoiffés.

1002   *Mon corps*: «je» est donc sujet: «je ne vous abandonnerai pas».

[plus tard; chez Montain]

MONTAIN

1008   Je sens bien la saison venir
     Que la sainte dame Celine
     Doit approchier de sa gesine:
     Dieu par sa grace s'y consente
1012   Et me vueille mectre en la sente
     D'y aller a chiere joieuse
     Si que la doleur tenebreuse
     De mes yeux soit enluminee
1016   Et par la grace Dieu donnee.
     A cellui voeul abandonner
     Mon cuer, qui la me fait donner,
     Car la vertu li donnera
1020   Cellui qui nous pardonnera,
     Si lui plait, les mortelz pechiez
     De quoy nous sommes entichiés.
       Entechiés sommes,
1024   Assez souvent, femmes et hommes,
     Des mondains delis qui po valent,
     Dont noz ames en peril balent   [8 r°b]
     Et sont en doubte soir et main,
1028   Car nous n'avons point de demain.
     Or vueille Dieu et celle Vierge
     Qui de paradis est conchierge
     A tous pecheurs donner avis

1016   Comprendre: «la grâce donnée par Dieu».
1018   *La* sc. la grâce.
1019   *Li* i.e. «au coeur»
1022-1023   Enchaînement avec inversion.
1028   Cf. *supra* v.954 avec note.

1032 Que tant com nous sommes vis
Puissons faire devotement
A noz ames le sauvement
Et tant servir
1036 A toy, Vierge, que desservir
Doions l'amour du fruit de vie.

[*chez Celine*]

CELINE
Marson?

MARSON
Dame?

CELINE
Vien ça, amie.
Remés moy mon mantel a point.
1040 Je me sens en tres petit point:
Le corps me fait mal et le cuer.
Avance tøy bientot, ma seur,
Car j'ay desir
1044 De moy ancor ung po gesir
N'en estant estre ne pourroie.

MARSON
Alez moy, dame, celle voie.
Je vous enten bien a ung mot.
1048 Je ne tien pas l'ermite sot

1045 Céline est donc enceinte.
1044 *De moy gesir*: verbe pronominal avec la forme tonique du pronom.

Qui si bien scet les choses dire.
Or en soit loé nostre sire,
La doulce Vierge et tous les sains.
1052   Nous aurrons des petites mains,
Se Dieu plait, et des petis piés,
Paremens et haulx marchepiez
Seront desor(e)mais en saison.

CELINE
1056   Marson, tay toy!

MARSON   [8 v°a]
        Jehan! C'est raison!
Ma dame, vous serez couverte.

CELINE
La grace Dieu me soit ouverte,
La doulceur, l'amour, la pitié
1060   Et le don de sainte amictié.
De cuer, de bouche et d'esprit
Mercie le doulz Jhesucrist,
Mon Dieu, mon seigneur glorieux,
1064   Mon vray createur precieux
Qui en mon aage de viellesse
Me donne confort de leesse
Tant que mon cuer de joie fent:
1068   Je suis encheinte d'un enfant.
De vray je sçay, n'en fault doubter,
Assez souvent le sens bouter

1056   Céline ne partage pas encore la joie de Marson; belle et naïve
réaction psychologique.

Parmy mes flans et mes costez.

MARSON

1072   Ma doulce dame ça'coutez,
Parlez bas, ho! Y le convient:
Je voy mon seigneur qui revient,
    Voire et Mahieu!

EMILE [*arrive chez Celine avec Mahieu*]

1076   Hau! Qui est la? Et Dieu gart! Dieu,
Comment se porte le maynage?

MARSON

Mon bon seigneur, nostre courage
Nous disoit bien vostre venue.

EMILE

1080   Que fait Celine?

MARSON

             Elle est tenue,
Je vous promés, mieux qu'onques mais.

EMILE

Dieu vous envoit santé et paix,
Ma seur, m'amie et mon cuer doulz.
1084   Dame, comment vous sentez vous,   [8 v°b]
Estes vous au lit? Dieux y soit!

1072   Réduction de *ça ecoutez*, attestée dans bien des farces (bien que
Lote 1955 III,85 compte *ça* parmi les monosyllabes qui ne
s'élident jamais)!

CELINE
Le Dieu qui tout scet et tout voit,
Mon treschier seigneur debonnaire,
1088 Vous doint vouloir de tousdis faire
Son plaisir. Je suis bien malade;
Mon trespovre cuer est si fade
Que je n'ay de riens appetit.

EMILE
1092 Je me veul assoir ung petit
De costé vous, ne vous ennuie.
Or me dictes, je vous en prie,
Vostre estat, ne me celez rien.

CELINE
1096 Celer, sire, vous dictes bien
Se nostre fait je vous celoie
A mon avis je pecheroie.
Pechier ne voeul contre nature
1100 Ne contre nulle creature:
Si le vous diray, c'est raison.
Le temps approche et la saison
Que ceans fut le bon preudomme
1104 Qui me dist quant, comment et comme
Enceinte devenir devoie.
Si m'est avis se Dieu me voie
Que sa parolle est acomplie

1086   Cf. Hassell D 84.
1095   Cf. v.915.
1102-1105 Syntaxe approximative. Comprendre: «le temps que me dit le
          preudhomme qui fut ceans».

1108   Et qu'au plaisir Dieu suis emplie
        Et enceinte comme il disoit.

        EMILE
        Mon Dieu, mon createur en soit
        Loez, merciez par cent fois.
1112   Si vray, dame, que je m'en vois
        Sans arrester en la chapelle
        Rendre grace de la nouvelle
        Si que l'enfant viengne a bon port.
1116   Se vous sentez les maulx au fort
        Je ne suis pas de cy trop loing.

                    [*ici, le texte s'interrompt: le passage de la
                    naissance de Rémi et de la guérison
                    miraculeuse de Montain manquent*]

                                            [*en route*]

        [....................
        ....
1120   ....]
        Vous l'amez et a mort et a vie   [9 r°a]

1115   Locution Di Stefano p.717.
1117   Après ce vers, une main moderne a ajouté *il manque ici quelques
        feuillets*; probablement, c'est au moins un cahier qui manque.
        Nous conjecturons une lacune minimale. En fait, la naissance de
        Remi et la guérison miraculeuse de Montain par le lait de Céline
        manquent, ainsi que le début de l'épisode de la nomination de
        Remi (vv.1206, 1219 *esleu*; cf. Sot 1994 pp.381-383). Dans les
        miracles de Notre Dame de Gautier de Coincy, Notre Dame
        guérit un moine malade du lait de sa *douce mamelle* (Hinrichs).

VILLAIN
Ha! Que je croy qu'i lui ennuie
Qu'elle ne revient ne fait pas.

MESSAGIER
1124 Elle n'yroit ung tout seul pas
Sans le commandement de Dieu.

VILLAIN
Hahay! Quant on part de ce lieu
Fault y riens paier a la gent?

MESSAGIER
1128 Quoy doncques? S'elle avoit de l'argent
Au premier jour que revenroie,
Je sçay bien que je l'amenroie
Pour estre ung mois de costé vous.

VILLAIN
1132 Hé, mon ami, a deux genoulx
Te requier que tu me l'amainnes.
Veci deux bourses toutes pleinnes
De gros de Metz, de gros tournois
1136 Et de bons vielz escus de pois.

1124sq.   Scène profane typique: la rencontre d'un messager et d'un
          rusticus, attestée dans beaucoup de mystères et qui paraît
          remonter au fabliau du *Jongleur d'Ely*. Ici, le vilain et le
          messager sont en train de conclure un marché: le vilain paie le
          messager pour qu'il lui procure une épouse.
1127   Les *villains* sont toujours âpres au gain!

Tenez, alez et que je l'aie!

MESSAGIER
Se le mal temps ne me delaie
Je l'amenray dedens quinzaine.

VILLAIN
1140   Dieu le vueille et la Magdaleine!
Or alez, mon ami tresdoulz,
Je penseray moult bien de vous.
Je seray seray marié,
1144   Au moins l'ay je harié
Qu'il m'a dit que j'aray ma femme.
Hau, Saucadet, saint Jehan, j'ame;
Je mecteray le grant pot au feu.

MESSAGIER [*arrivant à Sens*]
1148   Je pri au benoit filz de Dieu,
Mon chier seigneur, qu'il vous doint joie.
Chapitre de Reins vous envoie   [9 r°b]
Ces lettres par protection
1152   D'umble recommandacion
        Comme tous vostres.

ARCEVESQUE de SENS
Dieu gart, ami, nous et les nostres
Sommes en leur commandement.

MESSAGIER
1156   Sire, je m'en vois hastivement
        A ce preudons
Le bon evesque de Soissons.

Monseigneur, a vostre congié!

ARCEVESQUE de SENS
1160 Tu n'as mie ici trop songié,
Messagier. Va, Dieu te conduie!

MESSAGIER [*arrive chez Jacqueline*]
Hahay, mere Dieu, qu'il m'ennuie
Que je ne sçay combien je porte.
1164 Je pren que ce soit cy la porte
De paradis ou je m'encline.
Ou estes vous, dictes, Jacqueline,
Estes vous la? Que je vous voie!
1168 Venez compter vostre monnoie.
Veez ci ung rocquet, c'est empreu,
Deux chemises, or y soit Dieu.
Saint George, hau, veci la bourse
1172 Mais elle sera cy secousse:
Clicq, clicq, clicq, hau, vecy de quoy!
L'aniel d'or sera en mon doy!
      Veez grant tas d'argent,
1176 Richesse, hahay, bonne gent
Veez les cy, les beaux gros de Metz,
Les gros tournois, quel entremez,
Les viels escus d'or a derroy,
1180 Jacqueline, par saint Eloy,
N'en pissera jamais plus roide.
Haro, ma bourse estoit si froide;

1164-1165   Il se trouve donc devant l'huis.
1173   Indique un jeu de scène.

Or sui armé contre le froit   [9 v°a]
1184   Ne n'oÿ mot; je m'en voy tout droit
La sera paradis trouvé.

                                        [à Sens]
ARCEVESQUE de SENS
Ja ne me soit il reprouvé
Que je n'aille vers mes amis
1188   Qui ce messaige m'ont tramis.
Prenez ma croix et moy ma croche
De ci la n'a bois ne brosse.
Allez devant, messire Gile!

MESSIRE GILE
1192   Foy que doy la sainte euvangile,
Je le feray de cuer joieulx.
Telle puissance vous doint Dieu.
Que le labeur soit recepvable
1196   A Dieu et a vous pourfitable,
Mon chier seigneur.

                        [ils se mettent en route]
ARCEVESQUE de SENS
                    Allez devant!
A Reins yrons d'or en avant
Sacrer l'arcevesque nouvel.
1200   La sera joie et grant revel,
Seigneurs, bourgois et chevaliers.
Ja seront plains ces hosteliers;

1202   Les hôtels sont complets: est-ce un anachronisme qui dénote la
situation rémoise au moment de la représentation?

Tout au plaisir de Dieu se face.

[ils arrivent chez Remi]

1204 Jhesucrist par sa sainte grace
Vueille garder de villenie
Nostre esleu et sa compaignie.
Par Dieu! Vous estes bel et doulz.
1208 Comment vous est il a trestous?

REMI
   Bien!
Le Dieu du ciel de qui je tien
Corps et ame, sens et savoir
1212 Vous octroit grace d'avoir,
La gloire et la sainte lumiere
Dont celle dame est tresoriere
Qui porta le doulz Jhesucrist.

PREVOST   [9 v°b]
1216 Par la voie du saint Esprit,
Par sainte revelacion
En parfaitte devocion
Avons le bon Remi esleu.
1220 Par l'ange de Dieu l'avons sceu,
Par haulte parolle et par signe

1209 Vers très court (normalement, les vers courts sont de 4 syllabes).
      Hypomètre? On pourrait songer à *[par la grace de Dieu,
      tres]bien* ou quelque chose de ce genre.
1216 Cf. *Saint Didier* (éd. Carnandet 1855 p.16): l'élection se faisait
      soit *via compromissi*, soit *per scrutinium*, soit *via Spiritus sancti*,
      ce dernier procédé étant «le plus saint».

Qu'il est de l'archeveschié digne.
Si vous prions ensemble tous
1224　Que le bon signeur bel et doulx
Vueillez, s'il vous plait, ordonner.

ARCEVESQUE de SENS
Y convient donques adjourner
Deux des prelas provinciaux
1228　Qui leurs lettres et leurs sceaulx
Bailleront sans condicion,
En tesmoignant l'election
Et vous aussi lettres en ferez.

DOYEN
1232　Nous ferons quanque vous direz:
Ja est allé nostre message
Qui moult bien fera le message.
Nous l'attendons demain icy.

MESSAGIER [arrive à Soissons]
1236　Cellui qui fait grace et mercy
A tous pecheurs par sa puissance
Vous doint honneur, sens et chevanche.
Chapitre de Reins vous ces lettres envoie.

EVESQUE de SOISSONS
1240　C'est droit que je les voie,
　　　　Si les liray.

1239　Le manuscrit porte *envoie ces lettres*: correction pour la rime.
Toujours est-il que le vers reste hypermétrique: supprimer *ces
lettres*? supprimer *de Reins*?

Tout en l'eure les desclorray.
C'est assez, je sçay bien que c'est.
1244 Messagier, va t'ent, je suis prest
De parfaire ce que je doy.

MESSAGIER [*arrive à Laon*]
Il m'est advis que je voy,
Monseigneur de Laon par semblance.   [10 r°a]
1248 C'est il, le gentil per de France;
Mes lettres presenter li vois.
Sire, le Dieu qui en la croix
Souffrit pour nous la mort amere
1252 Et sa tresdoulce chiere mere
Vous vueille d'essoingne garder.
Ces lettres vueilliez regarder
Ou nom du benoit Jhesucrist
1256 Que chapitre de Reins (vous) escript.
Chacun par soy, ensemble tous
Se recommandent tant a vous
Qu'a peinne dire le saroie.

EVESQUE de LAON
1260 Ami, par foy, Dieu vous doint joie.
Je les verray moult voulentiers.
J'ay de bon vin sur mes chantiers:
Allez en boire, mon ami.

1242-1243 Entre ces deux vers, il ouvre la lettre, il la lit et puis il dit...
1248   *Pair de France*, attesté en latin dès 856, pourrait être
          anachronique ici.
1262   Les *chantiers*, pièces de bois sur lesquelles reposaient les
          barriques, figurent également chez Villon (*Testament* v.199).

MESSAGIER

1264 Pieça n'oÿ mot ne demi
De quoy je fusse si joieulx.
J(e)' y vois! Que bon jour vous doint Dieux,
Mon chier seigneur.

EVESQUE de LAON

                Or ay je leu.

1268 Nous avons ung nouvel esleu
A Reins, g'y vas sans faulte nulle.
Ja n'y menrray cheval ne mule
Mais a mon pié devotement.

1272 Venez y, messire Clement!
Assez fors estes et legier,
Et appellez ce messagier:
Comment a il nom? Robinet?

CLEMENT, *chanoine*

1276 Nennil, non.

                          [au messager]

             Vien t'en sadinet
Monseigneur veult aler a Reins.   [10 r°b]

1265   Toujours les messagers assoiffés.

1270   Cf. le *Mystère de saint Louis* anonyme, où l'évêque de Paris dit:
           Bien me plaist / D'aler a pié, le temps est bel (éd. Michel p.18).

1275   Jeu de mots: tout comme Gauthier (*gaudir*) est un galant et Mi-
           chault (*m'y chault*) un *bon foterre*, Robinet représente le grand
           buveur (d'après *robinet* «tuyau de fontaine»).

1276   *Sadinet* est peut-être une altération de *Saucadet*, nom du
           messager (cf. v.1146).

MESSAGIER [*ivre*]
La male goutte ait il ez reins
Qui n'a bien beu et a son aise.
1280 Hé Dieu, quel vin ne vous desplaise
Monseigneur, j'en ay bien soufflé.
Le nez m'en est ung po enflé
Et j'en ay pleinne ma bouteille.

EVESQUE de LAON
1284 Se m'aist saint Loys de Merceille,
Je t'en sçay bon gré, or alons!
Va devant, monstre tes talons.
Dieu nous doint si bien exploitier
1288 Com il scet qu'il nous est mestier,
Car moult nous vaulra, c'est la somme,
Nostre esleu s'il est bien preudomme
Et je tien bien que si est il.

                                    [*à Reims*]
EVESQUE de SOISSONS [*en arrivant*]
1292 Dieu gart l'esleu bel et gentil
Et li envoit prosperité
Si bonne qu'en vraie unité
Nous puisse mectre par son sens
1296 Et vous, mon chier seigneur de Sens,
Dieu vous doint paix, Dieu gart chapitre.

1288   Locution Di Stefano p.539.
1292   Manuscrit: \gart/.

EVESQUE de LAON [*arrive aussi*]
Dieu doint joie a nostre menistre,
Bonne paix, bon commencement,
1300   Bon moien, bon deffinement,
Et a vous monseigneur aussi
De Sens, vous estes Dieu mercy
En bon point. Sire de Soissons,
1304   Chapitre et vous tous mes sossons:
Dieu vous soit seigneur et ami.

PREVOST
Seigneurs, veez ci monseigneur Remi,   [10 v°a]
Homme prudent, homme tressaige,
1308   Homme venu de hault parage,
Cellui dont Dieu nous a pourveu
[....................]
Cellui qui de par Jhesucrist
1312   Par la voie de saint Esprit
Voulons nostre arcevesque faire.
Esleus l'avons, vueilliez parfaire
Ce que raison et droit consent.
1316   Ceste euvre voeult, ceste euvre sent
La foy, la foy de nous trestous.

ARCEVESQUE de SENS
Seigneurs et amis, quant a nous,

1310   Lacune conjecturée pour la rime.
1312   Cf. v.1216 avec note.
1315   Le poète est plus ou moins obsédé par la combinaison du droit et
        de la raison; cf. 1355, 3174, 3602, 3756, 3879, 7005, 8009,
        9982, 10.300, 10.739, 11.028, 13.451.

Je sçay et croy par ma santé
1320 Que nous avons grant voulenté
D'y mettre sens et estudie.
S'il li plait il fault qu'il nous die
Sa bonne et vraie entencion.
1324 Ce fait gist en devocion
Pour tous pecheurs de bien remplir
Pour le vouloir Dieu acomplir.
Chier sires, a ces poins entendez
1328 Et sy vous plait nous respondez
Adfin que plus soions joyans.

REMI
Loez soit Dieu de tous les biens
Que de par lui nous presentez,
1332 Mais trop durement me temptez
Sans cause et sans nulle action,
Assez pour faire fraction
Envers Dieu de ma conscience.
1336 Simples homs suis qui n'ay science,
Force, vertu ne sentement
Pour avoir tel gouvernement.
Si n'avez cause raisonnable
1340 De tel office venerable
Offrir a moy.

EVESQUE de SOISSONS   [10 v°b]
            N'en parlez point:
Vous l'arez et Dieu la vous doint
Dezoremais si bien gouverner
1344 Que le peuple en doie mener,
Grans et petiz, joie parfaicte.

EVESQUE de LAON
Puis que l'election est faicte
Ne devez ad ce contredire,
1348   Mais a Dieu grace devez dire
Tresdevotement, jour et nuit.

REMI
Ha, messeigneurs, ne vous ennuyt,
Vint trois ans n'ay acomplis;
1352   Si ne doy rochet ne surplis
Porter par dessus ma vesture
Ne possesser de prelature:
Droit et raison le contredit,
1356   Car ung decret y a qui dit
Qu'uns homs qui n'a .XXX. ans passez
N'est mie souffisant assez
A si haulte ordre recepvoir.
1360   Avisez y, je vous dy voir.
Si ne m'en doy mie entremettre;
Aultre que moy y devez mettre.

CHANTRE
Riens nous n'en ferons.
1364   En la chaiere vous porterons
Comme prelat et homme digne.

1355   Cf. 1315 avec note.
1356   L'âge canonique pour l'ordination épiscopale est de trente ans
(cf. Sot p.382). Sous François Iᵉʳ cependant, il fallait avoir 27
ans, mais le roi n'a pas été très strict là-dessus (Knecht 1994
p.102).

MAISTRE LOYS

Qu'est ce que je voy? Je voy ung signe,
Messeigneurs, qu'onques ne vis mais.
1368 Dieu nous donne un bel entremetz
A nostre esleu le devisez.
Le ray du soleil avisez,   [11 r°a]
Avisez le dessus sa teste.
1372 Il vient du ciel li faire feste;
Il resplandit tout de clarté.

MAISTRE RAOUL

O digne et sainte Trinité,
Pere, esprit et digne filz,
1376 Oncques si grant clarté ne vis,
Ce m'est avis, sur creature.

JASON

Pour tout jetter a l'aventure
Jamais ne nous eschappera.

HERCULES

1380 Alons y trestous, c'est droiture
Pour tout getter a l'aventure.

THEZEUS

Il est de si bonne nature
Que plus ne nous refusera.

1366   Les deux *maistres* voient donc le rayon de soleil qui se pose sur
       la tête de Remi. Reste à savoir comment les *entrepreneurs* ont
       réussi à visualiser cela.

LYONNET

1384 Pour tout getter a l'aventure
Jamais ne nous eschappera.

ARCEVESQUE de SENS

Monseigneur, quant il vous plaira
Nous vous mettrons en ordonnance.
1388 Gardez vous d'inobedience
Contre les mandemens de Dieu.
Vous avez icy ung beau lieu
Devot, plaisant et pourfitable.
1392 Vostre personne est aggreable
Aux forains et aux citoiens,
Au chantre, prevost et doiens
Et le vouloir acomplirez
1396 De Dieu, si tot com vous direz:
'Ad ce que Dieu voeult me consens'.

REMI   [11 r°b]

Chier sire, arcevesque de Sens,
Jamais ne vous en desdiray;
1400 Dieu le veult et je le feray,
Puisque si grant honneur me baille,
Moy indigne sans que le vaille,
Je l'en merci de cuer devot,
1404 Je vous merci, sire prevost,
Je vous merci, doien et chantre
De chapitre par qui ci entre
Et vous, seigneurs en general.

1390   Le *beau lieu* désigne l'hermitage de saint Remi.

ARCEVESQUE de SENS

1408 Veez ci l'abbit pontifical;
Joie et leesse soit cree[e],
Toute douleur soit oublie[e],
Dieu nous aime, Dieu nous conforte
1412 Quant si bon prelat nous apporte.
Or face son devoir chascun.

LIONNET

Quant est de moy, je ne suis qu'un
Mais j'en feray si grant devoir
1416 Que par tout Reins verrez avoir
Tables rondes a tous venans.

THEZEUS

Et vous verrez les remanans
Dames, bourgoises et pucelles
1420 De ce me vente, et demoiselles
Dancer de joie parmy Reins.

HERCULES

Et je feray cent mil reins
De may apporter par la ville

1409-1410   Correction pour l'accord grammatical et pour rétablir
            l'octosyllabe au v.1409.
1417   Locution Di Stefano p.813 «tables ouvertes à tous».
1418   Manuscrit: *as remanans*.
1422   *Reins* du latin *ramus*: «branches», mais en même temps
            homophonie avec le nom de la ville.
1423   *De may*: de l'arbre de mai.

1424   A Dieu fais veu et a saint Gile
       Que nous arons cent menestrez.

       JASON
       Joustes, tournois sur haulx destriers
       Heaumes luisans, targes, rochez
1428   [..................]
       Verrez par tous les quarrefours,   [11 v°a]
       Les haulx eschaffaulx et les hours
       Sont ja ordonnez pour les dames.

       PREVOST
1432   C'est droit que nous, vous et les femmes
       En soions trestous resjoïs.
       Vous avez les beaux mos oÿs
       Que ce vaillant seigneur a dis;
1436   Dieu doint paix et paradis
       A ceulx qui devoir en feront.

       ARCEVESQUE de SENS
       A tous ceulx qui ici seront
       De bon cuer par devocion
1440   Pour faire la creacion
       De ce noble seigneur icy
       En impetrant a Dieu merci,
       Cent jours de vrays pardons vous donne
1444   A ceulx qui sont ci en personne
       Et Dieu confermer les vous vueille.

1424   Manuscrit: - gile + eglise, - eglise + gile.
1428   Lacune conjecturée pour la rime.

Or li vestons robe vermeille.
Vermeille couleur signifie
1448 Noblesse et haulte seignourie,
Noble en tous faiz, noble en couraige,
Noble en parler, noble en linage,
Noble de sens, noble en prouesse,
1452 Noblement trait de gentillesse.
Ces poins sont en vous et plus, sire,
Chascun le scet, dont je puis dire
Que la couleur avez acquise.

EVESQUE de SOISSONS
1456 L'autre raison vient de l'eglise
Dont seigneur estes a present.
Oncques ne vis si bel present
Presenter a homme mortel
1460 Au vray Dieu qui est immortel
Dont le present vous est venu.
Estes vous haultement tenu,   [11 v°b]
Car appellé serez seigneur,
1464 Des arcevesques le grigneur.
Le premier per estes de France

1446 sq. A partir d'ici, les évêques remettent à Remi les attributs sacerdotaux. Une passage analogue se trouve dans le mystère de saint
Didier (éd. Carnandet 1855 pp.103-105) où les explications sont
moins élaborées. L'ordre y est: *surplis* - *amyt* (ici v.1507) - *aulbe*
(v.1507) - *saincture* (1513) - *manipule* (*phanon* 1532) - *estolle*
(1522) - *chappe* - *croce* (1615) - *anel* (1645) - *myte* («mitre»
1614).
1465   Cf. v.1248 avec note.

Et duc de Reins sans differance;
Si povez, ce droit ne varie
1468   Porter le vermeil par seignourie,
C'est l'autre point.

REMI
                              Dieu le vous mire.

EVESQUE de LAON
Raison me fait le tiers point dire:
Vermeil par bonne entencion
1472   Signiffie la passion
Que nostre sauveur moult destrois
Souffrit en l'arbre de la croix
Humblement au saint venredi
1476   Quant Longis son costé fendi.
La fut le vermeil sang osté
De son digne destre costé.
Vermeil yssi de son beau chief,
1480   Des piés, de mains a tel meschief
Que le corps humain a grant tort
De souffrir l'angoisse de la mort.
Mais le corps fut resuscité
1484   Par la vertu de deïté
Et porta vermeille baniere
Dont il abbati la bariere

1466   *Duc* va un peu loin, pour le Ve siècle; probablement une
          projection quasi-féodale. Son père Emile fut *duc* (*dux*) à Laon.
1468   Manuscrit: *Le porter.*
1472   Manuscrit: - *possession* + *passion.*
1486-1487 Le Christ aux limbes: cf. v.375 avec note.

Et rompi les portes de fer
1488   Pour oster des mains Lucifer
         L'umain linage.
         Si dy que vermeil sans oultrage
         Doit estre de seigneur porté
1492   Et pour ce en tres bonne santé
         Vestu aiez robe vermeille.

ARCEVESQUE de SENS
C'est moult bien dit et Dieu le vueille   [12 r°a]
Qui par sa grace nous octroy
1496   Faire chose qui bonne soit.
         Or vous seez, si parferons:
         L'estendaille vous chauserons
         Que chevaliers appellent greves
1500   Quant ilz vont en batailles griefves
         Contre leurs mortelz ennemis.
         Or estes vous en chaiere mis,
         Mais vostre chaiere segniffie
1504   Le chastel de mort et de vie
         Dont vous estes tour et donjon.

EVESQUE de SOISSONS
Heaulme vous fault et hobregon.
Veez les ci, c'est l'amit et l'aube
1508   Dont vous vous armerez des l'aube
         Du jour contre vostre adversaire

1487   Manuscrit: - *barieres* + *portes*.
1497   *Seez*: didascalie indirecte.
1498   *Chauserons*: le manuscrit porte *chāseons*, cf. confusion u/n.
1508   Manuscrit: - *armez* + *armerez*.

Le mal Sathan faulx et faulsaire
Qu'il ne vous puist de riens reprendre.

EVESQUE de LAON

1512   Et encore vous convient prenre
Ceste cheinture, c'est le ceing
De quoy le hobregon est cheint.
L'acteur la nous veult comparer
1516   A l'arcq qui se courge au tirer,
Qui est deffense moult subtille.
Si devez faire bastille
De cest arcq contre l'ennemi
1520   Qui ne fine jour ne demi
De nous tirer a dampnement.

ARCEVESQUE de SENS

L'estolle donne enseignement
De la hache au fort campion
1524   Quant il a ferme entencion
De sa partie succomber.
Si vous devez ore adouber
De vostre estolle au lieu de hache   [12 r°b]
1528   Contre l'ennemi qui nous hache
Et tire quanqu'il peult tirer
Nostre ame pour la martirer;
En nom de Dieu l'aiez vous mise.

EVESUE de SOISSONS

1532   Le phanon selon sainte Eglise

1515   *Acteur* signifie «auteur» au XVe siècle. S'agit-il d'une allusion au
ps.-Denys (*La hiérarchie ecclésiastique*), par le biais de Gerson?

Devez porter au bras senestre.
La masse a l'enclume doit estre
Massue ou baston vigoreux
1536   Pour contredire aux rigoreux.
C'est du phanon signiffiance
Qu'en vous devez avoir fiance
Et vous garder de faire chose
1540   Dont l'ennemi touchier vous ose.
Or tenez de par celle dame
Qui est par dessus toute femme
A la destre Dieu couronnee.

EVESQUE de LAON
1544   La tunique vous soit donnee
C'om poeult bien aux pans comparer
Pour mieux le hobregon parer
L'espan d'achier quant il y sont
1548   Moult grant confort a l'omme font
Et est le pan bien necessaire
Pour le trait de son adversaire,
            Mais en ce lieu
1552   Pour vous bien armer selon Dieu
Serez armé de la tunicque
Qui par desoubz la dalmaticque
Vous ammoneste chasteté,
1556   Devocion et charité
Et se de ces trois vertus avez
Et bien garder vous les savez,
La tunicque vous gardera
1560   De cellui qui vous temptera,
            N'en doubtez mie!

ARCEVESQUE de SENS   [12 v°a]
La mere Dieu nous soit amie
A qui vint le voix angelicque.
1564   Or li vestons la dalmaticque
Digne, riche, noble vesture,
C'om peult comparer a l'armure
Qui est en armes appellee
1568   Piece d'achier luissant et lee.
La piece est pour garder le corps
De coups de lance et de tresfors
De hache pesant ou d'espee.
1572   Car pieche d'achier bien trempee
Ne peult on gueires adommagier
Se ce n'est a moult grant dangier.
La dalmatique est trop plus forte
1576   Pour garder cellui qui la porte,
Car elle est pleinne de vertus:
Ne jus ne seront abatus
Ceulx qui y ont bonne fyance.
1580   Dalmatique a bonne signifiance
De confort sans inniquité,
De prudence et d'umileté,
De sens, d'avis et de bon memoire
1584   Pour contredire a vaine gloire.
Dalmatique est le droit pyler
Que l'ennemi ne peult piller
Ne renverser, ne mettre a terre
1588   Ne grever par force de guerre:
Tant a noble vertu en elle.

1572   Manuscrit: - *decha* + *d'achier*.

EVESQUE de SOISSONS
De la chazuble riche et belle
A noble seigneur appartient,
1592 Car la cotte porte et soustient
En ordre de chevalerie
Les armes de sa seignourie.
Or vous a Dieu donné la cure
1596 De ceste dine prelature.
Si devez la chazuble avoir
Pour les armes appercevoir
Que Dieu a porter vous octroie.   [12 v°b]
1600 La chazuble qui est de soie
Signiffie paix et concorde,
Purté, pitié, misericorde.
Ces cinq vertus porte en devise
1604 Le champion de sainte Eglise,
Car si beau port n'est grigneur
Que les armes nostre seigneur.
Vous la vestirez, beau chier sire,
1608 C'est des mortelz pechiez le mire,
C'est celle qui tous maulx efface
Par qui nous veons face a face
Le corps Jhesucrist precieux.
1612 Que peult xrestien demander mieux
  Ne plus beau tiltre.

EVESQUE de LAON
En lieu de timbre arez la mitre
Et la croche comme pastour

1605   Hypomètre difficile à corriger.

1616   De Reins et des citez d'entour
       Avec tout le plat pays.
       Les malades les plus esbaÿs
       Devez de bon cuer viseter,
1620   Les orfenins reconforter,
       Prester conseil a toute gent,
       Aux povres donner de l'argent,
       Remarier les vefves femmes,
1624   Faire justice des infames,
       Avoir pitié des penanciers,
       Estre courtois aux prisonniers,
       Faire Dieu servir sans feintise,
1628   Garder les droitz de sainte Eglise,
       Nulz mynons ne devez avoir,
       Ne folz pour donner vostre avoir,
       Deffendez bien le parjurer
1632   Et le villainnement jurer,
       De richesse n'aiez envie,
       Maintenez honnourable vie,
       Admonnetez devocion,   [13 r°a]
1636   Oiez souvent confession,
       Faictes les festes anoncier,
       Faictes les sermons prononcier,

1617   *Plat pays*: «campagne» (Di Stefano p.658); cf. néerlandais moderne «platteland». Dans le *Recueil du British Museum*, on trouve une pièce allégorique avec les personnages Mieux-que-devant et Plat Pays (pièce n°57).

1629-1630   Les évêques du XVe siècle eurent volontiers des fols à leur service (cf. p.ex. Ulenspiegel avec l'évêque de Trèves) et eurent parfois des mœurs douteuses.

1631-1632   Infinitifs substantivés.

Faictes que vostre cuer s'acorde
1640 Aux euvres de misericorde,
Aux commandemens de la loy
Et aux articles de la foy
Et en vostre court faictes droit:
1644 Ainsi serez pasteur adroit.

ARCEVESQUE de SENS
Veez ci les gans et les anneaux
Le pallion et les joiaux.
Sire, quant vous les porterez
1648 Sainte Eglise en espouserez.
Sers d'un coté, d'autre part maistre,
Marit et filz pourrez bien estre:
Car quant espousee l'arez
1652 Par raison le mari serez;
Se la servez, c'est chose clere,
Vous serez filz et elle mere.
Honnourez la devotement,
1656 Deffendez la d'encombrement,
Faictes qu'elle soit bien servie,
Car soit a mort soit a vie
Vous en aurez si bon salaire
1660 Que la mere Dieu debonnaire
Yra requerir a son filz
Pour vous la joie en paradis
Qui sans fin tousjours durera.

REMI
1664 Tant que ma vie finera,
Tant que j'auray en Dieu creance,
Tant que j'auray sens ou science,

Tant que nature
1668 Me mainterra et noriture
En ceste digne prelature,
Je me soubmets   [13 r°b]
A vous, messeigneurs, et promet
1672 Que cellui qui tous biens commet
    Servir iray.
Comme vray Dieu le serviray,
Nuit et jour luy obeiray,
1676   De cuer, de corps,
Vers lui seront tous mes recordz.
Dit le m'avez, je m'y acors,
    Raison le donne
1680 Et a celle qui tant est bonne
Vierge sainte, je m'abandonne
    Et la reclame;
Mon corps lui presente et mon ame
1684   A celle fin
Que son enfant qui est sans fin
Par li me doint en la parfin
    Des cielz la joie
1688 Et maniere de trouver voie
Que bien contant de moy vous voie
    De la doulceur,
De la peinne, du grant labeur,
1692 De la haulte et parfaicte honneur
    Que m'avez faicte,
Que m'avez acquise et attraicte,
Que m'avez mis en voie droitte
1696   De venir cy.
Comment vous renderay je merci?
J'en doy bien avoir grant soucy,

Je ne puis sans.
1700 Chier sire arcevesque de Sens,
Je vous mercy de tout mon sens,
Je vous merci, messeigneurs bons;
Chier sire, evesque de Soissons,
1704 Voz grans bontez bien recongnois,
Sire evesque et duc de Lannois,
Je vous merci des premerains
Et vous le chapitre de Reins.
1708 Compaignons, freres et amis
Qui en cest estat m'avez mis,
Je vous mercy a tres grant joie,
Trop plus que dire ne pourroie.
1712 Chevaliers, bourgois et commun,
Trestous m'avez servi com ung,
Qu'i le vous aroit desservi
Telle compaignie ne vi
1716 Depuis qu'au monde suis venu,
Dont je me sens a vous tenu.
Tenu y suis, si vous mercie
Et tout[e] ceste compaignie
1720 A qui Dieu doint joie parfaicte.

PREVOST
Grant merci, nostre euvre est bien (par)faicte
Puis que archevesque avons nouvel.
Chantre, commenciez bien et bel
1724 Devotement, je vous en prie,

1705   Il s'agit donc de son frère Principe et du duc Emile.
1712-1713   Rimes équivoquées.

En loant la Vierge Marie
Et le benois Dieu de lassus,
Le beau **Te Deum laudamus**.

Cy fine la creacion du benoit saint Remi.

*****

Ci commencent aucuns des miracles de saint Remi et
premierement d'un homme aveugle et demoniacle qui fut
gary a la priere dudit saint.

ALFONS *[père de Floquart]*
1728   Hé, Placides, Dieu gart, compere!

PLACIDAS
Dieu vous doint bonjour et saint Pere!
Mon tres doulz amis Alfons,
Si travillié suis que je fons
1732   A terre de grant lasseté.

ALFONS
Compere, Dieu, je n'ay esté
Nul lieu et si le suis par m'ame
Et tant que par la doulce Dame

1727   Pour la longueur de ce premier épisode, on pense à *La*
           condamnacion de Banquet, en deux sessions de 1800 vv. chacune
           (Koopmans 1991).
1735-1736 Notre Dame de Chaumoisy: cet exploit de S. Remi aurait eu lieu
           au village de Chaumuzy au Sud-Est de Reims (dep. Marne, arr.

1736 Qui est a Chaumoisi servie,
Si ennuyé suis de ma vie
Que je ne sçay a qui le dire.

PLACIDAS
Pourquoy, Alfons?

ALFONS
                              Pourquoy, beau sire?
1740 Je n'ay journee de repos,
Je n'ay nuittie les y clos,
Je [suis] prezque mort de meschief
Car je ne puis venir a chief
1744 De ceste lasse creature,
Mon filz. Je doubte que nature
L'ait mis en oubli de tous poins,
Car il n'a teste, piez ne poings
1748 Bien furnis, et si en est miracle:
Sours, aveugle, demoniacle
Il brait, il hue et il se tempeste   [14 r°a]
Placidas, c'est fourdre et tempeste,
1752 Que languir en telle doleur.

PLACIDAS
On voit bien a vostre couleur
Que vous n'estes mie a vostre aise.

Reims). Remi «à son habitude, parcourait les paroisses par
sollicitude pastorale» (Sot 1994 p.382).
1742 Manuscrit: - *pain* + *prez*. Correction pour le sens et pour le
mètre.
1743 Locution Di Stefano p.153.

Le benoit Dieu et saint Nicaise
1756   Vous en envoit alesgement.

ALFONS
Placidas, qui saroit comment?
Je me martire nuyt et jour
Sans avoir repos ne sejour
1760   On diroit: homme, que faiz tu?
Tant suis de destresse abbatu.
Car quant mon doulz enfant regarde
Si destroit, par foy, il me tarde
1764   Que je soie au lit de la mort.
Je voy que n'ay le resconfort
D'ami, de parent ne d'amie.
Pitié la bonne est endormie,
1768   Amour est en doleur tournee,
Charité est si mal menee
Que chacun la chasse et deboute,
Dont mes yeulx pleurent mainte goute
1772   Et pleureront, n'en doubtez point,
Se la mort au cuer ne me point
        De part en part.

PLACIDAS
Je vous prie, alons celle part
1776   Et que je voie vostre enfant.

1755   S. Nicaise, évêque et martyr, mort en 407, est le fondateur de
        l'église de Reims. L'église Saint-Nicaise existait déjà à l'époque
        de S. Remi selon Flodoard (Sot 1994 p.391).
1767   Manuscrit: - *pere* + *pitie*.

ALFONS
Veez le la, las, le cuer me fault.
Le cuer me part quant je le voy!

FLOQUART
Et comment va, comment, pourquoy
1780   Sera tousjours ici Floquart?   [14 r°b]
Je vous pry que le plus coquart
De vous me viengne deslier.
Quant Lourdin me venra huier
1784   Il ara les peaux des renars.
Sus, sus, la dance des quoquars,
Je dance trop mieulx de travers,
Puis a l'endroit, puis a l'envers!
1788   Ho du long, hahay ce fay mon
Et si chevauche le ramon.

1781-1782   C'est le principe de la première pierre. Floquart est donc lié.

1784   La locution *avoir les peaux des renards* désigne probablement
une espèce de lèpre désignée par *vulpes* ou *allopecia* («chute des
cheveux»); cf. les queues de renard des lépreux sur un tableau de
Brueghel conservé au Louvre (Tóth-Ubbens p.74). Di Stefano
p.658 ne donne que *Ne...la pel d'un viel regnart.*

1785   La danse fut souvent considérée comme diabolique au moyen
âge. La *dance des quoquars*, qui se danse *de travers* (v.1786) est
à placer dans ce cadre. En même temps, cela suggère que
Floquart, lié, fait des mouvements forcenés afin de se libérer. Di
Stefano p.227 cite entre autres une *danse des crapauds* et une
danse du loup (qui désigne l'acte sexuel).

1789   *Chevaucher le ramon*: sens probable «se rendre au sabbat comme
une sorcière qui chevauche un balai». La première attestation de
sorcières sur des balais date de 1450 environ (Martin le Franc,
Le Champion des Dames repr. J. Sallmann p.79). Di Stefano
p.750 signale le *ramon* uniquement pour son sens obscène.

Vive Floquart, chantés trestous.
Hé, le diable y soit, j'ay la tous.
1792 Qui m'a ce fait, c'est ceste chainne
Qui de sanglente hart decheinne;
Soit il aux fources estranglé,
Qui le m'a mis: j'en suis sanglé!
1796 Haro! Sera ge point rescous?
Je volroie que le plus coulx
De vous tous fut comme je suis.
Fuis toy de par le diable, fuis,
1800 Faulx ennemi, laisse ma gorge,
Je m'estrangle, maugré saint Gorge,
Je m'esgratrine le costé,
Eschecq et rot, je suis maté!
1804 Je vueil porter en ma devise
Vent de Galerne et vent de Bise.

1794-1795   La construction *il....qui* étonne; faut-il supposer une leçon *[c]il*?

1800   La gorge est un élément central et obsessif à l'époque: cf. les
assoiffés qui croient que le Pantagruel leur tient la gorge; cf.
encore Villon (*Ballade de l'Appel*) qui craint la pepie.

1804   Allusion possible à la chanson *J'ay prins amours a ma devise*
(Brown 1963 n°195; cf. *Condamnacion de Banquet*, éd.
Koopmans & Verhuyck 1991 p.119).

1805   Le vent de Galerne est un vent du Nord-Est. Cf. Rabelais *Quart
Livre* ch. 9,43 où le vent de Galerne est à rapprocher du
substantif *galant* (le vent de Galerne *avoit lanterné leur mère*). Le
vent de Bise est un vent froid du Nord avec également quelques
connotations érotiques, cf. Rabelais *Gargantua* ch.39 où les
demoiselles ont les cuisses fraîches puisqu'elles sont *esventées des
vents du trou de bize, de chemise*. Pour un long développement
parodique de ces thèmes, voir le *Sermon joyeux des quatre vents*
(éd. Koopmans 1988 n°26).

Non feray, ilz sont trop estranges:
Je porteray bonnes vendenges,
1808 Vendenges, hahay, buvons fort,
A l'arme, a l'arme, a mort, a mort:
Ilz sont desja testrous tuez!

ALFONS
Hellas, beau filz, helas!

FLOQUART

                      Vous suez!
1812 Vostre vizage est tous moulliez.   [14 v°a]
Seray je point destortilliez,
Tortilleur tortilleusement
Que mal sanglant tortilement
1816 Soit tortillié d'une tortille
Le tortillart qui me tortille,
C'est trop male tortillerie.

ALFONS
Hé, beau filz, la vierge Marie
1820 Te vueille sa grace donner.

FLOQUART
Cloez les yeulx, y veult tonner
Le tonnoire trotte par la;

1807-1810   Sur les liens entre la fertilité et les batailles nocturnes, dans un
                  contexte de sorcellerie, voir Ginzburg, *Les batailles nocturnes.*
1813-1818   Cf. la versification des sotties et les procédés des Rhétoriqueurs:
                  une longue variation sur le verbe *tortiller* «entortiller un fil». Aux
                  vv.3479-3482, ce procédé est suivi pour le verbe *piller.*

Cellui qui le ciel eschela
1824   En vat lever le contrepois.

PLACIDAS
Hé, Floquart, j'ay plus chier des pois,
Foy que [doy] Dieu, a la puree.

ALFONS
De la sainte Vierge honnouree
1828   Par qui santé te peult venir,
Amis, te veuille souvenir,
Et de son enfant glorieux
Qui descendit ça jus des cieux
1832   Pour les grans pechiez de ce monde.

FLOQUART
Se le bergier n'a ung fonde
Pour faire trotter les brebis
Il ne doit mengier que pain bis
1836   Et non, de par le deable, non!

ALFONS
De Jhesucrist et de son nom,
Mon enfant, aiez souvenance.   [14 v°b]
Il endura le coup de lance,
1840   Il endura mort angoisseuse,

1823-1824   Sens approximatif: «le ciel va nous tomber sur la tête».
1825-1826   Locution; cf. Di Stefano p.713: *A telle puree telz pois* (du poète
            — rémois — Guillaume Coquillart, éd. Freeman 1975 p.325
            v.147); cf. aussi Droz-Lewicka 1961 p.45 (*Pour les servir de
            pois et de puree*).

Il livra sa char precieuse,
Il souffrit mort et passion
Sans plus pour no redemption
1844 Et pour nous getter hors d'enfer.

FLOQUART
Non fait, non, ce fait Lucifer
Qui me tient et Belzebus.
Vela Sathan, haa, Burgibus
1848 Tu as tousjours la guerre a moy.

PLACIDAS
Pour Dieu, mon chier ami, tay toy,
Appaise toy se tu m'en crois
Et fais le signe de la croix
1852 Ainsi que je fas, or regarde.

FLOQUART
C'est le nepveu a la Peaucarde
Et cousin a Jehan Coltegnasse.
Haro, que n'ay je bonne espasse
1856 De vous estrangler trestous deux!

PLACIDAS
Compere Alfons?

ALFONS
                    Amis, que veulz?

1853-1854 *Peaucarde* signifie probablement: «qui a la peau dure comme une
carde» et est à rapprocher de la *Peautarde* chez Villon.
Coltegnasse signifie probablement «au col teigneux».

PLACIDAS
Floquart vostre filz est liez
Bien estroit, j'en suis bien liez
1860   Et pour cause, car les perilz
Ne sont mie si tot garis
S'ilz venoient soudainement.
En fol n'a point de sentement
1864   Et ne vous y fiez jamais.   [15 r°a]
Combien certes qu'il n'en peult mais
Mais sa compaignie est perilleuse.
La sainte Vierge glorieuse
1868   Vous doint force de l'endurer.
Il ne peult longuement durer
      A mon avis.
Agrant peinne est il homme vis
1872   Se ce n'est Dieu qui le garisse
Ne qui le mal de lui tarisse.
Fiziciens riens n'y feroient,
Sirurgiens ne s'i congnoistroient
1876   Si fault attendre l'aventure.
Espoir qu'aucune creature
Plain ou pleinne de saincteté
De par Dieu li donrra santé
1880   Comme Jhesus a Lazaron.
Quant il venrra, ainsi l'aron:
Jhesus garit sans surgerie
Naamen de sa mezelerie
1884   Et de Siloé la fontainne

1880   Jo 11.
1882   4 Reg 5,1 (également cité Lc 4,27).
1884   Jo 4.

Converti la Samaritainne,
L'aveugle aussi enlumina,
Susanne du feu ramena,
1888   Cincq mile hommes reput tous sains
De deux poissons et de cincq pains
Dont de relief bien abillees
Demoura douze corbillees,
1892   Jonnas sauva en la balainne,
Pardon fit a la Madeleinne:
Tout ce fit Dieu par sa puissance
Dont doie chacun avoir fience
1896   Qu'il nous fera s'en nous ne tient
Plus de biens qu'a nous n'appartient.
Vous le devez assez savoir,
Beau compere.

ALFONS
                    Vous dictes voir.
1900   Je li supplie quoy qu'il aviegne
Que de mon enfant li souviengne,   [15 r°b]
Car pour nulle chose que j'oie
S'il n'a santé, je n'aray joie.
1904   Jhesucrist li soit vray ami
Et le deffende d'ennemi.
Helas, il meurt, chacun le voit.

1886   Jo 9.
1887   Dan 13.
1888   Mt 14,13-21; Mc 6,31-44; Lc 9,10-17; Jo 6,1-13.
1892   Jon 2.
1893   Lc 8,2, souvent identifiée, au moyen âge, avec l'anonyme dans
        Lc 7,36-49.

FLOQUART

Quant que je sue le vent boit

1908   Et touteffois je n'ay que boire.

Buvray je point, oy mi Dieu, voire.

Que vous estes mal enseigniez

Et seigniez vous trestous, seigniez!

1912   Que de la patte et de la ratte

Et de la main Robin Savatte

Soiez vous seigniez et benis.

Qu'en dictes vous, suis je bon filz?

1916   Je suis le deable de Vaulvert.

Se Dieu estoit vestu de vert

Il n'y faulroit qu'un tout seul mot

Que je ne fusse un droit sot

1920   Et touteffois ne suis je mie

Sy fol que n'aie belle amie.

C'est Oudinette de Novier.

Je prie a Dieu c'on la puist noier

1924   Quant je l'agrippe

Je saut, je trippe

Et puis li fay un grant lippe

Et li arraille a deux mains l'ueil.

1928   Tirez vous la, quant je le vueil

Et ne m'aprochiez tant soit peu.

1909   *Mi* pour *m'aist*: «Dieu m'aide».
1912-1913   Bénédiction parodique dans le style des sermons joyeux (voir
              p.ex. Koopmans 1988 n°28 vv.1-4).
1916   Locution Hassell D 58. Sens: «être insolent».
1917   Le vert, c'est la couleur des diables et des fols.

ALFONS
Hé, mon enfant, en nom de Dieu,
    Appaise toy!
1932   Ton pere suis, regarde moy!
Mon doulz enfant, je suis ton pere
De plus plain de doleur amere
Qui soit en ce monde vivant.

FLOQUART   [15 v°a]
1936   Otant en emporte le vent
Quant je seray pere et toy filz,
Fay tout ainsi comme je fis.
Ferroualle, carouaille
1940   Que maudicte soit la brenaille
De l'ennemi qui me tempeste.

PLACIDAS
Helas!

FLOQUART
        Dieux en ait male feste,
Alez vous en trestous la hors:
1944   J'ay le deable dedens le corps
Passé a .VII. ans et ung quart
Et encore [je] suis Floquart,
Floquart suis et Floquart seray.
1948   Haro, je vous estrangleray,

1936   Proverbe Hassell V 30.
1937   Thème du monde à l'envers.
1942   Locution Di Stefano p.338.
1946-1947   Enchaînement par inversion.

Par l'angoisse Dieu, trestous deux.

ALFONS
Merci te cry, beau sire Dieux,
Or ne sai ge plus que je face.
1952 Plaise toy de ta sainte grace
Mon enfant bientot secourir
Ou aultrement fay moy morir,
Car je languis trop durement.
1956 Je languis miserablement,
Je languis en cruel meschief,
Ne jamais je n'en venray a chief
S'a ce besoing ne m'es ami.

[*chez Remi*]

KARITAS
1960 Sans attendre jour ne demi
Vueil aller dire a monseigneur
De toute pitié la grigneur,
Cellui ou tout bon xrestien croit,   [15 v°b]
1964 Sa sainte grace vous octroit.
Mon chier seigneur, dire vous vien
Que au benefice que je tien
A ung malade doloureux
1968 De tous membres langoureux
Il est de ses deux yeux aveugle,
Il n'a sens en lui ne qu'un bugle,

1958 Locution Di Stefano p.153.
1965 Manuscrit: *seigneur - vo*.
1966 Le *demoniacle* se trouve donc chez Karitas.
1970 *Ne qu'un bugle*: locution non retrouvée.

Il est fol et demoniacle
1972 Ne jamais sinon par miracle
Homme ne le peult secourir
Que ainsi ne le faille mourir.
Or est il de si bonnes gens
1976 Qui ne sont mie negligens
De Dieu servir, de Dieu amer,
De la mere Dieu reclamer
Qui est couronnee la en hault
1980 Et croient, monseigneur, qu'il fault
Que ce soit par aucun pechié
Dont il ait esté entechié
Ou ses parens de par son pere
1984 Ou par les pechiez de la mere,
Car il n'est pas selon nature
Fourmé comme aultre creature
Et en plourans com esbahis
1988 Dient que Dieu les a haïs
Et il secours com y puis mettre.

REMI
Karitas, regardés la lettre
Et de l'evangile vous souviengne,
1992 Car saint Jehan nous dist et tesmoingne
En l'evangile par escript
Que nostre sauveur Jhesucrist
A ses disciples respondi
1996 Quant clarté a cellui rendi   [16 r°a]

1974   *Le*: sans doute pour *li*.
1992   Jo 9.

Qui oncques veu goutte n'avoit.
Aucuns dient pourquoy ne voit
Ne qu'a pechié cest homme cy
2000　Ou ses parens qu'il est ainsi
Des qu'il fu nez. Et lors respont
Jhesus a tous ceulx qui la sont
«Neque hic peccavit neque
2004　**Parentes ejus sed ut manifestantur**
Opera Dei in illo:
Cest homme cy ne ses parens
N'ont fait nulz pechiez apparens
2008　Parquoy il soit aveugle né,
Mais tout cecy est ordonné
Pour les saintes euvres de Dieu
Manifester en mains lieux».
2012　Ainsi respondi haultement
Le filz Dieu admirablement.

Karitas, dictes moy ou c'est;
Je vous convent que je suis prest
2016　D'y aller et faire devoir
Pour lui faire santé avoir
Au plaisir Dieu nostre sire,
Car c'est pitié.

KARITAS
　　　　　　　　　Dieu le vous mire,
2020　Chier seigneur, c'est a Chamoisi,
Assez prez de cy, venez y!

2003-2005　Jo 9,3; cf. le *thema* du sermon au début (vv.137-138, 153-154).

Si verrez amere doleur,
Ung homme vif mort de couleur
2024   De force vert et de sang secq.

REMI
Alons, alons, sus, Rozebecq,
Vous aprez moy sans demeure
Et me menés ou il demeure;
2028   Si verrez comment ce peult estre.

ROZEBECQ
Monseigneur, mon sire et mon maistre,
Je ne suis mie traveillié
Mais suis (tout) prest et appareillié
2032   De vous servir.

                                              [*En enfer*]
SATHAN
                    Tari, tara!
Or est venu qui m'aunera!
Que dit on, que fait on, que fu che?
Qui ara argent si le muche,
2036   Car enfer ou tout mal arive
Sera desor(e)mais hors de rive

2024   Cf. Di Stefano p.885 *vert et sec, en vert et en sec, qu'en vert
        qu'en sec*, avec toujours une idée «de toute manière»; Di Stefano
        p.87 oppose le *bois vert* au *bois sec*: on fait donc flèche de tout
        bois.
2029   Manuscrit *seigneur* corrigé *sire*.
2033   Proverbe Hassell A 207, Morawski n°1555.
2037   *Hors de rive*: locution non retrouvée.

Et descendera du hault en bas.
Guerres, tenchons, noises, debas
2040   Y seront, et adversitez.
Rentes et temporalitez,
Usaiges, droitz et revenues
Que si longtemps avons tenues
2044   Nous veult Dieu oster et pillier.
Qui sa teste hurte au piller
Il en doit bien avoir la bosse.
Ville, cité, chastel ne brosse
2048   Ne demoura qui ne soit ars
Ou cellui qui fist les sept ars
Renie et tout le sang d'enfer,
Car je sçay bien que Lucifer
2052   A ceste fois nous destruira,
Et tant que tout enfer bruira
En larmez de sang et en pleurs
Des ore commencent les doleurs,
2056   Plains et souspirs, gemissemens,   [16 v°a]
Angoisses et cruelz tourmens.
Quant g'y pense bien en parfont
Le cuer (au corps) de dueil au corps me font
2060   Ce sont pour moy dures nouvelles,
Mais toutesfois laides ou belles
A Lucifer dire le vois.

                                                    [*Chez Lucifer*]

Lucifer, sire, a haulte voix
2064   Te vien dire male besongne.

2041-2042   Satire d'une morale monétaire et capitaliste.
2045-2046   Proverbe non retrouvé. Sens «Qui casse les verres les paie»; cf.
             Morawski n°1966 *Qui le braça si le boive.*

Male est elle si la resongne
A relater, conter ne dire
Et tant que j'enrage d'ire.

2068 Veci le cas, dan Belzebus,
Compains d'armes a Burgibus,
Qui scet tous les ars infernaulx
Qui scet bien tous les biens et les maux

2072 Que diable d'enfer peult savoir
Attendre et tout pour avoir
L'ame Floquart de Chaumoisi
Et qui ne m'en croira voise y!

2076 Il est filz Alfons le preudomme,
Si preux ne n'a point jusqu'a Rome
Ne qui tant de biens sur son lieu
Ait donné pour l'amour de Dieu.

2080 En l'enfant s'est allé boutter
Sans Dieu craindre ne redoubter
Et tant qu'il est en tel point mis
Qu'il ne croit ne ses amis.

2084 Demoniacle et aveugle est
Et de venir ceans tout prest
Mais je n'y voy jour ne demi
Que cest arcevesque Remi

2088 Belzebus chachier ne doie
Il y [v]a, il est ja a my voie
Qui de tous poins le garira
Sain et net ainsi s'en yra,

2092 Je le voy bien.

[16 v°b]

2080-2081   Le sujet (*Belzebus* v.2068) manque.

LUCIFER
                    Sathan, que dis?
Dis tu que Dieu de paradis
Nous fera tort? Non fera, non!
Qui est il, comment a il nom?
2096   Le dos li rompray et les reins.

SATHAN
Remi, arcevesque de Reins,
C'est Remi, Remi de Lannois.

LUCIFER
Remi, je n'en donne une nois,
2100   Je le feray en feu detraire,
Je le feray a la mort traire,
Je le feray ardoir et bruler,
Je le feray braire et hurler,
2104   Je feray tant quoy qu'il me couste,
Qu'avant qu'il soit la pentecouste,
Entens tu, Sathan, se je puis,
Il sera en ce parfont puis
2108   Qui est desoubz nostre chaudiere.

SATHAN
Or va devant, g'iray deriere!
On ne prent pas tel cat sans moufle

2099   Locution Di Stefano p.585.
2110   Proverbe Hassell C 95, où il y a confusion *chat/rat*. Tout porte à
        croire que cela tient à des erreurs d'éditeurs modernes qui
        mettent par erreur *rat* pour la forme picarde *cat* (formes assez
        ressemblantes dans la gothique livresque du XVe siècle). Dans

Ne tel poullet qui n'a estouffle.

LUCIFER

2112   Pourquoy, Sathan?

SATHAN

                        Pourquoy, beau sire?
Puisqu'il vous plait bien le puis dire.
Si vous dy qu'il a nom Remi
Et fut si bien de Dieu ami
2116   Qu'elz sains cielz sera couronné,   [17 r°a]
Car il fut saint avant que né,
     Ne les apostres
Belzebus qui est des nostres,
2120   Quant bouté estoit en ung corps,
Ne povoient oncques bouter hors,
Mais Jhesucrist par sa puissance
Li donne congié et licence
2124   De nous chatier villainnement
Et vous verrez prochiennement

notre manuscrit, je lis clairement *cat*; la transcription de Reims
n'a pas du tout repéré l'expression et met *coi*. Cf. Guillaume
Coquillart (éd. Freeman p.15 v.168 avec note).

2111   Proverbe? C'est peut-être une paillardise: «on ne prend pas de
fille sans avoir de l'étouppe». Le mot *estouffle* apparaît chez
Coquillart (éd. Freeman p.343 *Mort devins comme pié d'estouffle*
mais l'éditeur corrige *escouffle*. Dans notre texte, on serait tenté
de corriger également *écoufle*, qui donnerait un sens satisfaisant:
«on doit parfois être prudent (prendre un chat avec moufle), mais
parfois il faut être intrépide (prendre un poulet avec un oiseau
rapace)». *Sans moufle*: Di Stefano p.565 «sans précautions».

2113   Cf. vv.753, 847.

Que Belzebus s'en fuira
Quant Remi le conjurera.

LUCIFER

2128   Belzebus, haa le cocquart!
Ou est il alé?

SATHAN

            Ou corps Floquart,
A Chaumoisi de costé Reins.
Combien y a?

LUCIFER

            La goutte ez reins
2132   Puist il avoir et male fievre
Il est aussi couart qu'un lievre
En fuit il donques pour ung homme?
Sathan!

SATHAN
      Sire?

LUCIFER

            Va savoir comme
2136   Le malereux si portera
Ou se Remi l'en chassera.
De par la puissance haultaine
Et s'il en fuit, si le m'ameinne

2133   Le manuscrit porte *9nart* ou *9uart*; cf. la confusion n/u: on peut
transcrire *connart* ou *couuart*, voire *cowart*. Hassell L 48. Di
Stefano p.486.

2140   Ceans comme l'ame d'un Juifs
        Et ne faulx point soit mors soit vis.
        Or ne t'en feins ne tant ne quant.   [17 r°b]
        Pen li au col si fier carquant
2144   Que de tous poins soit en tes las.

        SATHAN
        Ha le bon mot! Se tu ne l'as
        Et a mes poins le puis tenir
        Si me fais pendre au revenir!
2148   C'est tout, j'en vois!

                                        [*Chez Alfons*]

        FLOQUART
        Vilains, vilains aux hurepois!
        Belzebus, estrangle, tire!
        Grant Loquebaut, je te voy rire.

2142   Locution Di Stefano p.817.

2149   Cf. le jeu de la *Feuillée* d'Adam de la Halle (vv.590, 836) où le
            hurepiau désigne une coiffure. Dans la chanson des *Saisnes* de
            Jean Bodel cependant, les *Hurepois* sont les alliés de
            Charlemagne.

2149-2166   Passage accompagné de jeux de scène.

2151   *Loquebaut*: dans le mystère de saint Martin (éd. Duplat v.2176),
            Lucifer appelle Satan un «grant loquebault, sote teste coquarde»;
            le mot apparaît également dans la *Farce du Chaudronnier* (Tissier
            II,202 v.6 + note) et dans la *Farce des femmes qui se font passer
            maistresses* (Cohen XVI v.573). La traduction de Cohen
            («serrure») est évidemment erronnée; Tissier propose un rapport
            avec *loqu-* («parler») et propose de traduire «beau parleur». A
            cause de l'expression *grant loquebault* pour désigner un diable,
            que l'on retrouve également chez Eloi d'Amerval (cf. Di Stefano
            1991 p.496), on peut songer à un rapport avec *loque* «(en parlant

2152 Tel cuide apprendre a estre fol
Qu'a mal tumber se ront le col.
Je meurs de fain, non fas, si fas,
Je me couvreray ceste fois.
2156 Qui est la? Qui c'est? Ha, tu sornes!
Je sens le deable atout ses cornes,
Il vient, il vient, il vient, il vient!
Armez vous trestous, il convient
2160 Faire de vostre cul flageau
Qu'en dictes vous, rouge museau?
Rompez liens, laissiez m'aler!
Le deable vous fait bien parler;
2164 Haro, haro! Hara, hara!
Diable me tient, diable m'ara.
Tuez, tuez!

ALFONS
Haa, mon enfant!

---

des cheveux) ébouriffés, en désordre», d'où «négligé, hirsute».
D'après Lewicka (I,277), il s'agit du nom d'un héros de roman,
sens repris par Di Stefano p.296. Cf. Molinet (éd. Dupire
pp.653, 780), Guillaume Alexis (éd. Piaget-Picot I,200).

2152 Proverbe. Cf. Di Stefano p.201, qui cite p.ex. *Recueil Trepperel.*
Les Farces (éd. Droz-Lewicka 1961) p.8 (I,235-236): *A folie
tiens celuy bien fol / Qui pour aimer se rompt le col* et une
attestation analogue chez Jacques Milet.

2154 *Non fas, si fas* est peut-être une version de la locution *par fas ou
par nefas* (Di Stefano p.671), mais la forme *fas* est couramment
employé pour «fais» dans notre texte.

2160 Cf. Dante *Inferno* XXI,139 le diablotin qui *avea del cul fatto
trombetta.*

2161 Manuscrit: - *mueseau* + *museau*. Est-ce que cela indique un
original imprimé (cf. vv.860, 5194 avec notes)?

Pour ta doleur le cuer me font,
2168   Pour ta doleur ay couleur perse
Et ta couleur le cuer me perse
Quant je te voy le cuer me noie.   [17 v°a]
Orfenins suis de toute joie,
2172   Mon doulz enfant, appaise toy
Car se Dieu n'a pitié de moy
Je mourray douloureusement.
La mort m'assault amerement
2176   Qui me fait languir en destresse
Ne je ne say voie n'adresse
Pour querir mon alegement,
Quant je regarde le tourment
2180   Qui te contraint en telle guise.
Vierge sainte, je t'ay requise,
Je te requier merci et crie,
Ma chiere dame, et si te prie
2184   Que de l'enfant aiez merci
Dont j'ay le cuer taint et nercy.
    Helas, helas!
L'ennemi le tient en ses las,
2188   L'ennemi le bat et tourmente.
Je n'en puis mais se m'en guermente,
Secourez moy, dame, a ceste heure:
Pour mon enfant mon ame pleure.
2192   Je doy bien plorer, doulce dame,
Pourquoy fus je oncques né de femme
Pour lenguir en tel desconfort.
Las, mon enfant est plus que mort,

2187   Locution Di Stefano p.467.

2196   Morir me fait quant regarde   (-1)
        Que l'ennemi en fait sa garde.
        Jhesucrist le vueille garder
        Et moy en pitié regarder.
2200   Hé, Dieu, que je suis despourveu.

        PLACIDAS
        Alfons, ne soiez si esmeu
        Ne vous doulez plus ainsi   (-1)
        Dieu de l'enfant ara mercy.
2204   S'il lui plait par son doulz commant   [17 v°b]
        Il meurt, a Dieu le commant
        Vous ne le povez amender.
        A Dieu me vueil je commander,
2208   Compere, lever vous convient.
        Veez ci l'arcevesque qui vient,
        Veez le ci, mon tres doulz ami.
        C'est nostre arcevesque Remi,
2212   Le saint homme, que ferons nous?

        REMI [*arrive chez Alfons*]
        Amis, Dieu soit avec[ques] vous
        Et sa tresdoulce Vierge mere!

        PLACIDAS
        Nous vous en mercions trestous.

2202   On pourrait corriger *doul[ous]ez*.
2208   Didascalie indirecte: Alfons est assis ou couché.

REMI

2216 Amis, Dieu soit avec[ques] vous!

ALFONS

Je vous suppli a nulz genoulz
Ostez moy de doleur amere!

REMI

Amis, Dieu soit avec[ques] vous
2220 Et sa tresdoulce Vierge mere.

Or dictes ce que vous voulez,
Gardez que riens ne me celez,
Car je me vueil bien entremettre
2224 De vous en si bon estre mettre
Qu'a tousjours mais mieux vous en soit
Et aussi mon estat le doit,
 Je le vueil faire.

PLACIDAS

2228 Sire, arcevesque debonnaire,
Nostre reverent pere en Dieu,
Ung pacient a en ce lieu,   [18 r°a]
Malade merveilleusement,
2232 Car raison, sens n'entendement
N'a en lui en nulle maniere.
Onques ne vit jour ne lumiere,
Il est aveugles de tous poins.
2236 Encor a deux autres poins:

2217 *Nulz* pour «nus».

Il est folz et demoniacle
Et fait en lui son habitacle
L'ennemi d'enfer, nuit et jour,
2240   Si que repos n'a ne sejour;
Ains est lyez de fors liens.

REMI
Quel part est il?

ALFONS
                        Il est lyens.
Tresdoulz sire, en sainte pitié
2244   Monstrez li signe d'amistié
Ce sera aumosne florie.
Sire, que la vierge Marie
Et Dieu son enfant le vous rende!
2248   Veez le la, povre.

FLOQUART
                        Ha, qu'on le pende;
Que male mort puist il morir!
Je suis tout prest d'aler courir
Au plus hardi, ce sont trudaines
2252   Mary fais que tu ne m'emmeinnes
C'est de dormir la matinee
Qui retourne une cheminee
Dessus desoubz, c'est une hotte
2256   Faisons le court qu'on ne le crotte.
Grant merci, prenez vostre argent.

2242   Didascalie indirecte: Floquart est à l'intérieur d'une *mansion* ou
enfermé.

Haro, le murdre, bonne gent,
Je saulx, je dance, je chante et tripe;
2260 Ce fait le deable qui m'agrippe,   [18 r°b]
Se Dieu m'aist, aux ongles menus.

REMI
Benedicite.

KARITAS
Dominus.

REMI
Benedicite Dei patris omnipotentis
2264 **Et filii et spiritu sancti descendat**
Super te et maneat semper.

KARITAS
Amen.

BELZEBUS
Les ennemis d'enfer
Te saichent gré de venir cy.
2268 Maugré moy suis en ta merci,
Tu me griefves, tu me fais tort,
Tu loges en mon cuer la mort,
Tu me hez sans t'avoir meffait,
2272 Perdre me fais quanque j'ay fait.
Se de ci pars

'2266   *Belzebus* parle: par la bouche de Floquart? S'est-il caché derrière
lui?

De mon corps fera mile pars
Lucifer le roy infernal,
2276   Qui d'enfer est imperial,
    Mais tiens devoir
Que point ne te vueil decepvoir,
Remi, ne ta bonne ame avoir.
2280   Toy serviray,
Sans contredit t'obeiray
Ne jamais ne te desdiray
    De nulle chose
2284   Mais que sans plus ici repose   [18 v°a]
Pour qu'il ara la bouche close
Il est presques mort, autant vault.

REMI
De ton service ne me chault,
2288   Ennemi plain d'oultrecuidance;
Il ara de Dieu alegence,
    Vueilliés ou nom.
Si te convient du saint nom
2292   De la puissance en unité,
De la divine auctorité,
D'injonction perpetuelle,
[.....................]
2296   De la trinité qui jadis
Te bouta hors de paradis,
Du saint esprit, du filz, du pere
De la pucelle vierge mere,
2300   De toutes saintes, de tous sains
Ou a nous, qui sommes ici sains,
    Tu ne meffaces,
Mais ce malade ci respasses

2304 Sans li faire doleur sentir;
N'atens plus; il te fault partir!
Va descendre en l'infernal estre
Sans revenir; va a ton maistre:
2308 Ou nom de Dieu le te commande!

BELZEBUS
Au grant deables te recommande,
Et a tous subgetz d'enfer!
Tu fais ici plus fort que fer
2312 Quant tu me gettes de corps
Farro barras triffle gricors!
Je m'en vois, je suis hors du sens;
Toute ma joie est amortie;
2316 Diable y ait part en la departie!
Cra, cra, cra, cra!   [18 v°b]

FLOQUART
                    Joie, liesse,
Don de vertu de haultesse,
Vouloir de Dieu, euvre de saint,
2320 Grace de ciel or me maint,
Tresdoulz seigneur, quant par vostre euvre
Santé de corps par vous recueuvre.
Santé sens bien en moy venir

2311 Locution Di Stefano p.375, cf. Di Stefano p.335, Hassell F 46
Dur comme fer (Gerson VII,999).
2313 Langage de fantaisie.
2317 Belzebus part en croassant comme un corbeau. L'iconographie
représente la possession diabolique souvent par un oiseau noir
(par opposition à la colombe blanche du saint Esprit).

2324 Maintenant voy mon mal fenir,
Fenir voy tout mon nuisement,
Venir voy mon alegement
   J'ay ma clarté,
2328 J'ay en mon cuer vraie santé,
J'ay sens, vertus, force et avis.
Si doy voulentier, non envis,
Ains que je parte de ce lieu
2332 A vous, reverend pere en Dieu
A jointes mains, a nus genoulz
Vous rendre merci devant tous.
Merci vous rens, merci vous crie,
2336 Merci pour mon ame vous prie.
Se chacun jour vous mercioie
Jusqu'a mil ans se tant vivoie
Et autant de nuit que de jour
2340 Sans avoir repos ne sejour,
Jamais mon cuer n'en seroit las.
Helas le povre, povre, las,
Seigneurs, quiconques me regarde
2344 Ad ce miracle preingne garde.
Prenez garde au doulz Jhesucrist,
Aux dons du benoit saint Esprit,
Aux dons de ce seigneur icy
2348 A qui je rens grace et mercy
   De cuer entier.

2324-2325   Inversion.
2334-2335   Inversion.

REMI   [19 r°a]
Mon ami, tu es ou sentier
Dezoremais de ton sauvement.
2352   Gouverne toy devotement,
Mercie Dieu de ta santé,
Mercie Dieu de ta clarté
Non pas moy, creature indigne.
2356   Chacun voit l'amour et le signe,
L'onneur et la grant amistié
Que Dieu par sa sainte pitié
          T'a demonstree.

ALFONS
2360   Sire a l'issir, sire a l'entree,
Sire qui estes ici venu,
Moy sur tous autres suis tenu
De vous mercier et servir
2364   Pour vostre grace desservir.
          Si vous mercie
De tout mon cuer et regracie.
Sire, de joie mon cuer fent
2368   Quant je voy mon tresdoulz enfant
Delivre du faulx ennemi.

PLACIDAS
C'est des miracles saint Remi
Autrement ne l'appelleray

2360   *Sire a l'issir, sire a l'entree*: locution? A rapprocher de Hassell P
57, Morawski 1728 *Puis que la parolle est yssue du corps, elle
n'y peut ja mais entrer*? Di Stefano donne p.297 *A l'entree* [du
mois] et p.444 *A l'issue* [du mois, par opposition à *à l'entrée*].

2372   Ne son saint non ne celleray,
Car il est saint, fut et sera.
Aprez sa mort le aourera
Toute devote creature.

2376   Il s'en vat, le Dieu de nature
Le vueille conduire et garder.

FLOQUART
Chiere gent, vueilliez regarder
La sainteté de ce preudomme
2380   Chiere gent, vueilliez aviser
Le miracle, comment et comme
Je suis gary de la grant somme
Du mal que je souloie avoir
2384   Dont je doy bien la voie a Romme!   [19 r°b]
Si en vois faire mon debvoir.

Cy fenit le miracle fait de l'aveugle demoniacle

*****

*Cy commence l'istoire et miracle des oizelez et du tonnel
wit qui a la priere de saint Remi fut tout plain et suryssant de bon vin.*

REMI
Pencer au service de Dieu
Faire aumosne en temps, en lieu,

2378-2385   Floquart débite une espèce d'épilogue adressé au public (*chiere
gent*).
2384-2385   Floquart part donc en pèlerinage à Rome.

2388 Fuir orgueil, vice et envie
      Male luxure, gloutenie,
      Laissier convoitise et presse
      Font le chemin, voie et adresse
2392 De paix, de vraie norriture
      A toute humaine creature.
      Karitas, entendez ces mos!
      Suyez les bons, fuiez les sos,
2396 N'oubliez point les trespassez,
      Amez Dieu, vous arez assez.
      Qui bien l'aime, doubter le doit
      Et qui le doubte et bien le croit,
2400 Il garde son commandement.

      KARITAS
      Je vous en merci humblement
      Mon treschier et amé seigneur.
      Forte vouloir, vertu grigneur
2404 Que je n'ay eu ou temps passé
      Me doint Dieu sans estre lassé
      De retenir vostre doctrine.
      Mon vueil, ma pencee est encline
2408 A faire tout ce que vous dictes.

      REMI   [19 v°b]
      En ce faisant vous serez quittez
      De tresgriefve punicion
      D'enfer et de dampnacion,
2412   Je le vous promet.
      Rozebec, ça va, si nous met
      La table, le pain et le vin
      En la chambre sur le jardin:

2416 C'est a mon gré la plus joieuse.

ROZEBEC
C'est mon, et la moins ennuieuse
Car les rainsseaux, la renverdie,
Les oyseaulx plains de melodie
2420 Y sont si doulcement chantans
Que corps d'omme jusque a cent ans
N'en devroit mie estre ennuyé.
Je y vois, Jhesus soit mercié
2424 Quant a tel seigneur suis servant.
Servir le vueil dorenavant
De cuer, de corps et de pencee.
Y fault que sa table dressee
2428 Soit en l'eure de bonne guise,
Beau doublier et la nappe mise
Ainsi sera, se je ne faulx.

REMI
J'ay peu visé a mes deffaulx
2432 Quant ne me suis mieux acquitté
Vers la dame d'umilité
D'aucune salutation
Si vueil par bonne entencion
2436 La saluer en ceste place
Pour acquerir sa sainte grace.

[il prie]

O Marie de grace pleine
Qui ez sains cielz y ez couronnee,
2440 O Marie tressouveraine
Par qui clarté nous est donnee,   [20 r°a]
Par toy nous soit habandonnee

Bonne paix en ciel et en terre
2444 Si que de nous soiez loee
En union sans plus de guerre.

En sainte Eglise nous rameinne
Devocion regeneree
2448 De griefve iniquité mondaine;
Ne soit par force violee
Le pappe et toute gent lettree,
Fay que pechié ne les enserre:
2452 Ainsi sera France honnouree
En union sans plus de guerre.

Le roy, sa puissance haultaine,
Son sang et toute sa lignee,
2456 Nobles bourgois et gens de peinne
Deffens de l'infernal entree,
Joie nous soit renouvelee
Telle que nous puissons acquerre
2460 De paradis la belle alee
En union sans plus de guerre.

Karitas, sans plus de demeure
Alons dyner, il en est heure,
2464 Car assez tot je vueil aller
A ma parente ung peu parler.
C'est a Engui de costé Byerme
Je ne congnois dame plus ferme

2454-2456 Le roi et les bourgeois: anachronisme, cf. introduction.
2466   Au v. 2565, il s'agit de *Thugny* près de Biermes!

2468　En ce païs ne plus devote.

[*à Rozebec*]

　Ça, est il prest, dittes, bel oste!
　Il en est bien heure convenable
　Ça, a laver, levez la table!
2472　Dieu soit a ce petit dyner.
　On doit bien le chief encliner
　Vers le seigneur qui le nous donne.

KARITAS
　Je croy, monseigneur, que bonne　　　　　(-1)
2476　Vous sera l'eaue de ce mouton
　Si m'aist Dieu, il est bel et bon.
　A santé le puissiez mengier.　　　　[20 r°b]

ROZEBEC
　Vin d'Ay arez sans dangier,
2480　Vin de Montaingne et de Riviere,

2471　La table moderne comme meuble n'existant pas encore, il fallait
　lever la table pour la *dresser* sur des tréteaux.
2476　Vers problématique. Déjà le v.2475 est hypométrique; *l'eaue de
　mouton* n'offre pas de sens satisfaisant, d'autant plus qu'il est
　masculin (v.2477-2478: *il, bel, bon, le*) ce qui exclut le sens
　«eau» tout comme «épaule» (à moins que ces termes ne renvoient
　au *mouton*). Dans les dictionnaires, on relève *eau de pigeon,* —
　de merluz, — *de naffe* et *eaule* (lat. *inula* «aunée»), mais cela
　n'offre guère un sens satisfaisant. Le sens «bouillon» semble,
　malgré le problème générique, le plus convaincant. Eventuelle-
　ment, on peut corriger le vers *Sera l'epaule de mouton* et
　assumer que Karitas indique un animal que l'on est en train de
　rôtir.
2480　Le *vin de Rivière* est également cité dans *Saint Didier* (éd.
　Carnandet 1855 p.140).

Mareuil en porte la banniere
De vins clarez pour ceste annee.
Moult suis joieux de la vinee
2484 Mais souvent a par moy me ry
Quant je boy du clos saint Thierry.
Sire, veez en ci la couleur.
Il est si bon que c'est doleur.

REMI
2488 Ça de l'eaue, il est bien vineux
Et a mon avis gracieux.
Quant fut il ceans amené?

ROZEBEC
L'abbé vous en a estrené
2492 De deux poinssons bons et beaux.

KARITAS
Monseigneur, veeci les oiseaulx,
Par bonne foy, qui viennent cy
Veez les, sire, Dieu merci.
2496 Monseigneur, or les regardez!

2481   Manuscrit: - *q* + *Mareuil*.
2482   Rappelons que la méthode champenoise n'existe que depuis Dom
          Pérignon; au moyen âge, la région produisit des vins rouges
          légers (cf. encore le Bouzy).
2484-2492 Probablement un anachronisme: Thierry fut disciple de S. Remi.
          Un aigle aurait indiqué à Thierry et à sa compagne Suzanne le
          lieu de leurs habitations monastiques, mais selon Flodoard, c'est
          Remi lui-même qui a fondé le monastère (Sot 1994 p.410). Qu'il
          y eût installé un abbé qui lui envoyât du vin du clos récemment
          fondé, est improbable.

REMI

Je les voy bien et vous gardez
De leur faire mal, je vous prie.
Or ça, ça, ça (ça)! Dieu le benie!
2500   Ça, de la mie de ce pain!
Ilz en aront pas ne le plain
Qu'ilz soient tous les bien venus.

KARITAS

Par foy, nous sommes bien tenus
2504   A cellui qui les vous envoie.
Je cuide que Dieu les convoie
        Ou aucun ange.

ROZEBEC   [20 v°a]

C'est une chose bien estrange
2508   Et grant doulceur a les veir.
Je les voy a vous obeir.
Monseigneur, veci belle chose,
Cestui n'a pas la bouche close
2512   Il se delivre le premier.

REMI

Il leur fault encore esmier
De la mie de ce blanc pain.

KARITAS

Certes, cestui avoit grant fain.

2511   *Cestui* indique un jeu de scène (cf. v.2515 *cestui*), mais on se
demande comment on a pu réaliser ce jeu. Avec des oiseaux
vivants dressés spécialement pour l'occasion?

2516   Haa, qu'i sont aise!

ROZEBEC
Je vous prie, monseigneur, qu'il vous plaise
Que je touche a ung ou a deux.

REMI
Or fay, prens lequel tu veulz
2520   Sans lui faire aucun desplaisir.

ROZEBEC
Desplaisir? Dieu, j'ay grant desir
De les garder comme mon oeul.

REMI
C'est assez tenu, car je vueil
2524   Et leur commande qu'ilz s'en aillent
Ad fin qu'a leurs logis ne faillent.
Vous savez qu'a chacun oisel
Son ny souvent lui samble bel
2528   Et ossi toute creature;
Voullentiers trait a sa nature.
Les oisellés pour leurs beaux chans
Quierent le bois, le pré, les champs,

2522   Locution Hassell O 10, Di Stefano p.599.
2523-2524   Après le jeu des oiseaux qui viennent manger les miettes, ce
            serait donc Remi lui-même qui leur aurait commandé de s'en
            aller.
2526-2527   Proverbe Hassell N 19; Morawski n°16.
2528-2529   Cf. vv.605-606.
2530   Manuscrit: - ouesselz \oisellés/.

2532   Car leur nature a ce se donne,
        Mais Dieu, qui les pechiés pardonne
        Poeult faire ses commandemens
        En ciel, en terre, aux elemens,
2536   En enfer et en paradis,
        Et voeult que beaux faiz et beaux diz,
        Toute chose a lui obeisse.
        Si est doncques assez propice
2540   De savoir et de croire ossi
        Que ces oiseaulx sont venus cy
        De son gré et de sa licence.
        Veu avez l'obeissance
2544   Qu'il ont fait d'eulx laissier prendre
        Par mon congié sans eulx deffendre.
        Il ont ici beu et mengié
        Et quant donné leur ay congié
2548   Il s'en sont vitement alez.
        Vous veez bien se vous voulez
        Comme de Dieu doit l'euvre plaire
        A ce gracieulx exemplaire.
2552   Si vous pri que au temps avenir
        De ce vous vueille souvenir,
        Car quant le corps en bien se preuve
        Son ame en la fin le retreuve.
2556   Or y pensés, je vous en prie.

        KARITAS et ROZEBEC
        Monseigneur, je vous en mercie!

2554   Manuscrit: - *treuve \preuve/*.

REMI

C'est bien dit, a Dieu en souviengne.
Or sus, avant que la nuit viengne
2560   Ostez de ci, je m'y consens
Et puis dynés, ce sera sens.
Di ge bien?

ROZEBEC

                Oÿ, par mon ame.
Se Dieu plait et la belle dame
2564   Nous n'y mettrons pas longuement.

*Ci finit l'istoire des oiseaulx et commence cellui du ton-
nel.*

                                    [*Sur un pré*]

GENTE, *tante de saint Remi, dame de Tugny*   [21 r°a]
Ça, seigneurs, comment va, comment?
Comment se porte labourage?
Il fait beau temps pour messonnage,
2568   Ce m'est avis.

FORTIN

Depuis l'eure que je fu vis
Si beau temps ne vy, par mon ame,

'2565   *Gente*: chez la plupart des hagiographes, elle s'appelle Celse.
2565   *Tugny*: actuellement Thugny-Trugny près de Biermes, sur l'Aisne
        près de Rethel.
2569   Manuscrit: - *vief \vis/*.

Mais sans plus dire, gente dame,
2572   Il convient arouser ce becq.
J'ay le povre gozier si secq
Que la patouille d'un fournier.

REGNIER
Et par m'arme, ossi a Regnier:
2576   Il crache cotton a desroy.
Dame Gente, tenez ma foy
Que si tot que prime est sonnee
Ou que merierne est passee
2580   Je suis plus que mort, par Dieu voire,
Qu'i tantot ne m'apporte a boire
Et puis certes je me delivre.

GENTE
Hahay! Tu ez a moittié yvre,
2584   Je l'entengs bien a tes parolles.

REGNIER
Par saint Germain de Faverolles,
Je ne bus huy, madame Gente.

GENTE
Sans plus au long de ceste sente
2588   Feray ung tour et puis aprez
Je feray venir du plus fretz.

2575   *Arme*: «âme».
2576   Cf. Villon *Testament* v.730, Rabelais (*Pantagruel* ch.VII); selon
         Littré, locution pour «avoir soif»; cf. Thuasne 1923 II,227-228,
         Di Stefano p.216.

Si en buverons trestous ensamble.

FORTIN
Dame, certes il me samble
2592 Non fait, si fait ou Dieu le veult.
Je voy venir vostre nepveu,
Remi l'arcevesque de Reims   [21 r°b]

GENTE
Le cuer me dit bien des orains
2596 Que j'aroie aucunes nouvelles
Et par Dieu, veci les plus belles
Que j'eusse oncques, mais Dieu mercy
Cellui qui le monde est esclarcy
2600 De tenebres en haulte lumiere
Vous doint santé et joie entiere,
Mon treschier seigneur et nepveu.

REMI
Tante, le benoit filz de Dieu
2604 Qui souffri mort et passion
Vous maintiengne en devocion
Pour le bon salut de vostre ame
Comment vous est il, belle dame?
2608 Longtemps a que ne vous vis mais.

GENTE
Ce poise moy, monseigneur, mais
Je vous prie en l'onneur de Dieu

2592   *Non fait, si fait*: «de toute façon». Forme française pour *par fas
et par nefas* (Di Stefano p.671)? Cf. v.2154.

Que vous veingnez au petit lieu
2612 Prenre sans plus la pacience.
Monseigneur, par ma conscience,
Je vous donrray de tresbon vin.
Loez soit le hault roy divin:
2616 J'en ay ung tonnel alermi,
Or vous en venez!

REMI

A demi
N'ai ge mie Dieu satisfait.
Alez devant! Quant j'aray fait
2620   Je yray a vous.

GENTE
Rozebec, vieng avecques nous,
Mon bel ami, et je t'en prie: [21 v°a]
Ne soiez loncg!

ROZEBEC

Nenni, m'amie!

[Chez Gente]
GENTE
2624 Or sus, sus, tous en besoingne:
La belle dame de Boullongne

2612   *Prenre* est probablement à rapprocher de l'italien *pranzare*,
        pranzo («déjeuner»).
2618   De nouveau, Remi veut prier.
2623   Sens: «hâtez-vous».
2625   Notre Dame de Boulogne, dont la vénération était devenue

Vueille garder d'encombrement
Qui s'y mettera legierement.
2628 C'est mon seigneur, c'est mon nepveu,
Je vous pri en l'onneur de Dieu
Qu'il soit servi de bonne guise,
La belle nappe blanche mise,
2632 Les tasses et les gobelez
Et de ces beaulx fruis nouvellez,
Poire de fin or a desroy.
Savez vous, et fust pour le roy,
2636 Apportez ou je vous reny
Et ces fromages de Cauny
Nous donnés sans les espargnier:
La maille sauve le denier.

FORTIN
2640   Voulentiers, dame.

REGNIER
Se Dieu me pardoint a l'ame,
Dame Gente, il n'en fault plus dire.
Y sera fait, Fortin, beau sire,
2644 Levons celle table debout.

nationale. Cette allusion constitue un nouvel anachronisme. En
fait, ce n'est qu'en 633, sous le règne du bon roi Dagobert, que
le petit navire avec la statuette de la Vierge arrive à Boulogne.
La chapelle de Notre Dame de Boulogne à Paris, qui a donné son
nom au Bois de Boulogne, n'a été fondée qu'en 1304 par
Philippe IV. Sous Louis XI, Notre Dame de Boulogne est la
patronne de Flandre.
2639 Di Stefano p.503, Hassell M2 «Bonne est la maille qui sauve le
denier» (Gerson VII,446).

FORTIN
C'est fait, veez ci tresteaulx et tout.

GENTE
Nappes, doubliers et serviettes,
Sont elles blanches et bien nettes?
2648   Rozebec, prenez la vaiselle,   [21 v°b]
Rinssez la et la faittes belle,
Aiguieres et voires jolis.

ROZEBEC
Je sçay bien qu'onque fleur de lis,
2652   Par la foy que doy ma cornette,
Ne fut si belle ne si nette
Que je les feray, ce me samble.

GENTE
Apportez nous trestous ensemle
2656   Ce qu'il convient a recyner.
Monseigneur ne veult pas dyner,
Mais il buvra tout a loisir.

FORTIN
Trestout est prest.

GENTE
               J'ay grant plaisir,
2660   Par Dieu, de lui faire grant chiere,

2645   Voir la note au vers 2471.
2651   Cf. Hassell F 96 *blanche comme fleur de lis*, Di Stefano p.357, 502.

Ne je ne sçay chose si chiere,
Par ma foy, que tout ne soit syen.

ROZEBEC
C'est dit de dame de grant bien,
2664 On trouve le bien ou il est.
Y m'est avis que tout est prest
Et moult grandement ordonné.

GENTE
Par m'ame, Dieu l'a amené,
2668 Loez en soit le roy des cieux.
Mon cuer en est si tresjoieux
Et si plain de parfaitte joie
Qu'a peinne dire le pourroie.
2672 Venez avant, venez, Fortin!
Prenez deux pos, alez au vin
Et les rinssez de belle eaue clere!

FORTIN   [22 r°a]
Foy que doy l'ame de ma mere
2676 Qui portoit le nom Marguerite,
Vous n'en serez jamais desditte:
Je say bien la voie ou cellier.

                                    [*Fortin part*]

2664   Cf. *Condamnacion de Banquet* (éd. Koopmans-Verhuyck) v.83:
        «Ou les biens sont, illec il les fault querre».
2676   Pourquoi cette précision? Faut-il faire ressortir un lien avec
        Margot et donc la prostitution? Ou est-ce tout simplement une
        allusion locale ou circonstancielle?
2678   Ironique: c'est un gros buveur.

[*Quelque temps plus tard:*]

GENTE

Je ne sçay ou est ce baceler

2680   Je croy qu'en ce monde n'a tel

Arrabis mon maistre d'ostel.

Il vent, il achate, il marchande

Et si convient qu'a lui m'atende.

2684   Il me gouverne.

L'autrier vouloit faire taverne

De tant po de vin que j'avoie

Mais je li deffendis la voie

2688   D'aler entamer mon tonneau,

Car c'est du meilleur vin nouveau

Qui croisse en nostre païs.

[*au celier*]

FORTIN

La croïx Dieu, nous sommes traïs!

2692   Veez ci meschief!

Depuis les talons jusqu'au chief

Soie je saingnié et commandé!

Ma dame m'avoit demandé

2696   De ce vin, mais y n'y a rien.

Sy a! Non a! Ce croy je bien,

2679   Reste à savoir comment on a rendu le temps écoulé. Une chanson? Un jeu de scène?

2684   Le thème du ménage est fréquent les farces, où il s'agit également souvent de savoir qui est le maître.

2693   Locution Di Stefano p.152.

2697   Il doit y avoir eu ici un petit jeu de scène où Fortin joue avec le tonneau.

Et vien, vien, y n'y venra (rien) [mie]!
Y n'en ist goutte ne demie!
2700 Qu'est ce tient il au bondonnal?
Il n'en ist vin qui vaille ung ail.
Vien vin, vien et vien de par Dieu!
Y n'y a de vin tant soit peu.
2704 Veci grant honte par mon arme,
Hideur, et que dira ma dame?
Elle sera toute desnervee
Et se le queue estoit levee
2708 En venroit il ne grain ne goutte?
Je tire, je sacque, je boutte
La broche deriere et devant,   [22 r°b]
Mais ce n'est riens, tient il au vent?
2712 Je destoupperay le bondon:
Si vin y a, vieingne a bandon.
        Y ne vint point.
Je cuide, Dieu le me pardoint,
2716 Qu'on l'a emblé ou despendu
Ou gourmandé, voire ou vendu!
Haa! Que je sçay bien que je feray
Ceste grant verge y bouttray
2720 Si saray qu'il y a au fons.

2698   Correction pour la rime; le copiste a probablement suivi par
            erreur la rime précédente au détriment de la rime suivante.
2701   Locution Di Stefano p.10.
2704   *Arme*: «âme».
2707   *Queue* sc. du tonneau.
2711   Eventuellement: *du vent*.
2716-2717   Cf. aussi les vv.2685-2686: probablement, Fortin est l'auteur du
            délit.
2720   Fortin sonde les profondeurs du tonneau.

Par cellui qui me tint sur fons
Je n'y troeuve ne ce ne quoy!

[*Il retourne chez Gente*]

GENTE

Et que fais tu la, par ta foy!
2724   Fortin, et venras tu mais huy?

FORTIN

Mais hui, le tonneau est tout wy,
Par la sainte dame du Carme,
Il n'a de vin une larme.
2728   Je y ay tiré, sachié et bouté
Et par grant courage hurté,
Mais y n'y [a] riens, par mon ame.

GENTE

Hé, sainte Vierge, doulce dame
2732   Qui de tous sains ez honnouree,
Moult suis doulante et esplouree,
Moult suis esbahie a ceste heure.
Dis tu vray, se Dieu te sequeure?
2736   Je vous pri, alons sur la place.

[*Elle arrive au celier*]

Il est vray, je ne sçay que face.
Hahay, hahay, il est failli

2722   *Ne ce ne quoy*: locution Di Stefano p.130.
2726   A partir du IVe siècle, il y a eu des ermites sur le Mont Carmel;
       l'ordre des religieux de Notre Dame du Mont Carmel a été fondé
       en 1154.

Lasse, par ou est il sailli?
2740 Helas, il estoit trestout plain,
Je n'en puis mais, et je me plain;
J'ay assez cause de me plaindre.
Mon cuer sens bien palir et teindre.   [22 v°a]
2744 Certes, j'ay angoisse si forte
Qu'a peinne voulroie s'estre morte
Nompas pour le vin seulement,
Mais pour le hault avenemment
2748 De monseigneur qui oncques mais.

ROZEBEC
    Dame, jamais
Ainsi ne vous desconfortés
Mais sagement vous deportés
2752 Comme saige dame doit faire.   .

GENTE
Hé sainte Vierge debonnaire,
Moquerai je ainsi monsigneur.
Sans faulte veci la grigneur
2756 Deshonneur qui oncques me vint.

                              [*Sur le pré*]
REMI
Le filz de la Vierge qui vint
De lassus souffrir passion
Pour humaine redemption
2760 Quitter nous vueille les pechiez

2739   La lecture *failli* est plus probable dans le manuscrit, mais alors il
        y a saut du même au même, d'où notre lecture/correction *sailli*.

De quoy sommes entechiez
Si que s'amour puissons avoir.
Y fault faire nostre devoir,
2764   Karitas, sans longue attente.
Je me doubte bien que ma tente
Nous attende trop longuement.
Alons y!

KARITAS
   Tresjoieusement
2768   Nous recepvera la doulce dame;
Elle est sainte de corps et d'ame
Autant que femme pourroit estre.
Le syen a destre et a senestre
2772   Donne pour Dieu a grant planté.

    [*Remi et Karitas arrivent chez Gente*]
GENTE
Monseigneur, paix et santé
Vous doint le benoit filz de Dieu   [22 v°b]
Et bien veingniez au petit lieu
2776   Ou tout est a vostre habandon.

REMI
Tante, je vous requier ung don
  S'il se peult faire.

2765 Manuscrit: - *tente* + *doubte*.
2771-2772 C'est-à-dire: elle donne beaucoup d'aumônes. *A destre et a
senestre* locution Di Stefano p.255.

GENTE

Ung don, lasse, bien me doit plaire
2780   Non mie ung don, sire, vous donne,
Mais quanque j'ay vous habandonne
    De bonne foy.

REMI

Grant merci, tantes, dictes moy
2784   Au vray qu'il vous est avenu
Depuis que je suis ci venu.
Vostre couleur n'est mie amblee,
Elle me monstre que troublee
2788   Avez esté et moult doulante:
Ne le vueille celer, mon ante,
    Je vous en pri.

GENTE

Mon chier seigneur, merci vous cry,
2792   Ne vous chaille de le savoir
Quant a present.

REMI

            Vostre devoir
Faictes com vous m'avez promis.

GENTE

C'est raison, certes, j'avoie mis
2796   Pour ma pourveance ung tonnel
De tresbon vin vremeil et bel

2786   *Amblee* au sens «ambrée» serait logique, mais n'est attesté que
bien plus tard; *emblee/amblee* n'est cependant pas très logique.

Depuis .II. mois, je vous convent,
Dedens ce celier la devant
2800   Et bien donner vous en cuidoie.
Si ne sçay mais que faire doie   [23 r°a]
Car oncques n'en fis tirer goutte,
Mais se saint Mor nous gart de goutte,
2804   Y n'y a vin ne qu'en mon oeul,
Dont ma joie est tornee en dueil.
Si voy bien que dueil me court sus,
Honte de tous poins me met sus
2808   Quant je regart
Que vous, monseigneur, que Dieu gart
Avoie requis et semons;
Faire cuidoie vaulx et mons
2812   De haulte chiere et bien joieuse.
Or n'y a femme plus honteuse
Soubz le soleil, ce m'est avis,
Car je vous dis, mais c'est envis,
2816   Que tresbon vin cuidoie avoir
Pour vous doulcement recepvoir
Aujourd'uy en ceste maison.
Je ne sçay par quelle raison
2820   Ne comment a esté perdu
Ou se on l'a sans moy despendu

2799   *La devant*: le celier se trouve donc sur le devant de la scène?
2803   S. Maur (VIe siècle) guérit de la goutte: cf. la *Farce du pâté et de la tarte* v.56 (voir Tissier 1986-1994 III,171 avec note). Cf. également *Sotties* éd. Picot I,81 v.193, Coquillart éd. Freeman 329-330 vv.231-232, Villon L.259; Di Stefano p.783.
2804   Manuscrit: - *eul* + *oeul*.
2811   Locution Di Stefano p.553.

Ou vendu sans ma congnoissance.
Goutte n'(en) y a, dont desplaisance
2824 En ay au cuer et grant couroux
Seulement pour l'amour de vous,
Mon treschier seigneur et nepveu.

REMI
Est ce tout? Dont or y soit Dieu
2828 Ne plourez, je le vous enjoins,
Tante, pour moy ne plus ne moins.
Je sçay bien vostre entencion;
Aiez en Dieu devocion
2832 Et ne vous desconfortés mie,
Ma doulce parente et amie.
Je suis de vous aidier tout prest.
Menez moy droit au lieu ou c'est,
2836 Ad fin que le tonnel je voie,
Je vous en pry.

FORTIN   [23 r°b]
              Veez cy la voie,
S'il vous plaist, sire, de y venir.
A Dieu en puist souvenir,
2840 Je ne sçay autre chose dire.

REMI
Or va devant!

2822 Cf. les vers 2685-2686, 2716-2717: probablement Fortin est
      l'auteur du délit.
2829 Locution Di Stefano p.703.

FORTIN
             Voulentiers, sire!
Vous me monstrez grant amistié
D'avoir de no dame pitié.
2844 Le tonnel cy dedens trouverez:
Entrés dedens, si le verrez,
        Il n'y a rien.

                        [Ils entrent au cellier]

REMI
C'est tresbien dit, or le retien:
2848 Je vous dy bien, dame, tout hault,
Que Dieu a plus qu'a vous ne fault.
De cuer, de corps, dame, l'amés,
Sans faintise le reclamés
2852 A mains jointes, le chief enclin.
Quant les nopces Archedeclin
Furent, nous trouvons par escript
Que nostre sauveur Jhesucrist
2856 Y estoit avecques sa mere.
Le vin failli, dont d'eaue clere
En refy si habondamment
Que chacun en ot largement
2860 Et telement que le derrenier
Valloit trop mieulx que le premier
        Et que merveille
Il ne fault fors que Dieu le vueille.
2864 Trestout est fait ce qu'il commande.
Si(l) li requier, prie et demande

2853   Cf. v.998 avec note.
2865   Manuscrit: - *sill /Sil li\.*

Que cy nous monstre tel miracle
Que par vertu de ce sinacle,   [23 v°a]
2868   Ici fait de ma destre main,
Soit ce tonnel ici rempli et plain
De vin comme il estoit ou mieulx
Et qu'a nous tous, jones et vieux,
2872   En doie si bien souvenir
Que grant bien en puisse venir
A tous les bien veullans de France
Ad fin qu'il aient congnoissance
2876   De Dieu qui est en trinité.
Si en dis **Benedicite**
Ou nom de Dieu puissant et divin
Soit ce tonnel empli de vin.
2880   Or veez de Dieu la noblesse!

TOUS ENSEMBLE
Largesse, largesse, largesse,
Grant largesse en nostre seigneur!

GENTE
C'est des miracles le grigneur
2884   Qui oncques fut fait, ce me semble.
Si en devons bien tous ensemble
Joieusement loenge dire.
Dieu merci, et vous, chier sire,
2888   Par qui ceste joie est venue.

REMI
Merci Dieu qui fit la nue,
Nompas moy, povre creature:
Il est plus puissant que nature,

2892   Il peult commander et deffendre,
        Il peult le chiel partir et fendre,
        Il peult oster, il peult donner,
        Il peult tous pechiez pardonner;
2896   Tantost est fait ce qui'il commande.
        Dame, a cellui vous recommande:
        Grace lui devez et merci,
        Et vous, mes bons amis, ossi.
2900   Servés le de bon cuer trestous.
        Adieu, je prens congiét de vous.

TOUS ENSEMBLE
Adieu, monseigneur, adieu, adieu!

Cy fine le miracle du tonnel et commence cellui d'es-traindre le feu que les ennemis bouterent a Reins et parlent les eschevins.

ANDRIEU
Dieu gart Baudon!

BAUDON
                        Dieu gart Andrieu!

JOURDAIN, *bourgeois*
2904   Dieu gart de Reins les eschevins
        Beustes vous huy?

2904   Manuscrit: \gart/.

ANDRIEU

                    Se m'aist saint Leu!
Dieu gart Baudon!

BAUDON

                        Dieu gart Andrieu!

JOURDAIN

Venés vous ent; j'ay moult beau lieu   [24 r°a]
2908   Alons ensaier de mes vins!

ANDRIEU

Dieu gart Baudon!

BAUDON

                        Dieu gart Andrieu!

JOURDAIN

Dieu (derrain) [gart] de Reins les eschevins!
Deux mos a vous tout en allant
2912   Et touteffois comme gallant
Vous descueuvre ma voulenté
Si bonnement par ma santé
Que j'ai vraie amour et parfaitte
2916   A nostre prelat et me haite
Tout ce qu'il fait, tout ce qu'il dit

2905   Notre texte a déjà présenté S. Loup au v.734 comme frère de S.
       Remi. Ou s'agit-il ici de S. Loup de Troyes (Ve siècle)? De toute
       façon, anachronisme il y a. Rappelons que le *mal saint Leu* fut
       l'épilepsie (Di Stefano p.782).
2910   Correction pour rétablir le refrain (cf. v.2904).

Et croy que Dieu ne le desdit
De requeste qu'i li demande.
2920   Il peult commander et commande
Ne nul n'y peult resister,
Annemi ne peult arrester
Ne nul esprit quel qu'il soit
2924   En lieu ou cest homme ci voit.
Il a en lui, point ne vous mens,
Tant de si beaux enseignemens,
Parole doulce et enterine
2928   Et tant de si belle dotrine
Qu'i n'est homme qui ne l'amast.
Si suy de cuer et de corps mast
Quant ne le voy en ceste ville.

ANDRIEU
2932   Il dit vray comme l'euvangile,
Baudon, c'est ung homme de Dieu:
Si tost qu'il arrive en ung lieu
Joie, plaisir, confort, liesse
2936   Viennent de lui. Baudon, qui est ce
Qui de bonté le passeroit?

BAUDON
Je sçay bien que pas ne seroit   [24 r°b]
Son per trouvé de ci a Rome.

2924   *Voit*: «va».
2932   Locution Hassell E 90.
2939   La locution *d'ici à Rome* est conventionnelle (Di Stefano p.772),
         mais dans le contexte spécifique de la concurrence entre Rome et·
         Reims, les «jumeaux», la remarque reçoit un sens spécial.

2940   Hé Dieu, que c'est ung vaillant homme:
       Nul ne se doit de lui douloir.
       A nous sauver a son vouloir:
       Ou est il? J'en suis tout esbaÿs.

       JOURDAIN
2944   Dieux, ou il est? Par le paÿs
       Pour les povres gens conforter,
       Pour povres pecheurs enorter
       La voie de leur sauvement.

       ANDRIEU
2948   Dieu le rameint prochiennement
       Au sauvement de nous trestous

                              [*chez Remi*]
       REMI
       Karitas, sus, avancez vous!
       Alez ordonner la chapelle
2952   De saint Nicase, car nouvelle,
       Ains qu'i soit longtemps, cuide avoir.
       Si est raison que mon devoir
       Face vers Dieu premierement.

       KARITAS
2956   Se Dieu me gart d'encombrement
       Je le feray de bon cuer, sire.
       Ça, Rozebec!

2952   Cf. vv.1755 avec note.
2954   Encore une fois, Remi veut prier.

ROZEBEC
                    Dieu le vous mire,
        J'en suis joieux, j'en suis si aise
2960   Que foy que doy saint Niçaise
        Y me semble que voler doie.

REMI
        Haulte dame pleinne de joie,
        Mere de Dieu, fille et ancelle,
2964   Tu es le sentier et la voie
        Dont nous vient joieuse nouvelle.   [24 v°a]
        Tu es vaissel, tu ez noiselle,
        Gouvernal de port de salut,
2968   De toy issi une estincelle
        Qui d'enfer rompit le talu[t].

        Marie, fay que l'enfant voie
        Que nourri as de ta mamelle,
2972   Car mon desir est que je soie
        A sauconduit desoubz son ele.
        Prens garde que je ne chancelle
        En pechié n'en vil palut.
2976   Ne est ce ton filz, vierge pucelle,
        Qui d'enfer rompit le talut.

        Se le faulx Sathan me desvoie,
        Dame, par pitié me rapelle;

2966   Manuscrit: - *vas* + *vaissel*.
2969   Nouvelle allusion à la descente aux limbes, cf. v.375 avec note.
2973   Locution Di Stefano p.11.
2978   Manuscrit: - *Se* + *le*.

2980   Se mort m'assaut, m'ame convoie
      Au palais d'amour eternelle.
      Dame joieuse, gente et belle,
      Ton filz pour nous morir volut;
2984   C'est cellui, sans que je le cele,
      Qui d'enfer rompit le (p)[t]alut

[Devant l'enfer]

SATHAN
      La mort plus noire qu'erement
      A contre moy prins errement
2988   De faire mon enterement.
         Haa, faulse mort,
      Escorpion qui point et mort,
      Quant de toy mon cuer se remort,
2992   Moult m'ez diverse,
      Aspre, poingnant, dure et perverse.
      Ta cruaulté mon fait renverse
         Et met au bas.
2996   Se j'ay bon droit, tu le debas;
      Se je vueil paix, tu me combas,
         Tu me fais rendre
      Ne de toy ne me puis deffendre,
3000   Dont assez tot m'en iray pendre
         Et estrangler
      Et au feu d'enfer sangler.
      Ainsi perderay je le jangler   [24 v°b]
3004   A tousjours mais.

2986   Locution Hassell A 193.
2986 sq.   Plainte contre les rigueurs de la mort: on pense Villon et à la
           poésie macabre. A remarquer: ici, c'est Sathan qui parle!

Haa, Lucifer, quel entremez
Or t'ay je lonc temps servi, mais
    Fenir me fault.
La mort m'a ja mis en deffault,
La mort me tient, la mort m'assault,
    La mort m'estrangle
Estrangler me dois d'une changle
D'une corde ou d'une warangle
    En ce lieu cy.
Ha, cuer dolant, ha, cuer nercy,
Ha, Lucifer, je te merci
    En dis, en fais.
De tous les biens que tu m'as fais
Ne prens plus garde a meffais
    Mais en requoy
Puis que jamais ne te revoy,
Vaillant seigneur, pleure pour moy,
    Je m'y attent
Plourez, plorez la mort Sathan,
Plourez pour moy, Leviatam:
    A la mort vois.
Plorez pour moy a haulte vois,
Oubliés festes et renvois.
    Je suis confus.
Tartaro, Berit, Cerberus,
Astarot, Ferro, Burgibus,
    Haa, Brohadas,
Craco, Nizac, Cornibondas,
Sorbin, Farlos et Hauredas,
Plus ne me verrez, mes amis.

LUCIFER   [*En enfer*]

Par icellui Dieu qui m'a mis

3036   En cest enfer par mes dessertes,

Je cuide et croy a bonne certes

Que j'ay Sathan la hors oÿ.

Burgibus, iras tu?

BURGIBUS   [25 r°a]

          Oÿ!

3040   Il n'est [...] que pour luy ne face.

LUCIFER

Vas y! Helas, la doulce face,

Le beaux, le bon, le genereux,

Le plus courtois, le plus joieux

3044   Qui soit soubz le ceptre infernal.

Va tot savoir qu'il n'ait nul mal

    Et le m'ameinne.

BURGIBUS

Ou je demourray en la peinne

3048   Ou ja mon corps ne cessera

De le querir ou il sera.

Je y vois courant! Ou peult il estre?

               [*Il part; devant l'enfer*]

Yray a destre ou a senestre?

3052   Oÿ! Nennil! Lequel je ne sçay.

Si longtemps a que ne cessay

Que par cellui...Ho! Veez le la!

3051-3052   Sans doute, jeu de scène où Burgibus montre sa confusion.

Il fut fol qu'il ne m'appella
3056   Quant il s'en vint.
Haa, les diables plus de vint,
Nompas vint, mais tous ceux d'enfer
Haro, venez tot, Lucifer,
3060   Atten, atten,
Atten moy, mon ami Sathan!
Helas, garde toy de mesprendre,
Que fais tu la?

SATHAN
                        Je me vois pendre.

BURGIBUS
3064   Pendre, que le grant diable y ait part!
Tu venras ainchois autre part
Et je t'en requier, mon ami.

SATHAN
Je n'iray [ne] pas ne demi,
3068   Mais pendre je m'iray.

BURGIBUS
Ha, Lucifer, hahay, hahay,
Hahay, hahay, venez bien tot.

3064   La remarque, il faut l'avouer, étonne quelque peu dans la bouche
        d'un diable.

3068   Manuscrit: *je m'iray pendre* (pèche contre la rime).

'3069 Manuscrit: - *Burgib* + *Burgibus*.

[*En enfer*]

LUCIFER

Se je puisse estre tournez en rost
3072 Ou en feu me puist on bruler
Se je n'oÿ Burgibus hurler.
Ha, Burgibus, je t'oÿ, tu hues.
Sus, sus, aux picques, aux massues,
3076 Aux crocquepoix, aux godendars,
Au feu gregois en lieu de dars!
Je y courray plus tot que le pas.

BURGIBUS   [*arrive auprès de Sathan*]

Helas, Sathan, ne te pens pas.
3080 Veci nostre maistre qui vient,
Atten le, dya, il le convient;
Ne me fai point telle devise.

LUCIFER

Par sainte Marie, male guise
3084 De s'aler pendre, diable y soit.
Sathan, garde toy, comment qu'i soit,
Sur peinne d'inobedience
Ou d'avoir telle penitence
3088 Comme d'estre escorchié tout vif!

SATHAN

Ha, Lucifer, oncques ne vis
Deable que moy desconforté.

3078   Locution Hassell P 67.
3083   Invocation curieuse de Sathan!
3084   Cf. v.3064 avec note.

Bon sens est en moy avorté,
3092   Jamais ne renteray dedens.
J'ay pire mal que mal de dens,
Ma science s'en est alee,
Ma doleur voy renouvelee,
3096   Mon engin, mon arc et ma force
De moy laissier chacun s'enforce
Se m'en vois pendre sans plus dire.

LUCIFER
Non feras, non, ça, viens, beau sire!
3100   Hahay! ne soie mie si sot.   [25 v°a]
Sans riens celer dy a ung mot
Qui te muet, qui te conseille.

SATHAN
J'ay si grosse pusse en l'oreille
3104   Qu'a peinne dire le saroie.
Ha, Lucifer, quant je sommeille,
J'ay si grosse puce en l'oreille.
Remi de Lannois me resveille,
3108   Remi me tolt solas et joie.
J'ay si grosse puce en l'oreille
Qu'a peinne dire le saroie.

LUCIFER
Des croches d'enfer seigniez soie,
3112   Qui est il, ne me cele point

3103   Locution Hassell P 293, Di Stefano p.735.
3111   Bénédiction parodique, tout à fait dans le genre des sermons
        joyeux.

Ou je te mectray en tel point
Que tout le monde tremblera
Et toute terre crobera.

3116 Enfer sera tout desrivé,
Estrange n'y a ne privé
Qui ne soient de moy maudis.
Lez tous les sains de paradis

3120 Yray demourer se je puis.
Les gouffres et les parfons puis
Seront ouvers, ains qu'il soit nuit.

SATHAN
O Lucifer, ne vous ennuyt

3124 Ne ja besoing que je vous die,
Le treffons de ma maladie
Pardonnez le moy ceste fois.

LUCIFER
Une fois, deux fois voire trois

3128 Te conjure, entens tu, Sathan,
Que tantost et plus n'y atten
Me die vray de ceste chose.

SATHAN
Pardonnez moy, sire, je n'ose

3132 Pour la cremeur de la science   [25 v°b]
Et de la bonne conscience
Dont vous estes plains a toute heure.

3115   *Crobera*, net dans le manuscrit. Soit pour *crolera* («croulera»),
       soit métathèse du -r-: *corbera* («courbera, s'affaisera»).

LUCIFER
Dy tot que je ne te deveure
3136   Ou tantost te romperay les reins.

SATHAN
A ung mot, il i a a Reins
En Champaigne, ou tant a beau lieu,
Le plus parfait ami de Dieu,
3140   Le plus prudant, le mieux saichant
Le mieux lettré, garni de chant,
Le plus devot, le plus preudomme
Qui soit de paradis a Rome.
3144   Il ravoie les desvoyez,
Les desvoyez fait ravoiez,
Les sours par puissance divine
Fait oïr, aveugles renlumine,
3148   Contrefais, boiteux et muaulx
Garit, si fait il les meseaulx.
Il vat preschant par tout le monde
Nul n'est si soullié qu'i ne munde.
3152   Il fait assez plus fort que fer
C'est le droit ennemi d'enfer.
Sa sainteté nous couste chier
Et si ne le puis acrochier
3156   Par mon art et temptacion,
Tant est plain de devocion.
Homme ne pourroit jeuner tant
Comme lui, n'aler barbetant

3141   *Chant*: comprendre «sens» ou «belle voix»?
3144-3145   Enchaînement par inversion.
3152   Locution Hassell F 46, Di Stefano p.335, cf. v.2311 avec note.

3160   Les oraisons qu'il fait a Dieu.
        Lucifer, je vois en maint lieu,
        Mais oncques ne vis le pareil.

        LUCIFER
        Veez ci mervilleux appareil
3164   Pour enfer, Sathan, mon ami.
        Et comment a il nom?

        SATHAN   [26 r°a]
                            Remi.
        Dieu li mesmes ainsi l'a nommé.
        Hahay! C'est le plus renommé
3168   Que tous les sains qui sont ez cielz.

        LUCIFER
        Quel aaige a il?

        SATHAN
                        Il n'est point vieux;
        Il n'a que de .XX. a .XXX. ans.
        Je y ay mis le plus de mon temps
3172   Et si n'en puis a chief venir,
        Car Jhesus le veult soustenir
        Contre raison et contre droit.

        LUCIFER
        Hahay! C'est la vie Hedroit.

3174   Cf. la note au v.1315.
3175   *Hedroit* est problématique. Au vers 3570 de notre texte, on relève
        tour de Hedroit avec le sens probable «ruse, tromperie». Dans la

3176   Je ne croy pas que Dieu se mesle;
S'il s'en mesle, s'il s'en desmesle,
     Y ne m'en chault.
Que fust Remi en ung four chault
3180   Et je tenisse mon furgon!
Je vous diray que nous feron
Et c'est le milleur, ce me semble,
Que nous alons trestous ensemble
3184   Bouter le feu la ou il est.

BURGIBUS

Bouter le feu, je suis tout prest,
Je le vous jure sur ma foy,
Car par le bien qui est en moy
3188   Pieça ay je grant voulenté
De mettre Reins a orfanté,
De les bruler, de les abattre,
Mais tousjours me viennent combattre
3192   Ce tas de corps sains qui y sont.
Quanque je brasse, ilz me deffont;
Ce n'est mie ung seul qui m'encombre
Mais tant que je n'en sçay le nombre.
3196   Je say bien qu'ilz sont plus de mile,
Qu'en la cité, qu'en la ville   [26 r°b]

Passion de Jean Michel (vv.22.713 sq.) les *tirants* Dragon,
Malchus et Bruyant jouent une espèce de Colin-Maillard avec le
Christ. Lorsque Malchus crie *Qui frappe ceste croquemuse /
Devine, Jesus!*, Bruyant lui répond *Croquenolle / S'a fait Hedroit
o sa quenolle*. Un relevé complet du nom *Hedroit* reste à faire et
pourrait expliquer ces locutions.

3191-3192   Le pauvre Burgibus prétend plus ou moins qu'il est possédé par
des saints!

Il y en a tant que c'est rage,
Dont po s'en fault que je n'enrage
3200   Et m'en fas fort
Que Dieu sera par eulx d'acort
Que nostre fait ne vaille rien.

LUCIFER
C'est trop bien laschié, vien t'en, vien!
3204   Si hardi n'y a qui mot sonne
Plus que je y seray en personne.
Or sus, tous deux alez devant
Et je feray bruire le vent
3208   Par dessus Reins tout a mon aise.
Je vueil que en enfer n'ait fournaise,
Abismes, gouffres, grans forneaux,
Bastilles, tours ne grans creveaux
3212   Que tous ne gietent flambe et feu
Se Dieu me het, je herray Dieu.
Canons, faites vostre devoir.

                                    [*à Reims*]
ANDRIEU
Je voy le temps formen mouvoir
3216   Et de tous lez palir et taindre.

3198   Locution Di Stefano p.746.
3204-3205   Proverbe? La structure est amplement attestée: cf. Morawski
            2363, Hassell M 112 *Tel menace qui a grant poor*; cf. également
            les contrevérités de Villon; *ne sonner mot*: Di Stefano p.562.
            Plus: corriger/lire *puis*?
3207   Les diables comme faiseurs de *tempestes*.

Dieu doint que ne nous puissent atteindre
Tempeste ne villain orage.

BAUDON
Le cuer me dit et le courage
3220 Que nous arons aucun meschief.

JOURDAIN
J'octroy c'om me trence le chief
Se nous n'avons ennuyt affaire.
Or regardez le temps defaire
3224 Et muer en mainte couleur.
Baudon, veci moult grant doleur:
Le soleil est palle et nercy.

ANDRIEU
Crions trestous a Dieu mercy
3228 Que le maufez ne nous puist nuyre.   [26 v°a]
Escoutez le tempeste bruire,
Je cuide qu'enfer soit ouvert:
Tout le ciel est de feu couvert.
3232 Regardez que c'est par dela!

BAUDON
Je voy merveilles par deça
Et la et tout a l'environ.
Seigneur, s'il vous plaist nous yron
3236 Nostre tressaint prelat querir

3217 Manuscrit: - nous + ne \nous/.
3228 *Maufez* est déjà archaïque à l'époque: cf. Villon, *Testament* v.388
      (*Ballade en vieil langage françois*).

Et a jointes mains requerir
Que a ce besoing aidier nous vueille.

JOURDAIN
De l'ennemi qui tousjours veille
3240 Deffende Dieu ceste cité.
Si vray que la necessité
En est bien aisie ne a prouver
Mais quoy, ou pourrons nous trouver
3244 Le bon, le bel, le saint preudomme?
Quel part est il, je ne say comme
Nous le trouverons si a point.

ANDRIEU
Le benoit fil de Dieu nous doint
3248 Le trouver en si bonne place
Que nostre grant doleur efface
Si vray qu'il en est grant besoing.

BAUDON
Certes, seigneurs, s'il en a soing.
3252 Ceste ville est en grant baillance,
Mais se chacun de nous s'avance,
Nous orrons aucune nouvelle
De lui en sa belle chapelle
3256 Ou il sert Dieu devotement.
Alons y!

          [*en la chapelle*]

REMI
   Roy du firmament,
Souverain Dieu, corps precieulx,   [26 v°b]

Doulz Jhesucrist qui sur les cieulx
3260 O saint jour de l'asencion
Montas par dominacion,
Vueil ton peuple regarder
Et de villains perilz garder,
3264   Car j'ay doubtance
Que le bien et la subtance
De ce païs ne soit peri
Pour ce qu'ersoir a l'enseri.
3268 Il faisoit ung temps bel et doulz;
Or voy, si font les gens trestous,
Que veci tempeste qui vient.

KARITAS
Monsieur, le temps devient   (-2)
3272 Moult tenebreux et moult terrible,
Despiteulx, enflé et horrible
Et le monde veult fenir, ce croy.
Dieu nous soit aide!

ROZEBEC
                        Je voy
3276 Moult grant foison de gens venir,
A Dieu en puisse souvenir.
Ce sont les eschevins. Hé Dieux!
A paines voit on jusques aux cieulx:
3280 L'er est puant et la nuee

3259   Entrée en scène conventionnelle de Remi: il veut prier.
3269   Donc: le public apercevra un trucage.

Jette de tous costez fumee
Si laide que c'est grant hideur!

[*Andrieu, Baudon et Jourdain arrivent auprès de Remi*]
JOURDAIN
Sire arcevesque, le seigneur
3284 Qui racheta l'umain lignage
D'enfer et de villain servage
Vous doint faire le sauvement
De vous et de nous ensement.
3288 Or, chier sire, ou non d'amistié,   [27 r°a]
Ou nom de tres sainte pitié,
Ou nom de la vierge enterine,
Ou nom de sainte Katherine
3292 Qui en Sinaÿ fu ramee,
Aidiez nous a sauver la vie.
Tempeste vient de toutes pars
La ville et noz biens seront ars,
3296 Vingnes, fourmens, fains et beaux fruis
Seront fourdriez et destruis
Se Dieu par sa benigne grace
Ce dolant temps oultre ne passe.
3300 Adieu la tribulacion.

3291   Sainte Catherine est souvent représentée avec un diablotin sous
        les pieds et elle protège du diable.
3292   *Ramee*: «?». Le sens probable «torturée, mise sur la roue» n'est
        pas attesté. Ce n'est qu'après son martyre que le corps de la
        sainte à été transféré au Sinaï.
3299   Comprendre: «mettra fin à ce mauvais temps».

BAUDON

Doulz sire, une procession
Qui de par vous seroit menee
Devotement et ordonnee
3304   En l'onneur de Dieu nostre pere
Et de sa sainte vierge mere
Seroit a nous bien aggreable.

JOURDAIN

Ce seroit euvre charitable,
3308   Faictes la en l'onneur de Dieu.
Il en est moult bien temps et lieu
Et en doit chacun avoir soing
Oncques n'en fut si grant besoing,
3312   Par ma creance.

REMI

Noble chose est d'avoir fiance,
Devocion ferme et entiere
En Dieu et en sa doulce mere,
3316   Car c'est le chemin et la voie
De venir a parfaicte joie.
        Si vous octroy
Que moy et vous et vous et moy
3320   Avec[ques] la communauté
De ceste tresnoble cité
Facions ceste procession
De cuer plain de devocion   [27 r°b]
3324   Et pour mieux fere mon devoir,

3320   Thème de la solidarité citadine.

Les armes de Dieu vueil avoir.
Aidiez moy, je les vestiray
Et avec[ques] vous m'en iray.

KARITAS

3328   Voulentier, sire.

                                                    [*en enfer*]

SATHAN
Par force de feu feray luire
La cité de Reins tout en l'eure
Qui l'amera, si la sequeure.
3332   Je ne crains fevre ne fournier.

BELZEBUS
Enfer puisse je renier
Et trestoute la baronnie
Se je ne fis peinne infinie,
3336   Angoisse et tribulacion
A tous ceulx qui devocion
Ont en Remi, ce cabuseur
Alons, vien t'ent, je n'ay point peur
3340   Que li mesmes et tous ses ars
Par moy ne soient trestous ars,
Ars ung des boux, je iray a l'autre
A Reins n'ara argent ne pyautre,
3344   Chastel, tournelle ne donjon
Que jamais vaille ung brins de jon,
Il est dit.

3325   Cf. au début l'explication militaire des attributs sacerdotaux de
Remi (vv.1438 sq.).

SATHAN

      C'est mon, sus, tempeste!

Ouvrez vous, enfer, faictes feste!

3348   Gettez nous canons et dondainnes,

Tonnoires de parfondes vainnes

Et je voy la bouter le feu.

                                        [*à Reims*]

REMI

Mes bons amis, ou nom de Dieu

3352   Soions nous tous recommandez,   [27 v°a]

Seingniez vous et vous amendez!

Aiez bon cuer et franc courage:

Veci ung trespiteulx orage.

ANDRIEU

3356   Perdu sommes, se Dieu n'y met

Bien tot secours. Alons y, sire.

REMI

Bien voulentiers.

BAUDON

                Dieu le vous mire,

Et trestous aprez vous yrons

3360   En prieres, en oraisons,

Je voy le feu de toutes pars.

Beau sire Dieu, Reins sera ars!

3348   Ici, il doit y avoir des pyrotechnies.

3356   Vers isolé du point de vue métrique.

Que ferons nous?

REMI

3364 A coudez et a genoulx,
Requerez bien Dieu, mes amis
Et pour chachier les ennemis
Diray une orison petite.
3368 La croix, l'estole et l'eaue benite
A moy baillier vueilliez entendre,
Si que le feu puisse dessendre.
Orison
Doulz Jhesucrist qui tant souffris
3372 Que ton corps a la mort offris
Pour povre creature humaine,
Ta sainteté vers toy nous mainne
Confort et aide requerir,
3376 Ailleurs ne savons querir,
Car tu es Dieu de sapience
Tu es fontaine de science,
Tu es plus puissant que nature   [27 v°b]
3380 Et Dieu de toute creature.
Si venons vers toy a recours
Pour impetrer grace et secours
De chasser ses faulx ennemis
3384 Qui si terrible feu ont mis
En ceste cité gente et belle.
Chacun de nous ton aide appelle

3364   Position de la prière: couché le visage contre la terre! Locution
       Di Stefano p.202
3368   Cf. vv.3325, 1438 sq.
3378   Locution Di Stefano p.367.

Et pour ce en ton nom m'en yray
3388 De ton nom les conjureray.
In nomine Domini, amen!
Faulx Sathanas, fuiez vous en
Pour le meffait et pour l'injure
3392 Que faitte avez, je vous conjure
Du nom de sainte Trinité
Du haultain pere en deité,
Du benoit joieulx saint Esprit
3396 Et du hault nom de Jhesucrist,
Vray filz de la vierge Marie
Ou vertu oncques n'est tarie,
Mais croit de jour en jour nouvelle.
3400 Pour ce conjure en nom d'elle,
Des patriarches et des anges,
Des apostres et des archanges,
Des maistres, vierges et confez
3404 Que pour les maulx qu'avez ci fais
Comme d'avoir bouté le feu
En ceste place, en ce saint lieu.
Maintenant et sans plus attendre
3408 En vostre enfer vous alez rendre
Sans faire nul empeschement
A homme n'a haubergement
N'a creature qui soit nee.

SATHAN
3412 Haro, haro, gueulle baee,
Y vous convient de cy fuir;   [28 r°a]

3405   Manuscrit: - *b* + *boute*.

Je ne puis les haulx noms oïr
Dont Remi nous vat conjurant.

BELZEBUS

3416 En nostre enfer m'en vois plorant
Hors du sens et plus qu'enragiez
Mon mal est trop fort rengrigiez.
Ha, Lucifer, bien m'en doubtoie
3420 Des que le feu a Reins boutoie:
Remi a ja le fu estaint.

SATHAN

Une fois sera il atteint,
Je luy promet quoy qu'il tarde!
3424 Tout estaint, vois tu, regarde!
Dieu fait trop pour ly.

BELZEBUS

                              Ce fait mon.
Oncques Paul, Pierre ne Simon
N'eurent par ma conscience
3428 Le quart de sens ne de science
Ne ne fit tant pour eulx tous
Comme pour lui; la male tous
Puist il avoir.

SATHAN

                    Alons nous en!

3424   Didascalie indirecte: le feu s'éteint!

REMI

3432 Cellui qui en Jherusalem
      Par la sainte grace piteuse
      Offrit a la mort angoisseuse,
      Son propre corps pour tous humains
3436 A genoulx et a jointes mains
      Debvons bien avoir en memoire
      Et en ses saintes euvres croire,
      Loer son nom et sa puissance,
3440 Publier sa magnificence.   [28 r°b]
      Si vous requier, pri et supply
      Que li qui a bien acomply
      Notre desir, nostre priere
3444 D'avoir estaint feu et lumiere
      Vueillez mercier haultement.

ANDRIEU

      Nous le ferons joieusement
      Trestout ainsi que vous le dictes.

BAUDON

3448 Sy vous plaist, vous commencerez,
      Mon chier seigneur, une loenge
      Ici n'y a privé n'estrange
      Et fussions mil qui ne doie
3452 **Te Deum** chanter a grant joie.

*Explicit l'istoire comment saint Remi enchassa les
ennemis qui avoient bouté le feu a Reins et commence
l'istoire d'un chevalier de Hydrissen en Alemaingne.*

[sur la route]

GALEHAULT *chevalier, mary Sardine*

Ha, sang de Bruges, que peult ce estre?
Noblesse a destre et a senestre
Dechiét chacun jour, bien le voy,
3456 Et si ne sçay cause pour quoy.
Y n'y a pas long temps j'avoie
Parmy la conté de Savoie
Villes, chasteaulx et fortresses
3460 Et ci aval tant de richesses   [28 v°a]
Que nul ne savoit ma puissance.
Noble terre avoie a Mayence,
A Tris, a Trieves, a Fribourc,
3464 A Praugues et a Strasbourc,
A Baale, a Berne, Vuystelanc
A Wicille, Spire et Coulblanc,
A Constance, a Ais, a Coulongne,
3468 A Francfort et a Bricongne,
Jusques au roiaume de Hongrie
Et jusques assez pres de Turquie

3453 Le saint Sang de Bruges est une relique importante. Selon la légende, Didier d'Alsace l'aurait ramené de la seconde Croisade (1145-1149), mais il est plus probable de le lier à la quatrième Croisade (1198-1204). Pardon pour les pèlerins depuis 1310 (Resoort 1996 p.6). Mais pourquoi est-elle citée ici, par un chevalier allemand? Est-ce par le biais de Charles Quint, seigneur des Pays-Bas et empereur?

3454-3455 *Laudatio temporis acti*: la noblesse n'est plus ce qu'elle était.

3458 La Savoie a été érigée en duché en 1416!

3466 Wesel? Koblentz?

3468 Bregenz?

Oultre Behaingne et en Autrice,
3472 Mais je voy que chacun me triche,
Chacun prent du mien largement,
Mais foy que je doy le serment
Que j'ay fait a chevalerie
3476 Tel me nuit que s'il se marie
Ains qu'il soit ung an il dira
Qu'ancor[e] s'en repentira
Car les pilleurs je pilleray
3480 Et les pillars pillier yray
Car pillerie est de tel estre ·
Que qui pille pillié doit estre
Ainsi le temps se passera
3484 Et mon estat s'en haussera.
Lors me fay craindre et doubter,
Aultre chose n'y doy compter
Et parle qui veult. Hau, la femme!   *[arrive chez lui]*

SARDINE
3488 Monseigneur, par la belle dame,
Lonc temps me suis ici tenue
Pour attendre vostre venue
Car l'eure approche de dyner.

GALEHAULT
3492 Les chiens meurent de trop jeuner:

3476   Manuscrit: \sil/.
3476-3478 Proverbe: cf. *Roman de la Rose* vv.8685-8686: *Nul n'est qui
           marié se sente / S'il n'est fol qu'il ne s'en repente.*
3479-3482 Procédé de rhétoriqueur: variations sur le verbe *piller.*
3492   Locution; Di Stefano p.165 cite Eloi d'Amerval: *Ne leur parle*

Dynez et ne m'attendez point;
J'ay ung affaire qui me point
Au cuer, mais se j'en vien a chief
3496   Nous serons hors de tout meschief,   [28 v°b]
Je le sçay bien.

SARDINE
Voire, sire, et qu'est ce?

GALLEHAULT
                              Rien!
Ne vous chaille de le savoir.
3500   Ginchart, sus, tot, fai ton devoir,
Prens ton espee et ta taloche
Et si t'en vien.

GINCHART
                    Ho, ho, je cloche,
Je suis des chevaulx aux blans piez,
3504   Je vois, alez, Dieu et woitiez.
Veci ung peu de bel ouvrage.
Or suis je armé a l'avantaige:
Haubregon, taloche et espee.

point de jeuner / Car les chiens en meurent en Beausse.
3495   Locution Di Stefano p.153.
3503   Locution Di Stefano p.160, cf. Villon *Lais* v.29. Thiry note: «le
       cheval balzan, marqué de blanc aux pieds, passait pour être
       vicieux et manquer à son cavalier au moment critique», d'où le
       sens «faire défaut».
3504   Ici, il doit y avoir un jeu de scène: d'abord Ginchart veut partir,
       puis il incite Galehault à aller mais tout de suite il lui dit
       d'attendre.

3508 A mainte poulle en ay coppee
La teste pour le corps avoir.

[*à l'évêché*]

EVESQUE DE HYDRISSEN
Je fas assez petit devoir
D'aler a l'eglise souvent.
3512 Helas, ma vie n'est que vent,
Mon corps ne fait riens pour mon ame,
Je ne sers Dieu ne Nostre Dame
Telement comme je devroie.
3516 Se mes yeulx vers le ciel ouvroie
En merciant Dieu et les siens
Des grans honneurs et des grans biens
Qu'il m'a en ce monde donnez
3520 Sur tous les hommes qui sont nez
Je me sens bien a lui tenu
Raison le veult. J'ay obtenu
Ceste eveschié de Hidrissen
3524 L'espace de trente et ung an.   [29 r°a]
De Hidrissen en Alemaingne
Suis evesque, a Dieu en souviengne
Qui est eveschié la plus noble
3528 Qui soit jusqu'a Constantinoble.

3508-3509 Donc il est un simple voleur et non un chevalier. Rappelons que les victoires sur des poules constituent un *topos* dans les vantardises des soldats fanfarons; cf. la farce de l'*Aventureux et Guermouset* (La Vallière, éd. Philipot).
3512 Locution Hassell V 35 (Gerson VII,1162); *Mystère du Vieil Testament* vv.37538-37540. Cf. Eccl. 2,17.
3522 Cf. v.1315 avec note.

Or ay mes freres et amis,
Les chanoinnes, ou Dieu a mis
Honneur, amour et courtoisie,
3532 Grans seigneurs et de belle vie
Dont moult bien paré je me tien.
Se j'ay du leur, ilz ont du mien;
Par bon acort vivons ensemble.
3536 C'est noble chose, ce me semble
Quant ung prelat et ses chanoines
Ou ung pere abbé et ses moines
        Sont bien d'acort:
3540 Je croy que cellui aroit tort
Qui plus a Dieu demanderoit.

                                        [au chapitre]

LUCAS, *chanoine*
Dieu, bonne encontre! On vous queroit
Monseigneur Marc!

MARC, *chanoine*
                        Et qui, Mathieu?

LUCAS
3544 Et voire voir!

MARC
                Hé, Dieu gart Dieu,
C'est bien dit, monseigneur Lucas.
Que veult il, dictes moy le cas,

Je suis prest com ung chandellier.

LUCAS
3548   C'est maintenant le chancellier
De monseigneur de Hidrissen,
L'evesque.

MARC
            Il fait moult grant sen,
Car Mathieu est vray preudomme.   [29 r°b]
3552   Alons a lui, si sarons comme
Se porte sa chancellerie.

                            [ils arrivent chez Matthieu]
MATHIEU
Je pri a la vierge Marie
Que vous soiez les biens venus
3556   Des ci vous estes retenus.
Foy que je vous doy de main mise,
Il est dit: «Ja Dieu ne li nuyse
Qui buvra la fois gracieuse».
3560   Compaignie qui est joieuse
Ne se doit point faire prier.

MARC
Lucas, hau!

3547   Hassell C 50.
3558   Manuscrit: - d + est dit.
3558-3559   Sentence.

LUCAS

Je vous en requier,
Mathieu, beau frere, nous yrons
3564 Et noz esbatemens dirons
En buvant ce vin d'Alemaingne.

MATHIEU

J'ose bien dire qu'en Espaigne
Ne trouveroit on le pareil.

[en route]

GALEHAULT

3568 Je vois savoir quel appareil
Font ces chanoinnes la endroit
Ilz aront ung tour de Hedroit
Ains que je cesse.
3572 J'ay bien laissié passer la presse.

[à la chancellerie]

Dieu vous gart, messieurs trestous,
Je venoie par devers vous
Pour une chose necessaire
3576 Qu'i fault commencier et parfaire;
S'il vous plaist vous l'orrez en l'eure.

MARCQ

Monseigneur, se Dieu me sequeure   [29 v°a]

3565-3566   De nouveau l'association de l'Espagne et de l'Allemagne: cf.
vv.3700, 3787 avec notes.

3570   *Tour de Hedroit*: probablement «tromperie», voir notre note au
v.3175.

Vous soiez le tres bien venu.

3580   Qu'est il de nouvel avenu?

Nous avons trestous grant desir

De vous faire en tous lieux plaisir,

Car se nous sommes vaillans hommes,

3584   A tousjours mais tenus y sommes

Et devons bien prier pour l'ame

Du pere vostre preude femme

Qui des biens nous fist en son temps.

GALLEHAULT

3588   Quant de cela, je m'en attens

A vostre bonne conscience,

Or ça, deux mos a l'audience:

Beaux seigneurs, vous savez comment

3592   Est allé a trespassement

Cordial, le pere ma femme.

Je pri a Dieu qu'i en ait l'ame

Et de nous, quant il lui plaira;

3596   Chacun scet qu'il me declaira

Son prochain et propre hiretier

Pour vendre, donner et traitier

Tous les biens qui de lui venoient

3600   Ou par droit lui appartenoient.

　　Or est saison

3586   Cf. la construction ancienne *la fille le duc*, sans préposition.

3590   C'est plus ou moins une didascalie: Galehault explique les choses
　　au public.

3593   Cf. 3586.

3596   *Il* = le beau-père.

3601   Ici, il s'adresse de nouveau aux chanoines.

Et droit le veult, si fait raison,
Que chacun face son debvoir
3604   De paier ce qu'il peult devoir
Et pour ce suis ici venu,
Car je me sens a vous tenu
    De moult grant somme.

LUCAS
3608   Mon chier seigneur, y n'y a homme
Qui ne soit plus tenus a vous
Cent fois que vous n'estes a nous,
N'en nous n'est pas de desservir
3612   Les biens, sinon par desservir
Que nostre sire nous a fais.

MATHIEU   [29 v°b]
Le benoit Dieu de ses meffais
Li doint salut, grace et pardon.
3616   Il fit a l'eglise beau don
A la fin de son doulz trepas.

GALLEHAULT
Que fut ce? Dya, je n'entens pas
Qu'il vous ait donné quelque chose.
3620   Dictes le texte, ostez la glose:
Verité celer ne se doit point!

3602   Cf. la note au v.1315.
3620   Hassell T 52; Di Stefano p.837.
3621   Hypermètre. Probablement, il faut corriger *ver(i)té*, cf. Locey
        1976 p.xxii.

MARC

En tout temps il est bien a point
De recongnoistre les bienfais
3624 Que les trespassez nous ont fais
Nominé a nous, mais a l'eglise.
Quant Cordial fit sa devise,
C'est assavoir son testament,
3628 Il vous donna certenement
La moictié de quenque il avoit.
Il le fit, faire le devoit,
Car vous avez sa fille espeusse.
3632 La sainte Vierge precieuse
La vous doinst si bien maintenir
Que souvent aiez souvenir
De son ame en temps et en lieu.
3636 L'aultre moictié pour servir Dieu
Et sa tressainte chiere mere
Donna, quitta, c'est chose clere
A nostre eglise a tousjours mais.

GALLEHAULT

3640 Y n'en est riens, saint George, mais
Tout autrement que vous ne dictes.
J'ay grant desir d'en estre quittes.
Comment? Dya, il n'est riens plus vray
3644 Moy mesmes le conseil livray
Que de vous emprunta cent livres.   [30 r°a]
Par tous les mos qui sont ez livres
Je y fus quant a ce vous tailla
3648 Mais quoy? Luy mesme vous bailla

Celle moictié, fust tort, fust droit
Au fort il fit bien, il ot droit
Pour soy garder d'autres dommaiges.
3652 Ses meubles et ses heritages,
Possessions et revenues
Qui estoient de lui tenues
Vous engaga et tout le sien.
3656 Je dis vray, vous le savez bien:
Cent livres doit et j'en respons
Mais sans passer planche ne pons
Les vous paieray incontinent
3660 Et ce qui m'est appartenant
Me vueilliez rendre comme amis.
Veci cent livres parisis
Qui sont en ce saichet boutez.

LUCAS
3664 Vous oiez qu'il dit, escoutez!
   Par ma foy, sire,
Ce n'est mie parolle a dire
A sifait seigneur que vous estes,
3668 Avisez vous!

GALLEHAULT
       Trop me meffaictes
Se maugré moy tenez le mien,
C'est droit que chacun ait le sien.
   Si vous avise

3649   Locution Di Stefano p.843.
3658   Locution, cf. Di Stefano p.695 *passer planche*, p.716 *passer pont*, *faire pont et planche*.

3672
Que vous, qui estes gens d'eglise,
Et hommes plains de conscience
Rendre me vueillez ma chevance.
Prenez vostre argent, veez le cy
3676
Et si vous diray grant mercy.
Si non foy que doy saint Vincent,
Autant a ung mot comme a cent
Je l'aray par autre maniere.

MATHIEU [30 r°b]
3680
Dieu nous vueille aidier et saint Pere,
Monseigneur, vous m'esbahisiez
Quant hors de voie ainsi issiez
De dire que pour vostre avoir
3684
Nostre rente vueilliez avoir
Que le preudons devotement
Nous donna en son testament.
Estant en grant prosperité
3688
Li mesmes fit la charité
A l'eglise en l'onneur de Dieu
Et nous avons promis et [fait] veu
De garder toutes les droitures
3692
Que nous font maintes creatures
Et bonne foy a ce nous lie.
Du trespasser seroit folie.

3677   Saint Vincent: diacre, mort en 304, patron de Saragosse, Valen-
        cia, Lisbonne, Milan, Châlons. Vitraux e.a. Bourges, Chartres.
        Un mystère sur sa vie fut joué en 1471 devant le roi René. Ne
        pas confondre avec saint Vincent Ferrer (1350-1419).
3678   Locution Di Stefano p.560.
3680   *Pere* pour *Pierre*.

Gardez vostre argent, il est vostre,
3696   Et nous laissiez ce qui est nostre;
Se Dieu plaist, nous le garderon.

GALLEHAULT
De fins escus ung quarteron
Assez milleurs que de Behaingne,
3700   Foy que je doy le roy d'Espaingne!
Saint George, voire telz dix tans
Ou en principal et despens
Serez vilement condampnez.

MARC
3704   Le Dieu qui a Noel fut nez
Nous en doint sentence et arrest.

GALLEHAULT
A demain tout, je suis tout prest
Je me tien ja pour tout cité.
3708   L'evesque de ceste cité
En jugera, autre ne vueil.

LUCAS
De ce ne fault mener grant dueil,   [30 v°a]
C'est a demain.

3700   Pourquoi un chevalier allemand invoquerait-il le roi d'Espagne?
Probablement, il s'agit d'un anachronisme: Charles Quint, roi
d'Espagne depuis 1516, acquiert en 1519 la royauté allemande et
en 1520 la couronne impériale! C'est donc un élément important
de datation.

GALLEHAUT
                    Et je l'ottrie.
3712   Ne falez pas!

[à l'évêché]

EVESQUE de HIDRISSEN
                    Vierge Marie,
Mes gens, que sont ilz devenus?
Je n'en voy ne grans ne menus
Toutesfois en especial
3716   Deust ci estre l'official,
Mes promoteurs et mes vicaires,
Mon registreur et mes notaires,
Car aucune fois y sourvient
3720   Aucun procés ou y convient
Que chacun y mette la main.

YVON *l'appariteur*
Sire, j'ay cité a demain
Monseigneur Luc, Marc et Mathieu
3724   Par devant vous.

EVESQUE de HIDRISSEN
                    Or y soit Dieu!
A qui requeste dy, Yvon?

YVON, *appariteur*
De Galehault de Brilivon,
Le hault seigneur de Livrehoe.

3714   Locution Di Stefano p.410.

3728   L'official est a sa roe,
        N'en doubtez, ou il estudie
        Se vous voulez que je le die
        Avant que il voit nulle part.

L'EVESQUE
3732   Foy que tu soies bien appert
        D'y aler tot et le m'ameinne.

YVON
        Par la benoite Magdeleinne,   [30 v°b]
        Monseigneur, veez les ci venir.

L'EVESQUE
3736   Official, ici tenir
        Une journee nous convient,
        Car chapitre a l'encontre vient
        De ce bon seigneur Gallehault.
3740   Pour ce tenir ici nous fault
            Et vous et vous.
        Y nous y fault estre trestous
        Si qu'on treuve la court garnie.

OFFICIAL
3744   Ce nous seroit grant villonnie
        Qui ne trouveroit promptement
        Juge pour juger loiaument,
        Avocas et conseil loyal

3728   *Roe* attesté depuis 1331.
3745   *Qui*: «Si l'on».

3748 Pour tenir parlement royal
Et faire justice a tout homme.

Le REGISTREUR
Les seigneurs y viennent de Romme,
De Cartage et de Rommenie,
3752 De Rodes et d'Esclavonnie,
Comme a fontaine de justice.

PROMOTEUR
Estat d'empereur et de roy
Doit avoir en ceste court,
3756 Puis que raison et droit y court,
Justice, foy et misericorde
Qui selon Dieu maint homme acorde,
Il n'est si belle chose a faire.

EVESQUE
3760 La doulce Vierge debonnaire
Nous doint faire de mieux en mieux
Avant prenez trestous vos lieux;
Mette soy chacun en sa place.   [31 r°a]

[chez Galehault]

GALLEHAULT
3764 Qu'est ceci, y fault que je face

3750-3752   Cette renommée de la cour de justice de Hidrissen étonne
quelque peu; cf. v.3527.
3753   *Fontaine de* Di Stefano p.367
3753-3754   La rime est évidemment corrompue, mais difficile à corriger.
3756   Cf. la note au v. 1315.

Salir ce chapitre de soing;
Je vueil c'om me coppe le poing
Par saint George, voire le chief,
3768 Se je n'en sçay venir a chief
Or veuray je qui sera maistre:
Ou ung chevalier ou ung prestre.
De rage puissent ils baler,
3772 Sanc de Bruges, je vueil aler
Les tribouler de bonne guise.
Que m'en chault il de leur eglise:
Ilz n'ont que trop d'or et d'argent.
3776 Ja Dieu ne vueille que telz gent
Obtiennent si bel heritage.
Mon sire ne fut pas bien sage
De leur donner, et par Dieu non,
3780 Il leur donna - dya! - ce fit mon;
Je le raray, soit droit soit tort;
Que m'en chault il, mon sire est mort,
Il ne venra plus tesmongnier
3784 Et hongne qui vourra hognier.
Je le raray, ne raray mie,
Je le raray, j'en ay envie
Foy que doy le roy d'Alemaigne.

3768   Locution Di Stefano p.153.
3770   Cette idée rappelle les débats entre chevalier et prêtre dans la
        littérature médiévale (cf. Tavani).
3772   Cf. v.3453 avec note.
3781   Cf. v.3649 locution Di Stefano p.843.
3787   Cf. 3700: Charles Quint roi depuis 1519.

[à l'évêché]

L'EVESQUE

3788   Yvon, crie que chacun veingne
En jugement, il en est temps:
Il est midi, je les attens.
Assez tot l'eure passera.

YVON

3792   Puis qu'il vous plait, ainsi sera.
A l'audience! A l'audience!
Qui a jour ici, si s'avance
Car qui bien ne s'avancera
3796   Assez tot en deffault sera.   [31 r°b]
C'est faict, j'ay gaignié ma journee.

[Chez Galehault]

GALLEHAULT

Ça, Ginchart, hau! Prens mon espee,
Et viens aprez moy, soubz ton bras.
3800   Vien, Chassecoc, vien Fierembras,
Mes amis estes, n'estes mie?

FIREMBRAS

Foy que doy ma bonne amie,

3796   Selon le *Dictionnaire historique* de Rey, *défaut* est attesté dans ce
sens depuis 1540 seulement; le *Plaidoyé d'entre la Simple et la
Rusee* de Guillaume Coquillart (autour de 1480) l'utilise bien:
MAISTRE SIMON: *Deffault, la Rusee n'y est pas, / A la Simple.*
LE JUGE: *Deffault ayés!* (éd. Freeman p.4).
3797   Ironie: messagers/hérauts toujours paresseux.
3802-3803   Il est donc amoureux de sa panse.

C'est ma Pancette que je dy,
3804 Sire, se je vous contredi
De chose qui soit en ce monde
Dez ci je vueil que l'on me tonde,
Sire, ma foy, en guise de fol.

CHASSECOC
3808 Or soit il pendu par le col
Qui ne fera quanque direz.

GALLEHAULT
C'est bien dit, vous tesmoingnerez
Que l'eritage de mon sire
3812 Ne fut qu'engagiez.

FIREMBRAS
    Sans plus dire
Tesmoingnier, je tesmoingneray
Qu'il est vostre et en jugeray;
Ne vous en doubtez hautement.

GALLEHAULT
3816 Et tu?

CHASSECOC
Qui, moy? Par mon serment,
Je le tesmoingnerai moult bien,
Combien que je n'en saiche rien.
Qu'en est il se je me parjure?

3806-3807 Locution Di Stefano p.841.

3820 Hahay, n'est il que moy qui jure?
Si est, si il en est assez.   [31 v°a]

GALLEHAULT
Par les ames des trespassez,
S'ainsi le faictes, mes amis,
3824 Serez et a grant honneur mis,
Vous deux jamais n'arez besoing.

GINCHART
Ça, veez me ci, l'espee au poing;
La mienne est au costé pendue.
3828 Se celle terre n'est rendue,
Ces prestres vous feront grant tort.

GALLEHAULT
Sanc saint Jehan, j'en mettray a mort
Ains qu'il soit ung an belle bille
3832 Jour ne sera qu'on ne les pille;
Je les destruiray de tous poins.
Alons nous en.

                                        [au chapitre]

MARCQ
                    Par ces deux poings,
Mes tresdoulz freres, po s'en fault
3836 Que nous ne soions en deffault,
Je le voy bien, car l'eure passe.

3831   Locution Di Stefano p.82.
3833   Locution Di Stefano p.708.

MATHIEU

Ancor avons nous bonne espace,
Dieu merci, au moins ce me samble.
3840 Quant nous irons trestous ensamble,
Si nous donrra on assez affaire
Gallehault, celle male haire,
Car il est craint et redoubté.

LUCAS

3844 Son hault orgueil nous a cousté
Et coustera, se Dieu n'en pense.

MARC

J'ay oÿ crier a l'audience,
Messeigneurs, aler nous y fault   [31 v°b]
3848 Ou bien tot seriens en deffault,
Portans noz lettres en noz poings;
Nous n'avons nulz autres tesmoings
Excepté la grace divine
3852 Et que nous sommes en saisine
Passé a dix ans huy matin.

MATHIEU

Or y soit Dieu et saint Martin,
La court ne nous fera que droit.
3856 Alons trestous!

3853   Manuscrit: *juy*.

[à la cour]

GALLEHAULT

    Comment, Hedroit,
Nous faulras tu a ce besoing?
Veez la l'evesque, il n'est pas loing:
Il n'attent que la plaidoirie.
3860 Evesque, la vierge Marie
Vous doint bon jour et bonne estraine.
J'ay ung procés qui ci m'ameinne
Contre ces prestres de chapitre.
3864 Se je ne puisse du sens ystre,
Il me veullent tolir le mien.

EVESQUE

Nul ne doit vouloir que le sien
Sans grever creature nee
3868 Et pour ce est justice ordonnee:
Justice doit jugier raison
Et le juge en toute saison
Doit a chacun faire equité.

GALLEHAULT

3872 C'est bien dit, or suis je cité
A vostre court, par devant vous,
Et veci mes tesmoings trestous
Qui sont loiaux et de bon lieu.
3876 Si vous requier ou nom de Dieu
Deffault encontre ma partie
Et que l'amende soit partie

3856 *Hedroit*: voir note v.3175, ici avec jeu de mots «hé droit!».

Ou droit et raison donnera.   [32 r°a]

OFFICIAL

3880 N'en doubtez, sire, on vous fera
Ceans tout ce qu'il appartient.

GALLEHAULT

On le fera, et a quoy tient
Que ce deffault ne m'est donné?

EVESQUE

3884 Ancor[e] n'est midi sonné.

GALLEHAULT

Ne m'en chault, je le vueil avoir,
Juge, faictes vostre devoir.
Je n'ay cure de vostre cloche.

OFFICIAL

3888 Attendez!

GALLEHAULT

            Ho! Justice cloche,
Je me plain de vous brief et court.

EVESQUE

Vous arez des drois de la court,
    Je vous promet.

3879 Cf. v.1315 avec note.
3889 Locution Di Stefano p.113.

GALLEHAULT

3892   Je vous en croy, mais on y met,
Dieu merci, assez longuement.
Donnez deffault legierement!
Deffault! deffault! il est saison!

EVESQUE

3896   Il n'est pas temps, vien ça, Yvon,
Va appeller a haulte voix
La hors chapitre par trois fois
Et ne demeure tant soit peu.
3900   Y convient jugier selon Dieu,
Selon justice et selon droit,
Sans chanceller, et aller droit.   [32 r°b]
Monseigneur, et ne vous desplaise.

GALLEHAULT

3904   Vous en parlez bien a vostre aise,
Je vueil deffault: midi se passe!

REGISTREUR

Ha, monseigneur, sauf vostre grace,
Y s'en fault assez plus d'une heure!

GALLEHAULT

3908   Se jamais Dieu ne me sequeure
S'il n'est ja plus d'eure et demie.
Hee! et je croy que je n'aray mie
Deffault, que maugré saint Aquaire.

3911   Cf. *Jeu de la Feuillée* v.322; saint Acaire est patron des fols; Di
Stefano[2] p.531. Reliques à Haspres, selon Froissart (Beek p.51).

YVON

3912   Se chapitre a ceans a faire,
Veingne ci ou aucun menistre!
Chapitre! chapitre! chapitre!
Or ay je bien gaignié a boire.

[en route]

MATHIEU

3916   On nous appelle!

LUCAS

            M'ayst Dieu, voire!
Prenez ces letres, alons m'en!

MARC

Or ça! Dieu nous conduie, amen!

[à la cour]

OFFICIAL

Vez les ci atout leur habit.

GALLEHAULT

3920   A belle heure le m'avez dit
Et que n'ay je deffault contre eulx!

MATHIEU *[en arrivant]*

Messeigneurs, le doulz roy des cieulx
Vous doint honneur, paix et santé!   [32 v°a]
3924   Chapitre est devant vous cité,

3915   Cf. v.3797.

Si venons ci a la journee
Qui nous a esté ordonnee,
Sans plus, pour nostre droit deffendre.

GALLEHAULT

3928   Qui trop hault monte, il faut descendre:
On le voit souvent avenir.
Vous devez loiauté tenir
Sans excepter les biens mondains,
3932   Car il se tue a ses deux mains
Qui pour autrui acquiert rancune;
Ou pendre ou rendre, dit Fortune.
Si requier avoir audience
3936   Comme a fontaine de science,
Dont ceste court est renommee
Et ma cause est toute fourmee.

EVESQUE

On treuve ceans, Dieu mercy,
3940   En tous temps sentence de loys
Selon decret, le cours de drois
Jugement des us et de coustumes
Et la roe de tous volumes

3928   Cf. Morawski n°1368, 2090, 2091; Hassell M 176 (cf. Gerson
            VII,290).

3932-3933   Proverbe non retrouvé; *se tuer* («se donner de la peine»): Di
            Stefano p.858; *se tuer de sa main* Di Stefano[2] p.361.

3934   Morawski n°1571; Hassell R 24 (Gerson VII,294); Di Stefano[2]
            p.456.

3936   Cf. *supra* v.3753.

3939   Vers isolé du point de vue métrique; pourtant il n'est pas clair si
            nous avons affaire à une lacune avant ou après ce vers.

3944   De ce doit ceste court user;
        Jugier a droit sans abuser
        Et selon Dieu donner sentence
        Par quoy, sire, pleine audience
3948   Vous donnons a vostre plaisir.

        GALLEHAULT
        La vostre merci, grant desir
        M'ameinne ci en ceste place,
        Mon sire, a qui Dieu merci face.
3952   Je dis: le pere de ma femme
        Qui tant fut doulz et sans diffame
        Comme chacun le peult savoir,
        Je vous propose et dis de voir:
3956   Que par contrainte de la guerre
        Une partie de sa terre   [32 v°b]
        Engaga, et non aultrement,
        A chapitre certeinement.
3960   Cent livres au preudon presterent,
        Present moy et les li compterent
        Et presens ces seigneurs cy,
        Dont mile fois je les merci.
3964   Si les vouloie
        Paier en or ou en monnoie
        A leur gré, et non mie au mien.
        C'est raison, et chacun scet bien
3968   Que je suis son vray heritier.

3960   *Presterent* sc. «ceux du chapitre».

MARC

Le drap qui est sur le mestier
N'est mie au premier cop tendu.
Je croy que j'ay bien entendu
3972 L'encloiure dont nous encloe
Mon chier seigneur de Livrehoe,
Noble [de] sanc et de parage,
Noble de sans et de linage,
3976 Mais a voir dire gentillesse
Requiert que l'omme de noblesse
Soit exempte de vilonnie
Ou autrement son nom renie,
3980 Car de noblesse qui n'est pure
Ne doit nobles homs avoir cure.
    Or convient dire
Comment je vueil ces mos conduire:
3984 Si fas protestacion
Que majeur et conclusion
Pour quelque chose que je die
Ne soit reduit a vilonnie,
3988 Car point ne vueil villainnement
Declairier mon entendement.
Vray est, seigneurs, que le preudons
Par plusieurs fois nous fit des dons,

3969-3970   Proverbe non retrouvé, mais cf. Boileau «vingt fois sur le métier…»

3974-3975   Probablement saut de même au même ou une dittographie (*sanc/sans*)

3985   *Majeur* et *conclusion* sont des termes de logique; le syllogisme serait incorrect.

3987   Cf. v.3978.

3992 Voire aux chanoinnes de Nostre Dame   [33 r°a]
      Pour le sauvement de son ame
      Et tant qu'en sa plaine santé
      Et de sa propre voulenté
3996 Donna sa fille en mariage
      Et moictié de son heritage
      A ce seigneur qui ici est
      Et l'autre moictié sans arrest
4000 Nous donna franche et franchement,
      Tousjours, perpetuelement
      Sans rappel et sans contredit.
      Le don fut passé et escript
4004 En las de soie et verde cire
      Et bien signé devant vous, sire,
      Et devant vostre femme aussi,
      Presens ces tesmoings que veci.
4008 Si ne vueilliez pour l'iretage
      Nous pourchacier aucun dommage
      Car chacun an en nostre eglise
      Vers Dieu faisons pour li servise
4012 Moult solemnel et fait sera
      Tant que l'eglise durera.
      Seigneurs, sans faulte, ainsi fut il.

      GALLEHAULT
      Vous y seriez des ans cent mil,
4016 Saint George, avant que le laissace!
      Veci cent livres en ma tasse:
      Maintenant les vous bailleray
      Et tout l'argent vous quitteray
4020 Que receu vous en avez ja,
      Puis que mon sire l'engaga,

Si non je sçay que j'ay a faire.

MATHIEU
Hé, sire, ne vueilliez deffaire
4024 Du deffunct la devocion.
Il nous mist en possession,
Lui vivant, comme vous savez,
Et en avons les bien[s] levez
4028 Pour faire son anniversaire.

GALLEHAULT   [33 r°b]
Ne suis je assez homme pour croire?
Si suis, au moins, vueilliez ou non!
J'ay mes tesmoins de bon renon,
4032 Qui furent sans plus lengagier
Presens a la terre engagier.

OFFICIAL
Et ou sont ilz?

GALLEHAULT
            Vez les ci, sire.

OFFICIAL
Voulez vous deposer et dire
4036 Ce que je vous demanderay?

CHACECOC
Quant a moy, sire, j'en diray
Quanque preudomme en doit sentir;
Je n'en daigneroie mentir,
4040 Dieu le scet, je suis bien congneu

Ne ne suis point de lieu venu
Ou il y ait aucun reproche.

FIREMBRAS

Ja Dieu ne doint que de ma bouche
Je die chose qui ne soit.
Tel(le) homme que je suis ne doit
Estre essourdés de villenie.

OFFICIAL

Promoteur, se Dieu vous benie,
Vueilliez ces deux examiner
Pour le procés plus tost finer.
Vous veez bien quelz gent ce sont.

PROMOTEUR

Vous dictes vray. Lassus amont
Yrons adfin qu'on ne nous oie.

YVON

Devant! devant! Faictes leur voie!
  Dieu, quelz tesmoings
Et par Dieu, on ne peult au moins,
Ou deable ont ils esté peschier?

OFFICIAL

Faictes paix, vous nous empeschiez.
Or ça, laissiez parler l'eglise.

4044 *(in margin)*

4048 *(in margin)*

4052 *(in margin)*

4056 *(in margin)*

[33 v°a] *(in margin)*

4051-4052 Didascalie indirecte.
4053 Il se fraie un chemin (parmi le public?).

Avez acte ne devise   (-1)
4060   Pour confirmer ce que vous dictes?

LUCAS
Mes belles, certes, bien escriptes,
Que le propre deffunct scella
De son grant seau, veez les la
4064   Et pluiseurs tesmoings qui y furent
Dont le mestier est qu'il en jurent
Soit loing soit par devant vous.
Je tieng que droit sera pour nous,
4068   Dont chacun sera resjoÿ.

GALLEHAULT
Par le sanc de saint Besnoÿ
Se je ne ray mon heritage,
Je porteray guerre et dommage
4072   A la cité de Hidrissen,
Tele qu'avant qu'i soit ung an
Elle sera arse et bruÿe
Et tout en l'eure vous desfie
4076   Et si m'en vois.

EVESQUE
Gallehault, a dehui en ung mois
Continuons ceste journee,
Tant que la court soit avisee,

4069   Anachronisme: saint Benoît figure en personne dans le mystère,
donc l'allusion à ses reliques étonne quelque peu.

4074   A rapprocher de l'incendie de Reims et des boutefeux (cf. introduction)?

4080   S'il vous plet et je vous en prie.

GALLEHAULT
Evesque, par sainte Marie,
Pour l'amour de vous je l'octroy,
Mais l'iretage qu'avoir doy
4084   Aray, ou li diables couront
Ou cent personnes en mourront,
    Je le voy bien.
Au bout d'un mois se je revien,
4088   Ne falez point! Trestous a Dieu!

[exit]

EVESQUE
Sire Lucas, Marc et Mathieu,
Veci ung cas moult mervilleux.
Si fault que chacun soit songneux
4092   De pencer et ymaginer
Comment ce plait pourra finer.
Ce seigneur la a moult le dent
Et est courageux et ardent
4096   De vous nuyre, dont dolant suis.
Et si peult faire moult d'anuis
Et dommage en ce païs.

MATHIEU
Mon chier seigneur, plus esbahys
4100   En sommes que d'omme qui vive,

4094   Hassell D 31; Di Stefano[2] p.175.

Car il n'y a ne fons ne rive
En son fait que hautainneté.
La glorieuse Trinité
4104   Nous en vueille donner conseil.

EVESQUE

Or y soit il, or ça, je vueil
Sans attendre jusqu'a demain
Faire une lettre de ma main
4108   Au plus saige seigneur qui vive.
Ça, du pappier, et que j'escripve!
Et m'alez querre Perceval!

YVON

En l'eure l'ai laissié laval.
4112   Parceval! Vien a monseigneur!

PARCEVAL

Ancor ay je haste grigneur
De bien boire une fois ou deux.

YVON

Boy donc tost, je t'en prye!   [34 r°a]

PARCEVAL

                   Dieux!
4116   Tu attendis que tu fus né,
Ne fis pas? Or attens encore!
Ancor[e] n'ay je desgeuné;

4101   Locution Di Stefano[2] p.260.

Ay je bien tiré, qu'en fust ores
4120   Ma bouteille plainne d'autel?
Ung messagier de bon hostel
Jamais ne doit partir sans boire.

EVESQUE
Tu ez tout prest, Parcheval?

PARCEVAL
                              Voire!
4124   J'ay bien beu ung cop, ay je bien fait?

EVESQUE
Ce n'est mie trop grant meffait.
Or te diray qu'il te fault faire:
Jusqu'en France, la debonnaire,
4128   Droit en Champaigne t'en iras,
Ou legierement trouveras
De Reins la tressainte cité,
Ville plainne de humilité,
4132   Ville de charité garnie,
Ville d'onneur sans vilonnie.
La est monseigneur mon ami,
L'arcevesque nommé Remi,
4136   L'arcevesque Remi clamé,
L'arcevesque de Dieu amé,

4120   Cf. *Sermon de la choppinerie* (éd. Koopmans 1988 n°5 v.321):
       autel = «boisson»; Di Stefano p.42 donne la locution *boire
       d'autant et d'autel*.
4124   Il y a donc eu un jeu de scène: l'on a dû attendre pendant que
       Parcheval buvait.

Le plus saint home et le plus noble
Qui soit jusqu'en Constantinoble.
4140 A lui t'en iras humblement
Et li raconte bien comment
Cent fois a lui me recommande.
Ces lettres sans qu'il les demande
4144 Li baille a genoulz, veez les cy!

PARCEVAL   [34 r°b]
En tel estat et tout ainsi
Que dit m'avez ferai je, sire.
Autre chose ne vous say dire;
4148 Monseigneur, a Dieu vous commant.
Or vat en France l'alemant
Parceval, j'en suis moult jolis.
C'est le païs des fleurs de lis.
4152 En ce monde n'a si doulz lieu.
Adieu, adieu, adieu, adieu,
Adieu, frans compaignons galois,
A vous vueil boire ceste fois,
4156 D'autant et d'autel, par mon ame!
Dieu me conduit et Nostre Dame.
J'ay beu bon vin; Dieu en mercie
Et le noble Roy de la pie.

4154   Donc, il fait partie d'une bande de gais lurons, à moins qu'il ne
       faille y lire une allusion au messager Galois (ancien cas régime).
4156   Cf. la note au v.4120. *Boire d'autant* est une locution qui est
       mise en scène par le personnage *Je-Bois-d'Autant* dans la moralité
       La Condamnation de Banquet de Nicolas de La Chesnaye (éd.
       Koopmans-Verhuyck 1991).
4162   *Roy de la pie* «Bacchus». cf. *pier* «boire», *croquer la pie* «boire
       un coup», *pion* «buveur», etc.

[à Reims]

SAINT REMI

4160 Loez soit Dieu, le tout parfait
Qui le monde a fourmé et fait
Et tant d'onneur m'a voulu faire
De moy tant imparfait parfaire
4164 Que ceste noble arceveschié,
Moy indigne et non sans pechié
M'a par sa grant doulceur donnee,
Si doy bien avoir ordonnee
4168   Ma conscience
Entierement et ma science
A lui loer, a le servir
Pour ceste grace desservir.   *[il prie]*
4172 Sire qui ez sains cieux reposes,
Vray Dieu qui creas toutes choses,
Qui m'a donné sens et savoir
De ton saint nom ramentevoir
4176   Je te supplie
Que ta doulceur multiplie
Sur toute creature humaine
L'ardeur de pechié qui nous meinne.
4180 Vueillez estaindre a tousjours mais,   [34 v°a]
Vray union et santé, paix
    Sans plus de guerre
Nous vueillez envoier sur terre.
4184 Rempli nous de devocion,
Donne nous consolacion,

4172   De nouveau, Remi commence par une prière.

Amour, charité enterine
Et la gloire qui point ne fine
4188   En la fin nous vueille donner.

PARCEVAL   *[arrivant à Reims]*
Par cellui qui peult pardonner
Tous les meffais et les pechiez
A ceulx qui en sont entechiez,
4192   J'ay besoing de trouver la voie
Que l'archevesque Remi voie
Et touteffois par ma povre ame,
Je ne congnois homme ne femme
4196   Ou j'aie aucune congnoissance,
Combien qu'on dit qu'il a en France
Les plus doulces gens de ce monde.
Hola! J'octroy que l'en me tonde
4200   Se je ne vois Reins en Champaigne.
Y me semble que je me baingne
Dez ores en joie et en solas
Et si ne me sens non plus las
4204   Que quant partir je me cuis.
Par l'ame de tous mes amis,
A ceste fois ci voy je Reins
Et pour ce mouilleray mes reins
4208   Un bien peu, et ceste gorgette
Du vin de ceste boutillette.

4197-4198   Remarque qui devrait flatter le patriotisme local du public.
4199   Locution Di Stefano p.841.
4206-4207   Jeu de mots à la rime.
4207   Manuscrit: - *n'oublieray* + *mouilleray*.
4207-4209   Il a dû y avoir un jeu de scène: le messager boit.

Ho, c'est assez!
Je voy la des gens amassez.
4212 C'est ung prelat ou ung evesque.
Non est! C'est ung arcevesque!
C'est cellui qu'on m'a endité,
C'est mon, par ma virginité,   [34 v°b]
4216 A lui m'en vois; c'est sans plus dire
Cellui qui fait le soleil luire,
Terres porter, arbres florir
Et les osillons resjoïr.
4220 Sire vous doint par sa puissance
De son nom avoir congnoissance,
Chier seigneur, je vien d'Alemaigne.
Messagier suy, veci l'enseigne
4224 De l'evesque de Hidrissen,
Seigneur d'onneur garni de sens,
Qui moult a vous se recommande
Et ces lettres ici vous mande,
4228 Comme a son chier seigneur et frere.

SAINT REMI
Messagier doulz, de Dieu le pere
Soiez vous beneis et seigniez.
Vous estes moult bien enseigniez

4215 Invocation curieuse; cf. v. 11495, où le messager Trotemenu jure
     par son pucelage. Rôle tenu par un jeune garçon? Dans le
     mystère des *Actes des Apôtres*, Trouillard jure sur sa *virginité*,
     mais ses compagnons signalent qu'il a été «concierge d'une
     maison de tolérance et qu'il a dix enfants d'une vieille
     entremetteuse» (Lebègue 1929 p.212).
4220 *Sire* i.e. Dieu.

4232   De saluer joieusement
        Comment le fait premierement
        Monseigneur mon frere et ami?
        Il y a .VII. ans et demi
4236   Que ne le vy, si [je] voulroie
        [Le] voir et si le serviroie
            Moult voulentiers.

        PARCEVAL
        Il est en milleur point le tiers
4240   Qu'il n'estoit puis le veistes vous.

        SAINT REMI
        Ez lettres a beaux mos et doulz,
        A les lirre ay pris grant plaisir.
        Si n'ay de riens si grant desir
4244   Que d'aler, se Dieu me sequeure,
        Le viseter trestoute en l'eure.
        Messagier, or t'en va devant
        Seurement, et je t'ay couvant
4248   Que je iray bien tost aprez toy.   [35 r°a]

        PARCEVAL
        Grant merci, sire, par ma foy,
        Oncques mais ne fu si joieulx.
        Adieu vous dy, beau sire! Dieulx!
4252   Ce seigneur est d'onneur tout plain.

4235   Manuscrit: \y/.
4247   Manuscrit: - *seure* + *seurement*. Eventuellement, on pourrait lire
        sevrement «séparément», ce qui parait plus logique, mais ce n'est
        nullement nécessaire.

Les pas que j'ay fais plus que plain.
Oncques mais ne vy le pareil
[..................]
4256 Qui soit deça ne dela mer.
Hahay! Qu'on doit tel homme aimer;
Je suis de lui tout esbahys
A quans cops en nostre païs
4260 On trouveroit ung sifait homme
Par les deux sains Peres de Romme,
Je ne voulroie pour nul or,
Pour richesse ne grant tresor
4264 Que je n'eüsse vers lui esté.

[en Allemagne]

GALLEHAULT
Avant, avant! Veci esté,
Il nous fault aler sur les champs.
Ces chanoines sont bien meschans
4268 S'ils cuident demourer en paix.
Il ne plouvroit avant jamais
Par le sang a la doulce dame,
Je mettray en fu et en flambe
4272 Assez tot tout leur cariage;
O fort de bruler l'iretage
Ne me tenray d'ore en avant

4254   Isolé du point de vue métrique; il doit y avoir une lacune,
        puisque l'antécédent de *Qui* manque (*pareil* est impossible).
4261   C'est-à-dire Pierre l'apôtre et Pierre l'Exorciste, martyrisé sous
        Dioclétien.
4265   *Esté*: indication pour la saison de représentation (cf. v.7009)?
4273   *O*: «au».

Poise deriere, poise devant.

4276 Il ne m'en chault comment tout aille:
J'aray bien ung cent de merdaille
Pour les destruire de tous poins
Ou je raray a tout le moins
4280 De l'iretage cuisse ou elle.
Gronche qui veult, il aront belle;
Je m'en vois a la court savoir [35 r°b]
Se chacun en fait son devoir.
4284 Je n'ai cure de leurs memoires
Ne de leurs interlocutoires
D'absence, de respos, d'avis,
De grace ne de contredis.
4288   C'est toute peinne
Et puis rebaillent a .VIII.^NE.
Jamais on n'en venroit a bout;
Je m'en vois a eulx, Dieu gart tout! *[va à l'évêché]*
4292 Je vien pour faire mon devoir,
Au moins pour vous ramentevoir
Nostre journee au bout du mois.

[Perceval arrive auprès de l'évêque]

4275 *Poise derriere, poise devant*: locution non retrouvée; pour la combinaison *devant...derriere*, voir Di Stefano p.251 (*ne...ne...*; *et...et...*; *par...par...*).
4280 *Cuisse ou elle*: «quelque chose, quelque profit» Di Stefano p.221.
4281 Cf. Di Stefano p.53 *bailler belle* «jouer un mauvais tour».
4285-4286 Termes juridiques: l'*interlocutoire* est un jugement «avant dire droit».
4286 Manuscrit: *d'avis, de respos*; correction pour la rime.
4289 Pour la rime, lire «huitaine».
4299 Manuscrit: - *soiez* + *soions*.

PARCEVAL

Monseigneur, le doulz roy des rois

4296 Vous vueille tenir en sa garde.

Je vien de France la gaillarde,

La fleur des fleurs de tous paÿs.

Sire, soions tresresjoïs,

4300 Car ains qu'il soit jour et demi

Le bon arcevesque Remi

Sera ici, je vous dy bien.

EVESQUE

Hé, gentil Parceval, ça, vien!

4304 Tu soiez li tresbien venu,

Moult bien nous sera avenu

S'il vient et vous diray pourquoy:

C'est homme de vraie foy,

4308 C'est ung seigneur de grant prudence,

Ung prelat plain de conscience,

Ung juge entier, vray et parfait.

Nul n'appelle de ce qu'il fait,

4312 Si vous requiers, seigneur, et prie

Que par bon acort de partie

Vostre cause lui soit submise   [35 v°a]

Et devant lui de tous poins mise

4316 Pour en jugier a son plaisir.

GALLEHAULT

Chardieu, veci grant desplaisir!

4312   *Vous* = Galehault.
4317   *Chardieu*: contraction de *par la chair de Dieu.*

Je n'ay cure, non, qu'i s'en mesle!
Vous m'envoirez de l'uis au pesle
4320 Et de Pilatte a Caiaphas.
Mais se par fas et par nefas
Ma cause n'est pour moy jugee,
Leur terre sera delugee
4324   Et mise en cendre.

LUCAS

Monseigneur, il nous fault deffendre
Tant po que Dieu nous a donné.
Y n'est pas de bonne heure né
4328 Qui de garder bien ne s'avise.
Le serment qu'on a a l'eglise,
    Juré l'avons.
    Si le devons
4332 Garder au mieux que nous sarons,
Par quoy pour Dieu le debonnaire
Ne nous vueilliez estre contraire,
Car aussi vray que paternostre

4319   Cf. Villon T.706 *pourmené de l'uys au pesle*: «de la porte à la serrure».

4320   Manuscrit: - *Cl* + *Cayaphas*. Jolie locution pour laquelle Di Stefano p.124 renvoie à Oudin sans donner des exemples; cf. Le Roux de Lincy 1859 p.6. Dans la *Querelle de Gaultier-Garguille* (Brunet t.I), on lit *Tu me renvoyes de Cayphe à Pilate / Tu me conte des fagots pour des cotrets*.

4321   Locution Di Stefano p.671.

4323-4324   La combinaison est, il faut l'avouer, peu logique, mais bien expressive.

4327   Locution Di Stefano pp.431-435.

4335   Locution Hassell P 76.

4336   La terre et l'iretage est nostre,
        Mais qu'on ne nous face que droit.

        GALLEHAULT
        Or est il folz qui en vous croit;
        Je n'en feray riens a ung mot:
4340   Oÿ, oÿ, batez ce sot!
        Je le raray comment qu'il aille
        Et si n'arez denier ne maille
        Des cent livres que je vous doy.

        PARCEVAL
4344   Hé, benoit sire saint Eloy,
        Je voy mon bon seigneur venir,
        Homme ne me pourroit tenir   [35 v°b]
        Qu'a chacun ne le voise dire.
4348   Sire! sire! sire! sire!   (-1)
        Loez soit Dieu de paradis
        Et saint Xristofre de Brandis!
        J'ay veu vostre loial ami
4352   J'ay veu l'arcevesque Remi,
        Je l'ay veu, il est ici prez!

        EVESQUE
        Pour Dieu, seigneurs, soions tous prez,

4342   Locution Di Stefano p.237.
4344   Saint Eloi est le patron des maréchaux-ferrants et des chartiers;
        donc l'invocation se comprend de la part d'un messager.
4350   Saint Christophe est le patron des pèlerins (d'où Perceval) et des
        marins (d'où Brandis = Brindisi). Il existe 2 mystères et 8 vies
        inédites en prose de ce saint.

Je vous en pri, n'y ait cellui.
4356   Et alons au devant de lui.
Pour Dieu, venez y, sire, comme
Au devant du plus saint preudomme
Qui soit en ce monde vivant.

GALLEHAULT
4360   Voulentiers, dya, alez devant!
Mais quoy, sire, gardez vous bien
Que du procés ne saiche rien,
Je ne veuil ne lui ne sa gent.

EVESQUE
4364   Veez le la, est il bel et gent!
Il est de moy assez grigneur.

GALLEHAULT
Que j'en dy, par nostre Seigneur,
Vez la ung bel homme a devis:
4368   Onques mais puis que je fus vis
Ne vis tel, ja ne le cuidasse.

EVESQUE
Jhesucrist par sa sainte grace
Et de paradis la deesse
4372   Vueille envoier joie et liesse

4355   *N'y ait cellui*: comprendre «que tous y soient».
4365   Il voit Remi de loin; donc Remi de plus haute taille que lui-
        même.
4367   Galehault est convaincu par l'apparence de Remi (au v.4363 il
        voulait encore l'écarter).

A mon chier seigneur qui ci est!

SAINT REMI
Mon treschier seigneur, je suis prest
Comme loial ami et frere   [36 r°a]
4376 De faire comme filz a pere
Et comme mere a son enfant
En priant a Dieu doulcement
Qu'i sauve et gart la compaignie.

GALLEHAULT
4380 Honneur, santé et bonne vie
Vous envoit le hault roy des cieux!

OFFICIAL
L'amour de Dieu de mieux en mieux,
Chier seigneur, puissiez vous avoir.

REGISTREUR
4384 Dieu vous doint faire tel devoir
Qu'i soit au pourfit de vostre ame.

PROMOTEUR
Sire, le filz de Nostre Dame
Soit loé de vostre venue.

SAINT REMI
4388 Grant merci est la court tenue!

4376   Manuscrit: - *son* + *pere*.
4381   Manuscrit: *cieux*/.

Avez vous que faire de moy?
Alons y, foy que je vous doy,
Je desire moult haultement
4392　　Que je voie ung vray jugement,
　　　　　Car saincte Eglise
Et l'escripture nous devise
Beati qui faciunt judicium
4396　　*Et justiciam omni tempore*:
«Benoit soit il et honnouré
Qui justice et jugement
Soustient et fait diligemment
4400　　Sans abuser par flat[e]rie.»

MA[T]HIEU
La tressainte vierge Marie
Le doulz enfant qu'elle porta
Qui par sa mort reconforta
4404　　Humaine generacion
Parmy sa sainte passion,
Sire, bonne santé vous doint.　　　　　[36 r°b]
S'il estoit temps, heure et a point
4408　　Et que ce fust vostre plaisir,
Chapitre aroit moult grant desir
D'avoir ung peu vostre conseil.

SAINT REMI
Mon tresdoulz ami, je le vueil,
4412　　Ne vous doubtez que ne le face,
Et si vous donrray bonne espace

4395　　Vers latin sans rime; cf. Gn 18,18-19.

De dire ce qu'il vous plaira.

GALLEHAULT

Je voy bien que qui se taira,

4416 Sa cause n'en vaulra pas mieulx!

Le regnart est ung po trop vieulx.

Vous ne m'arés pas de ce tour;

Je doy premier avoir mon tour

4420 De ma cause devant esmouvoir

Que (ne) vous ne vous et je dy voir,

Je vous dy bien tout maintenant

Qu'on feroit bien tort a Rolant

4424 Ou a Olivier s'il vivoit.

Mon chier seigneur, mon sire avoit

En son vivant fleur d'iretages,

Comme maison, prez et bocages,

4428 Vingnes et terres de labour,

Rivieres courans tout autour,

De quoy la moictié me donna

Quant le mariage ordonna

4432 De sa fille qu'ay espousee,

Ainsi me fu elle doee

Et en suis en possession.

L'aultre moictié par action

4436 Me convient faire a ces gens cy,

Ja soit ce que la leur mercy

Cent livres sur l'aultre moictié

4415-4416   En aparté.

4417   Cf. Hassell R 18; cf. Di Stefano p.759 *un vieux renard*.

4423-4424   Cf. Hassell R 65; comprenez: «enfreindre les lois de la chevalerie».

Presterent par grant amistié
4440   A mondit sire, si voulloie   [36 v°a]
Leur rendre en or ou en monnoie
Les cent livres, ou leur requier
Comme seul et vray hiretier
4444   Me delivrer ce qui est mien.

LUCAS
Sire, je vous entens moult bien,
De son vueil avons le partie
Cellui qui plaide sans partie
4448   Chapitre ne veult point plaidier
Ne ce n'est pas nostre mestier
Se non que trop on nous mefface
Et qu'a force faire le face,
4452   Comme nous faisons ore endroit.
[..........................]
Si vray, seigneurs, que c'est eschés
De nous faire entrer en procés.
4456   Or est il vray que ja pieça
Ce deffunct icy nous laissa
Et donna en son propre lais
Cest hiretage a tousjours mais,
4460   C'est assavoir ceste moictié
Pour et a cause d'amistié
Et pour le salut de son ame
Et par ainsi qu'a Nostre Dame
4464   Ung solempnel obit ara
Tant que l'eglise durera.

4444   Manuscrit: - *fere* + *ce qui.*

Ainsi ceste chose acquestames
N'onques denier ne lui prestames,
4468   Mais le nous donna francement.

GALLEHAULT
N'en croirez vous pas mon ser(e)ment?
Or, regardez, puis ge mieux dire?

MARC
Mieux dire, dia, vous savez, sire
4472   Qu'on nous a ici ordonnee
Au bout du mois nostre journee,   [36 v°b]
Mais sans plaidier (sa) maintenez vous
Du tout et aussi ferons nous
4476   Sur nos seigneurs qui ici sont.

EVESQUE
Qu'en dictes vous, il vous respont
Courtoisement, ce m'est advis.

GALLEHAULT
Je le feroie moult envis
4480   Par la teste saint Julien,
Je vueil avoir ce qui est mien.
Ne m'y querez ja autre glose:
Vous n'arez de moy autre chose,
4484   Quoy qu'il aviengne.

4480   Saint Julien, l'hospitalier, patronne les logis des voyageurs.

OFFICIAL

Ne dictes pas qu'au juge tiengne,
Vos tesmoings sont examinez
Et vos porcés enterinés
4488 Et a qui soit le droit, si l'ait.

SAINT REMI

Bonne paix vault trop mieux que plait:
Sire, muez vostre voulloir.
Ja ne vous en pourrez douloir;
4492 Vostre prelat est cy present
Qui vous offre moult beau present
Car il se consent d'estre arbitre
Pour vous acorder a chapitre,
4496 Pour faire paix et union,
Pour oster la discencion
Qui du plait pourroit avenir.
Vueilliez l'oppinion tenir
4500 De lui et d'un qu'on eslirra,
Tel que chapitre le dira.
Monseigneur y sera pour vous,
L'autre a chapitre, sire doulx,
4504 Il est moult plain d'umilité,   [37 r°a]
De doulceur et de charité
Quant lui qui est seigneur et chief
Pour estaindre tout ce meschief
4508 De bon cuer se veult entremettre.

4489   Manuscrit: \plait/. Locution?

GALLEHAULT

Jamais ne puisse apporter lettre
Se j'en fas juge homme vivant,
Car soit aprez ou soit avant,
4512 Je les feray venir si bas
Qu'il coucheront atout le bas
Sans couverture, a pleinne terre.

MATHIEU

Sire, se vous nous faictes guerre
4516 Ce sera pechié et mal fait.
Nous ne vourriens avoir meffait
Contre vous en nulle maniere.

SAINT REMI

Il n'est tresor qu'amour entiere,
4520 Charité, qui est chastelainne
Et des vertus la souverainne,
Aiez en cuer et en couraige.
Y n'est richesse ne linage
4524 Qui vaille l'amour Jhesucrist
Et si vous monstre droit esprit
Que nul ne doit, s'ilz ne sont siens,
De l'eglise prendre les biens,

4513   Cf. Di Stefano p.61 *a bas* «à terre».
4519   Cf. Villon *Testament* 1482, 1492,1502,1506 «Il n'est tresor que
        de vivre a son aise»; Hassell T 83, cf. Hassell T 82; Di Stefano
        p.853: *que de paix* (Charles d'Orléans, Jean Molinet), *vivre a son
        aise* (Villon).
4526-4528 Cf. *Nemo contemnat vincula ecclesiastica* (*Sermon joyeux de
        Nemo*, éd. Koopmans 1988 p.404).

4528   Car qui les prent a force ou lieve,
        Il se dampne, et c'est sacrilege,
        Et qui sacrilege commet,
        Le corps et l'ame a la mort met.
4532   Si ne vueilliez point offencer
        Contre l'eglise ne pencer
        Chose dont l'ame soit honnie.

        GALLEHAULT
        Pencez, mon ame soit honnie
4536   Se j'en voulroie riens avoir!   [36 r°b]
        Mais quoy, faictes vostre devoir
        Et ce qui est mien me rendez!

        LUCAS
        Hé Dieu, or vous en attendez
4540   A nos seigneurs les souverains;
        Requerez monseigneur de Reins
        Pour vous et vous ferez grant sens
        Et monseigneur de Hidrissen
4544   Sera pour nous, ce seront deux:
        Le voulez vous?

        GALLEHAULT
                        Se je le veulz?
        Nennin, non, ne m'en parlés plus!
        On ne les prent mie a la glus,
4548   Telz damoiseaulx que je suis, ho!

4547   Locution Di Stefano p.403; Hassell G 41, cf. Villon *Testament*
        1670 et Thuasne 1923 III,444-445.

Et par la passion saint Po,
J'aray ce que je doy avoir!

SAINT REMI
Or y soit Dieu, vous dictes voir!
4552 C'est bien dit, et de gentil homme,
Mais selon Dieu, raison vous somme
De tenir foy et loiauté.
Dure chose est de cruauté
4556 Ne cruauté ne doit point estre
En noble cuer, mais y doit croistre
Honneur, doulceur et courtoisie:
C'est l'ordre de chevalerie.
4560 Or estes vous homme gentil,
Ne vueilliez pas mettre a exil
Aucune povre revenue
Que saint Eglise a retenue
4564 Et vostre estat pis n'en vaulra,
Car quant la mort vous assaura
Tous vos parens vous laisseront
Ne jamais pour vous ne feront   [37 v°a]
4568 Et que vous mesme deussiez faire
Vous en avez bel exemplaire
En pluiseurs lieux parmy ce monde,
Car le monde est si tres immonde
4572 Que chacun vault tirer a soy

4549 *Saint Po*: «pelé» Di Stefano p.783, où l'on trouve également la
conversion saint Pol «une chute de cheval». Puisque saint Paul est
mort par l'épée, il dénote peut-être la chevalerie. Cependant, un
lien avec *saint Pou*, le petit animal industrieux, n'est pas exclure.
4572 *Vault* pour *veut*.

Et par ainsi fault nostre foy.
Or seroit pitié et dommage
Se pour un petit d'iretage
4576 Laissiez en grant dangier vostre ame,
Donc en l'onneur de celle dame
Qui ez sains cielz est couronnee
Et des anges environnee,
4580 Vous prie que soiez d'acort.

GALLEHAULT
Ha, sanc de Dieu, ce seroit fort!
On m'en devroit bien rigoler.

SAINT REMI
Ancor vueil je a vous parler
4584 Ung mot, s'il vous plait a le oïr.
Rapportez vous sans plus fouir
Au plus preudomme de ce lieu.

GALLEHAULT
Non feray, non!

SAINT REMI
                          Ha, tresdoulz Dieu,
4588 J'ay avisé c'on en fera:
Homme vivant n'en jugera,
Se vous me voulez acorder
Ce que je vous vueil recorder.
4592 Or vous gardez de m'en desdire!

GALLEHAULT
Homme vivant?

SAINT REMI

            Non, voir, beau sire,
Et me creez a ceste fois!

GALLEHAULT

Par le Dieu qui fut en la croix,   [37 v°b]
4596   Monsieur, je vous acorde.

SAINT REMI

Dieu, par sa grant misericorde
Vous en saiche gré, beaux amis.
Combien de temps a que fut mis
4600   Le bon preudomme en sainte terre?

GALLEHAULT

Quatorze ans.

SAINT REMI

            Or alons requerre
Nostre Seigneur trestous ensemble,
Devotement, se bon vous semble,
4604   En lui priant que de sa grace
Il donne au trespassé espace
De tesmoingnier son testament.
Voulez vous bien son jugement
4608   Et tenir tout ce qu'il dira?

GALLEHAULT

Maudit soit qui le desdira!

4604   Manuscrit: - *de* + *que de.*

Mettez y cent livres de peinnes
Qu'il reveingne, ce sont trudainnes!
4612   Je n'ay pas doubte qu'il reviengne.

MARC
Ne dictes mie qu'a nous tiengne,
Mon chier seigneur, nous acordons
Tout quanque que dira le preudons
4616   S'ainsi avient que Dieu le vueille.

SAINT REMI
Dieu fait assez plus grant merveille
Quant il li plait. Or y alons,
Les chemins ne sont pas trop lons:
4620   Menez nous ou le corps repose.   [38 r°a]

GALLEHAULT
Ce seroit merveilleuse chose
Se ung homme mort rexucitoit.
Il y a quinze ans qu'il estoit
4624   A moictié mort, n'y alons mie!
C'est pour prenre une epidemie,
Sur terre ne venrra jamais!

EVESQUE
Vous ne savez, c'est ici prez.
4628   Alons y, mon treschier seigneur,
Je n'oz oncques desir grigneur
Que de savoir la fin du plait.

4625   *Epidemie* désigne la peste, et en général toute maladie
contagieuse.

SAINT REMI

Le Dieu qui tous vivre nous fait
4632   Et qui pour nous nasquit de mere
Vueille que par nostre priere
Le trespassé hastivement
Veingne jugier ce jugement.
4636   Or y venez, et vous et vous,
Devotement, et vous trestous!
Que Dieu nous doint sa sainte grace.

[au cimetière]

PROMOTEUR

Mon chier seigneur, veci la place
4640   Ou le vaillant homme fut mis.

SAINT REMI

Or ça, mes seigneurs et amis,
Quiconques veult du roy celeste
Estre exauciez, il doit bien estre
4644   De pechier pur et innocent,
Car de pechié vient et descent
Le dampnement de creature.
Si vous pri, et c'est bien droiture,
4648   Que chacun par bonne ordonnance
Prie Dieu que par sa puissance
Nostre requeste vueille oïr
Adfin que nous puissons joïr
4652   De ce que nous venons cy faire.   [38 r°b]
Pere puissant, Dieu debonnaire,
Souverain roy de paradis,
Les sains anges creas jadis,
4656   Ciel, terre, feu et mer amere

En l'onneur de sa sainte mere
Et de sa digne assumpcion
En l'onneur de ta passion
4660   Que pour nous en la croiz souffris
Et ton corps a la mort offris,
Dont tes amis d'enfer ostas
Si tot que tu rexucitas,
4664   Si com est vray, beau sire Dieux,
Et que les larmes de tes yeulx
En Betanie volz plorer
Au bon ladre rexusiter,
4668   La monstras ta vertu nouvelle
Ce fut des belles la plus belle,
Belle fut che quant ou corps
Revint l'ame qui estoit hors
4772   Tout ce feis tu, Dieu toutpuissant
Et des miracles plus de cent
Que raconter je ne pourroie.
Si te prie, fontainne de joie,
4676   Chasteau d'amour, tour de science,
Palais fondé sur sapience,
        Dieu de droiture,
Vray Dieu, plus puissans que nature
4680   Qu'a la priere de nous tous
Le deffunct qui est ci dessoubz
Puist son ame retourver
Que la mort volt de lui sevrer
4684   Et li donne puissance entiere

4662   La légende du Christ aux limbes: cf. v.375 avec note.
4675   *Fontaine de*: locution Di Stefano p.367.

Et declarier ceste matiere
Si que par ta misericorde
Ce desacort ici racorde
4688   Et que pour plait en soient en paix
En ton saint nom feray la croix.   [38 v°a]
C'est de tous signe le plus bel.
O corps qui est soubz ce tombel,
4692   Ou nom de Dieu et de la dame
Qui lassus est, reprens ton ame
Et viens ici parler a moy!

LE CORPS
Remi, Remi, ta vray[e] foy
4696   Et ta devocion parfaicte
Ont impetré vers Dieu que faicte
Soit aujourd'uy ta voulenté,
Pour ce me suis ci presenté:
4700   Commande moy ce qu'il te plait.

REMI
Pour ce qu'a tout franc cuer desplaist
Discencion et discort,
Je te requier que pour l'acort
4704   Et pour appaiser ces parties
Des terres que tu as parties
Nous veullez dire l'ordonnance
En effect ou en substance,
4708   Chacun de nous le te requiert.

LE CORPS
Remi, en tant qu'a moy affiert
Et que je fis le mariage,

La moictié de mon hiretage
4712 Donnay a ce bon seigneur la
Pour ce que ma fille espousa;
L'autre moictié par exprez
Donnay, quittay a tousjours mais
4716 Au chapitre de Nostre Dame,
Tant seulement pour ma povre ame
Qui tant me vault et a valu
Que j'en suis au port de salu.
4720 Cilz n'a point cause de plaidier,
Par quoy, se Dieu vous vueille aidier,
Preingne chacun ce qui est sien;   [38 v°b]
Je m'en vois dela ou je vien
4724 A nostre Seigneur vous commant.

GALLEHAULT
Haa! Bonnes gens, veez comment
Je suis couppables a ceste fois!
Le doulx Jhesus qui en la croix
4728 Souffrit l'angoisse de la mort
Le me pardoint, j'ay tort, j'ay tort,
J'ay grant tort, mes tresdoulz amis!
Ha deshonneur je me suis mis
4732 Par ma meschante convoitise!
Hahay! Que fera saincte Eglise
De moy qui rober la voloie.
Le plus de fois plorer en devroie
4736 Qu'i n'a de gouttes en la mer!

4712   Manuscrit: \bon/.
4731   Ha = prép. «à».

Hé Dieu, que je deusse amer,
Honnourer, cherir, obeïr,
Et comment lere homme heïr
4740   Je ne sçay voir
Baptesme nous y fault avoir
Le sacrement de mariage,
Nostre desjon, nostre enterrage.
4744 Hé bonnes gens, que veult on mieux
Je vous suppli, josnes et vieux,
Que vous aiez ici avis
Tant qu'en ce monde seray vis
4748 Du droit sainte Eglise garder
Et les dons de Dieu regarder.
Petitement y ay visé
Comme niche et malavisé:
4752 Pour quoy sans aler hors de cy?
A Dieu mon pere en cry mercy
A Dieu en doy merci crier
Et vous, tressaint homme, prier
4756 Que parmy ma confession
Me donnés absolucion
Et penitence si amere   [39 r°a]
Que le filz a la vierge mere
4760 Ait pitié de l'ame de moy,
Car en dampnacion me voy
Se sa grace ne m'est donnee.
Seigneurs, la vierge couronnee
4764 Vueilliez prier pour mon meffais.

4748   *Du* = *de* (garder) + *le* (droit).

Tout maintenant d'euvre et d'effait
   La part vous livre
Et quitte du tout a delivre
4768 Que mon sire vous ordonna
Et tous les biens qu'il me donna
Soit hiretages ou beaux manoirs
Tant a ma femme qu'a mes hoirs
4772   De bon cuer donne
A vous, tressaintisme personne,
A vous, chier seigneur reputé,
De cuer et de grant voulenté
4776 Sans rapel et a tousjours mais
Ne ci ne demouray jamais
Plus ne vueil terre ne hiretage.
Je vous pri qu'en ung hermitage
4780 Ou en desert solitaire
Me menez ma penance faire
Car vers l'eglise ai tant mesprins
Que je me doubte d'estre prins
4784 Au fillez de mon ennemi.

SAINT REMI
Tresdoulz seigneur, frere et ami,
De si beau don vous remercie,
Se Dieu plait, la vierge Marie
4788 De par vous servir en feray
A Reins si tot que je y seray
Le donneray a l'eglise
Et es cronicques sera mise

4765   Di Stefano p.326 donne uniquement des locutions avec
l'opposition *oeuvre — fait.*

4792   La grace que Dieu nous a faitte.

          EVESQUE
          Or est nostre ouvre bien parfaicte,   [39 r°b]
          Monseigneur, Dieu merci et vous,
          S'il vous plait nous l'irons trestous
4796   Mener au lieu ou il doit estre
          Je ne sçay point de plus [bel] estre
          Mais a nostre departement
          Ou nom de Dieu premierement
4800   Nous donrrez vostre benediction.

          SAINT REMI
          C'est mon bien dit, or commenchon:
          Adjutorium nostrum
          In nomine Domini qui fecit celum
4804   **Et terram sit nomen Domini benedictum**
          Ex hoc nunc et usque in seculum
          Oremus!
          Benedicat nos omnipotens Deus,
4808   **Pater et filius et spiritus sanctus. Amen.**

*Cy s'enssuit comment monseigneur saint Remi garit une
fille de Toullouse de l'ennemi qui la tourmentoit, et
(commence le roy Alari)*

[114 v°a]
*C'est ce qu'i convient adjouster a l'istoire de la fille de
Thoulouse*

PROLICE, *mere*
Trop crains Fortune la parverse
Qui soubz sa roe ainsi me verse
Du haut au bas hayneusement.
4812   Sa cruauté mon cuer traverse;
Cent fois le jour plaie diverse
Fait dedens moy soubtivement
   Si aigrement
4816   Si rudement
Que c'est pitié du grant tourment
Que je rechoy par sa maistrie,
Dont je mourray soudainnement
4820   Pour ma doulce fille Flourie.

La jus la voy gesir enverse,
C'est mon enfant qu'est ce envers ce

4809 sq.   Ajouté en fin de manuscrit, ici restitué. Cela marque bien le
caractère épisodique (plusieurs auteurs?) de la pièce. La
didascalie avant les rajouts (*Cy s'enssuit...*) montre bien qu'à
l'époque de la rédaction du manuscrit, le copiste ne se rendait
même pas compte qu'il manquait quelque chose.

4821   *La jus*: didascalie indirecte: Fleurie se trouve donc plus bas.

4821-4822 Rime équivoquée.

Que j'ay veu n'a pas longuement.
4824 Desespoir me tourne et renverse,
Helas, que ne fu je converse
Sans porter fruit aucunement
    Dieu doulcement
4828   Doulz sacrement,
Jhesucrist qui divinement
Nasquis de la vierge Marie,
Je languis angoisseusement
4832 Pour ma douce fille Florie.

L'ennemi, sa partie adverse,
Qui est dedens elle ainsi converse
La fait morir piteusement;
4836 Sa couleur devient ynde et perse
Et force de doleur li perse
Veinnes et ners amerement.
    [He]las, comment
4840   Vat mallement
Ma santé, mon entendement.   [114 v°b]
Hé Dieu, Dieu, je suis perie;
Je voy a mon trespassement
4844 Pour ma doulce fille Florie.

[Les demoiselles entrent]
GAYETTE, *premiere fille damoiselle*
Serie, ma soeur, ou est Florie?
Il est temps de la viseter.

4836-4837   Cf. vv.2168-2169.

SERIE, .*IIE. fille damoiselle*

Que dittes vous, ma belle amie?

GAIETTE

4848   Serie, ma seur, ou est Florie?

SERIE

Je ne sçai, se Dieu me benie.

Alons bas et hault escouter.

GAIETTE

Serie, ma seur, ou est Fleurie?

4852   Il est temps de la viseter.

SERIE

Gaiette, foy que doy mon ame,

Je doubte bien que ma grant dame

Soit malade ou desconfortee.

GAIETTE

4856   Elle a mainte doleur portee

Dedens son cuer, dont pleure et suite,

C'est pour madame la petite,

        Dont elle est mere.

PROLICE, *mere*

4860   Hé Dieu, com grant doleur amere

Me point au cuer, doulces pucelles,

Je voy saillir mille estincelles

Pleinnes de larmes et de dueil

4864   Sitot que voy devant mon oeul   [115 r°a]

Ma belle fille, mon enfant,

A qui le cuer par force fent,
Fent et perse de part en part
4868 Et m'est avis que le depart
Sera bien tost d'elle et de moy.

GAYETTE
Helas, doulce dame, pourquoy
Vous metez vous a l'aventure:
4872 Dieu est plus puissant que nature,
Dieu jour et nuit loer devez
De tous les sens que vous avez,
De mains, de bouche, de piez, de yeux
4876 Et lui dire: «Beau sire Dieux,
Deffens moy de desesperance».

PROLICE, *mere*
Lasse, doulz Dieu, secours en ce
Me donnez, mon hault createur,
4880 Mon champion, mon redempteur
En qui je croy certenement.

[en route]

PORRUS, *chevalier de Alari*
J'ay entendu ung parlement,
Ce m'est avis, moult dolereux,
4884 Plain de piteux gemissement
Et de souppirs moult angoisseux.
Si ne doy mie estre pereceux

4871   Locution Di Stefano p.48.
4878   Souvent, des monosyllabes atones comme *ce* se trouvent à la rime
         (voir introduction), ici cependant avec un problème d'accent.

D'aler savoir que ce peult estre.
4888   Le vrai Dieu m'en face joieux,
Qui crea paradis terrestre.

Je y vueil aler hativement,
Car c'est ung fait aventureux.
4892   Helas, trestout va malement,
Je voy des damoiselles deux,
Dont le maintien est moult piteux.
Cellui leur vueille joie acroistre
4896   Chacun jour et de mieulx en mieux
Qui crea paradis terrestre.   [115 r°b]

Prolice, par mon serement,
La belle mere y est, Dieu, Dieux,
4900   Fay li aucun alegement,
Autrement je suis malereux.
C'est la soeur du roy plantureux
Alari, mon seigneur et maistre;
4904   Jhesus en vueille estre soigneux
Qui crea paradis terrestre.

                    [il arrive chez Prolice]
Dame, le Dieu qui vous fit naistre
Plaisant et belle creature
4908   Vous envoit hui bonne aventure.
Pour quoy n'a quoy faictes vous dueil?
Je viens vers vous car c'est mon vueil
Pour savoir de vrai qu'i vous fault.

4902   Fleurie est donc la nièce du roi.

PROLICE, *mere*

4912 La mort qui fait de moy bersaut,
La mort qui me tient en doleur,
La mort qui me tolt la couleur
   Veult que je meure.
4916 La mort me fait plus noir que meure
Le cuer, le corps, la povre chiere,
L'eure n'attens fors qu'elle fiere
Son dart en moy, lasse, chetive
4920 Ne je ne croy point que je vive
   Jour ne sepmainne.
Puis que je v(o)y en telle peinne
   En tel deluge
4924 La belle ou estoit mon reffuge,
La belle ou mes esbatemens
Furent et mes norrissements,
Lasse, lasse, a Dieu en souviengne.
4928 Que ne fu je femme brehaingne
Sans porter si piteux fardeau;
Moult voulentiers en feisse appeau   [115 v°a]
Contre le tresdoulz roy de gloire,
4932 Car je n'ay plus sens ne memoire
   Ne qu'une aronde
Je desire que terre fonde
Dessoubz mes piez, tant suis dolante.

PORRUS

4936 Prolice, dame, je me vente,

4916   Hassell M 246, Di Stefano p.570.
4933   Locution; cf. Hassell A 192. Di Stefano p.436 donne *ne...qu'une*
        aronde morte.

Croy et maintiens
Si vrai que nous sommes xrestiens
Qu'ancor arez joie angelicque
4940   Maugré l'engin diabolicque
De Floriette, vostre fille.

PROLICE
Las, la mort est si soubtille
Et si plainne de mauvaitié
4944   Qu'il n'est tant soit po d'amitié
    Qu'on trouve en elle.
Chacun jour a doleur nouvelle
    La povre lasse,
4948   C'est sans espace.
Je n'attens fors qu'elle trespasse,
    Dont mon vouloir
    Se doit douloir
4952   Et je n'en puis que pis valoir.
Ainsi mourrai sans resconfort.

PORRUS
Dame, dame, vous avez tort:
Vous en serez de Dieu reprise.
4956   Pencez que de vous soit requise
La sainte vierge couronnee
Qui de grace est enluminee.
Tous biens vous en pourront venir
4960   Et vos maulx en verrez fenir
Dont vous serez sainne et joieuse.

PROLICE
Hé, doulce vierge glorieuse,   [115 v°b]

Ma clameur te soit aggreable
4964 Et je te soie serviable
A tousjours mais je suis ta serve;
Seuffre que ton amour desserve,
Car desir ay de toy servir
4968 Adfin que ne doie asservir
Dezoremais ma tres doulce fille:
Cellui qui les pecheurs exille
En ta sainte gardė la met.
4972 Porrus!

PORRUS
        Dame?

PROLICE
                Je vous commet
Et vous pri amiablement
Que deux fois ou trois seulement
Vueilliez viseter nostre enfant.

PORRUS
4976 Se la mort ne le me deffent
Je y seray ains qu'il soit une heure.
Je pri a Dieu qu'i la sequeure
    Et vous aussi.

LES DEUX DAMOISELLES
4980 Messire Porrus, grant mercy
De vostre visitacion.

PORRUS
Prenez la tribulacion

En bon gré, mes doulces pucelles.
4984   Ja tot arez du roy nouvelles
Et n'en doubtez aucunement.

Ci commence le roy Alari et dit (Bien doy loer
joieusement etc.)

[39 r°b]

ROY ALARI
Bien doy loer joieusement
Le hault nom de la trinité
4988   Qui m'a assis benignement
En [sa] roialle majesté.
Roy suis, c'est belle dignité;
Plus demander seroit oultrage
4992   Fors seulement paix et santé,
Sans perdre des cieux l'iretage   [39 v°a]

J'ay des richesses largement,
Parens, amis grant quantité,
4996   Je suis honnouré haultement,
Dedens Toulouse ma cité
J'ay en France suppedité
Les Wandres, c'est beau vaisselage.
5000   Or me doint Dieu felicité
Sans perdre des cielz l'iretage.

Deduit, solas, esbatement

4987   Les Wisigoths sont des Chrétiens, mais Ariens. Cependant, c'est
justement la doctrine de la Trinité qui fait problème!
4999   Effectivement, les Wisigoths ont chassé les Vandales de
l'Aquitaine.

En cest amoureux temps d'esté
5004 Desire moult tant seulement
Pour visiter mon parenté,
Car j'ay parfaicte voulenté
De les deffendre de dommaige,
5008 Faire la pais par charité
Sans perdre des cielz l'iretage.

[autre part]

FILLE FOLLE
Hahay! Que j'ay esté en cage!
Au four, au four, le molin chiét.
5012 Parlez bas si ne leur meschiét,
Je ne fu oncques fille ma mere
Et male feste en ait saint Pere.
Le deable me tient par la gorge
5016 Et non fait, non, c'est ung grain d'orge
Qui m'a picquié jusqu'au foie
Et on cuide ore que je soie
Mon parent le roy Alari.
5020 Que ne vient il? Hari! hari!
Y lui mescherra, par ma foy
Avant qu'il morra, ung autre roy
Le chassera de son païs.
5024 Comment? Vous estes esbaÿs?

5011   Cf. le proverbe: Au four et au moulin on sait les nouvelles,
        Hassell N 37, Di Stefano p.378.
5013   Contresens.
5016-5017 Allusion à l'ergotisme?
5022-5023 Prophétique: Alari sera éliminé par Clovis!

Vous ne parlez ne qu'une truie,
Dictes, hom, que Dieu vous benie
Si contrefaictes le pourceau.
5028   Je le sens bien le laronceau   [39 v°b]
Qui me mort parmy le costé
A la mort qui me soit osté.
Il est ici. Las, il m'estrangle,
5032   Elle poit si tot qu'on la sangle.
Ne fait pas hau, dictes, l'anesse?
Venés trestous savoir! quoy? qu'esse?
J'ay ung asne cornu ou ventre,
5036   Le deable y soit quant il y entre
Je ne puis boire ne mengier.
Haro! haro!

LE PERE
                    Helas, dongier
Helas, dongier, le cuer me fault.
5040   Or fais ta [...] de moy bersaut
Quant par mon cuer prens ta visee
Si que ta fluche a devisee
        Ma joie en ire.
5044   Se ma douleur ne treuve mire
Car la mort me tient en ses las,
Mere de Dieu, helas! helas!
Je meur de doeul pour mon enfant

5025   Locution? Di Stefano p.858 donne *S'y connaître comme une*
       truie.
5026   Désigne-t-elle quelqu'un du public?
5040   On s'attendrait à un vers comme *Or fait ton arc de moy bersaut.*
       Faire bersaut: locution Di Stefano p.76.

5048   Se ta pitié ne me deffent,
            Vray Dieu, ma fille, je la voy
            En povre estat, en povre arroy,
            La povre pleinne de doleur,
5052   La povre fille sans couleur,
            Qui perdu a sens et savoir
            Ne ung seul repos ne peult avoir
            Qui li dure jour ne demi,
5056   Mais la tourmente l'ennemi
            De plus en plus si asprement
            Que je ne sçay, vray Dieu, comment
                Il en ira.
5060   Fors que la mort me destruira,
            Se ce temps dure longuement.

                                        [*non loin de là*]

            COUSIN
            Hé Dieu! Que j'oÿ piteusement   [40 r°a]
            Ung cuer dolant si guermenter!
5064   Je cuide et m'ose bien venter
            Que ce soit mon cousin loial,
            Le plus prochain du sanc roial.
            Sans faulte il pleure pour sa fille,
5068   Helas, preudomme, il s'en exille.
            La voit on pitié sans feintise,
            Vefve d'orgueil et de cointise,
            Car destresse se point et mort
5072   Et desespoir le met a mort.
                Ainsi mourra
            Qui reconfort ne li donra
            Et pour ce, s'il plait a la vierge,
5076   De paradis dame et concierge,

Je iray devers li tout en l'eure.

[*Il va vers le père*]

Beau cousin, se Dieu vous sequeurre
Que faictes vous, Dieu vous doint joie
5080   En passant parmy celle voie
Je vous ay oÿ gemir et plaindre,
Pour ce voulroie bien estaindre
        Vostre douleur.

PERE

5084   Je pers le sens et la couleur
Je pers mon corps, je pers mon ame
Se la benoite vierge dame
Ne me prent en sa sainte garde.
5088   Hé, doulz cousins, quant je regarde
Mon enfant en subjection
D'amere tribulacion
En vyolence si diverse,
5092   La mort mon cuer par my traverse
Ne n'ay repos jour ne demi,
Car le faulx cruel ennemi
Li desront le cuer et le corps;
5096   Le Dieu qui est misericors
Li doint de ses maulx aligence.

FLEURIE, *fille*

Sa, sa, trestous! Chantez, je dance!   [40 r°b]
Au murdre, au murdre, bonne gent,

5100 Se les leups eussent point d'argent
On n'en pendit pas de cent ung.
Sur le brun, filles, sur le brun,
Venez moy toutes revengier.
5104 Le grant deable me voeult mengier,
Vez le ci, je y vois, il m'emporte
Helas, helas, cloés la porte!
Il fait deux sifflez de ma gorge
5108 Estaingnez le feu de la forge,
Le deable y soit, je seray arse,
Passe, garçon, fui de ci, garsse!
Le cuer me fault, vez me la morte!

COUSIN
5112 Cousin, par le nom que je porte,
Je voy bien a vostre couleur
Que trop estes plain de doleur
Quoy que sans cause n'estes mie.
5116 Je voy bien que ma douce amie,
Vostre fille, est hors de son sens,
Mais s'il vous plait, je me consens
Que tantot soit menee a Romme

5100-5101   Proverbe parodique ou menu propos, mais quel est le sens? Est-
             ce qu'un *loup* désigne un «criminel impuni»?
5102   Ecrire *brun* avec majuscules, cf. *Renart*? Mais pourquoi lancer
             l'invitation aux *filles*? *Sur la brune* «au déclin du jour» et *a la
             brune* «dans l'obscurité» sont bien attestés (Di Stefano p.120). Cf.
             Coquillart (éd. Freeman p.27) *Sur la brune* avec la note de
             l'éditeur et le glossaire.
5115   Jusqu'au XVIIe siècle, *quoique* admet l'indicatif.
5119   Manuscrit: *mener*. Nous corrigeons *menee*.

5120 Devant saint Pere, car tout homme
Et toute femme quoy qu'on die
Y sont purgiez de maladie.
Creez moy, vous ferez que saige,
5124 Nous deux ferons bien le voiage
Et si ne vous faurray, beau sire,
Pour milleur, certes, ne pour pire,
Honni soit a qui il tenra!

LE PERE
5128 Grant merci, las, qui vous rendra
Les amours que faictes m'avez?
Mon tresdoulz cousin, vous savez
Que ma fille est en frenaisie.
5132 L'ennemi plain de punaisie   [40 v°a]
S'est boutez en son propre corps
Depuis dix ans n'en issit hors.
Si me faictes plaisir, par m'ame,
5136 De venir la, la haulte dame
Le vueille pour moy desservir.

COUSIN
Noble chose est de Dieu servir

5120 Dans la plupart des hagiographies, la fille est menée devant le tombeau de saint Pierre à Rome; ici il y a un dédoublement par le personnage *Pietre Paule*, allusion sans doute à la rencontre apocryphe de saint Pierre et saint Paul. En fait, on avait coutume d'enferrer les malades dans les chaînes portées par le saint lui-même, comme nous le rapporte Sigisbert de Gembloux (Beek p.223); parfois on utilisait les saints pilliers à Rome auxquels on attachait les malades (Beek p.179).
5126 Di Stefano p.530 ne donne que *pour meilleur*.

En charité pure et entiere,
5140 Car charité est la premiere
De toutes les vertus qui sont.
Alez premier et moy secont
Querir la povre creature.

FLEURIE, *fille*
5144 Fromaige mol et pierre dure,
Est ce tout ung? Dy hau! Que dy je?
Je voy le deable sur la tige
Ou fons d'enfer.
5148 Fuyez, fuyez pour Lucifer
Qui me veult mener en prison.
Venez dancer, venez, grison,
Se tu te maries tu t'en repentiras
5152 Tiras, tiras, tu t'en repentiras
Tu t'en, tu t'en, tu t'en, tu t'en
Tu t'en repentiras avant qu'il soit ung an.

PERE
Helas, helas! Mon doulz enfant
5156 Pour vostre mal le cuer me fent,
Belle fille, parlez a moy.

FLEURIE
Et tu voeulz boire, si boy!

5150-5154 Cette chanson populaire est bien connue grâce à Rabelais, *Tiers Livre* ch.XXVII 'Si tu te marie, marie, marie, tresbien t'en trouveras, veras, veras' avec la réponse au ch.XXVIII 'Si tu te marie (…) tu t'en repentiras, tiras, tiras'. Elle est également à la base de la farce de *Regnault qui se marie* (Cohen 1949 n°VII).

Qui est ce qui t'en contredit?
5160 Le deable le m'avoit bien dit
Qu'il venroit ici, vez le la!

COUSIN
Or ça, ma cousinette, ça!
Je prie a Dieu qu'il vous sequeure;   [40 v°b]
5164 Venez vous ent, il en est heure
Et nous vous ferons bonne chiere.

FLEURIE
Avant, avant! Ariere, ariere!
Esgratiner, mordre, estrangler,
5168 Trembler, haro, haro, trembler!
Vous mourrez, faulse villenaille!

PERE
Ma belle fille, il fault qu'on aille,
Se vous voulez, garir a Romme.

FLORIE
5172 A Romme, a Romme allez prudomme,
Alons a Romme, tot, tot, tot!

PERE
Et je promés de cuer devot
A Dieu et au benoit saint Pierre
5176 Que soit par mer ou soit par terre

5168   Manuscrit: *Trembler - trembler + haro*.
5172   Proverbe Hassell F 161 'Qui fou va à Rome, fol en retourne'.

Je la menray devotement.
Or avant, cousin!

COUSIN

                Vraiement,
Point ne faulray a ce besoin.
5180 Ma cousine, ce n'est pas loin;
Aiez du vray Dieu souvenance,
Souviengne vous de sa puissance,
Requerez la vierge Marie:
5184 Si li plait, vous serez garie
De tous voz maulx.

FLORIE

                Lasse, je meurs!
Mes condicions et mes meurs,
Mes povres membres et mon corps
5188 Sont de doleur a moictié mors
Ne soustenir ne me pourroie.

PERE

Hé Dieu! Cousin, que j'ay de joie!   [41 r°a]
Avis m'est que je suis en gloire!

COUSIN

5192 Sans faulte elle a sens et memoire.
Helas, ma tresdoulce cousine,
La belle sainte Katherine

5194   Manuscrit: *lratherine*; la combinaison *lr* était utilisée par les
imprimeurs (!) français pour le *k*, qui manquait dans leurs casses.
Notre manuscrit remonte-t-il à une source imprimée (cf. vv. 860,

Vous doint a grant santé venir.
5196 Or pencez de la soutenir
Et alons au congié de Dieu.

FLORIE
Ou alons nous?

PERE
                    Au plus beau lieu
Qui soit au monde, mon enfant.

FLORIE
5200 Helas, mon cuer la doleur sent
Qui me murdrie et me desvoie
Qui me bannit de toute joie.
Je languis en amere angoisse,
5204 Je vis et viveray en destresse;
Je pers mon sens et ma santé,
Mon povre corps est tourmenté
Ne nul ne me peult secourir
5208 En ce point suis jusqu'au morir.
Mon tresdoulz pere, aiez pitié,
En l'onneur de sainte amitié,
De moy trespovre creature.

PERE
5212 Helas, ma doulce nouriture,
Mon enfant, ma tresdoulce fille,

2161)? Sainte Catherine d'Alexandrie guérit de beaucoup de
maladies, mais surtout des maux de tête.

Vostre doleur mon cuer exille
Et noye en pleurs et en souppirs,
5216 Dont mes yeux sont plus que martirs.
Mais se santé povez avoir
Je n'en voulroie nul avoir.
Richesse et joie arions ensamble   [41 r°b]
5220 Et l'amour de Dieu, ce me samble,
  Ainsi le croy.

                                          [116 r°a]

Quant le pere parle et qu'il fenit Ainsi le croy

PROLICE, *mere, dit:*
Hé, lasse, qu'est ce que je voy?
Que je voy, lasse, c'est Fleurie!
5224 Ma doulce fille, elle est perie,
Elle est trespassee, autant vault,
Par mon ame, le cuer li fault.
Si fait il a moy pour la peinne
5228 De l'ennemi qui la demainne,
De l'ennemi qui la tourmente,
De l'ennemi qui sans attente
La tempte pour son ame avoir.
5232 Or me doint Dieu faire devoir
  De la garder
  Et regarder,
  Car sans tarder
5236 Je y vois pour le contregarder,
Soit loin soit prez la conduiray
Jusqu'a la mort ne le lairay
  Pour en mourrir.

LE PERE

5240 Hé, Dieu nous vueille secourir,
Ma tresdoulce femme et amie.
Helas, helas, ne plorez mie,
Dame Prolice, je vous pri,
5244 Car mon cuer est si tresmurdri
Qu'a peinne puis je souppirer.
De jour en jour voy je empirer
Nostre enfant dont le cuer me noie.
5248 Helas, j'ay veu que je menoie
Pour elle grant joie et grant feste;   [116 r°b]
Or n'ay je cheveux en ma teste,
Quant je la voy, qui ne me dresse
5252 Par fine rage de destresse
Qui me tient quant je la regarde.

PROLICE

Pour ce qu'elle a mestier de garde,
Mon seigneur, suis je ici venue,
5256 Car com mere y suis tenue
Et com mere sans partir
Pour moy en deux le corps partir
La garderay jusqu'a la mort.

LE PERE

5260 De si tresjoieux reconfort
Doy je loer beau sire Dieux.
Plus serons, plus en vaurrons mieux,
Et aussi le besoin en est.
5264 Or soit chacun de nous tout prest
De joieusement cheminer
Pour nostre fille mieux mener

Au saint voiage de Romains.

PROLICE

5268 Je requier Dieu a jointes mains,
Sire, qu'il vous en vueille oïr
De ce me faictes resjoïr
Cent fois assez plus que n'estoie.
5272 Or ça, mettons nous en la voie,
Ça, mon enfant, que je vous meinne,
Si vrai que pour vous je suis pleinne
De grant doleur innumerable
5276 Et de tourment si miserable
Que je ne sçay ma contenance.

FLEURIE

Lasse, mere, j'ay esperance   [116 v°a]
Qu'ancor seray confortee;
5280 Ne soiez desconfortee:
    En po d'eure
    Dieu labeure.
Priez li qu'il me sequeure,
5284 Mere, c'est le cas de pitié.

PROLICE

Helas, les mos d'amitié
Que mon enfant en mon cuer plante!
Belle fille, je me presente,
5288   Quoy qu'il aviengne
    Quoy que deveingne

5281-5282   Morawski n°679; Hassell D 87.

Quelque meschié que je soutiengne,
Que jamais je ne fineray
5292　Jusqu'a tant que je periray
De Dieu prier ou que je soie
Si que grace nous octroie
　　Prochainement.

COUSIN
5296　Or alons gracieusement,
Dieu nous envoit bonne aventure,
Espoir veurons nous creature
Sur le lieu qui nous aidera
5300　Et aussi nous confortera,
La tressainte vierge Marie.

Adonques s'en vont

[à la cour de Toulouse]
ALARI
Armes, amours, dame, chevalerie,
Joustes, tournois, joieux esbatemens,
5304　Coursiers, destriers, palefrois de Surie,
Lances, rochez, targes et paremens,　　[116 v°b]
Haulx estandars, cent mil instrumens,
Puis bien avoir de la haulte Alemaigne,
5308　Car j'ay plaisir de faire mandemens
En cest esté pour aler en Espaigne.

5298　*Veurons* pour *verrons.*
5309　Le royaume wisigothique s'étendit jusqu'à Tolède, mais il s'agit ici clairement d'une opération militaire. A rapprocher des campagnes de Charlemagne?

Heaumes luisans, pavaulx, artillerie
Et de fin or riches aournemens,
5312   Coliers, floquars, escharpes d'Ymbernie
Aray assez en mes commandemens
Et quoy, avec grant foison drugemens
Qui venront ci du royaume de Behaigne.
5316   Lors serons prez et plains de hardemens
En cest esté pour aler en Espaigne.

Lors monsteray ma puissante seignourie,
Car de nullui n'aray encombremens
5320   Saphirs, rubis, topaces, pellerie,
Emeraudes, camahieux, deamens,
D'escharboucles ferai ectoremens
Et paieray mes gens quoy qu'il aviengne.
5324   Chacun venra de Thoulouze et du Mans,
En cest esté pour aler en Espaigne.

Alixandre, quoy qu'il aviengne,
Et vous, Porrus, mes chevaliers,
5328   Prenez garde que mes celiers
Soient garnis d'or en avant.

ALIXANDRE
Chier sire roy, je vous convent
Que de ce ne vous faut doubter,
5332   On n'y pourroit le tier bouter
Des biens que chacun y ameinne.

5316   Manuscrit: \prez et/.
5322   La copie de Reims lit *attoremens*.

PORRUS

Assez avons blé et aveinne   [117 r°a]
Et n'en fust plus jusqu'a sept ans;
5336   Ne vous doubtez de passer temps
Et vous tenez joieusement.
On ne scet combien longuement
Dure la vie de ce monde.

ROY ALARI

5340   Hahay! C'est vrai, s'on ne me tonde
Jamais ne quier soucy avoir.
Faisons grant chiere main et soir;
Je vueil mener estat de roy.

(COUSIN: Loez soit Dieu, cousin, je voy etc.)

[à Rome]

COUSIN   [41 r°b]

5344   Loez soit Dieu, cousin, je voy
De saint Pierre la mere eglise;
Y fault que ma cousine y gise
Et qu'elle soit la a sejour
5348   Au moins jusqu'au .IXME. jour.
Vez la ung des seigneurs a l'uis.

PYETRE PAULE

Se je puis

5340   Locution Di Stefano p.841.
5350   *Pietre Paul*: combinaison des noms des deux apôtres; cf. les actes
        apocryphes de Pierre et de Paul (M.R. James) ou allusion à
        l'église de ce nom? Notons la forme italianisée *Pietre*.

Je vueil savoir que ceulx la font
5352 Qu'ilz demandent ne quelz ilz sont;
Je tiens que ce sont gens estranges.
Seigneurs, le Dieu qui fit les anges,
Le ciel, la lune et les estoilles,
5356 Hommes et femmes et pucelles
Vous octroit par sa sainte grace
De vous sauver temps et espace.
De quel part venez vous, [cher sire]?

PERE
5360 Moult suis joieulx de le vous dire:
De Thoulouse tout droit venons
Et grant affection avons
Au benoit saint Pierre l'apostre.
5364 Si vous pri que parmy le vostre
Nous puissons faire en ce lieu cy
Une nuefvainne.

PIETRE PAULE
                    Sire, aussi
Est ici le lieu appresté;
5368 Mains malades y ont esté
Garis depuis ung po de temps.

COUSIN
Mon tresdoulz seigneur, je m'attens   [41 v°a]
Aussi que Dieu nous aidera.

5359   Pour la rime et le mètre, il a fallu ajouter …*cher sire*.
5369   Manuscrit: *ung po depuis de temps*.

5372   La fille ici noeuf jours sera
           Et entredeux
       Nous aidera beau sire Dieux!

       PIETTRE
           Vous dictes bien.
5376   De la sainte Croix que je tien
       De l'ymage de Jhesucrist,
       Du pere et filz du saint Esprit
       Soit elle benitte et seingniee.

       FLEURIE
5380   S'as tu fait qui m'a mehaignee;
       Le deable l'a ci amené.
       A la mort, tout est ramonné
       Y n'y mais plus froit que l'aitre
5384   Or du tencer ou du debatre:
       Riffle, raffle de rifflerie;
       Je riffleray.

       PERE
                       Helas, Fleurie,
       Ma belle fille, mon enfant!

       FLEURIE
5388   Se le monde ne se deffent,
       Tout est perdu, a mort! a mort!

5383   *Mais*: forme difficile. Faut-il lire *m'est*, *met* ou *mai[n]s*? Sens
       général du vers: «il y sera plus froid que l'âtre». Proverbe Hassell
       A 199 (Gerson).

COUSIN

Loyons la tost!

PIETRE

J'en suis d'acort,
J'ay de la corde bonne et belle!
5392 Ça, mes verges, ça, ma pucelle,
Se Dieu m'ait vous serez batue.

FLEURIE

Et rue en rue
Et mon cheval qui si hault rue.

PERE

5396 Paix, fille, paix!

FLEURIE [41 v°b]

Ma dame sue!
Nous sommes bien, ariere, ariere!
Je vous rompray la cervelerie!
Empongne, empoingne, ce sont cosses!
5400 Portez ceci aux femmes grosses:
C'est droitement ce qu'i leur fault.

5393   Indications de violences scéniques. En général, nos grands-pères
eurent des moyens rigoureux pour guérir les possédés de leur
folie.

5398   Rapport curieux avec le 'décervelage' dans *Ubu roi* d'Alfred
Jarry!

5399   Y a-t-il ici une allusion au jeu des pois pilés?

5400-5401   On se demande ce que l'allusion aux femmes enceintes vient faire
ici, mais en général, la magie diabolique est souvent liée aux
grossesses et aux naissances.

PIETRE
Sa, la main! Sa, alons la hault!
Prenez la, nous la mennerons
5404 Et au berseau l'ancoucherons;
Touteffois elle se deffent!

FLEURIE
Que dictes vous, dia, suis je enfant
Qu'i me fault gesir en berseau.
5408 Piettre Paule, tien ce morseau!
Traitre, le deable le t'envoie.

COUSIN
Hé Dieu, fuyez vous de sa voie!
Elle n'est mie en son bon sens!

FLEURIE
5412 Tuez a milliers et a cens,
Ilz sont armez, vez les cy!

PERE
Hé, vray Dieu, je vous croy, mercy;
Veez ci pitié, innumerable
5416 Veez ci doleur inreparable;
Couchiez la, cousin, et vous, sire,

5402 *La hault* indique qu'il y a un autre lieu.
5405 Il y a donc tout un jeu de scène où l'on essaie de contenir Fleurie; au v.5408 p.ex., elle bat Piettre Paule.
5413 Les discours des possédés font souvent allusion à des batailles; cf. aussi les *Batailles nocturnes* de Ginzburg.
5417 Nous sommes donc arrivés *la hault*.

Ja ne faulroit a nous — et tire!
L'ennemi ainsi la tempeste
5420 Parmy le corps et en la teste;
Dieu nous en vueille secourir!

PIETTRE

Je le garderay de courrir
Assez tot venez ça, venez!
5424 Prenez dela! Fort soustenés!
Elle est bien puis qu'elle est enverse.

FLEURIE

Hola, se la charette verse   [42 r°a]
Le bon vin sera espandu.
5428 Je vous requier qu'il soit pendu,
Ce mauvais deable qui me tient.
Hola, vé le ci ou y vient;
Revengiez moy tot, tot, tot, tot!

PERE

5432 Ma fille, aiez le cuer devost
Vers Dieu et vers la doulce dame
Qui sauver vous peult et corps et l'ame
Et vous garirez, n'en doubtez.

FLEURIE

5436 Trotez, villain, trotez, trotés,

5426   Cf. Hassell C 74; Morawski n°934; Coquillart (éd. Freeman
        p.184): *Telle charrette souvent verse*; Di Stefano p.144 donne
        Bon charretier est qui ne verse et *Il n'est charrette qui ne verse*.

Tout ainsi que chante nostre pie.

PERE
Helas, la piteuse estampie,
Le chant dolereux et amer,
5440　Le chant que tant souloie amer,
Qui tant me sembloit angelicque
Et or m'est diabolicque
Doulce pitié, ou ez tu alee,
5444　Vray Dieu, jusqu'a la mer salee
N'a homme plus dolant de moy.
Hé, douce amie, mere Dieu, je voy
Mon doulz enfant la mort tirer
5448　Et piteusement martirer
De l'ennemi, helas, helas,
Si longuement est en ses las
Qu'elle en morra et moy aussi.

PIETTRE
5452　Mon bel ami, pour Dieu merci,
Laissiez le plorer, il est temps;
Au plaisir de Dieu je m'attens
Qu'elle sera toute garie.

COUSIN
5456　Je requier la vierge Marie
Qu'i la veulle reconforter.　　　　　　　　[42 r°b]

5437　Locution? Di Stefano p.673 donne *jangler/crier comme une pie* et
C'est la pie qui parle. Molinet a écrit un *Chant de la pie*; petit
enfant, je raffolais des bonbons de *La pie qui chante*.
5453　Infinitif substantivé.

[chez Benoît]

SAINT BENOIT

Sire qui volz le fais porter
De l'amere mort angoisseuse
5460   Pour tous les pecheurs supporter
De la mansion tenebreuse,
Vueillés ta gloire precieuse
Departir aux povres humains
5464   Si vray que d'umble voix piteuse,
Je t'en requier a jointes mains.

Vueillés ton poeuple conforter
De ta sainte grace amoureuse
5468   Donne nous guerre surmonter
Et vivre en paix delicieuse;
Nostre chetive ame honteuse
Fay mener au lieu ou tu mains
5472   Prez de ta mere glorieuse,
Je t'en requier a jointes mains.

Noz pechiez nous faiz raconter
Devant bouche fructefieuse
5476   Et sainte Eglise frequanter
Sans laide pencee vicieuse;
L'ame doit estre joieuse
Qui lassus est comme les sains,
5480   Or fay la mienne aussi eureuse,
Je t'en requier a jointes mains

5461   *Mansion*: terme désignant un «lieu» dans le décor simultané.
5468   La guerre est un *topos* ou une allusion concrète: cf. v.589
5480   Manuscrit: *suppli*, corrigé *requier*: cf. les autres refrains.

Ambroise, amis, ne plus ne meins
Que le souleil par la verriere
5484 Donne clarté, jour et lumiere,
Envoie Dieu a cellui grace
Qui prenre veult temps et espace
De lui servir devotement.
5488 Tout homme doit premierement
Cellui servir qui passion
Souffrit pour sa remission
Honnourer doit on pere et mere,
5492 Garder le pourfit de son frere,
Riens de l'autrui ne doit on prenre   [42 v°a]
Car en la fin le faulroit rendre.
Comme dit Fortune en son livre
5496 Qui l'autrui prent a mort se livre;
Pour nous vault mieux delivrer
De noz ames a Dieu livrer,
Car qui son ame livrera
5500 A Dieu, il nous delivrera
De mort mortelle et infinie.
Ambroise, se Dieu vous benie
Nuyt et jour et a toutes heures;
5504 Alons par cy disans noz heures:
Ainsi l'ame desgeunera

5483   Sommes-nous ici à l'intérieur?
5491   L'un des Dix commandements.
5492   Id.
5493   Id.
5496   Proverbe? La référence au *Livre de Fortune* est-elle sérieuse?
5504-5506   L'âme jeûne alors que le corps dîne: curieuse morale!

Et le corps aprez dinera
Des biens que Dieu nous a donnez.

AMBROISE, *chappelain saint Benoit*
5508 Y n'est guerres des hommes nez
Que de ce vous deust escondire,
Mon chier seigneur; or alons dire
Tout ce qu'il vous vient a plaisir,
5512 C'est mon labeur, c'est mon desir
De vous servir.

[en chemin]

GALLOIS, *messagier du roy Alari*
            Devant, devant!
Y me fault aler comme vent,
Randir, courir mons et valees
5516 Et avoir chauches avalees
Pour plus legierement aller,
Car y me fault bientot parler
Au roy Alari, mon seigneur,
5520 Le roy puissant, le roy grigneur
Qui soit aujourd'uy en ce monde,
Tant com y contient a la ronde.
Dures nouvelles li diray;
5524 Je le voy la, a lui iray!

[à Toulouse, devant Alari]
Sire, le hault Dieu qui jadis   [42 v°b]

5514   Di Stefano p.871 donne *Vite comme le vent*.
5522   Locution Di Stefano p.772

Crea enfer et paradis
Vous doint honneur, paix et santé,
5528   A faire vostre voulenté
Suis et seray, n'en doubtez mie;
Si vueilliez savoir que Fleurie
Vostre niepce bien amee
5532   De voz parens acompaignee
Est a Romme bien maladive,
Ne je ne croy pas qu'elle vive
Ung an, se Dieu n'y met sa grace.

ROY ALARI
5536   Ung an, hé, sire saint Eustace,
Quele doleur peult elle avoir?
Le scez tu point?

GALOIS
               Nennil, voir,
Ne mais qu'on m'a dit qu'on la meinne
5540   A Romme pour faire sa nuefainne
En l'eglise du bon saint Pierre.

ROY ALARI
A Romme, helas, le cuer me serre,
Le cuer me point, le cuer me tremble,
5544   Je mourray de dueil, ce me semble,
Car c'est celle que plus amoie,
La gente, belle, simple et coye,

5536   Le fils de saint Eustache fut ravi par un loup, sa fille par un lion
(cf. Di Stefano p.781); la peur qu'a Alari de perdre une parente
lui inspire cette invocation.

Doulz cuer et de courage franc,
5548   De ma lignee et de mon sanc.
Scez tu qu'il est, Galois, enten,
Jour ne demi n'attens, va t'en
Sans arrester a Romme, tien!
5552   Assez te bailleray du mien,

Or, argent a grant plenté,
Et me saiches de sa santé
Dire le vray sans point mentir.   [43 r°a]

GALLOIS
5556   Ja Dieu ne vueille consentir
Que je ne face dilligence
Telle que par ma conscience
Le vray vous en saray a dire.
5560   Je pren congé de vous, chier sire;
Or suis fourni d'or et d'argent:
Je m'en vois, adieu, toute gent,
Jusqu'au retour.

                                        [à Rome]

FLORIE
                    Baille li baille,
5564   Taisiez vous, faulse villenaille,
Laissiez m'aler, je turay tout,
Car le grant deable est sur le bout
Qui me veult mener a la dance!
5568   Prenez, prenez chacun sa lance
Et criez trestout a l'assault!
Je suis morte, le cuer me fault!
Adieu, il est picq de ma vie!

PERE

5572 Helas, ma fille, elle est ravie;
Le doulz Jhesus en ait l'ame
Et la tressainte vierge dame.
Toutes mes joies sont finies
5576 Et mes doleurs renouvellees;
De ma fille suis orfenin.
Le glorieux saint Mathelin
Qui a Larchant est honnouré
5580 En soit servi et aouré;
Je n'en puis autre chose faire.

COUSIN

Cousin, mon ami debonnaire,
D'ainsi plorer avez grant tort;
5584 Ne doubtez mie que la mort
    L'ait assaillie.   [43 r°b]

PIETTRE

Elle n'est mort ne faillie:
Tastez le poux, tastez l'aleinne,
5588 Je vous jure la Magdaleine
Sans parjurer, dya, venez cy!
Qu'en dictes vous?

5571   Locution Di Stefano p.672 «c'est fini de».
5578-5579 Saint Mathurin de Larchant était un pèlerinage célèbre pour
          guérir de la folie; cf. Beek 1969 pp.200-202; Di Stefano p.783.
          Rappelons que Saint Mathurin figure également dans la *Farce de
          maître Pathelin*, soit puisqu'il procure une rime facile sur
          Pathelin, soit pour faire ressortir la paronymie (éd. Tissier t.VII
          p.405).

COUSIN

Bien!

PIETTRE

Grant merci!
Je m'y congnois bien ung bien peu,
5592 Seigneurs, pencez de loer Dieu
Devotement, il y a vie.

PERE
Or en soit la vierge Marie
De moy pecheur remerciee;
5596 Je vous prie qu'elle soit couchee
Et bien couverte ou ce beau lit.
Doulce fille, tout mon delit
Seroit perdu se vous mourriez,
5600 Tout plein de doleur me lairiez.
Sire saint Pierre, en amitié
Aiez de ma fille pitié,
A vous du tout la recommande.

[en route]

GALLOIS
5604 Hola, ho! Je suis en l'amende,
Par le benoit sanc saint Gregoire:
J'ay toute jour mengié sans boire!
Ce me samble bien grant folie;

5597   *Ou*: «en».
5604   Locution Di Stefano p.19.
5605   Grégoire le Grand, évêque de Rome entre 590 et 614: anachronisme.

5608 C'est mon, y fault que je deslie
De mon costé ceste bouteille
Et je li diray en l'oreille
Deux mos de l'Ave Maria.
5612 Toute femme qui mari a
Puisse aussi bien boire ancor nuit
J'ay tant tiré qu'il est tout wit
J'ay beu jusqu'a la sainte larme,
5616 Par la sainte dame du Carme,
A ceste fois ay je mestier
De ce beau chemin explotier,
Car y me convient, c'est la somme,
5620 Dedens trois jours entrer a Romme.
La veuray se sera garie
La gente pucelle Fleurie.
Or, avant! Avant, je iray bien,
5624 J'ay si bien beu qu'il n'y fault rien.
Dieux en soit loé, je m'en vois.

[à Rome]

PIETTRE
Pitié me semont mainteffois
De ces la gens reconforter.

5610 Les messagers dans les mystères sont toujours assoiffés: satire du Tiers Etat? On a ici une variation sur la locution *tirer l'oreille à une bouteille* Di Stefano p.619.

5612-5613 Syntaxe? Sens?

5615 La sainte Larme fut une relique vénérée à Vendôme, voir *Le mystère comment la saincte Lerme fut apportee a l'abbaye de Vendosme par le noble comte Geuffroy Martel* BN Rés pYe 103.

5616 Voir note v.2726.

5628   Pour leur doleur mieux supporter
        Et pour l'amour de la pucelle
        Leur diray aucune nouvelle.
        Beaux seigneurs, savez vous qu'il est?
5632   Tout preudomme doit estre prest
        De telles nouvelles oïr
        Dont il se puisse resjoïr.
            Or sçay je bien
5636   Que chacun doit amer le sien,
        Son sanc et toute sa lignee
        Qui de son corps est provingnee.
        Si ne soiez plus esbaÿs:
5640   Ung seigneur a en ce païs,
        A .XVI. mille prez de Romme,
        Dessoubz le ciel n'a plus preudomme,
        Car quant il fait priere a Dieu,
5644   Dieu fait miracles sur son lieu
        Si belles et si vertueuses,
        Si cleres et si precieuses
        Et tant que c'est infinité.
5648   Aussi de toute xrestienté
        Y vont boyteux et contrefais,
        Ladres, muez et gens deffais
        Gens esgarez, gens insensibles,
5652   Qui s'en reviennent tous sensibles,
        Sains et garis d'ames et de corps,
        Rexusiter fait il les mors.
        C'est grant beauté que de son euvre:
5656   Tout homme santé y receuvre.

5641   *Mille* au sens anglais: «lieue»; Pietre désigne Subiaco.

C'est, par ma foy, ung saint de renom!

COUSIN
Voire, Dieux, comment a il nom,
En nom de sainte Trinité,
5660   En nom de vraie charité
Et en nom de misericorde:
Nommez le nous!

PYETRE
                              Je m'y acorde.
Son droit nom est tresgracieux,
5664   Son nom est ung mot precieux:
Il est nommé Benoit, acertes,
Qui tant a fait par ses dessertes
Qu'il a l'amour de Dieu acquise.

PERE
5668   Et je fas veu a sainte Eglise
Et a Dieu tout premierement
Que se je n'ay empechement
Si grant que je ne puisse aller
5672   Qu'a sa personne iray parler.
Si vous suppli, mes amis doulz,
A jointes mains et a genoulz
Que ma pucelle y soit menee
5676   Et se elle peult estre sanee,
Je vous donrray de mon avoir

5668   Manuscrit: *fas* - *s*.
5674   Locution; Di Stefano p.504 donne *a jointes mains*; Di Stefano
        p.389 donne *a genoux*.

Plus que vous n'en voulrez avoir: [44 r°a]
A tous mes biens pourrez partir
5680   Se je suis prez de partir
Pour vous conduire jusques la.

COUSIN
Oncques personne n'y ala
De milleur cuer que je feray.

PYETRE
5684   Levez la, je vous aideray:
Y convient que chacun y veille!
Dieu par sa grace aidier li vueille
Et le benoit saint Pierre aussi.

PERE
5688   Mon seigneur, je vous en merci
Tant devotement comme je puis.

                                        [près de Rome]

GALOIS
    Je suis
Bien alegé, loez soit Dieu.
5692   Je voy Romme, je voy le lieu
Qui soit au monde plus devot.
Se Dieu plait, je y seray tantost.
Mon gent corps y fault esprouver
5696   Et se Fleurie y puis trouver

5680   Manuscrit: *-ne* + *suis.*
5686   *Aider à* est fréquent en moyen français.
5683   *De milleur cueur*: cf. Di Stefano p.176 *de bon coeur.*

En bon point, j'aray plus de joie
Qu'en ung an dire ne porroie;
Or li doint Dieu bonne santé.

[à Rome]

PERE

5700 Je cuide, par ma crestienté,
Et m'est bien avis que je voy
Galois, le messagier du roy;
   Arrestons nous!

GALOIS   *[arrive]*

5704 Hau, hau! Seigneurs, ou alez vous?
Dieu gart, sans moy n'yrez vous mie.
Belle demoiselle Fleurie,
Le roy par moy salut vous mande
5708 Et de vostre santé demande
Sur toutes les choses qui sont.   [44 r°b]
Hellas, nullui ne me respont.
A quoy tient il? Dictes moy, sire!

PERE

5712 Le roy, Galois, Dieu li mire
Et sa tressainte vierge mere!
Galois, veci doleur amere:
Je suis le pere de destresse,
5716 Avironné de telle angoisse
Qu'a peine est il homme mortel
Qui angloutir puist un mors tel

5704   Donc, le père est en train de partir, puis il est en route.

Car c'est le morceau de la mort
5720 Dont angoisse me point et mort.
Mourir voulroie sans mentir
Quant telle angoisse voy sentir
Et telle doleur a ma fille.
5724 L'ennemi son gent corps exille
Et la tourmente nuit et jour,
Dont nous avons moins de sejour
Que n'a la roe d'un molin.
5728 Le bon saint Hubert qui de lin
Fut couvers li doint alegence.

GALOIS
Est y secours qu'on mette en ce
Pour richesse ne pour avoir
5732 Le roy vous en fera avoir
    A remenant.

COUSIN
Hé, Galois, je vous convenant
Que nous voulons partir de Romme

5727   Cf. Di Stefano p.774 *plus tost que roue de moulin*.
5728-5729 Saint Hubert, «l'apôtre des Ardennes», guérissait de la rage; à
          l'abbaye de Saint-Hubert, un prêtre appliquait la «taille» sur le
          front du malade et il y plaçait un morceau de fil de l'étole de
          saint Hubert; ensuite la plaie était recouverte d'une bande de lin
          noir qui devait rester en place pendant neuf jours. Cf. la *Vie de
          saint Hubert* ms. BN f.fr. 424 f°236 (reproduit dans Beek 1969).
          Saint Hubert étant mort en 727, l'allusion est un anachronisme,
          une référence locale pour les rémois du XVIe siècle.
5730-5732 Le passage est peu clair. Le sens global sera: «si on peut la
          guérir en la mettant en ceci, le roi le récompensera bien».

5736 Pour la mener au saint preudomme
Qu'on dit qui est le plus devot,
Le plus piteux et qui plus tot
Donne santé a creature
5740 A l'ayde de Dieu de nature,
De qui il est ami parfait.

GALOIS   [44 v°a]
Ja se Dieu plait ne sera fait
Le voyage que je n'y soie
5744 Et que ce saint homme ne voie;
Moy mesmes vueil aler devant.

PYETRE
Or, alons doncques, Dieux avant,
Qui nous doint vraie entencion
5748 Et si bonne devocion
Que la priere vueille oïr
De nous tous pour nous resjoïr
Si vray que grant besoin en est.

SATHAN   *[arrive]*
5752 J'en viens, je y revois, je suis prest
De ceste fille tourmenter
Et si me puis moult bien venter
Que tantost seray en son corps.
5756 Je y rentreray, mais d'issir hors,
Ne m'en requiere homme qui vive,
Nompas, non Dieu, que je n'estrive
A lui pour nostre droit garder.

PERE

5760 Sentir ne puis, ne regarder
L'orrible fumee et diverse
Qui mon enfant a la mort verse.
Fortune au dessoubz de sa roe
5764 L'a versee et mise en la boe
Ne jamais ne s'en levera
Jusqu'a tant que Dieu li fera
De sa doleur misericors.
5768 Seigneur, soustenez li le corps
Et la menons au benoit saint.

FLEURIE

Or soit pendu qui se feint:
Roussez, frappez, tirez, rompez,
5772 Abatez testes et coupez
Narines, bras, jambes et piez.   [44 v°b]
Haro, nous sommes espiez,
Crevez a l'ennemi les yeux,
5776 Ostés la guerre de nous deux,
Vous feingniez vous, faulse merdaille,
Frapez d'estoc, frapez de taille,
Me lairez vous ici mourir.

[chez saint Benoît]

AMBROISE

5780 Se Dieu me vueille secourir,
Je voy venir grans foison gens

5771   De nouveau allusion à des batailles nocturnes.
5778   Locution Di Stefano p.310.

Bien adoubez et beaux et gens
Et si y a, ce m'est avis,
5784 Une pucelle a devis,
Belles, factisse et bien fourmee;
Je croy qu'elle a esté paumee
Depuis ung po de maladie;
5788 Si est raison que je le die
A mon seigneur; je y vois en l'eure.

GALOIS
Mon ami, se Dieu vous seqeure,
Hastez vous ung bien po d'aler.
5792 Grant soing avons de parler
A mon chier seigneur, vostre maistre.

AMBROISE
N'en doubtez, ja y voulroie estre!
Pour vostre amour en aray soing,
5796 Car j'apparçoy bien le besoing.
Sire, si est vray que de la vierge   *[à saint Benoît]*
Nasqui Jhesucrist, vous requier je
Qu'a ces bonnes gens qui la sont
5800 Vueilliez parler, car ilz en ont,

5785 La forme *belles* étonne un peu même si la flexion nominale «à l'ancienne» de la fin du moyen âge est souvent hautement fantaisiste. Serait-ce une contraction de *Belle est...*?

5800 Saint Benoît (480-548) fut en effet un contemporain de Remi. Peu d'éléments sont sûrs dans sa biographie; vers la fin du Ve siècle, il abandonne ses études à Rome et vit comme ermite. Sot p.383 suppose que les Toulousains ne se rendent pas à Mont-Cassin (pas encore fondé); la mention de Subiaco corrobore son hypothèse. A noter que saint Benoît est ici encore *très* jeune.

Ce croy, tresgrant necessité.

SAINT BENOIT
Tousjours doit saincte charité   [45 r°a]
Estre en saison, n'en doubtez mie.
5804   Sa, mon ami, sa, m'amie,
Que vous plait il, dictes le moy.

PERE
Misericorde et bonne foy,
Sire, nous meinne devers vous,
5808   Si qu'en l'onneur du puissant roy
Aiez compassion de nous.
A jointes mains et a genoulx
Vous en prions devotement.

SAINT BENOIT
5812   Dictes moy vostre fait trestous;
Je le feray benignement.

COUSIN
Sa fille est en piteux arroy.
Vez la la, mon seigneur, tresdoulz,
5816   L'enemi plain de desarroy
La destruit et met au dessoubz;
De tous pechiez soit il absoubz
Qui li donrra alegement

5803   Locution Di Stefano p.785.
5810   Locution; cf. v.5674 avec note.
5813   Manuscrit: - s + benignement.
'5814   Manuscrit: - saint benoit / cousin.

SAINT BENOIT

5820 Dictes moy vostre fait trestous;
Je le feray benignement.

PYETTRE

Sire, je sçay et apparçoy,
Dont nous avons moult de couroux
5824 Qu'elle n'est bien a soy,
Ains est hors du sens contre loux
Se par vous son bien n'est rescoux
Elle en mourra prochainement.

SAINT BENOIT

5828 Dictes moy vostre fait trestous,
Je le feray beningnement.

GALOIS

Mon chier seigneur, certainement   [45 r°a]
C'est grant pitié de ceste fille,
5832 Car s'on ne la lie ou bresille
Tous les jours trois ou quatre fois
Elle fait de divers exploix
Tant que c'est une infinité.
5836 L'ennemi plain d'iniquité
Passé dix ans se mest en elle,
Par quoy la tresdoulce pucelle
Est hors du sens et enraigee.
5840 Si s'en deult toute sa lignee,

5825   Locution *hors du sens contre loux*? Godefroy donne *loux* comme
       forme de *los*: «renommée, louange, conseil». Serait-ce à corriger:
       comme loups? Probablement comprendre «hors mesure».

Le roy Alari tout premier,
Hault prince et noble droiturier,
Roy toutpuissant, courtois et sage;
5844   C'est sa germainne de linage
Et sa parente tresprochainne,
Mais le vray Dieu scet quelle peine
Le pere en seuffre, veez le cy!

PERE
5848   Helas, sire, pour Dieu merci,
Aiez pitié de mon enfant,
Se grace Dieu ne la deffent
Morte la cuide ou autant vault.

SAINT BENOIT
5852   Le filz au vray Dieu de la hault
La vueille garentir de mort
Et vous envoie joie et confort
Et de vostre ennuy delivrance,
5856   Seigneurs, or aiez ramembrance
De Jhesucrist le filz Marie
Comment a nom l'enfant?

COUSIN
                                    Fleurie.

SAINT BENOIT
Fleurie, le nom est bel et doulz,
5860   Or vous pri que chacun de nous
Soit en bonne devocion   [45 v°a]
Et plain de vraie entencion
Requerans Dieu pour la pucelle,

5864   Mais faictes moy parler a elle
        Ung po, pour savoir son maintien.

        PERE
        Tresvoulentiers. Ma fille, or vien
        Au saint preudomme, il te demande.

        FLEURIE
5868   Au grand deable le recommande;
        Je le tien, gardez qu'il n'eschappe
        Parmy la queue se de la chappe
        Le gibet vous fait bien trembler.
5872   Ce lerre me veult estrangler,
        Que faictes vous? Chaciez le hors;
        Il me trotte parmi le corps
        Comme une torche de pezas.
5876   Vous avez sept, j'ay ambezas;
        J'ay tout perdu, las, je suis morte!

        SAINT BENOIT
        Par foy, la pucelle porte
        Grant mal, on le voit de legier.
5880   Jhesucrist la vueille alegier!
        Ce fait l'ennemi qui l'affolle.
        Ambroise, aportez mon estolle,
        L'eaue benoitte et les vestemens;
5884   Si l'osteray hors des tourmens,
        Au plaisir Dieu, se je puis.

5876   Allusion au jeu de dés.

AMBROISE

Helas, mon chier seigneur, je suis
Prez de ce faire, Dieu le scet,
5888 Mais saiges est qui pechié het,
Car qui pechié veult bien haïr
A son seigneur veult obeïr.
Je y vois bientot. *[il part ailleurs]*
5892 Moult est mon chier seigneur devot, [45 v°b]
Saint homme et plain de bonne vie.
Qu'esse ci? qu'esse, sur ma vie!
Mon voiage est bien amendé:
5896 Trestout quanqu'il a demandé,
  La Dieu merci,
Est trestout prest, car je voy [cy]
Amit, tunique, mitre et crosse
5900 Et la chappe qui vint d'Escosse,
Bien garnie de beaux orfrois,
Et puis l'eaue benite et la croix.
Y ne me fault riens oublier.
5904 On ne pourroit trop publier
  Sa sainteté.
J'ay tout, s'ay mon. Bonne santé *[en revenant]*
Puissiez vous donner a Fleurie,
5908 Car se par vous elle est garie,
Ce sera bien euvre de Dieu.

SAINT BENOIT

Revestez moy, veci bon lieu.

5888   Proverbe non retrouvé.
5898   *[cy]* disparaît dans la reliure du manuscrit.
5910   Il revêt ses habits d'excorciste.

Que bonne euvre y puissions nous faire.

5912 Souveraine dame de gloire,
Mere de Dieu saintifiee,
Anges Michiel qui as victoire
Contre l'infernalle lignee;
5916 Baptiste Jehan, grace donnee
Vous fut de Jhesucrist jadis,
Par quoy vostre ame avironnee
Fut et sera en paradis.

5920 Apostre Pierre et Paul aussi,
Jaques, Andrieu, Jude, Simon,
Phelippe, Lucas, Berthelemi,
Mathieu, Thomas, Jehan, Barnabon,
5924 Acquerez moy vers Dieu pardon   [46 r°a]
De tous les pechiez que j'ay fais
Si que je puisse estre par don
De costé vous a tousjours mais,

5928 Prothomartir Estienne doulz,
Qui pour Jhesus fus lapidé,
Et les aultres martirs trestous,
Je vous suppli en verité
5932 Qu'a ma tresgrant necessité
Faciez que Dieu mon ame eslise,
Si qu'en vostre societé
Soit ez sains cielz mon ame assise.

5912 sq.   Comme plus haut (vv. 386-436): d'abord la Vierge, puis les apôtres, les martyrs, les confesseurs et les vierges.

5936 O Robert, sainte creature,
Vray confesseur, de Dieu ami,
Garde moy de malle aventure
Et de l'art du faulx ennemi.
5940 S'en pechié me suis endormi,
Requiers Dieu amoureusement
Qu'a mon trespas me soit ami
Selon mon povre entendement.

5944 Katherine, vierge pucelle,
Agath, Agnez et Marguerite,
De toutes saintes n'y a celle
A qui Dieu n'ait donné merite.
5948 Faictes pour moy telle poursuite
Envers le tresdoulz Jhesucrist
Que mon ame ne soit en fuite
En enfer comme ung Antecrist.

5952 Merci, merci, beau sire Dieux,
Merci requier de mes meffais,
Merci requier, roy des sains cieux,
Que je puisse porter le fais
5956 De penitence ne jamais
Ne trebuche en temptacion,
Mais s'il te plait, donne moy paix
Et vraie consolacion.

5936   Saint Robert de Molesmes (fin XIe siècle) fut fondateur de
Cîteaux. Vu son prénom, l'archevêque de Reims Robert de Lenoncourt a pu avoir une dévotion particulière pour ce saint.
5944   *Katherine* écrit avec *Lr* dans le manuscrit: cf. note v.5194.

5960   M'ame, sire, te recommande
        Et mon corps tout entierement;
        Ta sainte grace te demande
        Au jour de mon trespassement,
5964   Si que l'ennemi nullement   [46 r°b]
        Ne puist avoir sur moy puissance.
        Vrai Dieu, donne moy un sentement
        D'avoir en toy bonne esperance

5968   Le trespovre peuple innocent
        Te recommande, beau doulz sire,
        Que de la grant doleur qu'i sent
        Li soyez medecin et mire
5972   Regarde en pitié le martire
        En quoi il est et le meschief;
        Fay que prez de toy tousjours se tire
        Adfin qu'il n'ait point d'autre chief.

5976   Ambroise, je vueil de rechief
        Lire la legende doree
        Qui de Dieu est tant honnoure[e];
        Apportez la moy!

        AMBROISE
                         Voulentiers!
5980   J'en voulroie savoir le tiers,
        Au plaisir de Dieu, mon seigneur,
        Je li porteray le grigneur

5977   On connaît le succès du recueil d'hagiographies de Jacques de
        Voragine (1261-1266) qui se para du titre *legenda aurea*. Dans la
        bouche de S. Benoît, c'est un anachronisme.

De tous ses livres. Veez le ci!
5984   Je l'ay bien trouvé, Dieu merci;
A mon seigneur le vois porter.

SAINT BENOIT
Dieu te vueille reconforter
Si li plait, doulce creature,
5988   Et la grant doleur supporter
Qui te murdrit oultre mesure,
Dont de mort ez en aventure.
Se Jhesucrist n'y met sa grace
5992   Or li plaist se c'est droiture
De toy sauver donner espace.

En pitié doit on lamenter   [46 v°a]
Ceste piteuse forfaiture
5996   Quant l'ennemi suppediter
Veult cest enfant oultre nature.
Helas, la plaisante pourtraiture
Je doubte bien qu'elle trespasse,
6000   Mais Dieu te doint doulce figure
De toy sauver temps et espace.

Va t'en, sans plus la tourmenter
Faulx ennemi plain de laidure!
6004   Trop l'as volue surmonter
Et mener a desconfiture.
Sa la main, gente norriture,

5983   Ici, le livre est présent comme objet scénique!
6006   *Norriture* au sens «enfant».

Et t'en viens de ci, tu ez lasse.
6008 Jhesus te vueille sans injure
De toy sauver donner espace.

SATHAN
Non fera, non, sauf vostre grace!
Elle n'yra ne ça ne la:
6012 Tousjours avec moy sera
Au moins maishui ne de cest an.

SAINT BENOIT
Et qui ez tu?

SATHAN
                    Je suis Sathan.
Le prince de l'infernal estre
6016 Que veulz tu, ou cuide tu estre?
Elle est a moy, Dieu n'y a rien!

SAINT BENOIT
A toy je t'en garderay bien
Tu t'en iras, vueillez ou non,
6020 Je te conjure du hault nom
De la tressainte trinité,
De la puissance et dignité
Du pere et filz et saint Esprit   [46 v°b]
6024 Et du hault nom de Jhesucrist,
De sa piteuse passion

6010   Trucage: Sathan parle par le bouche de Fleurie (mais comment?).
6013   Cf. Villon *Testament* v.354.

Et de sa rexurection.

SATHAN
Hola, ho! Tai toy! n'en dis plus!
6028   Ne vueilles nommer ces vertus,
Car pour toy point ne m'en iray
Ne jamais je n'en partiray
Je le te di certenement,
6032   Fors par ung homme seulement.
Cellui la doi je bien haïr
Car a lui me fault obeïr,
Tant est rampli de sainteté,
6036   De foy, de loy, de charité
Et de la haulte amour de Dieu.

SAINT BENOIT
Or me di son nom et son lieu.
Qui est il, je le te demande
6040   Et de par Dieu le te commande
Sans attendre jour ne demi.

SATHAN
Que je le die, helas, hé mi!
Je te requier, laisse m'en paix;
6044   En enfer m'en iroie ainchois.

SAINT BENOIT
Or t'en va doncques!

6042   Jeu de mots: la rime appelle *Remi*, mais Sathan refuse de donner
son nom.

SATHAN

Non feray, non!

SAINT BENOIT
Tu me diras donques son nom
Tretout en l'eure!

SATHAN
6048 Il faulra donques que j'en pleure   [47 r°a]
Cent mil larmes en enfer.
Benoit, tu fais plus fort que fer
Qui me contrains a le toy dire.

SAINT BENOIT
6052 Tu le diras.

SATHAN
Ha, le martire
Que j'en aray, je le sens bien;
Certes, je ne t'en diray rien
A ceste fois.

SAINT BENOIT
Ou nom du signe de la croix
6056 Et de la vertu qui y est
Le te commande.

SATHAN
Hola, je n'en dy plus

6050   Cf. Hassell F 46 *Dur comme fer*. Di Stefano p.335.

A force et maugré moy me plait
6060 Je suis trop mieux prins qu'a la glus
Si le diray, Benoit, ou c'est.
En Gaule, la doulce contree
Pleinne de sens et bien lettree
6064 Y a, de ce te fas promesse,
Une cité prez de Lutesse
Que Remus fonda en son temps
Dont ceulx d'enfer sont mal contens,
6068   Car c'est ung lieu
Ou l'en fait du service a Dieu
Assez plus que je ne voulroie.
C'est Reins, celer ne le pourroie
6072 C'est Reins, ou Dieu a ung ami
Nommé l'arcevesque Remi.
Remi, c'est Remi voirement,
De qui le saint avenement   [47 r°b]
6076 Fut dit a l'ange, a saint Montain;
Tel est Remi, dont je me plain
Et ci suis tout acertené
Qu'il estoit saint avant que né.
6080 Le duc Emile fut son pere,
Dame Ciline fut sa mere,
Qui tant firent pour eulx jadis

6060   Hassell G 41 *Prenant comme glus*. Di Stefano p.403, Villon
        Testament 1686.
6066   Remus, frère de Romulus qui fonda Rome, aurait fondé Reims;
        plus qu'un simple mythe, c'est surtout une manière de présenter
        Reims comme un second Rome, Remi comme un second pape.
6076   *A l'ange*: l'on s'attendrait à *par l'ange*.
6079   Cf. vv.753, 847, 2113.

Qu'ilz en sont sains en paradis.
6084 Remi Montain renlumina
Et Montain Remi doctrina
En la loy de Dieu, telement
Qu'il a sur moy commandement
6088 Et convient qu'a li obeïsse
N'en toy n'est pas que du corps ysse
De ceste pucelle ou je suis.

SAINT BENOIT
Je suis plus pieux au jour d'uy
6092 Que je ne fus il a lonc temps
Puis que vray sçay et entens
Qu'un si saint homme est né sur terre;
Loez en soit Dieu et saint Pierre!
6096 Or ça, mes amis, vous yrez
Et a ce bon seigneur direz
Que je suis son humble servant,
Si vray que des ore en avant
6100 Je priray Dieu pour la pucelle.

Saint Benoit, aprez ou il dit «Dieu nostre sire»,   [117 r°a]
ancor dit
Pour ce vous vueil lettres escripre
Adrecens au bon arcevesque
Pour mieux passer vostre requeste,
6104 Car sans doute j'ay esperance

6100   Sans doute refait pour rimer sur *-elle*, rime du vers qui suit, mais
        aussi la rime qui termine la fin de la partie à ajouter (f°117). Ce
        vers est à corriger en une rime sur *Dieu nostre sire*.
6102   *adrecens*: «en m'adressant».

Que la fille ara aligence
De son martire.

TOUS ENSEMBLE
Dieu vous en vueille oïr, chier sire!

Adonc saint Benoit vat escripre et le roy Alari dit a ses chevaliers:

[à Toulouse]

ALARI

6108 Hé Dieu, que le cuer me souppire,
Trop empire;   [117 r°b]
Je desire
Que je muire
6112 Puis que la mort veult destruire
Ma nyesse, ma germainne,
Celle qui m'est plus prochainne
De linage
6116 De parage,
De lengage.
Se je pers la doulce ymage,
Jamais n'arai au cuer joie;
6120 Je disoie
Je vouloie
Je faisoie
J'espargnoie
6124 Je veilloie
A Dieu plus ne demandoie

6105   Manuscrit: - *l* + *aligence*.
6107'   Manuscrit: *escripre a*, nous corrigeons.

Que de la bien assener
Pour l'onneur enteriner
6128   De son mariage faire.
Or m'est Fortune contraire
   Male haire
   De deffaire
6132   Ce que Dieu a voulu faire;
Les douleurs n'en puis retraire,
Ains en ay plus de cent paire
Dont le cuer par my me perce,
6136   La couleur en aray perse,
Mon chief marri en devient.
Touteffois il m'en souvient,
   Dieu de grace
6140   La respace
Au moins ains que je trespasse,
Adfin que j'en face devoir.

ALIXANDRE
Sire, ne vous devez douloir   [117 v°a]
6144   Si asprement
Mais priez Dieu devotement
Que sainne puisse retourner
Et lors pourrez enteriner
6148   Tout a loisir
   Vostre desir
   Vostre plaisir
Et pour grant dueil joie choisir,
6152 . Ainsi arez au cuer liesse.

6134   *Cent paire*: Di Stefano p.630 donne *moult de paires* et *plus d'une
paire* au sens «beaucoup».

PORRUS
La sainte dame de liesse,
Sire, vous envoit patience.
Je cuide par ma conscience
6156 Que Dieu la venra conforter.
Laissiez vostre doleur ester;
Trop est povre qui n'a santé.

ALARI
Or face Dieu sa voulenté,
6160 Aultre chose ne li demande.
La pucelle li recommande
Tant comme je puis.

[chez Benoît]

SAINT BENOIT
                              Ça, messagier!
D'une chose te vueil chargier
6164 Pour l'onneur de ceulx qui ci sont.
Ces belles lettres ici vont
A mon chier seigneur et ami
Le bon arcevesque Remi
6168 Qui tant est doulz, qui tant est saint,
Qui des dons Dieu est tout enceint.   [117 v°b]
Si te plait tu les porteras

6153   Rime du même au même. Liesse est un pèlerinage célèbre dans le
        Vermandois, où trois Croisés retournant de leur captivité avaient
        fondé une église. La confrérie de Notre Dame de Liance s'établit
        à Paris en 1413; c'est à partir de 1445 que la forme *Notre Dame
        de Liesse* fait son apparition (Locey p.XXVII).
6158   Proverbe; cf. Picot 1902-1912 I,177 «Qui n'a santé il n'a rien».

Et si tot qu'arivez seras,
6172 Si les li baille, je t'en prie
Et devant ceste compaignie
A lui cent fois me recommande.

MESSAGIER
Sire, je vueil paier l'amende
6176 Sur peinne de perdre le chief
Se je n'en sçay venir a chief
Et tantot en orra nouvelle.

PERE   [47 r°b]
Mon chier seigneur, de nous et d'elle
6180 Soiez vous merciez cent fois.

COUSIN
Le tresdoulz Dieu qui en la croix
Souffri la mort piteusement
Le vous rende.

PYETTRE
                    A Dieu vous command,
6184 Monseigneur, nous irons trestous
Je vous suppli, priez pour nous
Et pour la puchelette aussi.

GALOIS
Sire, saint homme, grant merci

6175   Di Stefano p.19 «subir les conséquences».
6176   Locution Di Stefano p.153.
'6179-6179 Répétés deux fois, ff. 117 v°b et 47 r°b.

6188 Des grans doulceurs que vous nous faictes.
Nous veons moult bien que vous estes
Ami de Dieu.

PERE
                    Or ça, Fleurie,
Ou nom de la vierge Marie
6192 Qui porta le doulz Jhesucrist
Soit appasiez vostre esperit.
Alons nous en au congié Dieu.

SAINT BENOIT
De bon cuer li pri qu'en tel lieu
6196 Vous vueille mener et conduire
Qu'ennemi ne vous puisse nuire
En quel lieu que vous soyez.
Et si est droit que vous aiez
6200 Ma beniçon au departir.
Cellui qui volt pour nous souffrir,
Ses mains percer, son costé fendre,
Ses membres et son corps estendre,
6204 Son chief d'espines couronner,
Vie pour mort habandonner
Vous doint beniçon eternelle
Et grace perpetuelle.
6208 Benis soiez vous de sa mere,
Benis soiez vous du saint pere,
Benis soiez vous, mes amis,
De tous les sains de paradis;

6208   Manuscrit: - *du saint pere* + *de sa mere.*

6212   Ainsi vous seingne et seingneray
        Et a Dieu vous commanderay.
        Priez pour moy, mes amis doulz.

                              [*à Toulouse, chez Alari*]
        ROY ALARI   [47 v°b]
        Alixandre, que dictes vous?
6216   Je me sens puis cincq jours ou six
        Droitement dolant et pensis
        Et ne sçai pour qui ne pour quoy
        Se non seulement que je n'oy
6220   Le rapport de mon messagier.
        Je doubte qu'il soit en dongier
        Ou de mort ou de maladie,
        Ou que ma parente Fleurie
6224   Ne soit du monde trespassee,
        Car l'eure est ja pieça passee
        Qu'il devoit ici retourner.

        ALIXANDRE
        Y fault mainte fois sejourner
6228   Selon la compaignie ou c'est.
        Monseigneur, savez vous qui est?
        Je voy ci moult de gent venir;
        De Dieu nous vueille souvenir,
6232   Le filz de la vierge Marie!
        Foy que vous doy, je voy Fleurie!
        N'est ce son pere qui la tient?
            Et si est! si!

6236   Et le Galois y est aussi!
       Ce sont ilz, je les voy venir.

       GALOIS   *[arrive]*
       Joie et santé puist avenir
       A Alari, le noble roy!
6240   Sire, assez tot sarez pourquoy
       J'ay demouré si longuement.

       PERE
       Jhesucrist qui piteusement
       Morut pour toute humanité
6244   Et rexusita clerement
       Pour monter en sa dignité,
       Sire, vous doinst paix et santé
       Et a toute la compaignie.

       ROY ALARI
6248   Bien veingniez par ma xrestienté,
       Et vous et vous et vous, Fleurie!

       COUSIN
       Fleurie et nous certenement
       Noeuf jours a Romme avons esté
6252   Et sa .IX.ᴱ doulcement
       Faicte par grant solempnité.
       Ce seigneur ci nous a presté
       L'estat de son hostellerie.

6236   Galois avec article; ce nom propre fut donc perçu comme nom
       plaisant (du verbe *galer* «s'amuser»); cf. Di Stefano p.392 *au
       galois* «à la belle mode».

ROY ALARI

6256   Bien veingniez par ma xrestienté
        Et vous et vous et vous, Fleurie!

PYETTRE

        A Sullac tresdevotement
        A ung seigneur plain de bonté
6260   Et dit ce on communement
        Qu'il est rampli de sainteté;
        La fumes nous trois jours d'esté
        Desirant qu'elle fut garie.

ROY ALARI

6264   Bien veingniez, par ma xrestienté,
        Et vous et vous et vous, Fleurie.

FLEURIE

            Frenaisie
            Tenaisie
6268   Courtoisie
            M'a choisie
        Et boutee en jalousie
            Tire a tire
6272   Me martire
        Ne sçai quel jour m'est pire.
            Qu'est ce a dire?
            Dictes, sire!

6258   C'est effectivement à Subiaco que vécut saint Benoît avant de se
        retirer à Montcassin.
6261   Cf. v.6035.
6271   Locution Di Stefano p.838: «successivement».

6276 Que le deable me desire.
      Or me fais   [48 r°b]
      Que me[s] fais
      Soient liez en ung fais;
6280   Mes meffais
          Me deffais,
      Mais que tu soiez confez
          Autrement
6284   Nullement
      Je n'ysterai hors de tourment
          Asprement
      Despesche mon empeschement
6288   Sire roy
          Aide moy
      Je te requier de ta foy
          Le desroy
6292   Que je voy
      Me met a mort par ma loy
          Dont je sens
          Que mon sens
6296 Pers a milliers et a cens.
          Or descens
          Et consens
      Que l'ennemi soit absens
6300   Et mis hors
          De mon corps
      Car il est puant et ors
          Et puis lors

6296   Locution Di Stefano p.546.
6297   Manuscrit: *descens - et consens*.

6304   Mes griefz tors
Venront en joieulx depors.
    Que diras?
    Que feras?
6308 En ce point me laisseras?
    Lors saras
    Et veurras
Que Fleurie plus n'aras,
6312   Car destresse
    Et tristesse
Sont en moy et telle angoisse   [48 v°a]
    Que jonesse
6316   Et leesse
De tous poins maintenant [me] laisse
Ne n'atens que d'avoir la mort.
Desja voy qu'elle me mort
6320 Jusques au cuer, la faulse lice.
Entre elle et moy n'a point de lice;
Vive ne li puis eschapper.
Ce larron me vient agrapper,
6324 Ce larron, ce faulx ennemi.
N'attendez plus jour ne demi,
Laissiez moy coucher, haro, lasse!
Le cuer me part, le col me quasse!
6328 Vez me la, je suis abatue!

ROY ALARI
Je ne puis pis s'on ne me tue,
Helas, bonnes gens, qu'est ceci?

6323   Cf. le nom Agrippart, diable dans certains mystères.

Merci, doulz Dieu, doulz Dieu merci,
6332 Merci Marie precieuse,
Je voy doleur la plus piteuse
Qu'onque fut ne jamais sera.
Helas, et qui abaissera
6336 Ceste crueuse maladie,
Qui le saura, si le me die!
Je le donray de mon tresor
A grant planté argent et or,
6340   Ne vous doubtez.

PYETRE
Sire, s'il vous plait, escoutez
Deux mos de mon entencion.
Je tien que par devocion
6344 Ce seigneur ci et ce preudomme
Menerent Fleurie a Romme
Et la a fait sa neufainne
Pour la gecter hors de la peinne
6348 Ou elle estoit et est boutee.   [48 v°b]
Ce n'est pas chose biffetee;
Ancor[e] voit on clerement
Qu'elle vit douloureusement.
6352 Lors quant je vis son impotence
Et que de remede n'ot en ce
Au Sublac bien tost les mené,
Au plus saint homme qui soit né:
6356 Benoit a nom, le bon Benoit.
Maint bon preudomme le congnoit

6338   *Le* pour *li.*

Car il fait, sire, se m'aist Dieux,
Tant de miracles mervilleux
6360 Qu'on [ne] le pourroit raconter;
Il fait les mors rexuciter,
Les boiteux drois, les sours oïr
Et les contrefais resjoïr;
6364 Les meseaulx, se Dieu me benie,
Garit souvent de maladie,
Des enragiez, des hors du sens
En a gari plus de deux cens.
6368 Chascun l'ayme, chascun le suit,
L'ennemi devant lui s'en fuit.
C'est ung droit vrai ami de Dieu,
Mais quant Fleurie fut au lieu
6372   Devant sa face,
Sire, se Dieu pardon me face,
Le saint doulcement la reçupt,
Qui sans demeure bien congnut
6376 Qu'elle avoit l'ennemi au corps;
Si le conjura d'aler hors
Tant que le deable l'entendi
Et lors le deable respondi
6380 Que pour homme n'en partira
Tant que Remi l'ordonnera,
Qui est arcevesque de Reins.
Nulz ne scet les gens qu'il a reins
6384 Et rachetez de peinne amere.   [49 r°a]
Se m'est avis, par Dieu le pere,
Que s'elle estoit vers li menee
Sa grant doleur seroit finee
6388 En po de temps.

ROY ALARI
> La haulte dame
> Qui de bonté passe autre femme
> Vous doint sa grace entierement;
> Vous arez du mien largement,

6392
> Je le vous promés, sur ma foy,
> Si vraiement que je suis roy,
> Car moult me plait savoir la voie
> Que Fleurie sainne je voie.

6396
> Alixandre! Or alez escripre
> De par moy a ce vaillant sire
> Une lettre tresbien escripte
> En franchois bel et retorique.

6400
> Entre vous quant vous irez
> Et bien me recommanderez
> A sa sainte paternité
> Par bonne amour et vraie entente

6404
> Li recommande ma parente,
> Com[me] vous li sarez bien dire.

PERE
> Tresvoulentiers le ferons, sire,
> Et nous irons certenement.

ALIXANDRE
6408
> Vous dictes bien, je voy escripre.
> Je n'y mettray pas longuement.

6399   *Retorique* désigne parfois des textes versifiés (*translater de retori-que en prose*), parfois aussi la qualité du style.

6402   Vers isolé du point de vue métrique ou troisième rime (*ez:ez:é*).

ROY ALARI
Vestez la bien et richement,
J'ay assez robes pour eslire,
6412   Ne les espargniez nullement.

COUSIN
Mon chier seigneur, Dieu le vous mire!

                            [à Subiaco, chez saint Benoît]
SAINT BENOIT   [49 r°b]
O dame ez sains cielz couronnee,
De haulte gloire avironnee,
6416   Je te salue doulcement.
Par toy nous fut habandonnee
La grace de Dieu et donnee,
Ce sçay je bien certenement
6420   Dieu comment
          Bonnement
Te doy je servir humblement
Sans avoir autre souci
6424   Et dire joieusement,
Ma dame, j'attens merci.

A toy n'est nulle comparee
Tant soit de beauté paree
6428   Ou ciel ne soubz le firmament.
Par ton enfant fut reparee
La franchise qui separee
Nous fut par Adam longuement:

6414   Saint Benoît à Subiaco: cf. v.6455 *partie*: donc Benoît prononce
       ce monologue chez lui, à Subiaco.

6432   Malement
            Folement
        Trespassa le commandement
        Quant en la pomme mordi.
6436   Las, a mon trespassement,
        Ma dame, j'attens merci.

        Dame princesse redoubtee,
        Ma povre ame est toute espantee
6440   Tant redoubte le jugement
        Se vil pechié l'a surmontee
        Ne soit pas de toi deboutee
        Mais garde la d'empeschement
6444   Que tourment
            Asprement
        Ne voie son dampnement.
        A jointes mains t'en suppli
6448   Car par toy entierement,
        Madame, j'attens merci.

        Mon tresdoulz createur aussi,   [49 v°a]
        Si vrai que tu creas jadis
6452   Le ciel, la terre et paradis,
        Le souleil et les elemans,
        De cuer entier te recommans
        Celle qui est de ci partie,
6456   Ces gens et toute sa partie,
        Car je doubte que l'ennemi
        Ne la laisse jour ne demi

6455   Manuscrit: - *compaignie* + *partie*.

Non jusqu'a tant qu'elle soit morte,
6460   Se ta vertu ne la conforte:
Conforte la, beau sire Dieux.

[à Toulouse]

ROY ALARI
Je consens pour le mieulx
Que tu voises mener Fleurie
6464   Ma niepce et sa compaignie
Au bon arcevesque Remi.
S'il est de Jhesucrist ami,
Comme on dit, il la garira
6468   Ou s'il lui plait il vous dira
Aucun po de son aligence.
Fay leur prenre de ma chevance
Si largement qu'il en voulront,
6472   Car je sçay qu'ilz [y] demouront
    Mainte journee.

GALOIS
Voulentiers est elle aournee;
Il la fault mettre, par ma foy
6476   En estat de fille de roy
    Et si vous mande
Le roy par moy, voire et commande,
Que du plus bel de son tresor
6480   Vous emportez d'argent et d'or,
Largement et sans espargnier.
Y fait bon avoir le denier,
Car on ne scet ou on arive.

PERE

6484   Ja Dieu ne vueille que j'estrive   [49 v°b]
        A vous n'en ville n'en cité,
        Car pour nostre necessité
        Avons nous les biens amassés;
6488   Elle est si bien que c'est assez.
        Or alons de par Jhesucrist.

        ALIXANDRE

        Sire, j'ay scellé et escript
        Ce que dit m'avez: vé le ci!

        ROY ALARI

6492   C'est bien dit, tenez!

        LE PERE

                        Grant merci!

        ROY ALARI

        Messagier, dy, sces tu qu'il est?
        Va les mener, estes vous prest?
        Mon ami, la vierge Marie
6496   Vous vueille conduire et Fleurie
        Ramener a bonne santé
        Si vray que par ma xrestienté
        Je ne sçay riens que tant desire.

        PIETRE

6500   Adieu, cher seigneur!

6498   Alari est effectivement Chrétien, mais Arien.

ROY ALARI
                         Adieu, sire!

                                                    [*à Reims*]

SAINT REMI
J'ay moult loncq temps ici esté
Sans faire predicacion;
Par faulte de devocion
6504   Vers Dieu ne me suis acquitté.
Touteffois pour la dignité
Dont je suis en possession
Me fault oïr par charité   [50 r°a]
6508   Du poeuple la confession.
Or vueille que des ore mais
Je m'aquicte en dis et en faiz
Par devers li premierement.
6512   Assez li en ay fait serment
Que j'ay petitement tenu
De dire au grant et au menu
Les commandemens de Jhesucrist
6516   Que sainte Eglise nous escript,
Les bonnes gens souvent preschier
Et leur deffendre le pechier
Contre la foy nostre seigneur.
6520   Je ne sçay amonne grigneur
Que d'enseignier ung innocent
Non mie une fois mais bien cent.
Adfin qu'en pechié ne trebusce

6504   Donc Remi va prier de rechef.
6510   Manuscrit: - *naq* + *maquicte*.
6514   Locution Di Stefano p.410.

6524   Ou que l'ennemi ne l'abusche.
        Preschier debvons et sermoner
        Et belle doctrine donner
        A toute humaine creature.
6528   Le pasteur de bonne nature
        Doit ses brebis si bien deffendre
        Que le loup ne les puist prendre.
            Ci est raison
6532   Veu le temps et la saison
        D'y aller sans plaindre mes pas.
        Venez ça, venez, Karitas,
        Mon doulz ami, ordonnez vous,
6536   Tant que le temps est bel et doulz,
        Je voeul aler jusques la hors:
        Venez y!

        KARITAS
                Sire, par mon corps,
        Je le feray joieusement.

                                    [près de Reims]
        FLEURIE   [50 r°b]
6540   Je suis lassee mallement,
        Helas, seigneurs, je n'en puis plus.
        Rage de cuer me boute jus;
        Je sens la mort qui me ceurt sure
6544   Dont j'ay le cuer plus noir que meure.
        Je suis a la mort condampnee

6534   Manuscrit: - *ven \ça/.*
6544   Hassell M 246, Di Stefano p.570.

De quelle heure fus ore nee.

Or n'ay je chief, jambe ne piét

6548 Que desconfort n'ait espiét

Pour moy abatre de tous poins

Cent fois le jour je tors mes poings.

Pour la tresgrant angoisse amere,

6552 Pour la dureté, pour la misere

Qui par mon povre corps traverse,

Qui au lit de la mort me verse,

Dont sans cesse je pleure et plains.

6556 Helas, or sont mes conduis plains

De desespoir et de martire,

Mes yeulx font pleur, mon cuer souspire

Je suis de tous biens orpheline.

6560 Mere Dieu, sainte Katherine,

Saint Jehan Baptiste et saint Robert,

Saint Mathelin et saint Hubert

Regardez le mal que j'endure:

6564 Regardez ceste creature,

        Et en pitié

Me monstrés signe d'amistié

Envers Dieu, mon doulz createur,

6568 Envers Jhesus mon redempteur,

Acquerez moy sa sainte grace

Ou je ne sçay plus que je face

Ne je ne sçay que devenir.

6572 Lasse, je sens le mal venir   [50 v°a]

6560   D'abord Notre Dame, puis vierge, confesseurs (cf. v.5936 avec
       note), ensuite deux saints qui guérissent de la folie (cf. v.5728
       avec note, v.5578).

6567   Manuscrit: *mon \doulz/*.

Qui si laidement me tempeste;
Regardez, il est sur ma teste.
Fuiez, trestous fuiez, fuiez,
6576   La, la, la, la, huiez, huiez,
        Il est prins, prins!
Vous ne serez jamais reprins
D'un singe pour faire la moe
6580   Tien, tien, tien, dya! Je me joe
J'en tuay dix an l'autre fois
Faictes en ma taille une croix
Je vous estrangleray trestous!

COUSIN
6584   Cousin, et a quoy pensez vous?
Revengiez moy a tout le moins!

PERE
Galois, prenez la par les poings,
Monseigneur, couchiez la a terre!

PIETTRE
6588   Vous dictes bien, mais qu'on la ferre
De ces fers ici par les piez!

6574   Jeu de scène: Fleurie prise par la folie.
6578-6579   Cf. Villon *Testament* vv.431-432: *Tousjours viel singe est*
            desplaisant: / Moue ne fait qui(l) ne desplaise; cf. Rabelais,
            prologue du *Tiers Livre*: *Oncques vieil cinge ne fit belle moue.*
6582   La *taille* désigne ici la «taille» de bois où l'on marque par des
            encoches la dette de quelqu'un ou ses hauts faits. Ici, Fleurie
            prétend avoir dix victimes sur sa taille.
6584   Faut-il supprimer COUSIN? Ou est-il attaqué par Fleurie?
6589   Effectivement, les *demoniacles* étaient souvent mis aux fers.

FLEURIE
Qu'est ce la, dia, ce sont ungs giez!
Suis je ung oiseau que Dieux y soit!

PERE
6592 Hé, doulce fille, qui vous voit
Puet avoir au cuer grant pitié;
Hé, mon enfant, par amitié,
Couchiez vous ici ung bien peu.

[A Reims]

SAINT REMI
6596 Karitas, foy que devez Dieu,
Alez savoir que ceulx la font
Et enquerés quelz gens ce sont
Je vous en pri.

KARITAS
                    Tresvoulentiers!   [50 v°b]
6600 Je ne sçay voie ne sentiers
Qui n'alasse legierement
A vostre bon commandement.

[Ils se rencontrent]

6590 *Giez*: cf. Di Stefano p.402 qui explique que le *giet* est une petite
corde que l'on attache à la patte du faucon. *Ungz* est le pluriel de
l'article indéfini, comme en ancien français. Dans une chanson
éditée par Jeffery (I,146), on lit: *Et souvent on luy baille / D'ung
jez sur le dos*, où l'éditeur note «probably with the sense of some
kind of whip».
6600 Locution Di Stefano p.899.
6601 *Qui*: on s'attendrait à *que*.

Seigneurs, dictes moy dont estes vous,
6604 Que vous querez ne que vous faictes
S'il vous plet, et je vous en prie.

COUSIN
Par madame sainte Marie,
Nous sommes de lointain pays,
6608 Tristres, pensis et esbahis:
Comment pourrons a Reins aler,
Car besoin avons de parler
Au bon archevesque Remi

KARITAS
6612 Foy que je vous doy, mon ami,
Vé le la et n'en doubtez mie.

MESSAGIER GALOIS
Veez le la, helas, belle amie;
Levez la tot, alons a lui
6616 Avant qu'il viengne nullui.
Helas, seigneurs, avanchiez vous;
Certes, Dieu est avecques vous
Et la tresglorieuse dame.

KARITAS
6620 Je vous amaine ici par m'ame,
Ces gens qui sont hors de leur lieu.

GALOIS
Mon tresreverend pere en Dieu,
Par toute terre est le renom
6624 De vostre saint et noble nom.

Jhesucrist par sa sainte grace
Vous vueille eslire vostre place
Lassus ez cieux avecques ly.
6628 Sire, le bon roy Alari   [51 r°a]
Par moy a vous se recommande
Et es lettres ici vous mande
Si vous plaist a les recepvoir.

SAINT REMI

6632 J'ay moult grant [desir] de savoir
Son desir et sa voulenté.
Messagier, Dieu te doint santé
Et vous, mes bons amis trestous.
6636 Assés tot parleray a vous
Si tot que j'aray leu cecy.

PERE

La vostre tresbonne merci,
Helas, ma fille est au morir
6640 Se Dieu ne la vient secourir,
Soustenez li ung po l'espaulle.
Beau cousin, et vous, Pietre Paule,
C'est pitié, n'est pas, monseigneur?

PIETTRE

6644 Grant pitié, si est la grigneur
Qu'onque je veisse, se m'aist Dieux,
J'en ay cent larmes de mes yeulx
Plouré, Dieu li envoit santé.
6648 Veci merveilles a plenté
Ne ne m'en puis trop esbaïr.
L'ennemi doit on bien haïr

Qui telle creature tient.
6652 Amenez la ci!

GALOIS
                    Elle vient!

PERE
Chier sire plain d'umilité
De pitié et de courtoisie,
Ami de Dieu en dignité,
6656 Servant a la vierge Marie,
Je te recommande Fleurie,   [51 r°b]
C'est ma fille, c'est mon enfant.
Vela ci pleinne de sottie
6660 Dont doleur le cuer me fent.

Le deable en elle s'est bouté
Par quoy elle est en resverie
Dont son corps est tant tourmenté
6664 Que ne sçai plus que je ne die.
Je doubte qu'elle soit perie
Se ton amour ne la deffent;
Autrement ne sera garie
6668 Dont de doleur le cuer me fent.

Si suppli a ta sainteté
Que sa doleur li soit tarie.
Oste la de l'aversité
6672 Qui passe doleur infenie

6668   *Doleur*: le manuscrit porte *doulceur*.

L'ennemi plain de punaisie
A la mort d'elle se consent
Et l'a pour la dampner choisie
6676   Dont de doleur le cuer me fent.

SAINT REMI
Cellui qui de tout bien descent,
Mes amis, vous vueille alegier
Et la pucelle revengier
6680   De l'ennemi fort et hardi.
Je sçai moult bien et si vous dy
Que Dieux est doulx et amiable,
Humble, piteux et charitable
6684   A ceulx qui le veulent servir.
Or visons comment desservir
Nous li pourrons aucune grace
S'il la nous fait, la povre lasse,
6688   S'il vous plait, metterez a genoulx
Aussi fera chascun de nous
En priant Dieu devotement
Qu'i la gette hors de tourment
6692   Et pour mieux faire mon devoir   [51 v°a]
Les armes de Dieu vueil avoir
Comme a tel office appartient.
L'ennemi qui en li se tient
6696   S'en partira, si com je croy,
Ou il dira raison pour quoy!
Apportez moy ce qu'il me fault.

6677   *Qui de*: probablement lire: *de qui*.

FLEURIE

C'est a deux gieux! Jouez! Trois! Vaut!

6700 Avant, avant a la meslee!

Sire Trutin Panse Pelee,

Tire toy la, l'omme a la hotte!

Le diable y soit, tu n'y scez notte!

6704 Force Dieu, je t'esfronteray

Ou au moins je t'estrangleray!

   Vois, vois, vois, vois!

  Ostez, ostez moy celle croix!

6708 Haro, haro, las, a la mort

Deable m'assault, deable me mort,

Dont tout le sens de moy se mue.

Veez comment il se remue

6712 Se Jhesucrist ne me reconforte

Je vous di que Fleurie est morte

   A tousjours mais.

SATHAN

Je cuide que d'un entremez

6716 Me veult servir mon ennemi

Si hardi non, maistre Remi.

Vous ne m'arez pas de ce tour

Vez ci mon chastel et ma tour,

6720 Mon donjon est ma forteresse;

6707 Il y a donc un accessoire: on montre une croix.

6715 Sathan prend la parole. On se demande comment cela a pu être
réalisé sur scène. *entremez* désigne (Di Stefano p.298) un
«mauvais tour».

6718 Locution Di Stefano p.845.

6719 *Chastel et tour*: c'est-à-dire le corps de Fleurie.

Je y suis logiez des sa jonesse
Ne m'en partiray jusqu'a lors
Que j'aray l'ame de son corps
6724 Et n'en parle homme quel qu'i soit
Voire se Dieu ne le disoit
Ancor a peinne le feroie
Car c'est mon desduit et ma joie   [51 v°b]
6728 Que de faire beaucoup de maulx.

SAINT REMI
Faulx serpent, crueux desloiaux,
Maucrueuse beste infernale,
Condampnee et demoniale,
6732 De par cellui Dieu qui jadis
Te chassa hors de paradis
Par ton pechié, par ton orgueil,
Par ton envie et mauvais vueil,
6736   Par ton injure,
De son hault nom je te conjure,
De sa vertu, de sa puissance,
Que tu me faces obeïssance
6740 En fais, en dis, en mandemens
Et en tous mes commandemens
Ains que tu partes de ce lieu.

SATHAN
Deable t'apport, nom pas Dieu,
6744 N'ez tu l'arcevesque Remi?
Tu es mon mortel ennemi,

6733   Le diable Sathan assimilé au serpent du livre de la Genèse.

Tu ez cellui que plus je doubte.
Hahay, fault y que je t'escoute?
6748   Dy moy tantot ce que tu veulz:
On me pende par les cheveux
Se voullentiers ne l'estranglasse.

SAINT REMI
Va t'en de ci!

SATHAN
                    Sauf vostre grace,
6752   Puis que j'en ay possession,
Jamais n'a remission.
Elle est mienne comme ma cotte
Demain la mettray en ma hotte
6756   Et la porteray en enfer.   [52 r°a]
N'en parlez plus, car Lucifer
Me pendroit se je ne l'avoie.

SAINT REMI
N'en parle plus, va t'en ta voie,
6760   Passe en enfer legierement:
Je t'en fais le commandement
De par la sainte trinité,
De par la haulte deité,

6751   Le manuscrit porte *sauve* pour *sauf* (préposition prise pour un subjonctif de *sauver* ou pour un adjectif féminin).
6755   Cf. v.6702.
6758   Car les diables sont soumis à Lucifer, qui les punit souvent sévèrement.
6759   Locution Di Stefano p.900.

6764 De par Jhesus qui surmonta
Enfer, et puis ez cielz monta
De par le signe de le croix
Que contre toy feray trois fois
6768 Ou nom du pere, ou nom du filz!

SATHAN
Haro! La mort, hahay, je suis
Hors du sens, je m'estranneray
Va t'en, Remi, je m'en iray,
6772 Sur ma foy, je le te promés.

SAINT REMI
Voulentiers, et je vous commés
De m'en apporter la nouvelle.
L'un de vous en ceste chapelle
6776 La ou je voy Dieu mercier.

                                    [Remi se retire]

PERE
Je iray vous en remercier
S'il plait a la vierge Marie.

SATHAN
Puis qu'il me fault laissier Fleurie
6780 Je le vueil, mais c'est grant diffame,
Prengne le corps, mais j'aray l'ame;
Il ne la m'a pas deffendue
Mais en enfer sera pendue.

6782   L'esprit légaliste de Sathan qui suit toujours la lettre et non
l'esprit des lois.

6784   Assez tot j'en suis en saisine
        C'est pour servir nostre cuisine   [52 r°b]
        Une femme nous failloit il.

                                              [Fleurie expire]

        COUSIN
        Cousin, nous sommes a exil,
6788   Certes Fleurie est trespassee.

        PERE
        Hé, doleur, tu n'ez pas cessee,
        Angoisse point mon cuer a mort,
        Je voy le corps ma fille mort.
6792   Mort, viens a moy sans plus attendre;
        Le cuer me viens ferir et fendre
        Ou certes tu me feras tort.
        Son povre corps ne puis deffendre:
6796   Dieu le vueille mectre a bon port
        Pour moy oster de desconfort,
            Car je n'ay membre,
        Quant de sa mort je me remembre,
6800   Qui ne me maine a piteulx gort
        Las, que ferai, las creature!
        Je pers me doulce noureture,
        Or voi ge pitié sans faintise.
6804   Nul ne scet le mal que j'endure

6785   L'enfer est souvent présenté comme la cuisine de Lucifer; ici, il
        faut donc une servante en enfer.
6796   Locution Di Stefano p.717.
6800   Manuscrit: *maine - port + a piteulx*.
6802   *Noureture*: «enfant».

Et comment peult souffrir nature
Les larmes qu'en mon cuer je puise.
Adieu deduit, adieu cointise,
6808 Adieu plaisir, adieu droiture:
Faire me fault ma sepulture
Pour mon enfant en sainte Eglise.
Hé, vray Dieu qui en croix pendis
6812 Et du ciel ça jus descendis
Pour nostre grant allegement,
Je te requier beningnement
Qu'en penser, en faiz et en dis
6816 Li vueilles donner paradis
    Hastivement   [52 v°a]
Et d'aucun po aleigement
    Ne m'escondis
6820 Si vray que la mort attendis
Pour guerir nostre sauvement.

PIETRE
Foy que devez le sacrement
Que tous bon xrestien doit amer,
6824 Vueilliez en vostre cuer fermer
Pasience et humilité.
Ce vous sera utilité
Et pourfit au corps et a l'ame.
6828 Jhesucrist et la vierge dame
La vueille en gloire couronner.
Si grant dueil ne devez mener,
Mais requerir Dieu seurement
6832 Qu'il lui envoit aliegement.
Or vous pri qu'elle ait sa droiture,
Honnourable sepulture

Li convient faire
6836 Et en sainte Eglise parfaire
Service comme il appartient.

COUSIN
Le bon seigneur revient,
Je le voy venir, vez le ci.   *[Remi revient]*
6840 Sire, sains homs, pour Dieu merci,
Priez a Dieu qu'il nous conforte.
La povre puchelette est morte:
C'est son corps plus que martir,
6844 Car l'ennemi au departir
Par son oultrage et par envie
Li a osté du corps la vie.
Helas, chier seigneur, veez la ci!

SAINT REMI
6848 Dieux ait de son ame merci!   [52 v°b]
Helas, seigneurs, ce ai je fait:
Je suis coupable du meffait,
Car point enjoint ne li avoie
6852 Que sans mal faire allast sa voie
Et puis que coupable m'en sens
Mecterai je cuer, corps et sens
Que je puisse a Dieu convenir
6856 De faire l'ame revenir.
Dieu est toutpuissant, n'en doubtez.
A genoulx trestous vous mectés
    Se Dieu vous gart

6852   Locution Di Stefano p.900.

6860   Soiez ci, et moy d'autre part.
        Prions Dieu qu'il nous vueille oïr
        Et de noz doleurs resjouïr;
        Prions le bien, il nous orra
6864   Et telle joie nous donrra
        Qu'il nous devra moult bien souffire.

        PERE
        A vostre bon plaisir, chier sire,
        Ferons nous tous.

        SATHAN
                        Fondez, fondez!
6868   Fuiez devant, ridez, ridez!
        Je doy bien avoir los et pris;
        J'ay tant chacié que j'ay bien pris.
        Or suis je ad ce cop en mesfaux
6872   Et si aray se je ne faulx
        En enfer dominacion
        Ou au moins nominacion
        Pour tous les diables surmonter.
6876   Plus beau don ne puis presenter
        A Lucifer et non, dya, non!
        C'est une ame de renon,   [53 r°a]
        C'est une ame d'onneur issue;
6880   Or est elle ourdie et tissue,
                Hé Dieu! Quelle feste

6860   Il y a donc deux lieux distincts: Remi se sépare des autres.
6867 sq.   · Ici, il doit y avoir tout un jeu avec un triomphe initial de Sathan
           et une subséquente défaite. Le passage demande des talents
           d'acteur et d'acrobate.

Pour le bien qui est en ma teste,
Mais que Lucifer me sequeure:
6884 Rostir la voy trestout en l'eure!
Que diable ai? Le cuer me point!
Je me doubte d'avoir a faire,
Mon fait n'est nul, c'est a refaire!
6888 Je tremble, je suis malmené,
A la mort je suis condempné,
Vueille ou non, dya, je suis infame;
Y me fault reporter cest ame.
6892 Reporter? Helas, que ferai je?
Reporter, la reporteray je?
   Haa, dan Remi!
Tu treuves bien Dieu a ami:
6896 Ta priere me fait dommage;
Je suis honnis, haro, j'enrage!
Dieu me contraint, hahay! c'est force,
De plus en plus mon mal s'efforce!
6900 Je me meur, je ne sçai que j'ay.
Tot, tot, je le reporteray,
Je vois, je vois, vois, hahay! Mercy!
Tenez vostre ame, vé la ci!
6904 Je la remeteray en son corps!
Se je ne soie du sens hors,
Elle est vive et rexucitee.
Helas, helas, que tempestee

6884 *Rostir*, puisque l'enfer est une cuisine.
6885 Vers sans rime.
6898-6899 Rime équivoquée.
6907 Les corrections en enfer dans les mystères consistent le plus souvent de bastonnades.

6908 En sera ma char et mes os,
Or ay je perdu pris et los.
Je m'en voy, dia, dia, je m'enfuy!
Je fuy, je ne sçai ou je suy!
6912 Je m'en vois en un haut desert;
Autrement seroie desert
Se Lucifer me povoit tenir!

SAINT REMI
Seigneurs, vueille vous souvenir   [53 r°b]
6916 Que Jhesus qui es cielz monta
Le bon ladre rexucita,
Pardon fit a la Magdeleinne,
Susanne deffendi de peinne,
6920 A l'aveugle rendi lumiere,
Aux dix lepreux santé entiere
Et cincq mil hommes de fain plains
De deux poissons et de cincq pains
6924 Rampli tout en ung tenant,
Tant qu'ilz orrent de ramenant
De relief douze corbilees.
Ja sont les vertus habillees
6928 Pour secourir toute personne
Qui de bon cuer a li se donne:
Ci en a beau commencement.

6914   Lucifer a l'habitude de punir sévèrement les diables qui manquent
          à leur devoir.
6917-6926 Cf. *supra*, vv.1880-1893: énumération des miracles du Christ.
6924   Locution Di Stefano p.827.

FLEURIE
Mon chier seigneur, devotement
6932   Vous doy reclamer sans faintise:
Je voy que par vous gentement
Est mon ame en mon corps remise.
Oncque mais si belle franchise
6936   N'avint a povre creature:
Si est bien droit que je me duise
A vous servir sans forfaiture.

Si plait a Dieu songneusement
6940   Sans orgueil et sans convoitise
Vous serviray benignement
Avec Dieu et sainte Eglise
De richesse ne de cointise
6944   Ne me chault plus, c'est porriture;
Ains est ma voulenté esprise
A vous servir sans forfaiture.

M'ame avez fait certenement
6948   Revenir ou elle est assise
Et ma santé pareillement
Est par vous en mon corps remise.
Si vous doy amour et servise   [53 v°a]
6952   Plus que nulle selon droiture,
Dont ma pensee est toute mise
A vous servir sans forfaiture.

SAINT REMI
Fille, soyez de pechié pure
6956   En pensant par devocion
A la piteuse passion

Que souffrit le doulz Jhesucrist,
Car c'est cellui qui l'esprit
6960   A fait remettre en vostre corps
Qui huy matin en estoit hors.
Je sçay qu'il en a hors esté,
Dont il est vers Dieu endebté
6964   De le prier, de l'onnourer,
De le saintement aourer
A genoulx et a jointes mains.
La doulce vierge et tous les sains
6968   Servez s'il vous plait dezoremais;
Dieu par sa grace noz meffais
Nous vueille a trestous pardonner
Et la sainte gloire donner
6972   Ou il est et sera tousdis. Amen.

*Explicit l'istoire de la fille de Toulouse de qui saint Remi
chassa l'ennemi hors du corps dont elle fut morte et
depuis a la priere de saint Remi fut resuxitee.*

[53 v°b]

*Cy aprez commence la bataille du roy Clovis contre les
Alemans et comment il fu baptisiez a Reins aprez la dite
bataille*

MESSAGIER TROTEMENU
Par les grans vertus de Mahon
Et par la bonté de Juppin,
Par le grant sens de Mercurion,

6966   Locution, cf. v.5674 avec note.

6976   Par la haultesse d'Appolin
        Et par le sanc mon dieu Jovin
        Ne par Venus qui me fist naistre,
        Je buvray largement de vin
6980   Se jamais puis a Soissons estre.

        Je ne sçay comment ung mouton
        Se tient de boire, il boit envis;
        Il n'est tel buveur que charton
6984   Quant il a vin a son devis.
        Autre bien n'est, ce m'est avis,
        Que boire a destre et a senestre,
        Dont je feray mains voirres wis
6988   Se jamais puis a Soissons estre.

        Hee, gentilz piez, troton, troton!
        Si verray ce beau roy Clovis!
        Je voy l'ostel et le donjon
6992   Ou mains seigneurs sont bien servis;
        Si n'y doy mie aler envis:
        C'est mon seigneur, c'est mon droit maistre.
        Je buvray, vueillent mors ou vis,
6996   Se jamais puis a Soissons estre.

                        [Il arrive chez Clovis]

6981-6982   Locution ou proverbe, non retrouvé; je serais tenté de supposer
            une forme primitive *la brebis boit envis.*
6983   Proverbe? Cf. Morawski n°342, Villon T.1686.
6984   Locution Di Stefano p.253: «à son goût».
6987   De nouveau les messagers ivres.

Sire roy qui portez le ceptre
Sur tous les rois de paiennie,
Honneur vous doint sans vilonnie
7000 Mahon qui fit les elemens.   [54 r°a]
D'Alemaingne et des Alemans
Vous fay a dire, se savoir
En voulez escouter le voir,
7004 Car pour certain j'en viens tout droit.

CLOVIS
Trotemenu, raisons et droit
Acordent bien que je t'escoute.
Or me dy vray, ne me mens goutte:
7008 Dont viens tu? Ou as tu esté?

MESSAGIER
Sire, parmy ce bel esté
Ay cheminé tout en travers
Et au loncq des païs divers
7012 D'Alemaingne la bien amee.
Et la ay veu si grant armee
Du roy et de ses chevaliers
Que je croy qu'ilz sont cent milliers
7016 Fervestus et armez au cler
Et veullent pillier et racler

7001   L'origine allemande des Francs saliens qui descendent du roi
        Pharamond était devenue actuelle pendant la guerre des Cent ans,
        mais ici (cf. v.7011), les Allemands seront justement les ennemis.
7005   Cf. la note au v.1315.
7009   *Esté*: indication de la saison de représentation? Cf. v.4265.
7016   Locution *armé au cler*; *au cler* Di Stefano p.172.

Gaule qui a vous appartient.
Roy en estes s'a vous ne tient,
7020 Sire, soiez en souvenant
Et quoy plus en moy revenant
A la grant sueur de mes reins
Par la noble cité de Reins
7024 Ay sejourné trois jours ou quatre
Non mie, sire, pour esbatre,
Mais pour les grans biens aviser
Ou tout preudomme doit viser,
7028   Car par ma loy
Dire vous oze, sire roy,
Qu'un homme y a nommé Remi
Qui de son dieu est tant ami
7032 Qu'a peine croire le pourront
Les gens qui parler en orront.   [54 r°b]
Son dieu est nommé Jhesucrist
Qui par vertu du saint Esprit
7036 Fut conceu dedens une vierge
Qui des cielz est dame et concierge.
De Remi vous vueil reciter:
Mors li ay veu resuxiter,
7040 Meseaux garir et contrefais,
Aveugles, sours, gens imparfais,
Il reconforte ses amis;
Il chasse hors les ennemis
7044 Souvent du corps de creature,
Il fait justice, il fait droiture
A chacun si benignement,

7043-7044   Cf. l'épisode de la *fille de Toulouse*.

Voire et si tresjoieusement
7048   Que tout homme le loe et prise.

CLOVIS
Ou a il sa science prinse?
Or avise bien que tu dis!
C'est mal prisié qui puis desprise
7052   Et honte, se tu t'en desdis.
Mais repens toy noeuf fois ou dix
Ainchois qu'i voise plus avant,
Ou ce qu'as dit, point ne desdis!
7056   Ton dit vaulroit pis que devant.

TROTEMENU, *messagier*
Prince roial, je vous couvent
Que desdire ne m'en vourroie,
Mais le vueil reciter souvent,
7060   Prince roial, je vous couvent
Et croy que soubz souleil levant
Le pareil je ne trouveroie:
Prince roial, je vous couvent
7064   Que desdire ne m'en voulroie.

CLOVIS
S'il est ainsi, j'en ay grant joie;   [54 v°a]
Au fort je n'en puis moins valoir
Si n'ay cause de m'en douloir
7068   Car s'il est tel com tu dis

7051   Proverbe non retrouvé.
7061   Locution Di Stefano p.802.

Je l'ayme et aymeray toudis.
Aurel[i]ans, mon ami doulz,
Venez avant, qu'en dictes vous?
7072   Je sçay devoir et savoir sueil
Que vous estes de mon conseil
Le premier et le privé.
Or vous vueil dire mon privé
7076   Si que de vous conseillié soie.
Il est vray que pieça avoie
Oÿ nouvelles de Remi
Et les me deist ung mien ami
7080   Ainchois que la royne espousasse.
Voulentiers yci le mandasse
Pour sa contenance aviser
Et qu'il me volsist deviser
7084   Quel dieu c'est ou ma femme croit,
Car par li fut, soit tort ou droit,
Ou nom de Jhesus crestiennee
Et telement si est donnee
7088   Qu'elle fit mon premier enfant
Baptizier, dont le cuer me fent,
Ingomer le fit appeller;
C'est fait, se n'en puis appeller
7092   Dont y me poise.
Il est mort, c'est sans plus de noise
Et l'autre meurt, c'est sans respit:
Mes Dieux le tuent par despit
7096   Pour ce que xrestiens les a fais.

7088-7104   Cf. Grégoire de Tours II,29 et le miracle parisien (éd. Paris-
Robert VII,195-277).
7093   Cf. la locution *sans mener noise* Di Stefano p.584.

Mahon leur pardoint leurs meffais;
J'en suis dolant et s'ay creance
Que son Dieu n'a point de puissance,
7100 Car se Jhesus puissance avoit
L'enfant de mort garder devoit.
Ancor[e] meurt Clodoveüs,
Mon second filz, deux en ay eulx: [54 r°b]
7104 L'un est mort, l'autre est en tourment:
Qu'en dictes vous?

AURELEANS
                              Le jugement
M'est si estrange, a dire voir,
Que je ne puis pas concepvoir
7108   Si haulte chose,
Se non que bien dire vous oze
Qu'on tient Remi au plus sage homme
Qui soit de Reins jusque a Romme.
7112 De Reins tient il la prelature
Et presche a toute creature
La loy de son dieu Jhesucrist,
Tant de bouche que par escript,
7116   Par quoy ma dame,
Pour le sauvement de son ame,
Ou nom Jhesu se baptiza.

CLOVIS
Remi donques l'en avisa!
7120 Au fort je m'en rapporte a elle.

ROYNE
La tressainte vierge pucelle

Qui porta le doulz fruit de vie,
Sire, vous doint celle nouvelle
7124   Que de vous doit estre servie.
De la servir aiez envie
Et li presenter corps et ame
Car qui sa grace a desservie,
7128   Il est purgiez de tout diffame.

CLOVIS
Je me merveille de vous, dame,
Et non point sans cause, a voir dire.
Vous estes royne et noble femme,
7132   Prudant, je ne sçay que redire   [55 r°a]
Se non que voulez contredire
      A mes haulx dieux
Puissans, plaisans, delicieux.
7136   Jhesus est il mieux a amer?
Il laissa mourir Ingomer,
Nostre ainné filz, vous le savez,
Et si sçay bien que vous avez
7140   Clodoveus malade ou mort,
Dame, dame, vous avez tort!

ROYNE
Mon seigneur, et j'en suis d'acort,
Mais maintes gens ont bien veüx
7144   Miracles en Clodoveüs
Que Jhesucrist a sur li fais.
Se Dieu me pardoint mes meffais:

7136   Manuscrit: - *i* + *est*.

Il est gari, sain et joieux.
7148   Ne voz ydolez ne vos dieux
N'y ont puissance ne vertus:
Que fussent ilz tous abatus
Et en vostre cuer fust escript
7152   Le nom du tresdoulz Jhesucrist,
Dieu regnant et Dieu perdurable,
Dieu toutpuissant et Dieu amiable
Qui tousjours regne et regnera
7156   Et tout le monde jugera
    A son vouloir.
Lors se pourront bien ceulz doloir
Et plorer mervilleusement
7160   Qui n'ont fait son commandement.
Helas, sire, aiez y regart!

CLOVIS
Regart, dame, Mahon me gart,
Et tous mes dieux que souvent jure,
7164   De leur faire si grant injure!
Ja ne me sera reprouvé
Car maintesfois ay approuvé   [55 r°b]
Leur sens, leur force et leur puissance
7168   Et leur noble magnificence
Ez guerres la ou j'ay esté
Et mesmement en cest esté

7170-7184   C'est plus ou moins l'histoire du vase de Soissons, cf. Grégoire
de Tours II,27, mais sans Soissons et sans Remi. Parfois on attire
l'attention sur la lettre de Remi au vainqueur de Soissons
(Verseuil pp. 86-87) pour la mettre en rapport avec cette histoire;
pour Sot p. 384 note 31, le rapport est un fait établi.

Ay je couru par dehors Reins,
7172 Moy et mon ost, mais les darrains,
Sans mon sceu, par adversité,
Coururent toute la cité
Et prinrent tout l'or et l'argent
7176 De l'eglise et ung orseau gent
Qu'on dit seel a l'eaue benite
Dont l'euvre n'estoit pas petite,
Mais estoit bel et bien ouvré
7180 Et a peine le recouvré
Du butinage, n'en doubtez,
Mais pour les parfaictes bontés
Que dit m'avez de sa personne,
7184 Li renvoiai et je li donne
Et tout ce principalement
Pour l'amour de vous seulement,
Je le vous dy.

ROYNE
                          Mon chier seigneur,
7188 De toute joie la grigneur
Quant a ma part c'est que de faire
Service qui lui puisse plaire,
Car ancor veurez le temps
7192 Venir, au moins je m'y attens,
Que se de bon cuer vous l'amez
Et au besoin le reclamez
Son conseil aussi vueilliez croire:

7180 *Recouvré* pour *recouvrai*.
7182 Manuscrit: - *q* + *mais*.
7193 Locution Di Stefano p.176.

7196   Vous en aurez force et victoire
            Par les vertus que Dieu li donne.

            CLOVIS
            Ho! C'est assez! Nul me m'en sonne   [55 v°a]
            Ung tout seul mot d'or en avant!
7200   Trotemenu, ça, vien avant
            Et escoute que je te diray.
            Se faulte y a, je te convent
            Que du tout te deserteray.
7204   L'ariereban crier iras
            Au lonc de mon roiaume, il le fault.
            A ducz et a contes le diras
            Si qu'ilz ne soient en deffault,
7208   Nobles tenans de moy fié
            Seigneurs, barons et chevalliers
            Veu que je suis deffié
            Viengnent et tous mes conseilliers,
7212   Escuiers, compaignons estranges,
            Bourgois, marchans et fort commun
            Que huy ont fais armer anges
            Y soient sans en faillir ung.
7216   Et touteffois
            Au trentiesme jour de ce mois

7204   Cf. Charles d'Orléans *Ballade* 82 (CVIII) vv.7-8: «L'arriereban a
            fait crier Vieillesse: / Las fauldra il son soudart devenir?» où
            Mühlethaler note: «l'arrière-ban est le service dû au roi, en cas
            de nécessité, par tout homme libre apte à combattre» (p.283).
7214   *Armer anges*: locution non retrouvée, dont le sens précis
            m'échappe.
7217   Locution Di Stefano p.462 «donner rendez-vous»; en fait, la
            journée est le jour fixé pour une comparution en justice.

Leur mes journee.

TROTEMENU
Mon archegaye est aournee,
7220 Ce me semble, gaillardement
Et ma coiffette est bien tournee
Pour aller plus habilement.
Ma bouteille pareillement
7224 Est de garnachie bien garnie:
S'en iray plus joieusement
Faire mon tour sans vilenie.
Livré soit il a tirannie
7228 Qui n'en fera bien son devoir.
L'amour Mahon puissiez avoir,
Sire roy, a vostre congié.
J'ay au disner ung os rongié
7232 Qui me tient au neu de la gorge
Je suis plus secq que feu de forge
    Et toutevoie   [55 v°b]
    Qui que me voie
7236 C'est tout neant, se je ne buvoie.
    Pieça n'avoie
    Si longue voie
Entreprinse, Dieu me pourvoie;
7240 Mahommet qui les siens a voie
    Meinne et ravoie
    Ne me desvoie
Ne ne vueille que me fourvoie.
7244 Je ay beu, ch'ay mon, j'en suis d'acort.

7233   Locution non retrouvée.

Dezoremais troteray si fort
Que mon voiage se fera.

[en Allemagne]

ROY ALEMANT
Razigorra, gazemort doue.

MESSAGIER ALEMANT
7248   Frelauf zigois zegodelaf.

ROY AL[EMANT]
Myeze nizoc damale broue
Razigorra gazemort doue.

MESSAGIER AL[EMANT]
Strauf zidol nire la troue
7252   Yosse Margot caragot laf.

ROY AL[EMANT]
Razigorra gazemoc doue.

7247-7254   Le pseudo-allemand se caractérise par les sons rauques. Ayant
cru reconnaître quelques mots allemands dans ce baragouin, je
me suis mis à l'école pathelinienne pour reconstruire le passage;
les résultats ont été trop décevants pour que je les publie ici.

7248   Manuscrit: - *je* + *zegodelaf*.

7252   *Margot*: j'ai mis une majuscule puisqu'il se pourrait qu'il y ait ici
une allusion à la grosse Margot ou aux peuples barbariques de
Got et *Margot*, comme on les appelait souvent à l'époque.

7253   Notez la variante *gazemoc* dans le refrain.

MESSAGIER AL[EMANT]
Frelauf zigois zegodelaf.

ROY AL[EMANT]
Or retiens bien ce que je di,
7256   Si chier que tu as corps et biens.

MESSAGIER AL[EMANT]   [56 r°a]
Pendés moy se j'en contredi.

ROY AL[EMANT]
Or retiens bien ce que je di.

MESSAGIER AL[EMANT]
Je croy qu'avant qu'i soit lundi
7260   En quitt[e]ray moy et les miens.

ROY AL[EMANT]
Or retiens bien ce que je dy
Si chier que tu as corps et biens.

[chez Clovis]

CLOVIS
Connestable!

CONNESTABLE FRANÇ[AIS]
    Sire?

CLOVIS
        Je tiens
7264   Qu'il est heure d'aler esbatre

Sur ces Alemans et combatre
Leur roy et toute sa puissance,
Car ils ont fait une aliance
7268 Pour moy grever villainement,
Dont j'ay envoié mandement
Pour crier mon arriereban.
Ilz sont tout plain de trop grant beuban.
7272   Ou est l'amiral,
Le chanselier, le mareschal?
Ou sont ducz, comtes et marquis,
Barons et chevaliers de pris,
7276 Cappitaines servans de gens d'armes,
Fors champions, loiaux et fermes,
Puissans heraulx, messagiers,
Trompes, clarons, haulx menestrés,
7280 Gros vallers, y fault tous avoir!   [56 r°b]
Je vous pri, faictes bon devoir
De les mander en bel arroy.

CONNESTABLE
L'onneur appartenant a roy,
7284 Pourffit, service, loiaulté,
En honnourant sa roiauté
Doy je composer francement
En mon cuer amoureusement,
7288 Car homme noble doit noblesse
Si bien garder qu'i ne la blesse.

7265-7266   Clovis prépare la bataille de Tolbiac contre les Alamans (496?).
7270   Cf. la note au v.7204.
7272   Manuscrit: - *est* + *est*.
7282   Locution Di Stefano p.36.

Noble suis, si la garderay
Et vostre sanc honnoureray
7292   Comme gentil homme doit faire.
Vostre vouloir m'en vois parfaire,
     Sus, Albrocq,
Poingnant, Froissart, Lourdin, Blancflo!,
7296   Suiez moy et venez vous ent!

[l'armée franque]

MARISCHAL FRANÇ[AIS]
Amiral, il a plus d'un an
Que le connestable ne vy.
Est il perdu? Est il ravy?
7300   Je croy qu'il nous [a] oubliez.

ADMIRAL FRANÇ[AIS]
C'est voir, lui et ses aliez
Quant les verrons ici venus
Bien seront par raison tenus
7304   De nous dire aucunes nouvelles.

CHANSELLIER FRANÇ[AIS]
C'est moult bien dit se elles sont belles,
Car belles nouvelles oïr
Font maint cuer souvent resjoïr.

MARESCHAL FRANÇ[AIS]   [56 v°a]
7308   Et de nouvel quoy dit on? Rien!
Qui plus en sara, si le die!

7306-7307   Proverbe non retrouvé.

ADMIRAL FRANÇ[AIS]
Quant a moy, je ne sçay que bien
Et de nouvel quoy dit on? Rien!

SENESCHAL FRANÇ[AIS]
7312 Je ne vous dy pas que je vien
D'une tresdoulce compaignie

MARESCHAL FRANÇ[AIS]
Et de nouvel quoy dit on? Rien!
Qui plus en sara, si le die.

ADMIRAL FRANÇ[AIS]
7316 Nous arons une raverdie,
Je voy venir le connestable.
Il est heure d'aler a table.
Bien viegniez! Il est bien a point?

CONNESTABLE FRANÇ[AIS]   *[arrive]*
7320 Ung souvenir au cuer me point,
Garni de joie et de leesse,
Et vray amour en moy se joint
Par la grant doulceur de jonesse,
7324   Car noblesse,
          Ma maistresse,
Qui sur tous loiaux cuers adresse
Me commande a venir cy,
7328 Comme des dieux la deesse,
Dont humblement la mercy.

Or estes vous tous en bon point,
Josnes, joieux, plains de largesse.

7332 Si vous diray de point en point
De quoy j'ay fait au roy promesse
Par haultesse, par druesse.   [56 v°b]
Par folie ou par simplesse
7336 Nous court sus ung ennemi,
Mais Fortune le rabesse,
Dont humblement la mercy.

Les Alemans, n'en doubtez point,
7340 Ont ars mainte fortresse
Soubz nostre loy, Dieu leur en doint
Le vengement par sa proesse.
Hardiesse sans presse
7344 Tenez ly vostre promesse
Pour l'oster hors de soussy.
Ainsi le voeult gentilesse
Dont humblement la mercy.

ADMIRAL FRANCHOIS
7348 Le cuer aroie moult nercy,
Moult dolant et moult angoisseux
Et reputé estre prescheux
Se je n'y estoie en presence
7352 Avec toute ma puissance.
Doit on doubter les Alemans?
J'ay grans gars et gros garnement
Pietons, fors vallés et vassaux
7356 Qui esté ont a mille assaux.
Connestable, savez qu'il est?

7340   Manuscrit: - *a* + *ont*.

C'est a ung mot: je suis tout prest
Sans atendre homme!

SENESCHAL FRANÇ[AIS]
                              Le roy Clovis,
7360   Je te laroie moult envis
De villains en subjection,
        Mais se je vis,
        Il m'est avis
7364   Que j'en feray a mon devis
Assez tot l'execucion   [57 r°]
Et si grande punicion
Qu'aprez moy n'y convenra mire.

CONNESTABLE DE FRANCE
7368   Seneschal, Mahon le vous mire!
C'est dit de tresloial ami.
N'attendons plus jour ne demi:
Il n'y a que de l'esploitier:
7372   Chacun doit honneur convoitier;
Honneur vaut mieux que fin argent.

MARESCHAL FRANÇ[AIS]
Je sçay bien que moy et ma gent
        Sommes tous prestz.

7364   Locution Di Stefano p.253.
7373   Hassell H 62; Morawski n°1295; Di Stefano p.438. La forme la
plus proche de notre vers se trouve chez Molinet: «royal honneur
vaut myeulx que fin argent».

ADMIRAL FRANÇ[AIS]

7376 Mil futz de lance ay tous prestz
Attendans dez hui au matin
Qui(l) n'attendent que le hutin:
    Je vois a eulx!

MARESCHAL FRANÇ[AIS]

7380 Et je fas promesse a mes dieux
Que j'ay la fleur des gentilzhommes.
Or avant! Monstrés qui nous sommes!
Alez faire vostre debvoir.

[en Allemagne]

ROY AL[EMANT]

7384 Trompette, va faire assavoir
A mon hoste que je vueil partir,
Car pour mon corps en deux partir
Ne me tenroie nullement
7388 Que je n'aille soubdainement
Tirannizier Clodoveüs.
La seront Alemans veüs
En hault estat, en grant richesse,   [57 r°b]
7392 En armes, en fleur de noblesse.
Trois fois ta trompe soit sonnee:
C'est l'eure que j'ay ordonnee
Sur la hart homme d'y faillir.

7381 Locution Di Stefano p.358.
7389 Ici Clodoveüs ne désigne pas Clodomir, fils de Clovis, mais bien
Clovis lui-même. Forme pour la rime?
7394-7395 Enjambement.
7395 Locution Di Stefano p.427.

MESSAGIER AL[EMANT]

7396 Assez tot les verrez saillir
Comme renars de leur taniere.
Avant! avant! faille que fiere
Le cuer me prent a resjoïr.
7400 Assez tot me ferai joïr.
Oiez, seigneurs, oiez, oiez,
De par l'empereur, tous soyez
Armez a force et a puissance
7404 Sur peinne d'inobediance,
Ainsi le voeult, ainsi le mande
Et sur la hart le vous commande.
C'est a demain, par m'ame, voire,
7408 Or y venez, je m'en voy boire
Tout maintenant pour ma santé.

[à Reims]

SAINT REMI

O Dieu regnant en trinité,
Dieu precieux, Dieu debonnaire,
7412 Dieu plain de grant benignité,
Donne moy grace de tout faire
Que ton vouloir puisse parfaire
Et que par toy nous soit donnee
7416 La paix qui tant est necessaire
A toute creature nee.

7396-7397   Proverbe ou locution? Le renard avait surtout la réputation de
fuir, cf. Hassell R 21.
7402   Le roi devenu empereur. Allusion anachronique à Charles Quint?
7406   Locution cf. v.7395 avec note.
7410   Et de rechef, l'apparition de Remi est marquée par une prière.

Jhesucrist plain de charité,
Loee soit ta sainte gloire
7420 Si vray que par humilité
La mort souffris, ce doy je croire
Et en mon cuer mectre en memoire
Telement que soit ramené
7424 La paix qui tant est necessaire
A toute creature nee.

Createur plain de deité,   [57 v°a]
Ton saint nom doit a chacun plaire
7428 En nostre grant necessité,
Fay que ta grace nous appaise,
Povre pecheurs vueillez atraire
Si que ça jus soit assenee
7432 La paix qui est necessaire
A toute creature nee.

Mon ame soit habandonnee
Et tout mon corps a toy servir
7436 Pour mon sauvement desservir
Servir te doy, servir te vueil
Devotement, plus que nul seul
Car je ne sçay ne jour ne l'eure
7440 Que mort ne venra courir seure
La est la fin mondainnement.
Las, or venra le jugement,
Beau sire, quant te plaira,
7444 Beau sire, las, que dira

7439-7440   Proverbe? cf. *De diem autem illo vel hora nemo scit* (Mt 24:36, Mc 13:32).

Le pecheur en pechié souppris
Quant il sera de toy repris.
La n'a point d'appellacion,
7448   La n'a point de remission
Que l'ennemi ne l'ait en corde,
Se ta doulce misericorde
Ne li pardonne les meffais
7452   Que lui vivant au monde a fais.
        Hé, la douleur,
Le mal de diverse couleur,
La dure peinne, le meschief
7456   Dont jamais ceulx n'aront le chief
Qui jugiez en enfer seront!
Les povres ames, que feront?
Ce sera pitié tenebreuse,
7460   Ce sera pitié angoisseuse,
C'est dure chose a endurer,
Et si c'est a tousjours durer.
        Las, creature,
7464   Dieu nous gart de telle aventure,   [57 v°b]
        Se Dieu me gart
Ou chascun doit avoir regart
En regardant comment les sains
7468   Qui de pechiez ont esté sains
A servir nostre createur,
Nostre vray pere et redempteur
Dont ilz ont et aront tousdis
7472   Devant Dieu place en paradis,
Or n'est il don tel ne grigneur.

7456   Cf. la locution *venir a chef* Di Stefano p.153; ici *avoir le chief*.

Ainsi paie nostre seigneur
Ceulx qui gardent les mandemens
7476 Qu'il a fait et ses commandemens,
    C'est beau loier.
Or nous vueille Dieu nettoier
Tous et toutes hastivement
7480 De pechié et d'encombrement. Amen.
Karitas!

KARITAS
    Sire, que vous plaist il?

SAINT REMI
    Quoy je desire:
Comment je pourroie savoir
7484 De l'estat Clovis nostre sire.
Il est paien a dire voir
Ne n'a pas sens de concepvoir
La loy que Dieu nous a donnee.
7488 Si li voulray ramentevoir
Ains qu'il soit la fin de l'annee
Et a la royne couronnee,
La tresdevote creature
7492 Qui du saint cresme est xrestiennee
Et qui croit la sainte escripture.
Elle aime Dieu, c'est sa nature,
Dont elle ara si riche don   [58 r°a]
7496 Que Dieu li fera par droiture
De ses pechiez avoir pardon.

KARITAS
Sire, cellui n'est pas preudon

Qui ne vueille songneusement
7500 A la fin a quoy nous tendon
Pour acquerir son sauvement
S'il ne croit en Dieu fermement,
Je tien que Dieu le pugnira
7504 Ou que la royne doulcement
A sa loy le convertira.

SAINT REMI

C'est fort a faire qui n'yra
Combien qu'elle soit sage dame
7508 Mais l'engin d'une seule femme
Ne peult souffire, ce me samble,
Quant ung roy son conseil assamble
A estriver ou mettre en voie
7512 L'erreur ou ung roy se desvoie.
Dont moy mesmes y vueil aler,
Car se je puis au roy parler
Et il me consent audience,
7516 Dieu me donra sens et science,
S'il lui plait de le convertir,
Voire ou au moins de l'avertir
Du peril en quoy il se met,
7520 Par quoy tantost je me soubmet
D'y aler en propre personne.
La la royne qui tant est bonne
Verray. Alons legierement,
7524   Il en est temps.

7499   *Vueille* pour «veille».
7506   Manuscrit: |*fort*|; proverbe non retrouvé; *fort a faire* locution Di
        Stefano p.371.

KARITAS

   J'ay grant desir,
Monseigneur, que vostre plaisir
Puisse acomplir, raison le veult.   [58 r°b]

[en Allemagne]

MESSAGIER ALEMANT

7528   Hahay! Comment le cuer me deult,
      Ce fait mon! Pour quoy ne feroit:
      Il seroit mort qui ne buvroit,
      Il seroit mort, ce seroit mon.
7532   Que diable vault si lonc sermon?
      Et j'ay soif, quelle merveille!
      Passez avant, dame bouteille,
      Estaingniez le feu de mon ventre!
7536   Hé, gentil vin, entre ci, entre!
      La, la, la,la, ne vous desplaise,
      J'ay beu. Comment? Tout a mon aise.
      Qu'en dictes vous? Suis je gari?
7540   Je n'ay garde, hari, hari!
         Or du troter!
      Je n'ay garde de moy croter,
      Au roy m'en vois qui tant est saige
7544   Dire que j'ay fait mon messaige;
      Je le voy la.

ROY AL[EMANT]

         Avance toy!
As tu tout fait!

7536   Ici, un jeu de scène s'impose.

MESSAGIER AL[EMANT]
                    Oyl, sire roy!
Bien et bel et non mie envis.

ROY AL[EMANT]
7548   Or t'en va tot devers Clovis,
Qui se dit roy des Franchois
Et haultement li dis qu'ainchois
Qu'il soit de moy paisible ou franc,
7552   Le deffie a feu et a sanc
De guerre et de mort a oultrance.
Moy mesmes ou milieu de France
L'iray destruire et se li dy.

MESSAGIER AL[EMANT]   [58 v°a]
7556   Avant qu'il soit jeudi midi,
Se je ne suis ou mort ou prins,
Feray tant que j'aray le pris
Sur tous les heraulx d'Alemaigne.
7560   Ne creez pas que je me faingne
De li raconter mot a mot;
Je prens congié.

                              [A Reims, chez Remi]
ROYNE DE FRANCE
                    Il est moult sot
Et prise trop po corps et ame
7564   Qui ne croit a la sainte dame

7549   *Franchois*: anachronisme.
7552   Locution Di Stefano p.941; cf. Villon T.713-714 «Je regnye
        Amours et despite / Et deffie a feu et a sang».

Et en son enfant precieux.
C'est Jhesucrist, qui des sains cieux
Descendi pour nous mettre hors
7568   Du pechié et grant vitupere
Ou nous mist Adam nostre pere
Quant en la pomme fit le mors.
Beau sire, Dieu garde mon corps
7572   Et mon ame de mort amere
Et a monseigneur les recors
Donne de ta sainte lumiere.
Dame, de grace tresoriere,
7576   Ancor te pri humblement
Que par ma devote priere
Me demonstrés visiblement
Cellui qui tant devotement
7580   M'a de l'amour de Dieu esprise:
C'est Remi principalement
Que sur tous autres doubte et prise.
C'est Remi qui nul ne desprise
7584   C'est Remi, le bon duc de Reins,
C'est l'arcevesque qui m'a quise,
Se Dieu plait, place entre les sains.
Il a sauvé des hommes mains
7588   Par vraye predicacion;
Je l'en merci a jointes mains,
De bonne et pure entencion.   [58 v°b]

SAINT REMI
Vray Dieu qui souffris passion
7592   Amere, diverse et piteuse,
Gardes nous de discencion,
Estains la guerre venimeuse

Si que Fortune l'envieuse
7596   Ne nous mette en si grant dengier
Que de sa roe varieuse
Nous leisse cheoir en ung fengier.
Se Dieu nous vueille assouagier
7600   Y nous vat bien, je vois la dame
Qui par son corps sainte son ame.
C'est la royne prudent et saige,
C'est celle qui de bon couraige
7604   Pieça se volt a Dieu donner,
Croire sa loy, soy crestienner
Et vivre selon chasteté
Comme pleinne de charité.
7608   Le filz de Dieu, le Dieu de gloire
Vous vueille sa grace donner,
Force, vertus, sens et memoire
De vous vers lui habandonner
7612   Si qu'il vous doie couronner
Sur les cielz en corps et en ame,
Si vray que pour vous ordonner
Je viens ici, ma chiere dame.

ROYNE
7616   Honneur parfaitte sans diffame
Vous doint le sire de la nue,
Si vray que vostre bien venue
Me samble une apparicion
7620   De vraie consolacion

7596   Ici, nous avons *dengier* contre la forme usuelle de notre texte
        dongier.
7617   Manuscrit: - *la* + *sire*.

        Et sur ma foy
        Je tien que monseigneur le roy
        Fera de vous feste joieuse.

        SAINT REMI   [59 r°a]
7624   La sainte vierge glorieuse
        Et son chier filz prochainement
        Li envoit sens et sentement
            De recongnoistre
7628   Cellui qui volt de femme naistre
        Pour sauver creature humaine.

        ROYNE
        Cellui qui joie nous ameinne
        Vous envoit paix et paradis.
7632   Vostre doulz parler et vos diz
        Si gracieux sont a oïr
        Que toute m'en puis resjoïr.
            Or vous diray
7636   Mon meschief, ja ne celeray
        A vous, raison ne le voeult point.
        Une doleur au cuer me point
        Dont souvent souppire en requoy:
7640   Je voy que la tressainte loy
        Que tant honneure et que tant prise,
        Vous mesmes la m'avez apprise,
        Ne veult monseigneur honnourer
7644   Ne le doulz Jhesus aourer
        Qui pour nous son corps estendi

7632   Locution Di Stefano p.338.

Qui pour nous son sanc espandi
En l'arbre de la croix piteuse
7648 Dont je suis si tresdoloreuse
Qu'a peinne dire le pourroie
Ne je m'en descouvriroie
A creature nullement,
7652 Sinon a vous tant seullement.
 Helas, chier sire,
Raison me contraint de vous dire
Ancor ung po de mon vouloir,
7656 Si ne vous en devez douloir
Et convient que secret le tiengne.
Je sçai que le roy d'Alemaingne   [59 r°b]
Nouvellement l'a deffié
7660 Et par orgueil ediffié
A sanc et a feu de France
Et qui pis vault, mort a oultrance,
Dont dezja fait son assamblee.
7664 Lasse, j'en suis si trestroublee
Que je ne sçai que devenir.
Or refait monseigneur venir
Tous gentilz hommes d'autre part
7668 Et tous nobles qui de sa part
Sont sans en espargnier ung
Et l'arriereban en commun
Et sur tout homme portant heaume.
7672 Dieu, que fera ce povre roiaume?
Mon povre cuer en pleure et crie

7660 *Ediffié* paraît avoir le sens «averti».
7661 Cf. la note au v.7552.
7667-7668 Enjambement. Pour l'*arriere-ban*, voir la note au v.7204.

Et pour ce, pere, je vous prie
Et requier ou nom de mon Die
7676 Que vous veigniez jusqu'au lieu
Ou le roy est, or n'aiez doubte
Que voulentiers ne vous escoute.
   Helas, chier sire,
7680 Telle chose li pourrez dire
Ou moustrer qu'il en vaulra mieux.

SAINT REMI
Le voulez vous?

ROYNE
         Oyl!

SAINT REMI
         Je le veulx
Puisqu'il vous plait, ma chiere dame.

ROYNE
7684 Grant merci! Damoiselle Jeanne,
Lorine, Alis et Katherine,
Venez vous en!

JANNE   [59 v°a]
         Je suis encline
De faire vostre voulenté.

7687   Au vers 7692, on trouvera *encline a* dans le refrain.

LORINE

7688 Et demoura ici Lorine?

ROYNE

Venez vous en!

LORINE

                    Je suis encline.

ALIS

Alis ira.

KATHERINE

                    Et Katherine!

J(e)'iray se Dieu me doint santé.

ROYNE

7692 Venez vous en!

JANNE

                              Je suis encline

A faire vostre voulenté.

                                        [chez Clovis]

AURELIENS

Sire, sire, par ma santé,

Je voy la royne, ce me samble,

7696 Et ung seigneur qui bien ressamble

Au bon arcevesque de Reins.

Les Alemans et les Lorrains

Ont de lui belle congnoissance,

7700 Car il donna dez sa naissance

Clarté a Montain l'Ardenois
Sitot qu'il lava de ses dois
Ses deux yeux du lait de sa mere,
7704   Chacun le scet, c'est chose clere,
Je le vous jure loiaument.

CLOVIS
Que dictes vous?

AURELIENS   [59 v°b]
              Certennement,
C'est il, je le congnois moult bien!

CLOVIS
7708   Par la main de quoi je vous tien,
Je suis tresjoieux. Or ça, dame,
Je vous sçay bon gré, par mon ame,
     De venir cy,
7712   Sire arcevesque, et vous aussi.
Vous nous dirés de voz nouvelles
Et bien viengnent ces damoiselles.
Aureliens, le parlement
7716   Faictes parer honnestement;
Y fault que mon conseil y viengne.

AURELIENS
Or ne dictes pas qu'a moy tiengne,
Foy que je doy tous mes amis:
7720   Y sera ordonné et mis

___

7701-7703   Ici, un résumé de la partie qui manque dans la première partie du
mystère.

Bien et bel et n'en doubtez point.

CLOVIS
Messagier, va, n'arreste point,
Dire aux seigneurs qui sont soubz moy
7724   Qu'ilz viennent ci, avance toy,
Car il en est necessité.

MESSAGIER FRAN[ÇAIS]
Par les dieux de ceste cité,
Trotemenu y trotera!   *[il part]*
7728   Je y vois, dit est et cetera.
Sus, jambes, sus, trotez, trotez!
Mes piez sont assez bien botez
Pour bien troter la troterie.
7732   Or voy je la chevalerie
Du roy de Gaule et de Lutesse
Ne je ne sçai autre liesse
Que de leur estat, ce me samble.   *[Il arrive]*
7736   Messeigneurs, noz dieux tous ensamble
Vous vueille garder, je viens dire
Que devers le roy nostre sire
      Veingniez en l'eure
7740   Sans attendre une seule heure.
Il est en son palais roial.

CONNESTABLE FRAN[ÇAIS]
Cellui ne seroit pas loial
Qui n'iroit. Vien ça, messagier,

7737   Le singulier *vueille* constitue un lapsus curieux: le bon Dieu de la
locution est remplacé par des *dieux*.

7744   Adfin que soiez plus legier
        Tu buveras une fois ou deux.

        MESSAGIER FRAN[ÇAIS]
        Je ne croy pas que soubz les cieux
        Soit vin pareil a cestui cy.

        MARESCHAL FRAN[ÇAIS]
7748   C'est bien tiré!

        MESSAGIER FRAN[ÇAIS]
                        Et grant merci!
        Oncques homme ne fut si aise.

        CANSELIER
        Que dis tu de ce vin cy?
        C'est bien tiré.

        MESSAGIER FRAN[ÇAIS]
                        Et grant merci!

        SENESCHAL FRAN[ÇAIS]
7752   Il met les gens hors de soucy,
        Il les tourble, si les appaise
        C'est bien tiré!

        MESSAGIER FRAN[ÇAIS]
                        Et grant merci!
        Onques homme ne fut si aise.

        CONNESTABLE FRAN[ÇAIS]
7756   Pour oster le roy de mesaise   [60 r°b]

Et le conseillier loiaument
Iray vers lui joieusement
Comme son loial chevalier.

7760 Sa, monseigneur le chancellier,
Alons y, et vous, mareschal!
Par ma foy, gentilz seneschal,
Ce ne sera mie sans vous.

SENESCHAL FRAN[ÇAIS]

7764 Non, par mon chief, trestous, trestous!
Et alons par belle ordonnance;
Je li porteray reverance,
Honneur, pourffit toute ma vie.

[ils partent et vont chez Clovis]

CLOVIS

7768 Bien viengne ceste compaignie,
Foy que doy mon corps et mon cuer.
Or ça, ma compaingne et ma seur,
Je serray ici comme roy;

7772 Prenez place assez pres de moy.
Sa, chansellier, la, connestable,
Le lieu est bel et delitable.
L'arcevesque, venez avant,

7776 Prenez vostre lieu la devant;
Le mareschal ira a destre
Et le seneschal a senestre.
Aureliens, deça soiez

7765   Locution Di Stefano p.614.
7771   Didascalie indirecte: la disposition de la table.

7780   Adfin que mieux vous nous oyez.
        Et tous vous autres prenez place.
        Trotemenu, crie qu'on face
        Silence sans empeschement
7784   Tant que ce noble parlement,
        C'est assavoir lit de justice,
        Soit tout conclus.

        MESSAGIER FRAN[ÇAIS]
                        Hors du sens ysse
        Qui bien n'en fera son debvoir.   [60 v°a]
7788   Seigneurs, on vous fait assavoir
        De par le noble roy Clovis
        Qu'il ne soit femme ou homme vis
        Sur peinne d'amende arbitraire,
7792   Qui plait ne noise doie faire
        Tant que le parlement sera.
        C'est assez, j'ay dit, on veurra
        Qui sera son loial ami.

                                              [en route]

        MESSAGIER ALEMANT
7796   Saucadet, et que fas je ici?
        J'ay tout le povre cuer nerci.
        Nerci, et voire, par mon ame,
        Je voy bien souvent que ma femme
7800   A si bien beu qu'il n'y fault rien.
        Dieu la gart par ou je la tien,

7788   Proclamation: cf. les mandements.
7791   Cf. Villon, *Ballade de l'Appel* v.14.

Et j'ay tele soif que c'est raige.
Je vueil savoir se mon buvrage
7804   Me garira. Or sus, bouteille,
Si bien vous tirera l'oreille
Qu'il n'y faulra pas renvoier
Et me deusse je en vin noier.
7808   La, la, la, la, ancor ung coup!
Je croy que je buveray trestout.
Et quoy donc? A ce remanant
Dez le jour de Karesmeprenant
7812   Ne beu si bien.
Par mon ame, il n'y a plus rien,
Se n'a mon. Or sus, je m'en vois
Deffier le roy des Franchois.
7816   Je croy qu'il soit en son manoir.
Hahay, qu'il y fait beau manoir,
Je le voy, il a moult de gens,
Tous armez, moult sont beaux et gens.
7820   Oncquemais en jour de ma vie
Ne vy si belle compaignie!   [60 v°b]

[il arrive devant Clovis]

Roy de Gaule, paix et santé
Vous doint le dieu que vous amez!
7824   Tousdis aiez en voulenté,
Roy de Gaule, paix et santé.
Dame plaisant, or a planté
Se je di mal si me blamez!
7828   Roy de Gaule, paix et santé
Vous doint le dieu que vous amez!

7805   Locution Di Stefano p.619.

Sire, soiez prest et armez
Dedens demain pour vous deffendre!
7832   Le roy qui est seigneur clamez
Des Alemans vient mettre en cendre
Vous et voz gens, se non que rendre
Li vueillez ce roiaume tout franc.
7836   Ancor li pour mieux entendre
Vous deffie a feu et a sanc.

CLOVIS
Messagier, ce beau sathin blanq
Aras, pour tes bonnes nouvelles.
7840   Dy li qu'elles me semblent belles,
Mais ce sera a ses despens.
Ja pieça avoie en pourpens
De lui monstrer que je sçai faire:
7844   Quanqu'il a fait yrai deffayre.
Va t'en, ami, et te souffise.

MESSAGIER ALEMANT
Y n'a herault de ci en Frise
Aussi joli que je seray
7848   Ne jamais je ne cesseray
Tant que la montre en sera faicte.
Mahon vous doint joie parfaicte,
Sire roy, a vostre congié.
7852   Or est mon fait bien abregié
Que me fault il? Je suis pourveu,
Hahay, que j'ay voulentiers veu   [61 r°a]
L'onneur de ce prince, a voir dire;
7856   Il semble bien seigneur et sire
De haulte honneur et de grant bien.

Toutesfois le satin est mien,
J'en vueil faire mes paremens

7860 Que pourront ja ces Alemans
    Dire de moy
Y me semble que je les voy.
Hola, je voy. Qui? Ce sont Carmes!

7864 Carmes? Non sont! Ce sont gens d'armes;
Ilz sont blans vestus et moy la.

                    [devant le roi allemand]

Sire, je vien de par dela
Joieusement et non envis.

7868 De par vous ay le roy Clovis
Deffié a sanc et a feu.
Mais par Mahon, nostre hault Dieu,
Il est tout prest et vous attent

7872 Et se bien n'alez, il tent
De vous courir sus et combatre
Sans sejourner trois jours ne quatre.
Armé l'ay veu et tout couronné

7876 Et ce beau sathin m'a donné,
Ainsi ay mon voiage fait.

ROY ALE[MANT]
Sus, sus, sus, sus, je suis reffait.
Sonnés busines et clarins,

7880 Trompettes et cors barbarins,
Ars empennez, trais, arbalestres,

7860   Manuscrit: \ja/.
7863   Notre ponctuation est basée sur les traits obliques du manuscrit avant et après *qui*.
7865   Allusion à la robe blanche des Carmes.

Haulx menestrez pour faire festes
A sauver l'onneur d'Alemaingne;
7884 Si hardi homme qui n'y veingne
Armé au cler tresrichement.

CONNESTABLE AL[EMANT]
Sire, assez tot veurez comment
Mes gens sont prestz et ordonnez.

ROY AL[EMANT]
7888 L'avant garde songneusement   [61 r°b]
Menrez comme preux et senez,
Les vassaux qu'avez amenez
Seront logiez environ nous;
7892 Ceulx seront de mal eure nez
Qui assauront ne nous ne vous.

MARESCHAL AL[EMANT]
Je me vente bien devant tous
De garder d'ennuy vostre corps.

ROY AL[EMANT]
7896 Beau mareschal, de costé nous
Soiez tousdis!

MARESCHAL AL[EMANT]
                    Je m'y acors.
Il en y ara mille mors
De ceste espee ains que je fine.

7885   *Armé au cler* locution non retrouvée; cf. v.7016.

7900   S'ilz ne sont plus hardis qu'Etors
        Ou je mourray d'angoisse fine.

        ROY AL[EMANT]
        Amiral de belle marine,
        Je vous commés l'arrieregarde
7904   De Clovis et de sa couvine:
        Commandez qu'on se contregarde!

        AMIRAL AL[EMANT]
        Si hardi non qu'il me regarde
        Par amour ne par maltalent;
7908   Je le destruiray quoy qu'il tarde
        S'il nous va goutte ravalant.

        ROY ALEM[ANT]
        Sus, a chemin, clarins devant!
        Sonnez a nostre departie;
7912   Je tien ja France pour partie.
        Elle est nostre d'ore en avant!

                                        [Chez Clovis]

        CLOVIS
        On voit a l'aubre flourissant   [61 v°a]
        Aucunefois la quantité
7916   Du fruit qui en sera issant
        En la doulce saison d'esté.
        Pour ce le di c'on a planté

7900   Hassell H 21 *hardi comme Hector*; cf. H 20 *fort comme Hector.*
7902   *Marine* désigne «l'art de la navigation»; sens moderne depuis
        1616 (Rey).

En mon jardin nouvelement
7920 Rainchiaux contre ma voulenté
Par quoy je tien ce parlement.
Gotoron le roy alemant
En a esté le courtillier,
7924 Qui grever me veult malement
Et mon noble roiaume essilier.
Dezja s'enforce de pillier
Et de bouter feu en mains lieux
7928 Si le vueil aller bersillier;
Je le vous jure par mes dieux.
Crever li feray les deux yeux
Se dedens mes las puist venir.
7932 Ne par souhait je ne quier mieux
Et m'en leissiez bien convenir.
Mais touteffois je vueil tenir
Vostre conseil, raison le veult
7936 Et vostre acort entretenir,
Jasoit que le cuer me deult.
Si vous requier, dame Cloheult,
Ma belle royne couronnee,
7940 Si vrai que mon cuer vous aqueult
Plus que nulle autre qui soit nee
Que vostre voix me soit donnee
Par maniere de vray conseil,
7944 Car vous estes saige et senee,
Bien le sçay et pour ce le vueil.

7927   Allusion aux boutefeux qui sévissaient en Champagne au début
        du XVIe siècle; cf. introduction.
7931   Manuscrit: \las/.

ROYNE

Mon treschier seigneur, a mon vueil
Voulroie avoir le sentement,
7948 L'engin, le noble entendement
De vous loialment conseillier. [61 v°b]
Il y a ici maint chevalier
Ou toute honneur doit estre assise,
7952 Amour, loiaulté et franchise;
Il diront leur oppinion
Et puis orrez l'entencion
Du bon arcevesque Remi,
7956 Vostre vray subget et ami,
Car il est preudomme et leal.

CLOVIS

Je jure mon ceptre roial
Et la couronne de mon chief
7960 Que se par lui je viens a chief
De l'entreprinse que je fois
De mon tresor ara sept fois
Plus qu'il ne voulra demander.
7964 Si li requier sans commander
Que promptement, joieusement
Il me conseille loiaument
Selon le pourpos que j'ay dit.

SAINT REMI
7968 Noble prince, sans contredit
    Bien me doit plaire

7960   Locution Di Stefano p.153.

Et non desplaire,
Mais vous complaire
7972 Par conseil ou par exemplaire
De bouche ou de fait sans faintise.
La loy nous dit en mainte guise
En des chapitres .vi. et .vii.
7976 *Vim vi repellere licet*:
Il appartient que contre force
On se revenge a plus grant force,
C'est selon droit.
7980 Qui ceste cité assaurroit,
Fut nuit, fut jour,   [62 r°a]
Je y doy en armes sans sejour
Aler de cuer et de courage
7984 Et querir et mon avantaige
Victoire sur mon ennemi.
Or voy que puis mois ou demi
Les Gottois vous ont deffié,
7988 Parquoy tout homme deffié,
Nobles, non nobles et seigneurs,
De tout ce roiaume les grigneurs
Avez mandé pour lez combatre
7992 Et pour leur grant orgueil abatre
Et y voulez estre en personne

7976   Adage du droit romain (Liebs 1982 p.218); cf. Di Stefano p.369
rebouter force par force; Hassell app. V4 *Vim vi repellere leges
omniaque jura permittunt* (Gerson VII,1156: *Vim vi repellere
licet*).

7988   *Deffié* pose problème. Ici, l'adjectif doit avoir le sens «vaillant,
excellent» ou quelque chose d'analogue mais ne paraît pas avoir
été attesté dans ce sens.

En ceptre, en armes, en couronne
Et devant tous estat tenir

7996   Comme roy se doit maintenir:
       La cause est belle.
Or n'est pas droit que je vous celle
Le remanant, mais le doy dire.

8000   Or n'en vueilliez point prendre d'ire,
Car aussi vray que soleil luit
On voit souvent que pechié nuit
Et plus croit pechié et pis vault,

8004   Il occist sans donner assault.
Pechiét de sa condicion
Maine l'omme a perdicion.
       Or est saison

8008   Que chacun se mette a raison
Et raison veult et droit commande
Que dezoremais chacun s'amende,
Ains que la mort, qui tout depart,

8012   Ne nous parte de part en part.
Partir voulez vers la partie
De vostre adverse partie.
Partez vous donc tellement

8016   Que la perte villennement
Ne soit sur vous, tresnoble roy.
Creez le Dieu en qui je croy
Sans jamais estre recreant;

8001   Locution non retrouvée; cf. Di Stefano p.802 *Ou soleil luyt jamais ne fait humide*. Littré donne *aussi vrai qu'il fait jour*.

8009   Cf. la note au v.1315.

8011-8016   Jeu rhétorique sur le vocable *part* (*perte* se prononce probablement *parte*).

8020 Il nous crea, si le conguroy.
Or vueilliez estre en li creant.
Sire, païen ne mescreant
Ne vueilliez estre, mais tousdis
8024 Vous soit sa loy tres agreant:
Ainsi acquerrez paradis.
En orisons et en beaux dis,
Soiez vers lui sans vanité:
8028 C'est Dieu, c'est cellui qui jadis
Par sa tresgrant humilité
Delivra toute humanité
De la maison noire et palle.
8032 Tout ce fist faire charité
Qui des vertus est principalle.
A Dieu devez amour loialle
Car il n'est Dieu que lui parfait.
8036 Faictes qu'en sa court roialle
Ne soiez trouvé imparfait.
Se contre lui avez meffait,
Requerez pardon, c'est le mieulx;
8040 Autrement par voie de fait
Serez desconfit en mains lieux.
Ne creez point que soient dieux
Les ydolles que vous servés:
8044 Ilz ont piez, bouche, mains et yeux:
Ainsi fait faire les avez.
Ilz sont muaux, vous le savez,
Aveugles, sours et non puissans,
8048 Parquoy croire ne les devés,
Mais les fondés, ce sera sens.

CLOVIS

Par foy, il est povre de sens
Qui escoute telles parolles.

8052   N'en parlés plus! Hahay, bonnes gens,
Par foy, il est povre de sens.   [62 v°a]
Sa, sa! gens d'armes sur les champs
Je suis las d'oïr telz frivolles.

8056   Par foy, il est povre de sens
Qui escoute telles parolles.
Sus, mes heraux, vien ça, Vignolles!
Fay sonner trompes et clarins,

8060   Buisines et cors sarazins
Haulx menestrez de toutes pars,
Levez banieres, estandars,
Perrons, armoiez richement,

8064   Targes, pavaux si largement
Que toute terre en soit couverte
Et dy que la guerre est ouverte
Du roy de Gaulle et que je vois

8068   Combatre le roy de Gothois:
C'est le plus hault roy d'Alemaingne.

MESSAGIER FRAN[ÇOIS]

Ne cuidiez point que je me faingne,
Mais a belle trompe sonnant

8072   Clere, nouvelle et resonnant
Sera vostre departement
Anoncié si joieusement
Que chacun s'en esjoïra

8070   Manuscrit: \point/.

8076   Et de liesse joÿra.
        Oyez, seigneurs nobles et gentilz,
        Oiez trestous, grans et petis,
        Savoir vous fais de par le roy
8080   Que chacun se mette en arroy
        De le compaignier, il est temps.
        Soiez tout prest, car je m'attens
        Qu'il doit partir dedens une heure.
8084   Ancor convient que je queure
        Savoir se point sera partie
        L'ost de son adverse partie
        Pour venir contre ce païs.

                          [sur le champ de bataille]
        ROY AL[EMANT]
8088   Que Franchois sont ore esbahis
        De la peinne que je leur donne;
        Mon ceptre jure et ma couronne   [62 v°b]
        Qu'ilz seront demain assaillis.
8092   Clovis veurray je face a face,
        Mais si hardi qu'il me desdie
        Ne que mon vouloir contredie
        Que tot escorchier ne le face.
8096   Face du pis qu'il pourra faire,
        Je ne le redoubte ung bouton
        Ne que les cornes d'un mouton:
        Demain en veura l'exemplaire.

8077   Proclamation adressée à la foule (au public?).
8092   Locution Di Stefano p.320; on pense bien sûr à saint Paul.
8098   Locution? *un bouton* Di Stefano p.107.

[non loin de là]

MESSAGIER FRAN[ÇOIS]

8100 Sire, ne vous vueille desplaire,
Vos ennemis sont sur les champs,
Mains seigneurs y a chevauchans,
Richement parez de joiaulx,
8104 Heaumes luisans, haubers roiaux,
Coliers, escharpes en devises
Et richesses de toutes guises.
Hé, seigneurs, soyez diligens,
8108 Riches serez vous et voz gens
  A grant puissance.

CLOVIS

Par tous les dieux ou j'ay creance,
Y me tart que je les poursuie
8112 Et qui m'amera, si me suie!
Sonnez, sonnés, instrumens!
Chevaliers, sur ces Alemans!
Gentilz hommes de franc vouloir!
8116 Toutes gens, faictes vous valoir:
Honneur a tous, n'en doubtez point!

ROYNE

Mon seigneur, Jhesucrist le doint,
Qui garder vous vueille et conduire.

CONNESTABLE FRAN[ÇOIS]

8120 Sire, je voy les armes luire   [63 r°a]
De noz ennemis, assez prez.

CLOVIS
Laissiez venir, nous sommes prez:
Soiez songneux de l'avant garde.

SENESCHAL FRAN[ÇOIS]
8124   Loiaulté en l'arrieregarde
Trouverez, sire, n'en doubtez.
Se faulte y a, si me boutez
Par my le corps vostre taillarde.

CLOVIS
8128   Or sus, chacun en son arroy.

ROY AL[EMANT]
   A l'arme, a l'arme!

CONNESTABLE FRAN[ÇAIS]
   A li, a li!

CONNESTABLE AL[EMANT]
   Wacarme, wacarme!

AMIRAL FRAN[ÇAIS]
8132   A l'arme, a l'arme!

MARESCHAL AL[EMANT]
   Sanc de Guiserne!

8133   Cf. *guiserme* Di Stefano p.421 «hallebarde».

CHANSELLIER FRAN[ÇAIS]
  Je te deffy!

SENESCHAL AL[EMANT]
  A l'arme, a l'arme!

MARESCHAL FRAN[ÇAIS]
8136   A li, a li!

CLOVIS
  Ha, connestable, qu'est ce ci?
  Nostre bataille est trop deffaicte!
  Vignoles, sonne la retraite:
8140 Fortune nous gueroie a tort!   [63 r°b]

ROY AL[EMANT]
  Or ay je mis Clovis a mort
  Par force d'armes en puissance.
  Seigneur suis de Gaule et de France
8144 Dezoremais, s'il ne vient plus fort!

MESSAGIER AL[EMANT]
  Ilz s'en fuient par deconfort,
  Plains de doleur dure et amere.
  Plus de cent en ay veu en biere
8148   Que mors, que vis.
  Je sçay bien que le roy Clovis
  S'en va fuiant, soit droit, soit tort,

8148   *Que...que...*: «aucuns...d'autres...».
8150   Manuscrit: - *tro* + *tort*.

Et est tout vif!

ROY ALEM[ANT]
                    J'en suis d'acort.
8152   Chevaliers, faictes bonne chiere!
Sa venue li couste chiere;
Une autre fois n'y viengne plus.

SENESCHAL AL[EMANT]
Je ne croy point que Julius
8156   Cesar qui tant fit de haultesse,
Hector, Judas, David, Artus,
Alixandre plain de largesse,
Charles et Josue de Gresse
8160   Ne de Buillon bon Godefroy
Aient fait d'armes la proesse
Que ci avez fait, sire roy.

MESSAGIER AL[EMANT]
Clovis s'en fuit et son arroy,
8164   Sire, moult douloureusement.
Je l'ay veu, certes je m'en croy
Et le creez certenement.

CONESTABLE AL[EMANT]
Il y fault ouvrer saigement
8168   Pour savoir s'il revenra point;
Lors le tenront si asprement

8159   *Charles* désigne probablement Charlemagne, anachronisme
évident.
8160   Anachronisme encore plus flagrant que celui du vers précédent.

Que parmy le cuer sera point.

[dans le camp français]

CLOVIS

Aureliens, s'il est a point,

8172 Dictes moy: qui sont ces gens cy?
Ilz son mors, l'un la, l'autre cy;
J'en suis tout merencoleux.

AURELIENS

Sire, on en voit en tant de lieux

8176 Que je ne sçai ne ne puis dire.
Combien j'en ay de dueil et de yre
Les chemins en sont tous couvers,
L'un est a dens et l'autre envers;

8180 Au monde n'a telle pité.

CLOVIS

Aureliens, par amictié
Et par commandement, je vueil
Avoir de vous aucun conseil

8184 Qui soit a mon royaume honnourable.

AURELIENS

Tresnoble prince redoubtable,
Pour moy jusques aux genoulz user
Ne vous voulroie refuser

8188 Requeste ne peticion.
Et n'avez inhibicion
Et grant commandement sur moy.
Sy vous prie, mon seigneur, mon roy,

8192 Que vueilliez avoir soubvenance

De Jhesus qui par sa puissance
Osta d'enfer tous ses amis
Ou autrement vous serez mis,
8196 N'en doubtez, en telle destresse   [63 v°b]
Que vous n'arez chemin n'adresse
Par ou vous puissiez eschapper,
Mais vous iront prenre et harper
8200 Vos ennemis et mettre a mort.

CLOVIS
Par mon ame, j'en suis d'acort,
Et je le feray pour le mieux,
Car j'apperchoy bien que mes dieux
8204 N'ont en eulx force ne vertu
Et pour lui pri que vestu
Je soie de sa sainte grace
En moy donnant temps et espace
8208 De bien apprendre et retenir
Comment je me devray maintenir
En sa sainte nouvelle loy.
Si vraiement que je li octroy
8212 Mon cuer, mon corps et ma povre ame
Et la tressainte vierge dame,
La doulce mere, serviray
Et si tot que j'ariveray
8216 A Reins, iray querir le cresme
Et le sacrement de babtesme
Que me donra mon bon ami
Le saint arcevesque Remi.

8215   Manuscrit: - *ravie* + *j'ariveray*.

8220   Ainsi le li promés et jure.

        AURELIENS
        Sire, le hault Dieu de Nature
        Qui pour nous fut crucifié
        En soit doucement mercié,
8224   Si vray que j'ay bonne esperance
        Que vous arez victoire en ce
        Que vous avez ici emprins.

        CLOVIS
        Seigneurs, pour avoir los et pris,
8228   Renom d'onneur a tousjours mais,
        Alons servir d'un entremez
        Ce faulx traytre roy d'Alemaigne
        Et gardez que nul ne reviaigne.
8232   Prenez en vous cuer de lion,
        Poingniez com ung escorpion
        Aourné de sault de liépart;
        Soiez soubtilz comme renart,
8236   De tigre aiez chiere et regart
        Et de tor couraige hardi.
        Lors par ainsi, se Dieu me gart,
        Victoire arons, je le vous dy.

8232   Cf. Hassell L 60-72.
8233   Cf. Hassell S 47.
8234   Cf. Hassell L 31-33.
8235   Hassell R 18.
8236   Cf. Hassell T 54.
8237   Hassell H 21-22.

8240 Broches de sangler estourdi
     Devez avoir, mes bons amis,
     Armes de cerf bien poursuy
     Qui venir voit ses ennemis
8244 Vous savez que Nature a mis
     En cuer gentilz sens et savoir;
     Or soiez donques entremis
     D'acquerir chevance et avoir.
8248 Prenez a David exemplaire,
     Qui Golias suppedita
     Et vous souviengne de Assuere
     Comment Wastie deshireta.
8252 De Sanson qui sus Dalida
     Trebucha jus le beau manoir
     Et bien pensez a tous ceulx la;
     De ce roiaume me ferez hoir.

     CONNESTABLE FRAN[ÇAIS]
8256 Grant Abraham qui sans douloir
     Volt de Ysaac sacrifier
     Il monstra bien le grant vouloir
     Qu'il ot a son Dieu droiturier,
8260 Mais assez plus en moy fier
     Vous povez, par ma loiaulté,
     Car pour vous me feray tuer
     Ou hors serez de cruaulté.   [64 r°b]

8240   Cf. Hassell S 32
8242   Cf. Hassell C 21-22.
8248   249. 1 Sam 17.
8250   251. Est 1.
8256   257. Gn 22.

AMIRAL FRAN[ÇAIS]

8264 D'Absalon ivre la beaulté
Et de Judit sens et prouesse,
Des Gedeons la grant bonté
Et du roy Cresus la noblesse
8268 Que je fendray emmit la presse
Des Alemans par tel maniere
Que de leur roy aray la teste
Et emporteray sa banniere.

MARESCHAL FRAN[ÇOIS]

8272 Jamais bachinet a visiere
Ne heaume n'ara sur mon chief,
Timbre ne sallade legiere
Jusqu'a tant que venray a chief
8276 Des Alemans ou de leur chief
Qui nostre mort ainsi pourchasse.
Faictes moy morir a meschief
Se de son roiaume ne le chace.

CHANCELLIER FRAN[ÇAIS]

8280 Pour perdre rubis et topace,
Saffir, ou emmeraude fine,
Camahieu qui venin efface,
Deamant, pierre crapaudine,

8264   2 Sam 13-19.
8265   Judith.
8266   Jud 6-8.
8267   Roi lydien, 6e siècle avant J.-C.
8283   On pensait trouver la pierre *crapaudine* dans la tête des crapauds,
contre le venin.

8284 Balay qui porte medecine,
      Perle d'Orient, escharboucle,
      Si li mettray je ains que je fine
      En son braux mauvaise boucle.

      CLOVIS
8288 Loé soit Dieu de ceste couple
      Quant ici nous a acouplez.
      Faictes, seigneurs, qu'on se racouple
      Et ne soions point descouplez,
8292 Car se bien sommes racouplez   [64 v°a]
      Jamais ne nous descouplera
      Cellui qui nous a mescouplez,
      Mais descouplé par nous sera.

      MESSAGIER FRAN[ÇAIS]
8296 Jamais mon corps ne finera
      Tant que ma trompe soit sonnee,
      Sire roy, que m'avez donnee;
      Faire le doy, je y vois en l'eure
8300 Pour vous partir dedens une heure.
      Or ay je fait bien mon devoir
      Quant a chacun ay fait de savoir
      De nostre roy la departie.
8304 Tous ceulx qui sont de sa partie
      Puissent avoir force et vertu
      Que ce roy la soit combatu
      Si que jamais ne face guerre.

8288   Manuscrit: - *coulpe* + *couple*.
8288   295. Jeu rhétorique sur *couple*.
8305   *Ilz* pronom picard.

[à Reims]

SAINT REMI

8308   Cellui Dieu qui fit ciel et terre
Vous envoit, ma treschiere dame,
Santé au corps, pardon a l'ame
Et parfaicte joie en tous temps.

ROYNE

8312   Et Dieu vous en doint telz cent temps
Ainsi que mon cuer le desire.

SAINT REMI

Que dit on du roy nostre sire?
En savez vous nulles nouvellez?

ROYNE

8316   Beau sire, oÿl, mais.

SAINT REMI

               Sont ilz belles?
Ma dame, riens ne me cellés
Et se de mon conseil voulez,
Je suis tout vostre.   [64 v°b]

ROYNE

             Grant merci!
8320   Sire, je suis en grant soucy
Que mon chier seigneur n'ait a faire

8312   Manuscrit: - *ans* + *temps*. Pourtant, vu la rime et le déterminant *cent*, on peut se poser la question de savoir si la leçon biffée n'est pas préférable; le vers 8312 reprend plutôt *temps*.

Se Dieu vous doint en bien parfaire,
Priez pour lui devotement
8324 Adfin que ce roy alemant
Ne veingne de lui au dessus.

SAINT REMI
Dame, le vray Dieu de lassus
Tele priere en vueille oïr,
8328 Dont tous nous puissions resjoïr,
Car bien sçai, ma dame et amie,
Que desconfit ne sera mie
S'il a creance au saint Esprit,
8332 Au pere et au doulz Jhesus Crist
Qui tous trois sont par unité
Conjoins en vraie trinité.
Autrement n'ara il victoire,
8336 Force, prudence ou memoire
De subcomber son ennemi.

ROYNE
Hé, benoit sire saint Remi,
Mon beau pere et mon confesseur,
8340 En vos mos a tant de doulceur,
De prudence et d'umilité,
De vraie foy et de charité
Que toute en suis resconfortee,
8344 Par quoy comme bien confortee
Dieu voy prier en ma chapelle.

8339   Manuscrit: - *con* + *mon*.

SAINT REMI

J'en ay a Reins une moult belle,
Droitement desoubz mon palais;
Dieu y voy prier et vous lais:
Qu'i vous ait en sainte garde.

[sur le champ de bataille]

CLOVIS

Sus, connestable, a l'avantgarde
Mettez vos gens en parement,
Joings et serrez soubtivement
Que nus ne vous puisse entamer.
Jhesus Crist que tant doy amer
Vous soit ami a ce besoing.
Seneschal, ne soiez pas loing,
Prouesse aiez de chevalier,
Ordonnez vos gens, chancellier,
Comme sage, preux et hardi;
Honneur arons, je le vous dy
Au jour d'uy et n'en doubtez point.
Mareschal, sont vos gens a point?
Ferés a destre et a senestre
Et par le Dieu qui me fist naistre,
Je vous feray tous riches hommes.

SENESCHAL

Au jour d'uy veurez qui nous sommes
    Quant a mon lo
Se cuide valloir Lanselo,

Perceval, Tritran, Flourimonde
Et tous ceulx de la Table Ronde.
Alons, alons sans reculer;
8372   Nous ferons ja ce roy urler,
Par mon chief, et n'y eust que moy!

AMIRAL FRAN[ÇAIS]
Veez les ci venir, je les voy.
A eulx! a eulx gaillardement!

ROY AL[EMANT]
8376   A mort, Clovis, a mort!

CLOVIS
                              Comment
Es tu si hardi de le dire?
Je te feray tel martire
Que les chiens te devourront
8380   Et les oiseaulx te mengeront: [65 r°b]
Deffens toy tot!

ROY AL[EMANT]
                    A moy l'aras!

CONNESTABLE FRAN[ÇAIS]
Cela te fault!

8369   Allusion à Florimont (roman du XIIe siècle par Aymon de
        Varennes) ou à Florimonde, épouse d'Octavien dans *Florent et*
        Octavien (fin XIIIe)?
8381   Didascalie indirecte: violences physiques.

CONNESTABLE AL[EMANT]
      Ceci te donne!

ADMIRAL FRAN[ÇAIS]
Cela est tien!

AMIRAL AL[EMANT]
        Tu le raras!

MARESCHAL FRAN[ÇAIS]
8384   Deffens toy tot!

MARESCHAL AL[EMANT]
        A moy l'aras!

CLOVIS
Hé, Jhesus Christ, des miens seras;
Regarde en pitié ma parsonne!
Deffens moy tot!

ROY AL[EMANT]
        A moy l'aras!

SENESCHAL AL[EMANT]
8388   Cela te fault!

8386   *Moy* où l'on s'attendrait à *toy* (refrain), mais c'est peut-être un
jeu subtil du facteur, car c'est effectivement le Christ qui
défendra Clovis, ou est-ce que Clovis s'adresse ici au roi allemand?

SANCHELLIER FRAN[ÇAIS]
Ceci te donne!

CLOVIS
Jamais ne porteras couronne,
Roy, je te tien, ici mourras;
Par mon roiaume, plus ne courras:
8392   Vela ta fin!   [65 v°a]
Grace en rens le chief enclin
A Jhesus Crist, mon createur,
Mon seigneur et mon redempteur,
8396   Qui donné m'a telle journee.

CONNESTABLE FRAN[ÇAIS]
Il est mort, sa vie est finee;
Suions aux autres, mareschal,
Canchellier et vous, seneschal:
8400   Aprez, aprez! Ilz sont tous nostres!

SANCHELLIER FRAN[ÇAIS]
Rendez vous! Hau!

CONNESTABLE AL[EMANT]
                    Nous sommes vostres,
Beaux seigneurs, donnés nous respit
Et ne le tenez a despit,
8404   Car par ma loy
Voulentiers serviray le roy
Et vous aussi.

AMIRAL AL[EMANT]
                    Si ferons nous.

AMIRAL FRAN[ÇAIS]
C'est bien dit, or venez trestous
8408 Et a lui vous presenterons
Autant que pour nous en ferons,
Mais touteffois sans dire non
Vous vos rendez rescoux ou non,
8412 Corps et biens au plaisir du roy.

MARESCHAL AL[EMANT]
Tous ensamble et chacun par soy
Jurons que bien et loiaument
Sans nous desdire aucenement
8416 Au roy prisonniers nous rend(e)rons,
Et jusqu'a la mort nous tenrons   [65 v°b]
Esclaves et subget a ly.

MARESCHAL FRAN[ÇAIS]
Nostre fait est bien embely
8420 Depuis ung po, j'en ay grant joie.

SENESCHAL FRAN[ÇAIS]
Alons au roy!

CHANCELLIER FRAN[ÇAIS]
                    Veci la voie!

CONNESTABLE FRAN[ÇAIS]
    Mais je l'os bien:
Que chacun ameinne le sien,
8424 Car avis m'est que le present
En sera au roy plus plaisant.

AMIRAL FRAN[ÇAIS]
Vous dictes bien, sire.

MARESCHAL FRAN[ÇOIS]
                              Or soit fait!

CLOVIS
Doulz Jhesucrist, Dieu tout parfait,
8428 Vray Dieu qui pour nous volz morir,
Vray Dieu, j'ay tant vers toy meffait
Que ta sainte grace encourir
Ay voulu et moy secourir
8432 Ez venus a mon grant besoing
Si suis bien tenu de courir
En ton service, prez et loin.

Le temps passé ay prins grant soin
8436 De Mahommet croire et suir,
Sa faulse loy me mist ou join
Pour moy plus au diable asservir;
Si vueil dezoremais desservir   [66r°a]
8440 Ta tressainte amour se je puis,
Pour mon ame mieux assouvir
Qu'elle ne chee en perilleux puis.

Par toy doy dire que je suis

8435 Manuscrit: \passé/.
8437 Di Stefano p.454 donne *en ung join* «en un ensemble», *sur le jon*
       «à sa disposition» et *avoir le jonc* «recevoir des coups».
8441 Manuscrit: *Par*. Correction imposée par le sens (probablement
       abréviation mal résolue).

8444   Regnant en haulte auctorité;
        Si n'ay pas tort se je me duis
        A servir ta benignité.
        En ton nom ay suppedité
8448   Cellui qui tant m'estoit contraire;
        Loee en soit ta sainteté
        Qui de pechié m'a fait retraire.

        CONNESTABLE FRAN[ÇAIS]
        Prince roial, roy debonnaire,
8452   Joie et santé puissiez avoir.
        Nous avons fait nostre devoir
        Sur vos ennemis la dehors.
        Assez y sont navrez et mors
8456   Et tant que ces seigneurs de pris
        Par force d'armes avons pris,
        Lesquelz se sont, par ma santé,
        Rendus a vostre voulenté:
8460   Faire en povez a vostre plaisir.
        Or est vrai qu'ilz ont grant desir
        De vous servir bien loiaument
        Par foy juree et par serment
8464   Comme gentilz hommes de nom,
        De haulte emprise et de renom
        Venus et attrais de noblesse
        Et en tous fais plains de proesse
8468   Et seroit bon, si com nous semble
        Que nous et eulx fussiens ensamble

8445   Manuscrit: - *dis* *duis*/.
8454   *La dehors*: indication scénique indirecte?

Pour vous servir et honnourer
Et vostre roiaume decorer
8472   En toutes places.

CLOVIS   [66 r°b]
                    Je le vueil
Seigneurs, or vous gardez sur l'ueil
De mesprendre d'ore en avant;
Soiés preux et je vous convent
8476   De vous richement contenter.

CONNESTABLE AL[EMANT]
Sire, la foy que creanter
Doit gentilhomme a son seigneur
Pour nous occire ou tourmenter
8480   Ne voulons menre ne grigneur
A tousjours mais foy et honneur
Sans varier vous porterons
Comme nostre prince et recteur;
8484   Trestous ainsi le vous jurons.

CLOVIS
Cornez, cornez, si partirons
Et demenons joie et liesse.
O Dieu, a qui j'ay fait promesse
8488   Me vueil loiaument acquitter.
Messagier, va t'en reciter
A la royne nostre venue
Et qu'elle est bien a Dieu tenue

8483   Manuscrit: \et/.

8492   De la victoire
Que Jhesucrist le roy de gloire
Nous a donnee en po de temps.

[en route]

MESSAGIER
Je croy que je y seray partant
8496 Se piez et jambes ne me fallent.
Devant, devant, mes vaines ballent
En mon corps par force de seuf:
Il a des heures plus de noeuf
8500 Que je ne beuch ne vin ne sause.
Hausse le cul, bouteille, hausse!   [66 v°a]
Si cherra ce vin d'Alemaingne;
Y me tarde que je le tiengne.
8504 Hahay, hahay, quelle halenee!
Je ne tiray de ceste anee
    De si bon het.
Mon voiage est a moittié fait:
8508 La royne voy, ma douce dame.
Salut vous mande, par mon ame,
Le roy qui est sains et joieux
Et si vous jure par mes dieux
8512 Que ainchois qu'il soit demain midi
Vous le veurez, je le vous dy,
A moult joieuse compaignie.

[Chez Clovis]

ROYNE
De mal, d'ennuy, de villenie
8516 Te garde Dieu pour ces nouvellez.
Pieça n'en oÿ de si belles.

Si en aras de mes joiaulx
Ung ou deux de tous les plus beaux.
8520 Or, tien, pren en gré, mon ami,
Mais a l'arcevesque Remi,
Mon beau pere, bientot iras
Et ces nouvellez lui diras
8524 Adfin que bientot viengne icy.

MESSAGIER FRAN[ÇAIS]
Dame, je y vois, mais grant merci
De tous les biens que vous me faictes.

[exit]

ROYNE
Et ou vous estes vous retraites?
8528 Dictes, Alis et Katherine,
Damoiselles Janne et Lorine!
Venez ça, que bon jour vous doint
Jhesus Crist, ne me laissiez point;
8532 Mon seigneur vient certennement.   [66 v°b]

KATERINE
J'en suis joieuse telement
Que je ne le sçay a qui dire.
Parer m'en vueil gaillardement
8536 Et joie querir en lieu d'ire.
J'ay beaux joiaux pour moy deduire,
Et vous, et vous, et vous, Alis.

ALIS
J'ay ja plus blancq que fin yvoire
8540   Beaux chappelés de fleurs de lis.

LORINE
Et j'ay pour estre gentement
Chapeau de glay a une tire
Semé de rozes proprement;
8544   On ne saroit plus bel eslirre.
La venue du roy desire
Pour lui monstrer, tant est jolis.

ALIS
J'ay ja plus blanc que fin yvire
8548   Beaux chappelez de fleurs de lis.

JANNE
J'ay commenciét nouvelement
Mon chapel, c'est assez pour rire:
Il est de foeulle de piment
8552   Et de feneul vert comme cire
Par(en)venche ce n'est pas le pire;
Portez les vostres sur vos lis.

ALIS
J'ay ja plus blanc que fin ivoire
8556   Beaux chappellez de fleurs de lis.

8539   Manuscrit: \ja/; Hassell I 6.

[chez Remi]

MESSAGIER FRAN[ÇAIS]
Le Dieu en qui sont vos delis,   [67 r°a]
Sire, par bonne entencion
Vous envoit consolacion
8560   Et joie de tous vos amis.
Le royne m'a vers vous tramis
Qui ceste lettre vous envoie
Et dit que le roy est en voie
8564   De revenir.

SAINT REMI
Ami, bien puisse tu revenir
Lire les vois sans plus attendre:
Va boire ung cop pour mieulx entendre
8568   La response que j'en feray.

[chez la reine]

ROYNE
Le roy vient, plus n'arresteray:
Au devant bien aler li doy.
Bien veingniez, mon seigneur le roy,
8572   Bien ait il, bien soit il venu:
Tout mon vouloir est avenu,
Loez soit Dieu.

CLOVIS
      Grant merci, dame,
Ma douce compaigne et ma femme.

8570   *Li*, car la locution était *aller au devant à quelqu'un.*

8576   Je vous baiseray par amours.
        Le Dieu qui m'a donné secours
        Vous octroie paix et paradis.
        Aureliens, alez toudis
8580   Vostre parlement ordonner:
        La royne y vueil bientot mener
        Et tous mes amis qui sont cy.
        Ancor suis je en grant souci
8584   Comment pourrons Remi avoir.

        ROYNE
        Se Trotemenu fait son devoir
        Il sera ici dedens heure.
        Mon seigneur, se Dieu me sequeure,
8588   Je me sens bien a lui tenue.

        CLOVIS   [67 r°b]
        Dame, dame, sa bien venue
        Desire plus, je vous convent,
        Que de seigneur qui soit vivant,
8592   Com assez tot je vous diray.

        AURELIENS
        Tout est prest, sire.

        CLOVIS
                    Ho, je iray!
        Sa, dame, sa, et vous, et vous,
        Venez vous en, venez trestous,
8596   Je vous le commande et enjoing.
        Or vous pri que vous aiez soing
        De bien retenir et entendre

A la fin a quoy je vueil tendre:
8600 Vous savez comment j'ay esté
Presqu'un yver et ung esté
Contre le roy des Alemans
Qui tant avoit de drugmens,
8604 De grans seigneurs et de gens d'armes,
De champions portans ses armes
Con nulz ne les saroit nombrer.
La ay eu si grant encombrer,
8608 Perte si grant et si villainne
Que de mes gens parmy la pleinne,
Tous de mes armes revestus
Trouvoie mors et abatus,
8612 Dont si fourment je souspiroie
Et a mes dieux me complaingnoie
Qu'ilz me voulsissent secourir
Et garder mes gens de morir.
8616 Mais chacun jour de pis en pis,
Sans avoir pitié ne respis,
Fortune tourna contre moy
Et tant me guerria ce roy
8620 Qui tant de monde avoit des siens
Qu'il convint que moy et les miens   [67 v°a]
    Fuissons en fuite
    Par plusieurs fois.
8624 Ce m'estoit bien diverse luite
    Pour tous Franchois.
Lors m'escria a haulte voix
Aureliens: «Haa, roy de France,

8606   Manuscrit: \nulz/.

8628   Souviengne vous de la puissance
            Au roy des rois
        Qui mort souffrit pour nous en croix
            Sans deffiance.
8632   Se vous avez en li creance,
            Tant le congnois
        Qu'il vous fera a vostre chois
            Avoir vengence».
8636   Adonc de Remi me souvint
        Qui l'autre fois devers moy vint
        Pour moy parler de Jhesucrist.
        Ancor ay je en mon cuer escript
8640   Assez du bien qu'il me disoit,
        Mais mon couraige se doubtoit
        De faire a Mahon desplaisir
        Ne ne volz faire a son plaisir.
8644   Mais a l'eure de la bataille
        Qu'on frapoit d'estoc et de taille,
        A deux genoulx, le cuer noircy,
        A Jhesucrist criay merci
8648   Et le recongneu mon vray Dieu.
        Dont assez tot et en ce lieu
        Fut mors le roy des Alemans
        Et mille et mille garnemens
8652   Qui d'Alemaingne
        Portoient le nom et l'enseigne.
        Sy ay en moy devocion
        De faire supplicacion
8656   Au bon Remi

8645   Locution Di Stefano p.310.

Au saint homme, de Dieu ami
   Que du saint Cresme   [67 v°b]
Et de l'eaue ez fons de baptesme
8660   Me vueilliez laver corps et ame.
Si vous commande et requier, dame,
Et vous tous, mes amis loiaux,
Tant gentilzhommes que roiaulx,
8664   Que nous, par grant solempnité,
A Reins la tresbelle cité,
Qui des cités est la deesse,
Alions acquitter ma promesse:
8668   Xrestien vueil estre.

ROYNE
Le Dieu qui paradis terrestre
Ordonna pour ses vrais amis
Et qui tel bien en vous a mis,
8672   Sire, soit loez haultement.
Nous irons tous joieusement
   Et sans feintise.
Le bon Remi en son eglise
8676   Trouverons et n'en doubtez mie.

[chez Remi]

SAINT REMI
La mere Dieu me soit amie,
Qui ez sains cieulx est couronnee.
Le cuer de joie me fremie
8680   Au lonc de ceste matinee.

8660   Passage du discours indirect au discours direct, fréquent en
ancien français.

Je voy la royne acheminee,
Le roy et moult de gens venir.
Dieu li doint qu'en ceste journee
8684   Vueille la sainte loy tenir.

CLOVIS   *[arrive]*
Pere, Dieu vous doint maintenir
En sa sainte euvre glorieuse
Et sa vraie foy soustenir,
8688   Qui tant est douche et gracieuse.
En l'onneur de la precieuse
Vierge pucelle et charitable,   [68 r°a]
Ostez moy la loy tenebreuse
8692   Et me donnez la pardurable.
La loy Jhesus ay aggreable
Et croy sa haulte seignorie,
Car de peril irreparable
8696   Mon ame vy presque perie.
Or m'a par sa grant courtoisie
Sur Alemans donné victoire,
Par quoy je hez la punaisie
8700   Du Dieu en qui souloie croire.
Homme de Dieu, j'ay bien memoire
De tous les benois sanemens;
O pain sacré mis o cibore
8704   Mettray tous mes entendemens
Et croiray vos commandemens
Que vous direz, mais le saint Cresme
Pour avoir doulz alegement
8708   Me donnez en fons de baptesme.

SAINT REMI
Hé Dieu du ciel, Dieu precieux,
Vray Dieu de haulte deité,
Tes dons sont si delicieux,
8712   Si parfais de toute bonté
    Toute beauté
    Humilité,
    Felicité,
8716   Benignité
Soit joins avecques charité.
Nulz ne poeult mieulx,
Car ton saint esprit amoureux
8720   Fructefieux,
    Comme songneux,
    Comme joieux,
    Comme piteux
8724   Est en lui descendu des cieux
Pour nous donner joie et liesse,
Le roy et vous, doulce maistresse.   [68 r°b]
    Ostez destresse,
8728   Chasiez tritresse,
    Fuiez peresse,
    Suiez noblesse,
    Garder proesse
8732   Et vous parez de gentilesse
    Qui point ne fine.

Retenez de Dieu la doctrine
Sire roy, c'est la medecine

8712   Manuscrit: - *beaut* + *bonte*.

8736   Et rachine
        Belle et fine
        Tresdivine
        Qui trestous pechiez chasse et mine.
8740   Se le baptesme demandés,
        Loez soit nostre createur!
        Bien sçay qu'a bonne fin tendez,
        Or en soit Dieu mediateur;
8744   Orateur,
            Senateur,
            Vray tuteur
        En seray et conservateur.
8748   Puisque fait avez la demande
        Ou nom de nostre redempteur
        L'aurez, sire.

        CLOVIS
                        Dieu le vous mande!

        SAINT REMI
        A Dieu chacun se recommande,
8752   Je le vous requier doulcement,
        Et le prions que saintement
        Nous doint le saint batesme faire.
        Il nous est licite et necessaire
8756   Que tous soions en orison,
        A terre enclins et avison
        Au sauvement de nostre roy.   [68 v°a]

Adonc va en son oratore prier Dieu et tous les autres
sont a genoulx devotement tant que le Saint Esprit aporte
la sainte ampoulle.

[au ciel]

DIEU

Michiel, pour exaucier la loy
8760   De sainte et vraie xrestienté
Fait Remi grant solempnité
Laval a Reins en son eglise
Et la le roy Clovis baptize
8764   Qui loncq temps a esté paien
Et quier que j'en soie moien
        Car jour et nuit
A m'en prier est son desduit.
8768   Or y est tant de poeuple allé
Que son clercq sera reculé
Ne ne pourra porter le cresme
Pour parfaire le saint baptesme.
8772   Si me consens
Que voises laval et descens
Et ceste ampoulle belle et sainte
Plaine de cresme emporteras
8776   Entre ses deux mains les laras;
Le cresme en est et fut jadis
Benit en nostre paradis.
Toudis sera l'ampoulle pleinne,
8780   A tous sacres entiere en saine
Ou les rois sacrer qui deffance
Seront vrai hiretiers de France.
Or va, Michiel, fay le message.

8765   Cf. v.8743.
8768-8771   Probablement, Dieu décrit ici ce qui se passe sur l'aire de jeu: didascalie indirecte.

MICHIEL ANGE

8784   Sire Dieu, qui a ton ymag(in)e
        Fourmas Adam le premier homme,   [68 v°a]
        Ton doulz message feray comme
        Il te plait a le commander.

                                          [Chez Remi]

        SAINT REMI

8788   Dieu nous vueille tous amender
        Par sa sainte misericorde
        Et contre l'ennemi bender
        Pour nous descorder de la corde
8792   En quoy il nous avoit liez,
        Car nous n'en fusmes desliez
        Tant que Jhesucrist et concorde,
        Comme l'escripture recorde,
8796   Nous en fit joieux et liez.
        Dieu par sa mort nous delivra
        De la prison ou nous livra
        Adam nostre pere premier.
8800   Dieu les portes d'enfer brisa
        Et ses bons amis il puiza
        Et gecta du perilleux fumier.
        La ne fut porte ne sommier
8804   Qui devant lui resistat.
        Ainsi nous vault il nettoier
        Ça jus avant qu'en cieux montast.
        Es cieux monta dont il venoit,

8784   Hypermètre; correction pour la rime et le mètre. *Imagine* est une
        forme pseudo-savante introduite sans doute par le copiste.
8800   Allusion à la descente aux Limbes, voir v.375 avec note.

8808 En gloire pleinne de lumiere;
La fu et est comme il souloit
A la destre Dieu le pere.
La est le digne mistere,
8812 La est la sainte Trinité
Regnant, vivant en joie clere
Qui donne a tout homme clarté.
Prince puissant, roy redoubté,
8816 Creez ce que je vous devise,
Nostre loy confont la loy juise
Et destruit principalement
Par la vertu du sacrement   [69 r°a]
8820 Ou nous creons et debvons croire:
C'est le saint pain, que le preuvoire
Sacre dignement a la messe
Dont le fil de Dieu fit promesse
8824 Quant la Cene aux apostres fit.
La le partit et puis leur dit:
«Freres, veci mon propre corps,
Ja ne seray misericors
8828 Aux pecheurs qui n'en mengeront
Ne part en moy jamais n'aront,
    Je vous promés,
Mais je vous ordonne et commés
8832   Que dezoremais
En signe d'amour et de paix
Le vueilliez a ceulx departir
Pour qui je vueil estre martir,
8836 Car qui de ce pain mengera
A tousjours mais sauvé sera».
    Hé, roy de France,
Aiez en ce ferme creance,

8840   Car quant le saint baptesme arez,
        Par ce pain ci sauvez serez,
            N'en doubtez point.

        CLOVIS
        Chier sire, il est si bien a point
8844   Qu'a peinne dire le pourroie,
        Mais tout en l'eure le voulroie,
        Si vous plaisoit.

        SAINT REMI
                            Sus, sans arrest,
        Alons aux fons et je suis prest:
8848   Dieu soit a ce commencement.

        ROYNE
        Or ça, ça, ça, joieusement
        Venez ici, josnes et vieux,
        Qui plus sara, si face mieux.
8852   Despoullier le roy nous convient;
        Si joieux mon cuer en devient   [69 r°b]
            Qu'a dire voir
        Plus grant joie ne puis avoir
8856   En tout le monde.

        CONNESTABLE
                            Par mon ame,
        Ma dame, ma joieuse dame,
        Ad ce faire ne me doy feindre:

8852   Rappelons que le baptême se pratiquait par l'immersion (cf.
        v.8975 avec note).

Despoullier le vueil et descendre,
8860 En lui portant la vraie foy
Que chevalier doit faire a roy.
Amiral, beau frere et ami,
Le bon arcevesque Remi
8864 Nous monstre cy bel exemplaire.

AMIRAL
Ce fait mon! A Dieu puist il plaire,
De qui li vient ceste doctrine
Ez fons est l'eaue belle et fine
8868 Et le lieu moult bien preparé.

CHANCELLIER
Faisons bientot qu'il soit paré
De beaux joiaux et de richesses,
D'instrumens et de noblesses,
8872 De draps, de fin or et de soie.

MARESCHAL
Crions a haulte voix «Montjoie»
Tous ensamble, je vous en prie.
C'est cry de roy que chacun crie
8876 Par amour et dilection.

SENESCHAL
J'ay au cuer grant devocion,
Chier sire, a vous voir baptizier;

8873 *Montjoie* est un sanctuaire pré-chrétien (Lombard-Jourdan p.12,
pp.18-23 sur les liens entre Clovis et saint Denis: la conversion
et le baptême situés parfois à la Montjoie).

Je tien que c'est pour attisier
8880   En vous l'amour de Jhesucrist.

AURELIENS
Le grant doulceur du saint Esprit
Vueille descendre avec nous: [69 v°a]
Le roy est prest.

SAINT REMI
                    Or sus, sus, trestous!
8884   Mectez le roy ou il doit estre,
Gardez sa couronne et son cepre:
Dame, ce sera vostre office,
Adfin que chacun soit propice
8888   De bien faire au roy son devoir.
Karitas, y nous fault avoir
Le cresmes pour les fons cresmer:
Apportez le moy!

KARITAS
                   Saint Omer!
8892   Sire, je ne sçai que je face,
Mes dolans yeux coeuvrent ma face
De larmes de sanc et de pleur!
Si vrai que j'ay telle doleur
8896   Qu'onque pecheur n'ot la pareille
Et ce n'est mie de merveille,
Car le saint Cresme, par mon ame,

8891   Saint Omer (Audomarus) vécut au VIe siècle!

       Ai je laissié a Nostre Dame
8900   Ne je ne l'ai mie apporté.
       Hé, povre homme deconforté,
         Y n'est voie
         Que je voie
8904   Par ou j'aille ou envoie,
         Quant la voie
         Que devoie
       Est tele, se Dieu me pourvoie,
8908   Qu'aler la hors ne pourroit nulz,
       Car tant y a de gens venus
       Hault et bas, parmy ce palais,
       Tant gens d'eglise comme lais
8912   Que nulz ne passeront par ci.
       Sire roy, je vous cry merci,
       Et a vous, mon treschier seigneur:
       Oncques faulte ne fut grigneur   [69 v°b]
8916   Que j'ai ci faicte.

SAINT REMI
               Elle est bien grant
       Nostre seigneur nous soit garant
       En toute nostre aversité.

8899   Donc le baptême n'a pas lieu dans la cathédrale Sainte Marie,
construite vers 407 par saint Nicaise; selon Verseuil p.127-128,
le baptême a bel et bien eu lieu dans la cathédrale; il refute les
hypothèses selon lesquelles Clovis aurait été baptisé dans Saint
Nicaise ou Saint Pierre-le-Vieil. Cf. cependant notre v.9189,
mais c'est là, bien sûr, un témoignage du XVIe siècle!
8910   Nous sommes donc au palais (épiscopal?).
8913   Manuscrit: - *ay* + *cry*.

Seigneurs, en sainte charité

8920 Vous requier humblement que nous
Voire a coudez et a genoulx
Prions a Dieu que de sa grace
Nostre baptesme se parface,

8924 Car de bon cuer li prions,
Jointes mains, et merci crions.
Nostre priere exaucera,
Benoit soit il qui se fera,

8928 Et moy mesmes commenceray
En loant Dieu et chanteray
La loenge que j'aime plus:
Veni, creator spiritus.

En le cantant doit descendre le Saint Esprit tenant a son becq la sainte ampoulle et la prent saint Remi et puis dit:

8932 O vray Dieu, doulz Dieu precieux,
Dieu tout puissant, Dieu Jhesu Crist,
Saintisme Dieu qui des sains cieux
Nous envoiez le saint Esprit,

8936 Une sainte ampoulle et l'escript
Pour acomplir nostre entreprinse!
Sus, seigneurs, sus. De cuer contrit
Chascun a bien faire se duise!

8940 Comme indigne ay l'ampoule prise.
Noble prince, regardez cy.

8921 La position «classique» de la prière: allongé sur terre.
8931 Manuscrit: - *en les* + *en le*; *becq*: donc une colombe (mécanique) descend.
8936 Le sens précis de l'*escript* reste obscur.

Je voy bien que Dieu y a mise
L'onction et le cresme aussi   [70 r°a]
8944   Or ne soions plus en souci
De nostre baptesme parfaire,
Mais seulement grace et merci
Rendons a dieu. Bien se doit faire.
8948   Dieu nous monstre bel exemplaire
De croire en lui parfaitement,
Quant du hault ciel pour nous complaire
Des biens nous donnes largement.
8952   Or le mercions humblement
D'un doulz vouloir rempli de joie,
N'aions dieu que lui seulement!
C'est le milleur tour que je voie.

CLOVIS

8956   Moult tart m'est que je soie
En ces beaux fons lavé et mis,
Tout ainsi que j'ay promis;
Promis l'ay a Dieu, si requiers
8960   Que tot aie ce que je quiers:
Je suis tout prest, beau pere en Dieu.

SAINT REMI

Dieu soit garde de ce beau lieu
Et de tous les bons habitans,
8964   Puis que cresme avons, il est temps
Que ces beaux fons soient benis;

8951   Deuxième personne: confusion avec la prière adressée directement à Dieu.
8956   *Tart m'est*: «il me tarde».

Moult sont plaisant et bien brunis.
Dieu par sa grace les benie,
8968   Qui par sa bonté infinie
Toute creature assouage
Et ou nom de son doulx ymage,
Je les benis, [benis] soient!
8972   Tous ceulx qui ces miracles voient
Aient en lui ferme creance.
Sa venez, noble roy de France:
Entrez es fons, veci le cresme
8976   Que voulez vous avoir.

CLOVIS

                          Baptesme,   [70 r °b]
Je le vous requier, sire doulx.

SAINT REMI
Je vous demande, creez vous
Trois personnes en unité,
8980   Conjoins en vraie trinité?
C'est saint Esprit, et filz et pere,
Tous trois d'un mesme mistere,
D'ame essence en vraie unité
8984   Sans amenrir la deité:
Le creez vous certenement?

CLOVIS
Sire, n'en doubtez nullement

8975   Cf. l'iconographie: le fonts est presqu'un cuvier où l'on entre et
le baptême est pratiqué par immersion: cf. le v.8852 où Clovis
est dépouillé de ses vêtements.

Il est ja en mon cuer escript.

SAINT REMI

8988   Vous creez bien que Jhesucrist
Le filz de Dieu, le fruit de vie,
Nasquit de la vierge Marie,
Qui tant estoit de grace pleinne,
8992   Pour sauver creature humaine?

CLOVIS
Ainsi le crois.

SAINT REMI
Croire aussi devez qu'en le croix
Endura mort et passion
8996   Pour humaine redempcion
Et quant tier jour resuxita
Et ses amis d'enfer getta:
Le creez vous?

CLOVIS
9000   Ainsi le croy, beau pere doulz,
En fait, en pencee et en dit.

SAINT REMI
Sire, creez que Jhesucrist   [70 v°a]
Comme vray Dieu monta ez cieux
9004   Et comme vrai Dieu vertueux
Ses apostres enlumina?

8989   Manuscrit: - *le filz* + *le fruit*.

CLOVIS
De ce que dictes ici n'a
Ung seul mot que ne croie bien
9008   [.........................]
Voz precieux enseignemens.

SAINT REMI
Entre les autres mandemens
    Vous devez croire
9012   Et le mettez bien en memoire
Que le filz de Dieu proprement
Venra au jour du jugement
Jugier les bons et les mauvais.
9016   La portera chacun son fais,
La sera gardee equitté
Et debouté iniquité:
Du juge nul n'appellera.
9020   Qui ces articles ne croira
De quoi je vous fas mencion,
Il cherra en perdicion
De ame et de corps.

CLOVIS
                        Dieu le vous mire,
9024   Je le croy ainsi, treschier sire:
Dieu vueil je croire et sainte eglise.

SAINT REMI
Et en son nom je vous baptize:

9008   Lacune conjecturée pour la rime et pour le sens.

In nomine patris et filii et spitiru sancti, amen!

CLOVIS

9028 Dieu tresdoulz Dieu, Dieu pere et filz,
Dieu saint Esprit regnant ez cieux,
Dieu qui la mer creas et fis   [70 v°b]
L'air et le feu cler et joieulx,
9032 Dieu, tu formas josnes et vieux
Si com c'est [vray], vueilliez par don
De mes grans pechiez venimeux
A ce jour ci donner pardon.

9036 Le temps passe, trop me forfis,
Quant me donnay a autres dieux.
Mon corps et mon ame deffis
Com chetis et douloureux.
9040 Hé, Jhesucrist, Dieu precieux,
Si com c'est vray, vueilliez par don
De mes grans pechiez venimeux
A ce jour ci donner pardon.

9044 Je te rens graces et mercis
De ce baptesme glorieux:
Tous mes membres sont eslarchis
Et ma povre ame ancor mieux:
9048 Bien as esté de moy soingneux.
Si com c'est vrai, vueillez par don
De mes grans pechiez venimeux
Ad ce jour ci donner pardon.

9052 Seigneurs, tous ceulx qui m'ameront
Com j'ay fait, autel feront:

Loé soit Dieu, je suis xrestien,
La sainte loy tenray et tien.
9056 Ostez Mahommet et Venus,
Tervagant, Mars, Mercurius,
Jupiter, Dyane et Jovis.
Je les nomme, mais c'est envis,
9060 Car malement j'en feu deceu
Au jour qu'en eulx folement creu.
Leur fait vault pis que l'Antecrist
Mais nostre sauveur Jhesucrist,
9064 Dieu precieulx, Dieu filz de Dieu,
Qui la sainte Ampoulle en ce lieu
Pour nous baptizier a tramise
Et entre les deux mains assise   [71 r°a]
9068 Du saint homme que ci veez,
Delivrez vous et me creez,
Soiez tous filz de sainte eglise
Et lui priez qu'il vous baptise
9072   Hativement.

CONNESTABLE
Sire, nous veons clerement
Quanque vous dittes estre voir.

CHANCELLIER
Assez le peult on concevoir

9058   Jupiter et Jovis deux dieux différents!
9062   Manuscrit: *pris*, correction pour le sens; Manuscrit: *tantecrist*,
        correction pour le sens.
9069   Ce vers s'adresse aux sujets de Clovis et non plus à Dieu.
9071   *Lui* et *il* renvoient à Dieu et non à sainte Eglise.

9076   De ce ne doubte nullement.

MARESCHAL
L'ampoulle ay veu saintement
A l'arcevesque recepvoir.

SENESCHAL
Sire, nous veons clerement
9080   Quanque vous dittes estre voir.

AURELIANS
Xrestien serai benignement
Pour l'amour de Jhesus avoir;
Tantot en ferai mon devoir.
9084   Baptiziez moy premierement!

AMIRAL
Sire, nous veons clerement
Quanque vous dittes estre voir.
Assez le peult on concevoir
9088   De ce ne doubte nullement.

CONNESTABLE
En l'onneur du saint sacrement
Dont ci raconté nous avez,
Sire arcevesque, nous lavez
9092   Corps et ame dedens ces fons
Pour nous garder d'aler au fons
D'enfer, qui tant est a doubter.

AMIRAL   [71 r°b]
Helas, ne vueilliez debouter

9096   Celui qui devotement vous prie;
        Chacun de nous en son cuer crie
        Que de vous baptisiez soyons.

        MARESCHAL
        Les grans doulceurs que ci veons,
9100   Les miracles et les beaux fais
        Deffaceront tous noz meffais
        Se bien en Jhesucrist creons.

        SENESCHAL
        Beau pere, en sainte charité,
9104   En nom de Dieu nous baptisiez,
        Car nous sommes tous avisez
        De tenir vraie xrestienté.

        TRESTOUS ENSEMBLE
        Sire, c'est nostre voulenté,
9108   Chascun de nous requiert baptesme.

        SAINT REMI
        C'est bien dit, apportez le cresme.
        Or est ce ci ung jour de joie.
        Dieu le baptesme vous octroye
9112   Et en son nom je vous baptize.
        Amez Dieu, servez sainte Eglise
            Car c'est la clef,
        Le moien, le fin et le chief
9116   Qui nous a les cielz deffermés,
        Qui jadis nous furent fermez
        Par une amere vyolence
        Du pechié d'inobedience

9120 Que fit Adam le premier pere.
Onques mors ne fut de vipere
Si venimeux ne si persant.
Y fut tel, qu'ancor s'en sent
9124 Nature et toute humanité,
Mais Dieu par grant humilité
Son filz tramist des cielz en terre   [71 v°a]
Qui entreprint pour nous la guerre
9128 Contre Sathan nostre ennemi.

CLOVIS
Homme de Dieu, homme Remi,
Homme devot, homme tressaint,
Saint homme ou toute honneur remaint,
9132   Joieusement,
    Tresdoulcement,
Vous merci souverainnement
    De la grant joie
9136   A grant Montjoie
Que Dieu par vous ci nous envoie.
    Nous et les nostres
    Par tous apostres
9140 A tousjours mais sommes tous vostres,
De cuer, de corps et de pencee.
Or est la priere exaussee,
Dame, de quoi m'avez requis;
9144 Tant avez fait et tant ay quis
Que vrai xrestien suis devenu.

9132   Manuscrit: - *joiese* + *joieusement*.
9143   Ici, Clovis s'adresse directement à sa femme.

ROYNE
Sire, vous en estes tenu
A Jhesucrist premierement
Et a Remi si grandement
Que fort sera du desservir.

SAINT REMI
Servir, pensons de bien servir,
Toutes et tous la deité,
La dignité, la sainteté
De la treshaulte trinité
        Qui tout peult faire,
        Faire et deffaire,
Et tous les imparfais parfaire.
Roy parfait estes a present,
Prouver le puis par le present
Que le treshault Dieu de nature,
Dieu createur de creature,
Nous a envoié, vé le cy,
Vostre cuer en est esclarci,   [71 v°b]
Vostre pensee en est joieuse
Et l'ame de vous vertueuse,
Vostre corps en est sans pechié,
Vostre cuer en est estanchié
De toute tribulacion.
Or aiez cogitacion
        Hativement
De Dieu servir devotement,
De vostre roiaume gouverner,

9148
9152
9156
9160
9164
9168

9149   *Du = de* (desservir) + *le* (cela).

9172 De vos subgetz bien ordonner
Et de si bien garder justice
Que vostre roiaume ne perisse,
Car quant justice y perira,
9176 En grant peril ce roiaume yra.
Mais se justice par vous regne,
Seigneur serez de vostre regne
Et venra paix la bien amee,
9180 Qui de justice et surclamee.
Ainsi de Dieu serez amé
Et du roiaume seigneur clamé,
Com roy par honneur doit estre.

CLOVIS

9184 Sy plait a Dieu le roy celestre,
Je feray voz commandemens
Et voz tresdoulz enseignemens
Acompliray,
9188 Mais a grant joie m'en iray,
Comme vous, a la grant eglise
Et la sera l'ampoulle mise
En fin or precieusement,
9192 Si que chacun songneusement
Baisier la voise et aourer.

9180   *Et*: «est».
9184   *Celestre*: -r- amuï, forme créée pour la rime (*estre*) par analogie
        avec *terrestre*; cf. Lote III,331 qui relève la même forme chez
        Chastellain.
9189   Il se rend donc à la cathédrale, ce qui signifie qu'il ne s'y
        trouvait pas encore (cf. v.8899 avec note).
9190   La sainte Ampoule, relique importante, aurait été écrasée sous les
        pieds d'un soldat pendant la Révolution.

Tel joiau doit on honnourer,
Qui venu est de paradis.

SAINT REMI

9196   Dieu nous doint en faiz et en dis
Force, puissance et voulenté
De son plaisir faire tousdis,   [72 r°a]
Si que par sainte xrestienté
9200   Ne soit xrestien en orfenté
N'en lengueur doloreusement,
Ainçois nous [doint] paix et santé
Et de noz maux alegement.

9204   Or venés tous joieusement,
La sainte ampoulle est aournee,
En loant Dieu devotement
De ceste benoite journee:
9208   Elle est de grace enluminee,
Elle est de liqueur toute pleinne,
Ele est de Dieu environnee,
Je ne sçay chose plus certaine.

9212   Alons, l'eglise est bien prochaine
Et la voie assez gracieuse,
Alons, sans en plaindre la peinne,
Chantans une antesne joieuse
9216   En l'onneur de la precieuse
Vierge, qui le filz Dieu porta,

9213   Est-ce que cela veut dire qu'à la fin de l'épisode les joueurs se
rendent en procession à l'église? Cf. 9214 *Alons*: on entame une
antienne avant le départ.

Commençans par la plus amoureuse,
Par foy, c'est «*Inviolata*».

Explicit le batesme du roy Clovis.

Cy s'enssuit comment le roy Clovis occit Ragone et com-
ment il donna a saint Remi tant de terre comme il yroit
jusqu'a tant qu'il eust dormi a midi

[Chez Remi]

SAINT REMI

9220   Saintime Dieu, Dieu precieux,
       Dieu terrien, Dieu des sains cieux,
       Dieu nostre pere createur,
       Dieu filz de Dieu, Dieu redempteur,   [72 r°b]
9224   Doulz Dieu qui par humillité
       Enduras pour humanité
       La mort angoisseuse et amere,
       Toy requier et ta douce mere
9228   De moy donner tel sentement
       Que ta tressainte amour acquiere
       En toy servant joieusement.

       Le roy Clovis benignement
9232   Ay baptisié en ton saint nom,
       Dont il a acquis haultement
       Par toute France bon renom.
       Justice, lois et droit canon
9236   Fera regner, c'est son desir;
       N'y fault bombarde ne canon

Se son euvre est a ton plaisir

Ton plaisir soit, Dieu qui jadis
9240 Creas Adam a ton ymage
Et en terrestre paradis
L'assis comme en son heritage.
Mais la mist il l'umain linage
9244 Par son non-sens en tel dongier
Que ton filz du plus hault estage
Descendi pour nous y vengier.

Le serpent qui tant le tempta
9248 Vueilliez chassier d'environ nous
Et les malices dont tant a
Nous deffens si qu'a nus genoulx
Devotement, toutes et tous
9252 Te doyons servir et amer,
Tant que de noz pechiez absoulz
Soions pour ton nom reclamer.

[autre part]

RAGONE
Mahon, le dieu des amoureux,
9256 Qui tant nous donne de liesse,
Jovis le doulz, le gracieulx,
Par qui je suis plains de noblesse,
Prestés moy sens, force et proesse
9260 De convertir a vostre loy   [72 v°a]

9245   Allusion à l'*étage* du décor?
9255   Pourquoi Mahommet est-il le dieu des *amoureux*?

Tous ceulx qui par folle simplesse
Ont a Jhesus donné leur foy.

Dieu Tervagant, qui sur les cieux
9264 Regnes en joie sans tritresse,
Dieu Jupiter, josnes et vieux,
Chacun de vous servir ne cesse
Pour augmenter vostre noblesse
9268 Mettray Clovis en tel derroy
Que xrestien n'a qui ne le laisse
Pour vous servir en bel arroy.

Mercure, Dieu plentureux,
9272 Dyane, la haulte deesse,
Dieu Appolin, gent et joieux,
Dieu Venus, plain de hardiesse,
Dieu Mars, mon Dieu, Dieu de richesse,
9276 Hé, tous mes dieux en qui je croy,
D'or en avant vous fas promesse
De destruire ce que je voy.
Burgas!

BURGAS
    Seigneur?

RAGONE
                Entendez moy!
9280 Y vous est assez apparent

9265 Jupiter et Jovis deux dieux distincts: cf. v.9058.
9274-9275 Vénus hardie? Mars riche?

Que je suis tresprochain parent
De Clovis, le roy des François
Et qu'il estoit paiens ainchois
9284   Qu'il fust a Roheux marié
Et de tous poins a renyé
Mahon que tant souloit amer,
Dont il est moult fort a blamer:
9288   Blasmé en est, blasme en ara
De pluiseurs, dont riens ne sara.
Qu'en dictes vous.

BURGAS
               Que j'en dy, sire?
Par tous les dieux de cest empire,
9292   J'en ay le corps plus que martir;
Mon cuer en voulroie partir
En mille pieces quant je y pense.   [72 v°b]
Ce ne m'a mie fait indigence
9296   Ne prudence,
      Mais offence
Attraite de sotte plaisance,
      Pour moy vanter
9300   De surmonter
Les païens et suppediter
Ou tenir en subjection.
Or avez vous possession
9304   De hault linage

9284   En fait, Clovis épousa avant Clotilde une princesse thuringienne
dont le nom ne nous est pas connu et dont il eut un fils, Thierry.
9292   Si le sens de *plus que martir* est clair, la construction n'en est pas
moins remarquable puisqu'on s'attendrait à *pire que martir*.

De grant parage,
De beau corsage,
De bon couraige,
9308   De doulz lengage.
Pour faire un noble vasselage.
   Ne soiez lent,
Qui qu'en soit joieux ou dolent,
9312   De faire secretz mandemens,
De faire couvers preschemens
A ceulx qui sont de l'ost partis,
Qui point ne se sont convertis
9316   A la loy Jhesus le prophete.

RAGONE
C'est moult bien dit, j'en ay ja faitte
Partie de ma voulenté,
Car desja s'en est exempté
9320   Par mon pourchas Gal d'Alemaigne,
Bras d'Acier et Ferrant d'Espaigne,
Pier d'Or, le prince de noblesse,
Hault de Cuer, filz au roy de Grece,
9324   Arrabis de Constantinople,
Fortin le preux, Sanson le noble,
Beau Poil, le seigneur de Judee
Et l'Amoureux, roy de Caldee.

9320-9328   Noms fantaisistes et exotiques. Tout à coup, nous ne suivons plus
l'histoire, mais nous entrons dans le monde des chansons de
geste. Pourtant, *Gal* peut renvoyer à un *Charles* (*Karl*), *Ferrant*
désigne clairement Ferdinand et *Pier d'Or* fait songer à la sottie
de *Maître Pierre Doribus* (*Recueil Trepperel: les sotties* pp.239-
254).

9328 Tous sont creans en nostre loy
Le merci de Mahon et de moy,
Si est toute leur baronnie,
Qui de païens est bien fournie
9332   Et si me vent   [73 r°a]
Que tousjours irons nous avant
En soustenant la congnoissance
De noz dieux, et la sapience
9336 Que trop honnourer ne pourroie.

BURGAS
Seigneur Ragone, ainçois mourroie
Se Mahon grant honneur n'avoit.

RAGONE
Il est bien borgne qui ne voit
9340 Le malice Clodoveüs
Et touteffois il a veüs
De mes tours souvent et menu,
Dont il li est mal avenu,
9344   Car je le mis
Ez mains de ses grans ennemis
Ad fin que le roy alemant
L'envoiast au grant grandement
9348 Et tout en despit de son Dieu.
Or ay je ancor un tresbeau lieu

9342   Locution Di Stefano p.532.
9345-9347   Allusion à la captivité de François Ier?
9347   Sens? *grandement* est probablement une faute, mais il est difficile de choisir entre les substantifs en -*ment* une correction plausible.

Dessus la riviere de Somme,
Le plus amoureux qu'onques homme
9352   Vist de deux yeulx,
Assis en beau lieu et joieux
Comme de prarie et de bois,
Assez garennes et degois,
9356   Frommens, avennes a plenté,
Vins droitement a voulenté,
Chars et poissons n'y falent mie,
De cerfs, de biches et de dains
9360   Trouver y peult on, belle amie,
Faulte n'y a de biens mondains
Ne qu'en ung petit paradis.

BURGAS
Des seigneurs avez plus de dix
9364   Qui pieça y volsissent estre.
Ragone, mon seigneur et mon maistre,
Menez nous y, sans nous grever
Et la ferons les cuers crever
9368   A tous noz mauvais ennemis.   [73 r°b]

RAGONE
Alez querir noz bons amis
Et nous irons sans plus attendre.

9351   *Amoureux* c.-à-d. «agréable».
9360   *Belle amie* = ?
9367   *Torner* ou *crever*? L'abréviation n'est pas univoque et *c/t* se
        ressemblent comme deux gouttes d'eau dans le manuscrit. Pour la
        rime, nous optons pour *crever*.

BURGAS *[part et arrive devant les soldats]*
Je y vois. Seigneurs, vueilliez entendre
9372 Le mandement que vous vien dire:
Ragoname, nostre chier sire,
 Vous fait savoir
Que chacun face son devoir
9376 Gaillardement
De venir a son mandement;
Si chier honneur qu'a li avez,
Voire en l'estat ou vous savez
9380 Que nobles suyent leur seigneur.

HAZART
Onque ne fut joie grigneur
Pour chose qu'il nous avenist
N'il n'est homme qui me tenist
9384 Que je n'y aille.

HURTAUT
Je hez paix trop plus que bataille,
Tout estonné suis de telz trufes,
Mes mains sont ja pleinnes de buffes
9388 L'une d'estoc, l'autre de taille.

HEDROIT
De la teste l'ueil hors li saille
Qui n'yra villains assalir!

9371 Burgas part et arrive dans l'espace d'un seul vers, car le début du
vers s'adresse à Ragone et la suite apostrophe les soldats.
9383 Manuscrit: - *s* + *n'est.*
9388 Locution Di Stefano p.310.

Tout le premier iray saillir
9392　Soit tort, soit droit, ne nous en chaille.

HARGNEUX
Doibt on doubter, meschant merdaille,
Fy, fy, ostez, n'en parlez plus!
On les prenra mieux qu'a la glus:
9396　Ce n'est point chose qui riens vaille!

[Chez Ragone]

RAGONE   [73 v°a]
Je iray demain, vaille que vaille,
Sur les champs faire une estampie.
Le rossignol, le jay, la pie
9400　Et le sanson iray oïr
Pour mon cuer ung po resjoïr,
Car y n'est point si grant avoir
Que de santé et de joie avoir.
9404　Santé soutient, joie demeure,
Mais l'avoir s'en vat en po d'eure.
Ces trois poins puis je bien prouver
Sans mes vis tesmoings reprouver.
9408　Hola! Je voy venir mes gens:
Ung, deux, trois, quatre! Sont ilz gens,
Bien avenans et gracieux!

9392　　Locution Di Stefano p.843.
9395　　Hassell G 41.
9404-9405　Proverbe non retrouvé; cf. *Que ma joie demeure.*
9410　　Vu les noms qu'ils portent: antiphrase ou ironie dramatique.

BURGAS
Hazart, Hedroit, Hurtaut, Hargneux,
9412 Mon seigneur, ici vous ameine.

RAGONE
Nommés les!

BURGAS
                    Ce sont, se m'ait Dieux,
Hazart, Hedroit, Hurtant, Hargneux.

RAGONE
Par ma loy, c'est quanque je vueilx.

BURGAS
9416 Pour ce, sans en plaindre la peinne,
Hazart, Hedroit, Hurtault, Hargneux,
Monseigneur, ici vous ameine.

RAGONE
Or est ma court de joie pleinne:
9420 Vers Compiengne nous fault aler,
Dancer, chanter, dancer, baler,
Peschier en Oise la riviere.
Se Clovis vient ou sa banniere,

9413 Ici, nous assistons donc à une présentation de quatre soldats.
9414 Graphie curieuse de *Hurtaut*, rendue par une tilde de nasalisation.
      La différence n/u n'existait guère pour la conscience graphique,
      témoins des graphies comme *debvo9* pour *debvons*, et donc, ici,
      l'*u* «nasalisé».
9422 Au v.9350, il s'agissait encore de la Somme.

9424   Il s'en pourra bien repentir.

         HAZART   [73 v°b]
         On me puisse le dos rostir
         Se je le doubte ne ne crains.
         Clovis, hahay, c'est bien du mains,
9428   Moy tout seul prins le roy de Perse
         Et mis Amorant de Terse
         En moins de trois mois et demi.

         RAGONE
         Hazart, vous estes mon ami,
9432   Et tout itel que je le voeulz.

         HEDROIT
         Sire, par le sanc de mes dieux,
         Je ne redoubte homme vivant;
         Je combati, ad ce me vent,
9436   Oultre les bousves Archilez
         Le bon chevalier Hercules
         Qui tant estoit preux et hardi.

9425   Locution. Di Stefano 1991 p.773: *avoir du rost* «recevoir des
         coups»; spécifiquement le *rost de Billy* «être marqué de fer
         rouge»; Marnix emploie *rostissable* au sens «hérétique méritant
         d'être brûlé» (Huguet VI,634).
9427   Locution Di Stefano p.549.
9429   Peut-être faut-il lire *de terse* et comprendre *mettre de terse*
         «vaincre». Tout comme *tersier, terdre* viennent du latin *tergere*,
         terse peut dériver de *tergus* «dos».
9436   Par les «cavernes d'Achille», notre soldat fanfaron désigne sans
         doute le tumulus légendaire sur l'Hellespont où les cendres
         d'Achille reposeraient à côté de celles de Patrocle.

HURTAUT

Et je suis Hurtaut l'Estourdi

9440 Qui conquestay en Tartarie

Floridas, roy de Barbarie,

Chascun le scet, je n'en mens point.

HARGNEUX

Y m'est de par noz dieux enjoint,

9444 Treschier seigneur, que je vous serve;

J'ose bien dire que Minerve,

La deesse de sapience,

Qui Athenes par sa science

9448 Fonda, ne me pot tant chassier

Que je ne conquisse a l'acier

La tierce partie de son avoir.

RAGONE

Or puis je bien appercevoir

9452 Que je suis servis haultement

Des soudars plains de hardement.

Burgas, or alons, mon ami,   [74 r°a]

Avant qu'il soit jour ne demi

9456   Vous direz bien

Qu'il n'est païs pareil au mien.

Alons, tous noz dieux nous conduie.

9447   Allusion à la fondation mythique d'Athènes par Pallas (Minerve).
        Selon la mythologie antique, elle aurait fondé l'Aréopage.
9458   *Constructio ad sententiam*: sujet au pluriel avec verbe au singu-
        lier.

VIGNOLLES *messagier*
Par le corps Dieu, il m'ennoie

9460   Durement de ce que je voy.
Ragone est prez parent du roy
Et grant seigneur, ainsi le tiens
Mais il dechoit trop de xrestiens
9464   Qui converti se sont en l'ost
Du roy sages, preu et devost.
Or li a tant de biens donnez
Et tant de meffait pardonnez
9468   Que c'est chose a compter orrible:
On n'en feroit ja une bible.
Dont par ma foy je suis dolant,
Mais ja pour ce ne seray lant
9472   Ne ne laray pour nul avoir
Que je n'en face mon devoir.

                              [arrivant chez Clovis]

Noble prince, puissant seigneur,
De toute France le grigneur,
9476   Je vous vien dire
Que Ragone vostre parent
La loy Jhesus veult contredire
Comme en mains lieux est apparant.
9480   J'en tray mains preudommes a garant
Qui point ne s'en voulroient desdire.
Si vueilliez telle voie eslire
Que devers vous veingne courant

9459   *Ennoie* pour *ennuie*, cf. rime.
9461   *Prez* est ici un adjectif («proche»).
9469   Locution Di Stefano p.79.

9484 Humblement mercy requerant,
Si bien qu'il vous doie souffire.

CLOVIS
Connestable!

CONNESTABLE
               Que vous plait, sire?   [74 r°b]

CLOVIS
Je dis que raison est complice
9488 De soustenir paix et justice;
Justice descendit jadis
Des sains sieges de paradis
Comme des vertus la plus belle
9492 Et paix, sa soeur, avec elle,
Qui pour le ire Dieu appaisier
Amour les fit entrebasier
Par le conseil de charité.
9496 Or requiert justice equité
Ad fin que paix rengne sur terre.
Paix requiert paix, paix het la guerre,
Mais je croy que paix lieu n'ara
9500 Fors quant justice regnera
Et qui n'a paix, il ne vit mie
Ains est joie son ennemie.
Si est donc necessité
9504 Que justice et vraie equité
    Soit soustenue
Loiaument gardee et tenue
    Par tout ce roiaume.
9508 Je jure mon ceptre et mon heaulme

De la garder, car mon ami
Le bon arcevesque Remi
Le m'a commandé et enjoint,
9512   Par quoy, se Dieu santé me doint
Je le feray et la vueil faire,
Si vous diray tout mon affaire.
Ragoname, ce traytre faulx,
9516   Fait envers moy tant de deffaulx
Que trop ne m'en puis esbaÿr:
Premier il m'a voulu traÿr
En mainte guerre ou j'ay esté
9520   Et qui pis est, a deshireté
Maint bon xrestien et mis a mort;   [74 v°a]
Si li monsteray qu'il a tort.
Or vous requier, prie et commande
9524   Sur peinne d'arbitraire amende
Que tantot soit alé querir:
Vers Soissons pourrez enquerir
De sa personne et de son lieu.
9528   Or alez, au congié de Dieu
Soyez vous conduis et menez.
Connestable, des gens prenés
Fors et puissans si largement
9532   Qu'il soit happé hativement
Et le m'amenez mort ou vif,
Entendez vous?

CONNESTABLE
                Pire que Juif

9534   Hassell J 47.

    Cellui seroit

9536   Qui l'entreprinse ne feroit.

    Dieu me nuise se ne vous venge

    Et se Ragone se revenge.

    Jamais n'ara misericorde

9540   Que ne li mette au col la corde.

    Y n'y fault ja autre brachet

    Ou je le menray au guichet

    Du propre lieu ou vous serez

9544   Et adonc vous en ferez

    Vostre plaisir.

CLOVIS

              C'est assez dit;

    Gardez qu'il n'ait jour de respit,

      Ung mot pour tous.

CONNESTABLE *[devant l'armée]*

9548   Sus, gens d'armes, ordonnés vous

      Gaillardement

    Soiez armés faitissement

      Et gaiement,

9552   Mes amis doulz,

      Ad fin que nous

    N'aions diffame ne courroux   [74 v°b]

      Publiquement,

9556   Mais aigrement

    Alons prenre ce garnement:

      Venez trestous!

9542   Manuscrit: - *gibet* + *guichet.*

JOYEUX

Dieu, [des] pechiez soit il absoulz

9560   Qui bien en fera son devoir!

COURTOIS

Par mon ame, il sera secoux,

Et, pour Dieu, faisons nous valoir!

PLAISANT

Je ne puis assez concevoir

9564   Tant de maulx que je li feray.

HARDI

Je vous le rendray aussi noir

Que terre, ou ja n'y enteray.

[chez Ragone]

RAGONE

Jamais, Burgas, ne cesseray

9568   Tant que j'aie tous ces xrestiens.

Les noms noz dieux exausseray

Ou ilz mourront se je les tiens;

Prendre les ferai comme chiens

9572   Et escorchier a grant derroy,

Et se Clovis dit qu'ilz sont siens,

Veingne les querir s'il est roy.

'9561 sq.   Remarquer les noms propres des soldats qui s'opposent à ceux de
Ragone.

9565-9566   Locution? Pas dans Hassell. Di Stefano donne uniquement p.831
vieux comme terre, mais peut-être *noir* a eu le même sens (cf.
Villon *plus noir que mûre*).

Il est roy, quoy, ja non riray,
9576   Mise n'en fas ne que de fiens:
S'il me dit «bouf», «bouf» li diray,
Car a lui je ne compte riens
Nomplus que de pourri merriens
9580   Ne ja n'en laray mon arroy.
J'ay sans dongier assez de biens:
Veingne les querir s'il est roy.

Ja pour luy ne m'esbaÿray:
9584   S'il chante hault, je contretiens;   [75 r°a]
S'il veult tenir, je chanteray,
Ameinne des musiciens.
Ça, tous les biens qui sont ceans,
9588   Rosti, bouli, vin sans aloy:
Tout le monde sera des miens:
Veigne les querir, s'il est roy.

Burgas, venez de costé moy
9592   Et ces galans nous serviront,
Qui des sornettes nous diront,
Assez pour faire bonne chiere.

HAZART
Par le sanc de ma doulce mere,

9576   Locution; le plus souvent *puant comme fiens* (Hassell F 80).
9577   Cf. Aebischer 1924 p.63: *Qui nous dist bap nous disons bop*; à comparer à Di Stefano p.100 *en boufardois* «rudement» et p.121 *buffe pour buffe*. Dès le XIIIe siècle, *baffe/buffe* ont le même sens.
9579   Locution non retrouvée.

9596   Nous vous servirons bien et bel.

HEDROIT
Un bon oison atout la pel
Arez, c'est pour le premier mez.

HURTAULT
Et d'un faisant par entremez
9600   Arez, qui vault son pesant d'or.

HARGNEUX
Regardez, sire, quel butor;
Vous estes bien.

RAGONE
                              Par mes dieux, voire:
Sus, sus, versez a boire, a boire!
9604   Y n'est vie que de liesse!

BURGAS
Et c'est riviere de largesse.
Qu'est ce de rongier un bon os:
Vous y avez honneur et los,
9608   Mon seigneur, et n'en doubtez point.

RAGONE
Burgas, beau sire, Dieu le doint.
Hazart, Hedroit, Hurtaut, Hargneux,
Venez dyner ça, ne vous chault!

9597   Cela veut dire qu'à partir de ce moment, les quatre compères
            servent un repas à Ragone.

9612   Mettez vous l'un ça, l'autre la!   [75 r°b]

HAZART
Nulz de nous desservi ne l'a,
Mais nous irons bien voulentiers.

HEDROIT
Et moy aprez!

HURTAUT
                    Et moy le tiers.

HARGNEUX
9616   Et je seroie bien cocquart
S'apprez le tiers n'estoie quart:
Mon appetit est ja venu.

RAGONE
De la goucte soit il tenu
9620   Qui ne fera tresbonne chiere,
Et le sera a Clovis chiere
Se je puis souvent et menu.

                    [sur le champ de bataille]
CONNESTABLE
Seigneurs, le roy m'a retenu
9624   Son lieutenant, vous le savez,

9611   Pour la rime, *Hurtaut* et *Hargneux* doivent être intervertis.
        Ragone leur assigne leurs places à la table: les quatre soldats vont
        également dîner.
9622   Locution Di Stefano 532.

Par quoy sus quanque vous amez
De foy a luy et de serement
Je vous pri par commandement
9628 Que Ragone soit assaili,
Et n'ayez pas le cuer failly
Qu'il ne soit pris et bresilliez
Et a force de gens liez:
9632 Vous y acquerrez los et pris.

JOIEULX
Du feu d'enfer soit il espris
Que la besoingne laissera!

COURTOIS
A l'eure qu'i m'eschapera
9636 Je vueil c'om m'apelle Huet!

PLAISANT
Je seray aveugle ou muet   [75 v°a]
Et n'en doubtez point, s'il m'eschappe!

9636 Locution qui se retrouve p.ex. dans la *Farce des enfants de
Borgneux* (Cohen XXVII v.131): *Je vueil qu'on m'appelle Huet*
(également dans la *Sottie du roy des sots*, éd. Picot III,225; et
dans la *Farce du Chaudronnier* éd. Tissier II,224) et dans la
Farce des Coquins (Cohen LIII vv.300-301) *je vueil estre nommé
/ Huet*; Aebischer 1924 p.34 *De souhetter suys bien huet*. Picot
III,225, Lewicka 1960 pp.290-291 et Tissier II,224 comprennent
Huet «niais, mari trompé». Une étude lexicale plus spécifique
ferait ressortir sans doute un sens plus précis; pour le moment, je
me contente d'avancer la possibilité que Huet fut le surnom de
celui qui fut *hué* par les autres (sans être nécessairement un
mari).

HARDI
Hahay, souffrez que je le happe,
9640   Et s'il m'eschape, se m'ait Dieux,
Si m'arachiez du chief les yeux;
  J'en suis d'acort.

CONNESTABLE
A ly, a ly!

JOYEUX
   A mort, a mort!
9644   Traytres, mauvais, vous demourez!

COURTOIS
Sailliez, ribaux, vous y mourrez!

PLAISANT
Tuez, tuez!

HARDI
   Les ribaux fuyent!

RAGONE
Et fault y que telz gens m'espient?
9648   Je reny!

JOYEUX
  Ho!

COURTOIS
   Quoy?

CONNESTABLE

             N'en dy plus
Tu seras mieux pris qu'a la glus,
   Traytre mauvais!

PLAISANT

Il ne m'eschapera jamais:
9652   Je vous pri que nous l'estrillons.

HARDI

Estrillier, ça, mes gresillons!
Il y sera!

RAGONE   [75 v°b]

          Ha, ribaudaille!
Seray je serfs a le merdaille?
9656   Connestable, c'est deshonneur!

JOIEUX

Puis que de vous fas la teneur,
Chantez si hault que vous vourrez!

CONNESTABLE

Taytre dolant, vous y morrez!
9660   Sus, sus, sus, sus! Sans plus parler
Y nous convient ailleurs aler.
Tenez le bien, amenez loy,

9649   Hassell G 41.
9657   Cf. v.9585.
9662   *Loy* pour *luy*.

Ragone, c'est de par le roy
9664   Et de par le roy le commande.

RAGONE
Seroit on quitte pour l'amende?
Que deable y puissent part avoir!

CONNESTABLE
Vous y metterez corps et avoir,
9668   N'en parlés plus, c'est sans pitié.
Menez, menez, sa mauvaitié
Li sera bientot chier vendue.

COURTOIS
J'ay ja sept fois la main tendue
9672   Pour lui baillier une reverse.

PLAISANT
S'il chancelle ne s'il traverse
Tant soit peu, deables y seront.

HARDI
Tous ceulx d'enfer l'emporteront,
9676   Le povre sot.

CONNESTABLE
Tenez le bien, mais a ung mot
Le me menez en vile bouche,

9663   Manuscrit: - *loy* + *roy*.
9671-9672 Didascalie indirecte: il lui a déjà assené sept coups.

Les piez es ceps, qu'il ne se couche,
9680   Ferré de fers gros et pesans   [76 r°a]
Et deust couster mille bezans.
Mettez li ou col ung carquant
Qu'il ne se parte tant ne quant
9684   Bien ferme, on ne scet qui rue.

JOIEULX
Quoy ancor, sire?

CONNESTABLE
                    Une grue
Volant a deux barreaux de fer.

PLAISANT
Mais que je le porte en enfer,

9679   *Ceps* cf. Villon *Lais* v.144: il s'agit d'un instrument de deux
        pièces de bois qui enserrent les pieds des prisonniers (Thiry).
9682   Didascalie indirecte: les quatre compères immobilisent leur
        victime grâce aux procédés courants de l'époque.
9683   Locution Di Stefano p.817.
9684   Cf. Cotgrave s.v. *mordre*: proverbe *on ne sait qui mord ne qui
        rue* «A man knowes not what may fall out».
9685   Sousentendre: *[Mettez li...]*. C'est un jeu sur la locution *bailler
        grue* «faire tomber» (cf. *gruer* «attendre»): «immobiliser»; le vers
        suivant l'explique: c'est un oiseau qui vole grâce à deux bar-
        reaux, donc qui ne bouge de son lieu. Cf. chez Coquillart (éd.
        Freeman 1975 p.157 *voller aux grues*, id. dans *Roman de la Rose*
        v.5419 (éd. Strubel: éd. Lecoy v.5393), où le sens est «réaliser
        l'impossible». Selon Godefroy toutefois, une *grue* est un instru-
        ment de punition, un carcan, et il cite les *Fortunes et Adversitez*
        de Jean Regnier (*Deux ans a esté en mue/ En la grue / En la
        prison en grant souffrance*, éd. Droz p.171).

9688   Y n'est si bon.
           COURTOIS
           Il ne mengera que charbon
           Des mois, par l'arme de ma mere.

                                                            [Chez Ragone]

           RAGONE
           Je vois a la doleur amere
9692   Qui me tenra jusqu'a la mort.
           Si meschant est qui ne me fiere,
           L'un me trayne, l'autre me mort.
           Arivé suis a mauvais port
9696   Et de nul ne suis garenti
           Que ci ne m'aient desmenti.

           CONNESTABLE
           Avant, avant, c'est bien roti.
           Mettez le tot ou il doit estre.

                                                            [chez Clovis]

           CLOVIS
9700   Comment va de ce dan de maistre,
           Ragone, nostre beau cousin?
           Qu'est ce d'avoir mauvais voisin,
           Je ne m'en puis trop esbaÿr.
9704   Le meschant m'a volu traÿr,
           Delivrer a mes ennemis.
           Telz parens ne sont mie amis;
           Ains sont dignes certenement   [76 r°b]

9695   Locution Di Stefano p.717.

9708   De mourir doloureusement.
        Raison donne bonne couleur
        Qui doit mourir a grant doleur,
        Car il a commis faulseté
9712   Contre [moy] lese majesté:
            C'est crueux criesme
        Par quoy demain [ains] qu'il soit prime
        Paiez sera de bon loier:
9716   Pendre le feray ou noier,
            Car mon office
        Requiert que je face justice
        Sans espargnier petit ne grant,
9720   J'en tray le preudomme a garant
        Qui(l) le conseille comme amy.

        AURELIANS
        Qui est il, sire?

        CLOVIS
                    C'est Remi,
        Qui dit que France rengnera
9724   Tant que justice durera
        Et je cuide bien qu'il dit voir.

        AURELIANS
        On le peult bien apparcevoir
        Par Romulus qui des Roumains
9728   Fut empereur vingt [ans] au moins,
        Mais pour son edit encourir

9727-9732   Cf. Remus, frère de Romulus, fondateur mythique de Reims (qui,
            par là, égale Rome).

Remus son frere fist morir.
Il monstra bien que c'est grant vice
9732   De desobeïr a justice.

Mesmement ossi la garda
Le roy de Logrez Selecus
Qui en son edit commanda   [76 v°a]
9736   Qu'adultere ne feist nulz
Sur peinne des deux yeux ou plus,
Mais son filz le commandement
Trespassa par mauvais abus,
9740   Dont piteux fut le jugement.

Par jugement juga le roy
Que son filz perdroit ung des yeux
Et pour mieux acomplir la loy
9744   Feroit crever l'un des siens deux:
Ainsi le fist il pour le mieux,
Si que justice fut gardee,
Dont on le tenoit sage et preux
9748   Par tout le païs de Judee.

Tacanus, de Rome emperaire,

9734   *Logrez* désigne normalement, dans les romans courtois, l'Angle-
            terre; ici, il s'agit de la Syrie. Pourquoi ce transfert? Pour
            l'histoire de Seleukos, voir surtout Plutarque et les *Triomfi
            d'Amore* de Pétrarque.
9749-9756   Cf. la tapisserie de Tournai de 1450 (musée historique de Berne)
            d'après Roger van der Weyden (1430). Le plus souvent, Trajan
            tue le serviteur qui tue l'enfant; dans la *Kaiserschronik*, c'est le
            fils de Trajan. En 1532, le thème fournit le sujet d'un jeu de
            Carnaval de Hans Sachs.

Avoit ung filz joieux et gent.
En chevauchant par la charriere
9752 Son cheval tua ung enfant
Dont la mere, a qui le cuer fent,
Plourant a la justice ala,
Mais le prince en fut si contant
9756 Que son filz pour l'autre donna.

D'autres bons en sçai grans tas,
Comme Saül pour Jonatas,
Roy David plein de hardement,
9760 Salmon sage en jugement,
Josne furiez Jedeon,
Mathathias qui tant fut bon,
Alixandre le combatant:
9764 Chacun d'eulx justice ama tant
Que justice leur fist venir
Les biens qu'ils devoient tenir.
 Si m'est advis
9768 Que voulentiers, non mie envis,
Devez justice a chacun faire.

CLOVIS
Ja Dieu ne vueille que forfaire			[76 v°b]
Doie en justice nullement;
9772 De la bien garder justement
Ay je tresgrant necessité.

9761 Nous comprenons: «le jeune Gédéon infurié», ou faudrait-il lire
Josué, Fineez, Jedeon?

CONNESTABLE   *[arrive chez Clovis]*
Prince puissant, joie et santé
Vous envoit Dieu de paradis,
9776   Science, honneur, biens a plenté,
Liesse en chans et en beaux dis.

RAGONE
Burgas qui envers vous a mespris
Est prisonnier, je vous dy bien;
9780   Moy mesmes l'ay par force pris
Et lyé d'un aspre lien.

AURELIANS
Il mourra doncq!

CLOVIS
                    Aurelien,
Droit dit que pour son mauvais vice
9784   Raison le condampne et justice,
Par quoy je dy qu'il demourra
En la prison et la mourra.
Or li doint Dieu telle science
9788   Que la mort praingne en pacience,
Non mie une fois, mais tousdis,
Et a nous vraie souvenance,
De la gloire de paradis. Amen.

*Explicit l'istoire comment le roy Clovis desconfit Ra-
gonne et Burgas mescreans.*

9783   Cf. la note au v.1315.

*S'enssuit l'istoire du moulin que le mosnier refusa a
monseigneur saint Remi*

LE MOSNIER

9792   Chevaulx borgnes, asnes pellez
Foisons grans gigues defferrees,
Mulez boiteux, poullains foullez,
Vielles jumens mal affourees,
9796   Poutres de Flandres desirees,
Tel harnas m'est bien de saison;
En mal preu boute telz denrees
Et si n'en prens que par raison.

9800   Je suis mosnier, or en parlez,
J'ay au moulin blé a hottees,
Soile, forment, orge a tous lez
M'apportent ces bonnes gens quarees
9804   Et puis je ris a grans goullees
Lors pren ma part et leur dy «hon»:
En mal preu boute telz denrees
Et si n'en pren que par raison.

9808   Avant moulin, avant, moulez,
Faictes moy riche dix annees
Se de ci ne vous en voulez

9805   Hassell M 142 «Les meuniers sont larrons»; cf. Bonaventure des
Périers (éd. Jacob p.140) «Non pas que je vueille dire que les
tailleurs soyent larrons, car ilz ne prennent que cela qu'on leur
baille, non plus que les meuniers».

J'en aray mes menches fourrees,
9812 Gasteaux, rostis a ces bourrees
Feray souvent, c'est ma maison:
En mal preu boute telz denrees
Et si n'en prend que par raison.

9816 Veingne brese, viengne charbon,
Hari, avant, chevaux sont bestes.
Ariere, qui n'ara deux testes
Et n'ay je seigneur que le roy:
9820 Il aroit bien la guerre a moy
Qui voulroit dire du contraire.

9812 *Bourree*: Voir les *Repues franches* (éd. Koopmans-Verhuyck 1995 p.174). C'est un poisson selon Godefroy (Eustache Deschamps) et Huguet I, 660, (Des Périers), Tobler-Lommatzsch I, 1976, d'après le *Ménagier de Paris* et une pièce d'archives de 1401: «vaissel... ou il avoit certains poissons nomez bourrees» (Carp. borreletus). La bourrée est un des jeux rustiques de *Gargantua* 22: on saute par-dessus un fagot de menues branches enflammées. Le terme figure aussi dans *Le Savetier, le Sergent et la Laitière*, v. 362; l'éditeur Tissier VIII, 1994, traduit par "volée de coups". La *bourree,* danse du folklore auvergnat (autour d'un feu de joie?), n'est devenue danse de cour qu'en 1642, selon Rey. Prompsault, p. 402, pense que la *bourree* est une pâtisserie. Lewicka suggère deux pistes: p.79 «probablement: réprimande» (cf. Tissier), p.86 «sorte de plat». Autres occurrences à noter: la *Lettre d'Escorniflerie* (éd. Aubailly p.102: *porteurs de bourrees et de costeretz*), la chanson de *Pierre de Quignet* (Jeffery II,176: *Bourrées seiches! Coteretz*), *Le coq aux lièvres* (éd. Meylan 1956 p.7 *Pour allumer une borree*). Meylan note que le mot est fréquent chez Marot pour désigner le bûcher des hérétiques; cf. également dans son édition l'*Epistre du coq au chappon* (p.15: *Bran du fagot, merde pour la bourree* avec note).

[Chez Clovis]

CLOVIS
Par Jhesucrist debonnaire,
   J'ay grant desir
9824   De faire aucun parfait plaisir
A mon treschier frere et ami   [77 r°b]
Le bon arcevesque Remi,
Qui tant ayme le sanc royal,
9828   Qui tant a bon conseil loial,
Qui tant aime Dieu et l'eglise
Qui tant m'a fait de beau servise
Sans ce que l'aie desservi.
9832   Trop lonctemps a que ne le vi,
   Mais je voulroie
Qu'il fust ci, car li donrroie,
S'il li plaisoit, ung riche don,
9836   Car se Dieu me face pardon,
   Je y suis tenu.
Je sçai que son conseil m'a mis
Telement que je suis venu
9840   Au dessus de mes ennemis.
Sans faulte, il est ami de Dieu,
Attrait de hault et noble lieu.
   Il a science,
9844   Il a parfaicte pacience,
Doulce parole et tresxrestien
A povre gens depart le sien
Et qui plus est, Dieu l'aime tant
9848   Que miracles en son vivant
Tant a fais pour sa dignité
Que nulz n'en scet la quantité!
Si le vueil prez de moy logier.

9852   Qui est cela? Vien ça, messagier
        A Reins joieusement iras
        Et a l'arcevesque diras
        Que delez moy se veingne [es]batre.

        MESSAGIER TROTEMENU
9856   Avant qu'il soit des heures quatre
        Je le veuray s'il est au monde
        Ou je consens que l'e[n] me tonde
        Et si li diray haultement
9860   De vous, sire, le mandement.   [77 v°a]
            Je prens congié!

                                                [il part]

        Or sus, sus, je suis deslogié;
        Y fault savoir que je sçay faire.
9864   Est ce mon ame que j'oÿ braire?
        Mon ame, et nennil, par ma foy,
        Si est pour ce que je ne boy:
        Elle se plaint, elle se deult.
9868   Pour quoy? Et pour ce qu'elle veult
            Estre trempee
            Et attrempee
        De sueur dont elle atrappee;
9872   C'est grant destresse,

9855   Manuscrit: *abatre*; puisque cette leçon n'offre aucun sens, nous
        avons corrigé *esbatre*.
9858   Locution Di Stefano p.841
9864   Ici, nous avons une sorte de débat entre le corps et l'âme du
        messager.
9866   Manuscrit: *boy veult*, ce qui pèche contre le mètre et contre la
        rime.

C'est grant angoisse,
Car j'ay bon vin a grant largesse
Dont assez tot la tremperay.

9876   Tremprer, ha, comment je buvray?
Buvray, Dieu le scet, ce fait mon,
Bouteille sans plus de sermon.
Vous estancherez ceste noise

9880   Sans que deux pas plus avant voise
Hahay, c'est sucré, par mon ame!
C'est la manne nostre seigneur,
C'est de mes joies la grigneur,

9884   La grigneur, dya, onques bouteille
Ne fut seconde ne pareille;
Ancor ung po, c'est assez, ho!
    Ho, ho, ho, ho!

9888   Y fault garder le remanant,
Foy que doy Karesmeprenant.
    Moult bien me va;
Or du troter! Je suis ja la

9892   Ou peu s'en fault.

                                    [Chez Remi]

SAINT REMI *[prie]*
Sire qui fis le ciel en hault,
    La terre en bas
Et les plennettes par compas: [77 v°b]

9896   Lune, souleil, estoilles cleres,

9875   *La* désigne la *largesse*, l'abondance du vin que notre messager
        entend tempérer quelque peu.
9889   Connotation carnavalesque du messager: il jure par le Carnaval!
'9893   De nouveau, Remi prie.

Anges luisans, saintes lumieres
Qui formas homme a ta samblance
Et morir volz pour son offence,

9900	Si com c'est vray, donne nous paix,
Si te plait, ou roiaume de France
Et nous pardonne les meffais
Que faiz avons par ignorance,
9904	Si que Sathan n'ait audience
De nous tenir en son dangier;
Noz pechiez prens en pacience
Et ne nous vueille estrangier.

9908	Sire, hault Dieu en qui je croy,
Tu es la puissance divine,
Tu es mon Dieu, tu es mon roy,
Aultre ne quier qui me domine,
9912	Fors toy qui as audicion
De donner vraie medecine
Contre toute temptacion
[........................].

9916	Pour le pappe, nostre saint pere,
Pour gens d'eglise en unité,
Pour nostre roy, pour l'emperere,
Pour le sang et l'affinité,
9920	Pour tous nobles d'auctorité,
Pour gens de labeur et marchans,
Te pri par grant humilité,
Et pour les biens qui sont aux champs.

9924	Donne nous vivre saintement

Sans tace villaine ou pointure
Et tousjours par amendement
Nous gouverner selon droiture,
9928   Bien croire la sainte escripture
Et la doulce vierge servir
Si qu'elle nous face ouvreture
Ez cieux, sans enfer desservir.

[en route]

MESSAGIER TROTEMENU
9932   Ja Dieu ne me vueille asservir   [78 r°a]
    Que lassé soie,
Par mon ame, je ris de joie,
Car je voy Reins, Reins je le voy!
9936   Je voy l'eglise, par ma foy,
Je vois le palais et les tours,
La cité voy, et les forbours:
C'est tout fait, y n'y a qu'un pas.

[au public]

9940   Helas, mes amis, parlés bas,
Et si buvrai la foi seconde.
Paix, paix, je boy a tout le monde!
Que vous en semble, est il point bon,
9944   Est che point vin de hault renom.
Dittes oïl, or du trotter!
Se Dieu me vueille conforter,

9936-9938   Puisqu'il y a une description élaborée ici, pouvons-nous croire qu'il n'y a pas (ou peu) de décor?

9939   Corriger: *un pas*?

9940   Ici, le messager s'adresse directement au public auquel il porte un toast.

Je voy le seigneur la devant,
9948   Je voy a li, devant, devant!

[chez Remi]

Je pri a nostre createur,
Monseigneur, que santé vous doint
Du roy Clovis suis serviteur
9952   Qui m'a commandé et enjoint
De vous dire s'il est a point
Que devers lui veingnez esbatre
Ung mois ou deux ou trois ou quatre,
9956   Et pour Dieu, ne li falez point.

SAINT REMI
Se Dieu sa grace m'abandoint,
Je iray de cuer et voulentiers,
Karitas, vous serez le tiers!
9960   Prenez mon livre!

KARITAS
                    Tout en l'eure,
N'aiez doubte que je demeure;
Je le feray de bonne foy.
Quant je vous sers, je sers le roy,
9964   Helas, quant son plaisir sera
Le meffait me pardonnera
Que je fis de porter le cresme
Quant ez sains fons recupt baptesme:
9968   Bien m'en doit au cuer souvenir.

[chez Clovis]

AURELIENS
Deux mos, sire, je voy venir

Droit ça l'arcevesque de Reins;
Dire voloie dez orains
9972   Que c'estoit il.

CLOVIS
                J'en suis joieux.
Or sus! Trestout, qui mieux mieux,
Y li fault faire bonne chiere:
C'est mon ami, c'est mon beau pere,
9976   Il soit li bien venu ceans.

SAINT REMI
Le roy Clovis et tous les siens
Vueille Dieu en honneur garder
Tant soit po n'ay volu tarder
9980   Que ne soie benignement
Venu a vostre mandement
Comme raison et droit le donne.

CLOVIS
Arcevesque, par ma couronne,
9984   Moult bon gré vous en doy savoir,
Mais ma chevance et mon avoir
Et les biens que Dieu m'a donnez
Vous sont de moy habandonnez:
9988   Or et argent, joiaux, richesses,
Villes, cités et forteresses,
Car pour certain je sçay et voy
Que trop plus avez fait pour moy

9982   Cf. v.1315.

9992   Que desservir je ne pourroie.
           C'est ce que mander vous vouloie,
               Mais j'ay plus chier,
           Mon beau pere, mon ami chier,
9996   Dire le vous que faire dire.

           SAINT REMI
           Dieu me le doint desservir, sire,
           Et grace de continuer   [78 v°a]
           Sans le vouloir que j'ay muer,
10000   Car j'ay le cuer loial et franc
           A vous, a ceulx de vostre sanc
           Ne ja ne m'en verrez desmettre,
           Mais de plus en plus entremettre
10004   Com a mon seigneur et mon roy,
           A vous servir de bonne foy
           Selon mon povre et petit sens.

           CLOVIS
           Grant merci, et je vous consens
10008   Et donne charitablement,
           Voire perpetuelement,
           Sans rappel et a tousjours mais
           De ma terre, soit loing ou prez,
10012   En quelque place que ce soit,
           Ou je puisse reclamer droit,
           Tant com avironner pourrez:
           Vous irez le pas ou courrez,
10016   A vostre vueil, mon doulz ami
           Jusqu'a tant que j'aray dormi,
           Et ne vous faingniez de courir,
           Se Dieu me vueille secourir

10020   Jamais n'en iray au contraire.

SAINT REMI
Cellui qui volt ses amis traire
D'enfer, la maison tenebreuse
Vous doint la joie glorieuse.
10024   Puisqu'il vous plait, y me plait bien:
Le don est bel, y me plait bien
Et je voy faire mon devoir.

                                                       [au moulin]

MOSNIER
A peinne puis je concepvoir
10028   La grant beaulté de mon moulin
Et quel est il moult bon, c'est voir:
Il est sur le galan galin,
Foy que doy saint Mathelin
10032   Il est a l'onneur et a tout,   [78 v°b]
Mais mon blanches de camelin
En est usé et bien derout.

Y seroit bien Hurtebelin

10021-10022   La descente du Christ aux Limbes: cf. v.375 avec note.
10030   *Galin galan*: locution (Di Stefano 1991 p.391, exemple de Gerson).
10031   Donc le meunier est présenté comme un fou, car saint Mathurin
était le patron de la folie, cf. *Pathelin* v.483/501 (éd. Tissier
1993 avec note p.405). Saint Mathurin de Larchant constituait un
pèlerinage célèbre (cf. v.5579).
10035   Locution (pas dans Hassell): *être Hurtebelin* doit signifier quelque
chose comme «être naïf» ou «être téméraire»; Di Stefano ne donne
que *faire le heurtebelin* (p.435) avec un autre sens.

10036   Qui m'en voulroit chacier dehors.
         Je reny mon Dieu Appolin
         S'il n'en perdoit l'ame du corps
         Et la verroie la feste aux mors,
10040   Car c'est de mon propre hiretage.
         Avant, alors comme alors,
         Je voy cuire mon tripotaige.

         Haledebedas et dame saige,
10044   Hersent, Helot Blanche Escaillie,
         Saffre, Fresaie et Fesse Large,
         Boquinette et Male Estrillee
         Veingnant atout leur corbillee
10048   Maintenant on ne pourroit mieux
         Leur place est ja toute habillee
         Et si suis d'euvrer envieux.

         SAINT REMI *[arrive]*
         Dieu me conduie en tous les lieux
10052   Ou je pourray terre acquerir:
         Y me fault des bondes querir
         Une en ay ja, loé soit Dieux
         Et ci une aultre, ce sont deux.
10056   Or est il temps que je besongne,
         C'est mon, ainchois que plus m'eslongne.
         Ici asserray la premiere,
         C'est assez prez de la riviere
10060   Et le moulin est bel et bon

10043-10046 Suite de noms plaisants pour désigner les femmes (légères) du
             village.
10056   Manuscrit: - *es* + *est*.

Puis que le roy m'en a fait don
Faire le puis sans nulle offence.

MOSNIER
Le diable (y) ait part en ceste dance!
10064 Sommes nous maintenant bondez?
Que faictes vous la, respondez!
Monstrez vostre commission!
Pieça suis en possession
10068 De ce moulin, j'en suis le chief.   [79 r°a]
Alez vous en, car grant meschief
Vous en pourroit bien avenir.

SAINT REMI
Se tu le veulz de moy tenir
10072   D'or en avant,
Tu l'aras, mais je te convant
Que le roy Clovis moy indigne
M'en a donné la saisine,
10076 Si ne dois mie contredire
A ce que ton bon roy et sire
    Veult ordonner
    Ou assigner:
10080 A toy n'est pas de dominer.
Folz est le serf qui s'abandonne
A plourer ce que maistre donne:
Le don est mien, c'est son acort.

10081-10082 Proverbe non retrouvé.

LE MOSNIER

10084   Je n'en feray riens a la mort;
Cest homme cy me veult destruire!
Alez ailleurs tenser ou rire
Que tantot ne soiez secoux
10088   Je vous affolleray de coups.
Sire, par sanc que je porte
Se vous passez sans plus ma porte
Ne ja n'arez en vostre clos
10092   Mon gracieulx molin enclos:
Vous valez pis qu'un ennemi.

SAINT REMI

Apaise toi, mon bel ami,
Souffre que toy et moy l'aions
10096   Et que compaignons en soions
Com bons amis doivent estre.

MOSNIER

Maugré mon ame de ce prestre!
Il est de tous maulx affaitiez;
10100   Ja mon Dieu n'ait de moy pitié   [79 r°b]
Se jamais vous y avez part:
Alez vous ent, il est ja tart.
    Est ce ceci?
10104   C'est grant souci,
On n'a pas mon molin ainsi.
Alez, alez une autre sente!

SAINT REMI

Avise que je te presente,
10108   Mal a avisé, et aiez soin

De toy desdire.

[Remi cause l'effondrement du moulin]
LE MOSNIER
C'est tout foin!
Jamais ne m'aprenez ma game,
Alez vous en!
10112   Ha! maugré m'ame!
Mon molin est tout bestourné,
Tout a rebours est tourné!
Hahay, il tourne contremont,
10116   Y n'y fault plus plance ne pont!
Il est deffait
Et contrefait.
Las, j'ay meffait
10120   Ne jamais ne sera reffait.

Que feray, las,
Fors dire «helas».
L'ennemi me tient en ses las
10124   Par mon oultrage,
Par mon langaige
Dont a pou que tout vif n'esrage.

10109   Rey I,808 nous rappelle que l'interjection *foin* (*foin de...*), du
XVIe siècle, est d'origine inconnue; nous pourrions bien avoir ici
la première attestation.
10110   *Mal entendre sa game* voulait dire «mal comprendre ce qu'on doit
faire» (Di Stefano p.393 *entendre sa game*).
10111   Probablement, Remi part effectivement, cf. v.10145 et la note au
v.10148.
10116   Di Stefano donne uniquement (p.716) *faire pont et planche*.

Et villenie!

10128   Je te renie,
Ma chevance est par toy honnie
Ne ne n'ay plus ou herbregier
Champ de vergier   [79 v°a]
10132   Mains qu'un bergier,
Je suis par toy en grant dangier.

Tous mes bons jours sont affinés,
Creux et minés;
10136   Fortune les a destinés.
Plus n'en ay, ilz sont tout buchinés
Dont de courroux
J'ay les bras roux
10140   Ne n'ay serrure ne verroux
Pour moy garantir nulle part,
Dont tout plaisir de moy se part
Ce m'est moult dure adversité.

10144   Or est il doncques necessité
Que je me voise vers li traire
Et li supplier que contraire
Ne me soit pour ceste aventure:
10148   Je y vois. O sainte creature!

10132   Manuscrit: - *vergier* + *bergier*.
10137   Le sens habituel du verbe *buchiner* («sonner de la trompette») ne
         convient pas ici. Le sens apparent ici, «malmener», s'explique à
         partir de *bocheter* («maltraiter») ou *boschoier* («couper le bois»).
         Un jeu de mots sur *tromper* (cf. la *Sottie des Trompeurs*) serait
         un peu trop recherché.
10148   Sur deux lignes ·dans le manuscrit: cela s'explique probablement
         son arrivée auprès de Remi (cf. la formule de salutation).

Je viens vers toy, merci te crie
De mon meffait et si te prie
Que le molin revoie adroit
10152 Et je te jure ci endroit
Que loiaulté je te feray
Et la moictié te garderay
De tous les pourffis qui y seront.

SAINT REMI
10156 A Dieu qui es lassus amont
M'en rapporte beningnement,
Car il scet bien certenement
Le vouloir de ceulx qui bien font.

LE MOSNIER
10160 Helas, helas! Le molin font,
Mon molin trebusche en abisme
Dont de mes maux ne sçay la disme.
Plus n'y voy pla[n]ce ne merrien: [79v°b]
10164 Tout s'en va, je n'y ay mais rien,
J'ay tout perdu par mon orgueil.

[Au bois]

SAINT REMI
Par le congié du roy je vueil
A Chavignon porter ma bonde;
10168 Elle est a mon gré, belle et ronde
Et j'ay assez loisir, je y vois,
Mais ceste ci devant ce bois

10156   *Lassus* est probablement une indication concrète, désignant la
mansion du Paradis.

Asseray je premierement.

10172   Ou nom de Dieu qui doulcement
        Endura la mort angoisseuse
        Pour noz pechiez tant seulement
        Sera ici pierre noeleuse
10176   Si que personne villoneuse
        Ne vueille pour sien maintenir
        Le bois qui me doit avenir.

        Le roi m'a donné franchement
10180   Ceste belle terre amoureuse,
        Dont pour lui doi songneusement
        Faire priere vertueuse
        La sainte vierge glorieuse
10184   Me doint par grace retenir
        Le bois qui me doit avenir.

        La bonne est assez gentement,
        C'est une enseigne gracieuse:
10188   Chacun la voit publicquement,
        Car elle est grosse et plentureuse
        Et ma pensee est curieuse
        De garder et entretenir
10192   La bois qui me doit avenir.

        MOUFLART
        Qui est ce que je voy venir
        Par la, au long de nostre bois?
        Lourdin! Hé!

LOURDIN

[80 r°a]

        Je ne m'y congnois,

10196   Si fais, si fais! C'est le grant prestre.
Scet on, Mouflart, il fait le maistre
En grans dois quant il est a Reins.
Je le voy tousjours des desrains
10200   Quant on va a pourcession.

MOUFLART

Veult il avoir possession
De ce pays? Que deable y soit!
Ne viengne plus, non voit, voit
10204   Ailleurs dire ses patrenostres:
La ville et tout le bois sont nostres:
Du roy les tenons en fief.

LOURDIN

S'il vient, il sera deffié
10208   Ou je renie le corps de moy.
Chavignon est nostre et au roy.
Mouflart, nous sommes des roiaux.
Alons a li!

SAINT REMI

        Se je ne fauch
10212   Ma bonde sera ici assise,
Elle est moult bien.

10208   La construction *le corps de moy* est remarquable; en ancien français, *son cors*, *mon cors* se substituent au pronom personnel ou à l'adjectif possessif.

MOUFLART

Esse la guisse

De bonner nostre terrouer
Si hardi de vous y jouer!
10216   Vous n'avez riens en ce païs!

SAINT REMI

Ne soiez ja trop esbahis,
Mes amis, j'en ay le congié.

LOURDIN

Par cest oeil, vous l'avez songié:
10220   C'est une mensongne et demie;
Bonner ainsi n'en ira mie
Et jamais n'y mectés la main,   [80 r°a]
Par ma foy, ains qu'il soit demain.

MOUFLART

10224   Et se je renye mon serment,
[.........................]
Se vous n'estes ung mauvais homme;
Lourdin, Lourdin! Regarde comme
10228   Il nous cuide suppediter.

SAINT REMI

Encor[e] vous vueil reciter

10219   *Songié* ici au sens fort: «rêvé».
10220   Rappelons que *mensonge* est féminin jusqu'au XVIIe siècle, bien que le masculin se trouve dès le milieu du XVIe (Rey; Gougenheim p.42).
10225   Lacune conjecturée pour la rime.

Le droit que le roy m'a donné:
Li propre m'a habandonné
10232   Ceste terre, je vous dy bien.

LOURDIN
Par les pas Dieu, il n'en est riens
Et ne m'en faictes plus de feste;
Vous m'estonnez toute la teste:
10236   Alez vous ent bientot de cy!

SAINT REMI
Et sottes gens, nulle mercy
Assez vous en repentirez!
Car d'or en avant en irez
10240   En povreté et en frichon
Et plain de male maudiçon.
Or vous souviengne du meffait
Ce que j'ay dit, ce que j'ay fait
10244   Soit confermé de Dieu le pere
Ad fin que dezoremais apere
Vostre mauvaise rebellion.

MOUFLART
Hé, le couraige de lion,
10248   Le cuer de sangler oultrageux,
J'ay si grant hideur de ses yeux
Qu'i fault que nous noz en fuions.

10247   Cf. Hassell L 60-72.
10248   Cf. Hassell S 31-33.

LOURDIN   [80 v°a]
Il n'a garde que le suions
10252   Que fut il ore en Avignon;
Alons a ceulx de Chavignon
Dire comment nous a maudis.

[ils partent]

SAINT REMI
Dieu Jhesucrist qui nous rendis
10256   Joie pour tribulacion
En la crois ton corps estendis
Pour nous donner remission
En faisant satifacion
10260   Du pechiét Adam nostre pere
Qui par male temptacion
Nous lia en doleur amere.

Hé Dieu, vrai Dieu de paradis,
10264   Tien nous en ta possession;
De terre nous creas jadis
En ta belle habitacion
Ne donne dominacion
10268   Au Sathan plain de vitupere
Qui par faulse monicion
Nous lia en doleur amere.

Soubz ton helle nous tien tousdis
10272   En parfaite devocion
Et nous doins en faiz et en dis

10252   Manuscrit: - *abisme* + *Avignon.*
'10255 Manuscrit: *saint Remi*/.

De toy servir affection.
Sire, ma supplication
10276   Soit devant toy vraie et entiere;
Tu scez comment sedicion
Nous lia en doleur amere.

Ou nom de ta tressaincte mere
10280   Je m'en revoy devers le roy
Le mercier, faire le doy:
Il est heure de soy lever.

[chez Clovis]

CLOVIS
Aurelians, ça, a laver!
10284   J'ay dormi assez longuement
Et de l'arcevesque comment   [80 v°b]
En savez vous nulles nouvelles?

AURELIENS
J'ay oï dire a deux jouvencelles
10288   Qu'il est passez parmy Luilly
Et s'en aloit droit a Ocy;
Si croy qu'il ait ja fait son tour
Et croy qu'il est a or au retour:
10292   Vez le la, sire!

SAINT REMI
Sire, prince, Dieu vous mire

10276   Manuscrit: - *de na* + *devant.*
10290   Manuscrit: *ja or* (+1).
10291   Manuscrit: - *a* + *or.*

Et vous doint sa grace acquerir;
Je viens en l'eure de querir
10296   En pluiseurs lieux
        Le don joieux
Dont j'ay esté assez songneux.
        Mais or endroit
10300   Raison et droit
Me cemonnent bien et a droit
De vous mercier mille fois;
J'ay prins et esleu a mon chois
10304 Le pays que donné m'avez
Dont je vous fas foy et hommage.
S'il vous plait, or me recevez
Comme vostre homme en vaisselage.

CLOVIS
10308 Par le Dieu dont j'aime l'image
Ou toute bonté multiplie
En signe de vray tesmoingnage
Ains qu'il soit l'eure de complie
10312 Sera ma promesse acomplie
Et en arez chartes scellees
Telles que jamais rapellees
Ne seront.

10300   Cf. la note au v.1315.
10313   Passage qui est important pour la durée: ici Clovis promet les
        chartes, puis Remi renonce à un résumé de ses aventures
        (vv.10320-10321), et puis les *chartes* sont dejà écrites et scellées
        (vv.10323-10324).

SAINT REMI
Je vous en supplie
10316 En requier en l'onneur de Dieu,   [81 r°a]
Tresredoubté prince, en maint lieu
Ay esté faire mon devoir,
Com ci aprez pourrez savoir,
10320 Car la maniere du conter
Seroit moult longue a raconter
Quant a present.

CLOVIS
Tenez, et je vous fas present,
10324 Mon beau pere, mon chier ami,
De voz chartes toutes scellees
Bien escriptes et bien bullees,
En confermant mon premier don.

SAINT REMI
10328 Sire, cellui qui le pardon
Donna a sainte Magdeleinne
A cent doubles joieux gardon
Vous rende et sans doleur vilainne,
10332 Si que la belle chastelainne
Mere de Dieu vous soit amie,
Car c'est la piteuse hostie
Ou charité est endormie.

CLOVIS
10336 N'attendons heure ne demie:
Alons nous jouer et esbatre
Joieusement trois jours ou quatre
En priant Dieu devotement

10340   Que paix nous doint prochainement. Amen!

S'enssuit comment le roy Clovis desconfit Gondebaut roy
de Bourgogne par le moien de monseigneur saint Remi
et du flacon plain de vin qu'il lui bailla.

GONDEBAUT

Venus, Juno, Pallas, Minerve
Furent deesses de beauté;
Paaris de Troie le preserve
10344   Qui par haulte solempnité
Dist que sur toute humanité
N'avoit amour si grant tresor
Dont a Venus par dignité
10348   Juga d'avoir la pomme d'or.

Du roy Priant fut filz Hector
Qui des preux emports le pris;
Troylus, Dentus, Enthenor,
10352   Castor, qui tant fut gentilz,
Ont esté puissans et hardis
Et pluiseurs du vielz testament
Qui en armes furent jadis
10356   Honnourez merveilleusement.

Patroclus plain de hardement,
Polus, Jazon, Palamidés,

10352   Castor: cf. Pollux au v.10358.

Tholomeus, qui gaiement
10360   Getta envers Securadés,
Menelaus, Dyomedés,
Peleus et son frere Ezon,
Roy Pendarus et Achillés
10364   Furent Gregois de hault renom.

Or suis je d'armes et de non
Nommé Gondebaut de Bourgogngne,
Roy suis et ay possession
10368   De ce païs ci [qui] qu'en groigne
A mon vouloir je taille et rongne
Et doy bien estre roy clamez   [81 v°a]
Et doubté en haulte besongne
10372   Plus que tous ceulx que j'ay nommez.

J'ay toudis mille hommes armez
            Preux et hardis,
            Si estourdis
10376   Qu'en tous assaulx ung en vault dix.
            C'est mon maintien,
            Je les retien,
            Je les soustien
10380   Au monde n'a si fort xrestien
            Tant soit grant sire,
            Bien le puis dire,
Qui mes dis osast contredire

10368   Correction pour le mètre et pour le sens.
10375   *Si estourdis*: l'adjectif peut avoir le sens «avec précipitation»;
         peut-être faut-il voir ici un lien avec *estour* («bataille») et *estour-*
         mir («combattre»), car Gondebaut fait l'éloge de ses soldats.

10384   Car mon parage
    Mon hault linage
   Est plain de si noble couraige.
    Ce m'est avis
10388   Que moult envis
    Mon ennemi le roy Clovis
   Ne me saroit faire dommaige.

   Josselin, frere, et vous, qu'en dictes?
10392   Quant nous mourrons, serons nous quictes?
   Ne sommes nous mie a Digon,
   En bon chastel, en bon donjon,
   En bonne ville bien fermee.
10396   Je ne redoubte son armee
   Ne tant ne quant.

   JOSSELIN
       Je vous en croy,
   Mon seigneur, mon frere et mon roy;
   Tout vostre suis, vous savez,
10400   Sur moy commandement avez
   En trestous lieux, soit droit ou tort,
    C'est sans falir.

10388-10390 Construction amphibologique: Clovis ne saurait lui nuire, chose
     dont celui-ci est peu content (*envis*).
10391 *Josselin*: Godegesile, roi de Genève.
10393 *Digon* est une allusion aux Bourguignons du XVe siècle; la cour
     de Gondebaud se trouvait à Lyon. Chez Grégoire de Tours,
     Gondebaud et Godegisèle règnent sur «le territoire autour du
     Rhône et de la Saône».
10397 Locution: cf. Di Stefano p.817.

Mais de mort nul n'eschappera:
10404 Chacun son faisseau portera. [81 v°b]
Se le roy Clovis vous assault,
Droit dit que revengier se fault.
Y n'est fort qu'aussi fort ne soit
10408 Par venter l'omme se dechoit
 Car sans doubtance
Souvent remaint ce que fol pence
Ne contre mort n'a point d'apel:
10412 Tous y faulra laissier la pel,
Car sur tous a la mort victoire.
Se Clovis a sens ne memoire
Ne vouloir de perseverer,
10416 Ces poins ci doit considerer.
N'a gaires que paien estoit
Et a Mahon honneur portoit
Plus que tous ceulx de paiennie,
10420 Et maintenant il le renye
C'est bien euvre diabolicque.

GONDEBAUT
La nature o cocq bazilicque,

10403 Cf. Hassell M 200, Morawski n°1011: «La mort n'épargne nul»
10410 Proverbe Hassell F 139, Morawski n°1320: Moult remaint de ce
   que fol pense (cf. Morawski n°948).
10411 Hassell M 191 (Gerson VII, 291); Morawski n°417.
10412 Locution Di Stefano p.659.
10413 Cf. Hassell M 192: «Contre la mort pas de défense».cf. Hassell
   M 200 «La mort n'épargne nul/petit ne grant/ foible ne fort»
10422-10424 Baselique, roi des serpents, «a blanches taches et creste comme
   cocq» (Brunet Latin). Probablement, il s'agit du petit cobra
   d'Egypte. Son venin court l'air (cf. v.10426) et il tue les hommes

Chacun le scet, est moult diverse,
10424   Car son regart faulx et inique;
L'omme vivant a terre verse
Par son venin qui tout traverse.
Autrement vengiez n'en seray;
10428   Vueille ou non, je le chasseray
Si loing qu'il n'en sera nouvellez;
Je li en ay baillié de belles
Assez, et encore feray.
10432   Je dy que plus ne cesseray
De devourer grans et petis
Qui par lui se sont convertis:
Jamais du cuer ne l'ameray.

JOSSELIN
10436   S'il vous plait, je li livreray,   [82 r°a]
Ains qu'il soit un an, tel assault
Qu'il sautera le sombre sault;
Ja sers a son Dieu ne seray.

GONDEBAUT
10440   Et comment?

JOSSELIN
                Je vous fourniray
De gens d'armes quatre ou cincq cens

par son regard (cf. v.10424), mais selon *li ancien*, il ne nuit pas
aux hommes qui le voient avant qu'il ne les aperçoive. Di Stefano p.49 *regard du basilisque*.
10438   *Sauter le sombre saut* «mourir».
10441   Manuscrit: \cincq/.

Qui vallent pis que hors du sens,
Du moins arons deux cens archiers
10444   Et quatre vins aubalestriers
A pietons ne faurrons nous point.
Touteffois qu'il sera a point
D'aler esbatre sur les champs.

GONDEBAUT

10448   En la saison que les doulz chans
Sont en ces prez des oizellés
Et que les bois sont verdelés
Ou l'espruvier volle a la pie,
10452   Yrons nous faire une estampie
Par maniere d'esbatement.
Reposons nous joieusement;
Nous sommes en bonne cité
10456   Ne point n'avons necessité.
De bons vins ne de bonnes chars
Folie nous feroit eschars,
Car nous avons belles rivieres
10460   Et poissons de toutes manieres,
Or et argent a grant planté
Autant que s'il estoit planté.
On ne peult mieulx.

JOSSELIN

10464   C'est par la grace de noz dieux,
Dont bien mercier les debvons,
Car tous les biens que nous avons

10448-10451 Est-ce que cela indique que le mystère a été représenté au prin-
temps? Cf. v.10473 où il est probablement question du 1er mai.

Viennent de leur grant dignité.

GONDEBAUT   [82 r°b]

10468 Pour leur faire solempnité
Je vueil mander mes familliers,
Seigneurs, bourgois et chevaliers
Et tout homme qui tient office,
10472 Pour leur faire un beau sacrefice
Au premier jour du mois qui vient.
Le cuer si joieulx m'en devient
Que ne voulroie avoir Lutesse
10476 Pour m'eslongier de leur haultesse:
Je les lairoie moult envis.
J'aime Mahon, j'aime Jovis,
Bien doy Jupiter aourer,
10480 Dyanne et Venus honnourer,
Dieu Appollin et Dieu Mercure
Et le puissant Dieu de nature:
        C'est Tervagant.
10484 Des dieux ne donrroie ung gant
De quoi Clovis fait si grant feste:
Il en perdra ou pied ou teste.
Se je vis, faisons bonne chiere.

                                    [en route]

PATERNE
10488 Foy que doy l'ame de ma mere,

10484   Locution Di Stefano p.393.
10488   Rondel chanté en cheminant, mais Paterne a bien été présent aux
        pourparlers, probablement comme espion. Reste à savoir par quel

Je ne voulroie mie estre sourt:
Gondebaut ay oÿ et son frere!
Foy que doy l'ame de ma mere.
10492   Ilz ont trop dit de vitupere
Du roy Clovis et de sa court.
Foy que doy l'ame de ma mere,
Je ne voulroie mie estre sourt.

10496   C'est toute guerre qui leur sourt
Doleur amere et grant meschief.
On me puisse copper le chief
Se je ne voys au roy dire.
10500   Hahay, que j'ay le cuer plain d'ire;
Il m'est moult tart que vers li soie.

[chez Remi]

[AURELIENS]
Sire arcevesque, je m'esmaie   [82 v°a]
De Paterne qui ne revient:
10504   Il estoit alez en Savoie;
Je ne sçay pas a quoy il tient
Ou s'aucun meschief le retient

---

trucage on a l'a visualisé; de toute façon, un espion caché produit
toujours son petit effet sur un public.

10501   *Est tard*: tarde, cf. Di Stefano p.819.

10502   Ce n'est pas un discours de Paterne (à la troisième personne au
v.10502), donc c'est Aureliens qui parle, d'où notre correction.

10504   *Savoie*: cf. v.10393, où il est question de Dijon. Plus tard,
Paterne explique qu'il a visité beaucoup de régions, dont la
Savoie (vv.10534-10536); il a d'abord rendu visite à Alari (à
Toulouse? v.10537) et c'est sur le chemin de retour qu'il est
repassé par Dijon (10587).

Touteffois a il beau langage
10508 Ne il n'a en tous lieux ou il vient
Plus propre a faire ung message.

SAINT REMI
Sire, tart m'est que je le voie,
Car gentement il se maintient.
10512 Peresse point ne le desvoie,
Mais diligence le soutient
Et si croy que bien li souvient
Que par son fait n'aiez dommaige.
10516 Sy di que point ne vous convient
Plus propre a faire ung hault message.

AURELIENS
Seigneurs gentilz, par celle voie
Voy Ne-sçay-qui [qui] nous sorvient:
10520 De si lonc ne le congnoistroie!
Mais gentilment il se contient
Combien que grant traveil obtient.
Par foy, c'est Paterne le saige!
10524 En France n'a, bien li avient,
Plus propre a faire ung hault message.

PATERNE   [arrive chez Clovis]
Roy Clovis de noble couraige
Qui du sacre [sacré] sacré fus   (-2)
10528 Dont l'ennemi se tient confus,

10510   Tart m'est «il me tarde», Di Stefano p.819; cf. 10501.
10518-10519 Enjambement. Aureliens aperçoit au loin une silhouette.

Je requier a Dieu humblement
Que toy et ton gouvernement
Vueille avoir pour recommandé.
10532   Ce que m'avoies commandé,
C'est adcompli.

CLOVIS

          J'en ay grant joie!   [82 v°b]
Dont vient Paterne?

PATERNE

            De Savoie,
De Prouvence et des Angevins,
10536   De Gascoingne et des Poitevins,
Des Gotois plains de male foy,
Dont Alari se dit hault roy,
Auquel j'ay fait vostre messaige.

CLOVIS
10540   Est il en bon point?

PATERNE

          C'est dommaige,
Par le sauveur de tout le monde,

10538   Il est à noter que, dans la biographie comme dans le mystère,
Alari II, le roi wisigoth de Toulouse, apparaît dans deux épisodes
fort différents.

10539   Le texte est un peu implicite: de quel message s'agit-il? On verra
plus tard (vv.10550-10555) que Paterne a été chez Alari, mais
l'épisode n'a pas été représenté dans le mystère.

10542   Locution, Hassell M 120.

Car par deça la mer profonde
Ou il y a mains païs divers
10544 Et mains seigneurs jones et vers.
N'a point si traytre ne si faulz,
Si mauvais ne si desloiaux
Comme lui et je le sçay bien.
10548 Sire, ne vous celleray rien
            Je puis bien dire
Qu'aprez sa lengue ne fault mire:
Il oint, il point, il peinne et mort
10552 Et sans cesser quiert vostre mort
Vostre mort quiert traitreusement
Se par vous n'est hativement
            Remede mis.

CLOVIS
10556 Quoy, dia, Paterne, beaux amis,
Ma mort, comment le savez vous?
Dictes le, ad fin que nous
N'aions blasme ne deshonneur.

PATERNE
10560 Sire, je prens sur mon honneur,
Sur mon salut, de corps et d'ame   [83 r°a]
Et d'estre reputé infame,
S'il n'a fait inquisicion
10564 De tresamere entencion
Pour vous trouver a descouvert.
Son faulx vouloir est tout

10552-10553 Inversion.

De convoitise villeneuse,
10568 De parole avaricieuse,
De traÿson irreparable,
De mauvaitié inraisonnable
Et les parolles que je dy
10572 Tuez moy se je les contredy.
Ains les diray devant tout homme
En la fourme et maniere comme
Moy mesmes li ay oÿ retraire.
10576 Sire, c'est chose necessaire
D'aviser en cest besongne.

CLOVIS

Paterne, celle de Boullongne
Qui mere Dieu est appellee
10580 Ne vueille ja que je resoingne
Contre mon ennemi l'alee,
Car soit par terre ou par galee,
Je l'iray veoir si aigrement
10584 Que sa maison sera brulee
Et lui mourra honteusement.

PATERNE

Tout au tel et pareillement
Quant par Digon je rappassoie
10588 Le roy Gondebaut fierement
Vous menaissoit et bien l'oyoie.
Mourir veult si ne vous guerroie

10578   *Notre Dame de Boulogne*: voir v.2625 avec note.
10582   Locution non retrouvée.
10587   Cf. nos notes aux vv.10393, 10502.

Et tous voz haulx amis fievez
10592 Si vous suppli qu'a tresgrant joie
En fachiez ce que devez!

AURELIENS
Prince redoubté, vous avez
    Seigneurs privez,   [83 r°b]
10596 Qui vos grans faiz ont soustenus
Et loiaux les avez trouvez,
    Tous esprouvez
Tant que par eulx vous sont venus
10600   Et avenus
Assez de biens grans et menus.
La merci nostre createur
Qui bien les a entretenus:
10604 C'est nostre droit pere et pasteur.
Vous manderez s'il vous plait, sire,
Hector, vostre hault connestable;
Si preux n'avez en vostre empire
10608 Et croy que Dieu l'a aggreable.
Il a maint vassault redoubtable
Pour vostre guerre maintenir;
C'est une chose convenable
10612 A ce doulz roiaume soustenir
Arons le hardi amiral
Qui de mer garde les passages
Et vostre gentil mareschal
10616 Qui pour vous tient pors et rivaiges

10601   Locution Di Stefano p.410.
10616   L'importance de la marine des Francs est un anachronisme.

Chacun dit que leurs vaisselages
Sont de si tresforte valeur
Qu'en Grece n'a si hault parages
10620 Qu'i doie emporter riens de leur.
Faictes doncques voz mandemens
    Par drugemens
    Ceste sepmainne
10624 Que comme voz loiaux amans
    Sans argumens
Veingnent ici dedens quinzainne:
C'est la remede souverainne,
10628 C'est une chose necessaire,
C'est une voie seure et sainne
Qui point ne vous tourne au contraire.

CLOVIS   [83 v°a]
Aureliens, bien le vueil faire
10632 Sans vostre bon conseil changier.
Vien avant, vien, mon messagier!
Au connestable t'en iras
Et joieusement li diras
10636 Que ces lettres ci li envoie;
N'arreste point.

TROTEMENU *messagier*
        Se Dieu me voie,
Je le feray de cuer joieux,
Comme joly, comme envieux,

10630   Manuscrit: - *pas* + *point.*
10636   *Ces lettres*: encore un problème de durée. Au v.10621, Aureliens
        conseille d'écrire un *mandement*; ici, les lettres sont prêtes.

10640   Comme cellui qui grant desir
    A de lui faire aucun plaisir.
    Fendez devant, car je me vent
    D'estre la avant qu'i soit jour.

[L'armée franque]

CONNESTABLE

10644   Nous sommes chevaulx de sejour,
    Ce me semble, en ceste maison,
    Messigneurs, est y point saison
    D'aler noz armes essaier,
10648   Faire joustes et tournoier
    Pour l'amour des dames avoir.
    Assez vault mieux honneur qu'avoir,
    Qu'en dictes vous, je vous y somme.

AMIRAL

10652   Par Dieu, c'est dit de gentilhomme
    Et voulentiers je l'ay oÿ.
    Mareschal, soiez resjoÿ,
    Alons nous jouer et esbatre,
10656   Prenons de noz gens chacun quatre,
    Plus y en ara et mieulx vault.

10642   Isolé pour la rime, peut-être à lire en deux vers (qui riment). *Fendez devant*: il s'adresse à la foule (au public?) pour qu'il puisse se frayer un chemin.

10644   «Chevaux frais, reposés», ici au sens figuré.

10649   Les chefs militaires sont présentés comme bons vivants quelque peu paresseux, cf. v.10655 *jouer et esbatre* et le maréchal qui veut *querir joie et liesse* pour sa dame (vv.10661-10662).

10650   Hassell H 62, Morawski n°1295.

MARESCHAL

Nous n'en arons point de deffault,
Sus, trestous, venez nous conduire.   [83 v°b]
10660   Connestable, or alons deduire,
Alons querir joie et liesse.
Je fas a ma dame promesse
D'un chapelet de glais jolis
10664   Entrelassé de fleurs de lis,
Le jour de l'an en bonne estrainne.

CONNESTABLE

Avant qu'i soit d'uy en quinzainne
La mienne ara de mon tresor,
10668   Riche floquart, escharpe d'or
En façon nouvelle et estrange.

AMIRAL

Avis m'est que je voy ung ange
Yssir de gloire par mon ame,
10672   Toutes fois que je voy ma dame
Pour quoy? Pour ce qu'elle est joieuse
Et en tous lieux si gracieuse
Que je ne sçai comment nature
10676   Fourma si doulce creature.
C'est ma compaigne, c'est ma seur,
C'est celle ou j'ay assis mon cueur,
Mon cuer li donne entierement
10680   Pour la servir si gaiement
Que toutes gens, josnes et vieux,

'10670   Manuscrit: *connestable*; nous corrigeons.

Diront qu'amant ne pourroit mieux,
Ainsi sera, par ma santé.

CONNESTABLE

10684 Dieu li doint telle voulenté;
Or alons jouer, il est temps.

[en route]

MESSAGIER TROTEMENU

Hahay, par la mort que j'attens,
J'ay si grant sueur que plus ne puis,
10688 Se ma bouteille fust ung puis
Dont l'eaue bon vin devenist,
Y n'est homme qui me tenist
De boire tout plain mes flageaux.   [84 r°a]
10692 C'est pour neant; estancher mes maux
Me convient, or ay grant merveilles,
S'il y a riens en ma bouteille.
S'il y a riens, qu'est ce ci donques?
10696 Aval, aval, je ne bus oncques
Milleur vin, par le sanc saint George.
Ancor ung po, hé, belle gorge,
Onque ne fut liqueur si doulce,
10700 Qui voulra boire, hau, hau, si touse,
Crachiez hors, jetez laval!
Mon vin ne vous fera ja mal
Non que je saiche.

10700   De nouveau, il y a un jeu entre le messager et le public.

[Trotemenu arrive]

MARESCHAL

         Hola, ho!

10704   Je voy, foy que je doy saint Pol,
Venir le message du roy.
Est il gent et de bel arroy!
Ses piez ont moult bonnes semelles.

ADMIRAL

10708   Trotemenu, quelz nouvelles?
Que fait nostre bon roy Clovis?

TROTEMENU

En tresbon point, ce m'est advis,
Il a santé, il a liesse,
10712   Il a science, il a prouesse,
Il a son gré, belle dame,
Josne, plaisante et preudefemme:
Il a des biens Dieu largement.
10716   En vous saluant doulcement
Ces lettres par moy vous envoie.

CONNESTABLE

Et par mon corps, j'en ay grant joie,
Et pour l'onneur du noble roy,
10720   Par grant amour baisier les doy
Et puis regarderay que c'est.
C'est trestout bien, tout bien y est.   [84 r°b]
Par ces lettres cy le roy vous mande
10724   A chacun de nous et commande
Que soions demain devers ly
Et que sans espargner nulluy

Nous et noz gens a grant puissance
10728   Armez au cler d'escu, de lance,
De pavez, de hache et d'espee
Et tant ou mieux que fut Pompee
De Romme le chevalereux,
10732   Le combatant, le gentil preux,
Quant en armes combati
Et Gadosolis abati
Que chief avoit de couleur d'or
10736   De Priant filz, frere d'Ector
Si ne soions vers lui faillans
Et nous moustrons preux et vaillans,
Raison le veult et droit le donne.

ADMIRAL
10740   Et je faiz veu a la couronne
De Gaule, la belle, et a Dieu
Que Carsobus qui fut Ebrieu
Et vesqui .III^C.lx. ans
10744   Ne fit tant de fais en son temps
Que je feray se je puis estre

10728   *Armez au cler* locution cf. v.7016.
10734   *Gadasolis* est une déformation de *Cadors de Liz*, qui est cité au
v.8125 du *Roman de Troie* comme seizième fils de Priam (éd.
Constans 1904-1912); Aimé Petit y voit un exemple typique de
l'introduction de noms celtiques dans le roman antique (Petit
1987 p.293); cf. p.ex. la *Première Continuation de Perceval*, où
nous avons *Cador de Cornoalle* (éd. C.-A. Van Coolput-Storms
1993 p.206 sq.). J'ignore quel lien relie Pompée, modèle de
courage romain, à ce héros pseudo-troien. Peut-être faudrait-il y
voir une déformation du grec *pompeus* «compagnon».
10739   Cf. la note au v.1315.

En l'ost de mon seigneur et maistre.
Alons devers li sans sejour.

MARESCHAL

10748 Et je fais veu qu'aprés ce jour
S'il plait au roy que je le serve,
Qu'onques Phillis, Dido, Minerve,
Juno, Medee, Proserpine,
10752 Leurs hoirs ne toute leur rachine
Ne firent sur mer et sur terre
Telle pugnicion de guerre   [84 v°a]
   Que je feray
10756 Si tot qu'en l'ost du roy seray.
Tart m'est sans doubte que je y sois.

CONNESTABLE

Messagier, met toy a la voie!
Ça, compaignons, soiez joieulx
10760 Et vous en venés deux a deux
Honnestement avec nous.

ANGELOT, *premier homme d'arme*

Si Dieu le veult, nous irons tous,
Je m'en tiens ja pour tout cité.

LUCERNE, *.II.e homme d'arme*

10764 Jamais de Dieu ne soit absolz
Qui n'yra, je suis ja botté.

10750-10751 Exemples de hardiesse controuvés.
10757   *Tart m'est*: «il me tarde», Di Stefano p.819.
10761   Manuscrit: *A Dieu.*

OLIVIER, *.III.e*
Avoir ne puist bonne santé
Qui pour nul or demouroit cy.

FLOURET, *.IIII.e*
10768   Et seray je cy debouté?
Yray je?

CONNESTABLE
                    Oil!

FLOURET
                    Vostre merci!

COINTINET
Je n'ay pas mal en mes genoux
Se je n'y vois, je suis gatté.

AMIET
10772   Je ne doubte buffes ne coups;
J'ay autreffois telz coux brouté.
Vous avez bonne volenté;   [84 v°b]
Chacun en ait tout adurci;
10776   C'est tretoute joliveté.

COINTINET
Yray je?

10773   Locution non retrouvée; sens: «j'en ai eu l'expérience».
10775   Sens? Probablement, *ait* est une graphie pour *est*.

CONNESTABLE
    Oil!

COINTINET
        Vostre merci!

[ils partent]

CONNESTABLE
Messagier, or va devant nous,
Tu aras celle autorité,
10780 Le beau chemin est cy dessoubz,
Je voy Soissons la cité.

TROTEMENU
Assez de fois y ay esté
Dont je n'ay pas le cuer nerci:
10784 Maint beau dis y ay chanté:
Yray je?

ADMIRAL
    Oil!

TROTEMENU
        Vostre merci!

[chez Clovis]

CLOVIS
Le jour est bel et esclarci

10780   Indication pour la mise en scène? Sommes-nous à l'étage?
10784   Sens figuré? Ou est-ce que le messager est considéré comme
        chanteur (cf. les triolets qu'il débite)?

Ainsi le veulle Dieu tenir,
10788 Dont j'ay au cuer mains de soussy,
Car mes amis doivent venir,
Dont je doy joieux devenir
Et avoir le fait agreable.
10792 Mon message voy venir,
L'amiral et le connestable.

CONNESTABLE *[arrive devant Clovis]*   [85 r°a]
Sire, la joie pardurable
Ou maint la vierge glorieuse
10796 Qui tant est belle et amiable
Douce, plaisante, delicieuse,
Vous doint cellui qui doloreuse
Mort endura pour tous humains.
10800 Vers vous venons chiere joieuse
Pour vous servir a toutes mains.

CLOVIS
Je sçay bien que fais m'avez mains
De beaux services loncq temps a
10804 Et bien veingniez ça, seigneurs; ça,
Je vous diray de mes nouvelles;
Message, nos bans et scelles
Parez de draps de haulte lisse
10808 En signe de lis de justice!
Et ici soit nostre baniere!
Et apelés nostre beau pere,
Le bon arcevesque Remi!

10800   Manuscrit: *venez*, ce qui ne présente aucun sens satisfaisant.

MESSAGIER TROTEMENU

10812   Je n'y mettray jour ne demi,
Ains iray au plaisir de Dieu.
Assez tot seray sur son lieu;
Je y vois, le monde est moult sauvage.
10816   Les grans ne l'ont pas davantage;
Chacun me peult assez entendre.
En la fin fault devenir cendre
Et touteffois dont m'emerveil,
10820   Le plus riche n'a qu'un licheu
Les filz Adan fault tous fenir
Que plus voit plus a souffrir
Tel est huy qui n'est pas demain;
10824   A tout perdre est le coup perilleux;
Qui Dieu quitte bien est heureux;   [85 r°b]
Toutes choses sont soubz sa main
Et si ay bien en mon memoire
10828   Que mort sur tout homme a victore:
Aussi tot meurt foible que fort.

10816   Cf. les menus propos dans les sotties.
10817   Il s'agit donc d'une remarque «cryptée».
10818-10848   Suite de proverbes.
10818   Hassell C 19 (Gerson VII,288).
10820   Hassell L 59 (Gerson VII, 288).
10821   Proverbe non retrouvé.
10822   Hassell V 127 (Gerson VII,298): qui plus *vit*.....
10823   Hassell H 76 (Gerson VII, 294).
10824   Hassell C 324 (Gerson VII,295).
10825   Hassell D 94 (Gerson VII, 297).
10826   Proverbe?
10828   = v. 10413, V. note.
10829   Hassell M 200; cf. Hassell M 225; *Vieil Testament* II,323).

Tous estas sont aux vers donnés;
Telle a belle bouche et beau nés
10832 Annuit qui demain sera mort.
Folle esperance decoit l'omme;
On ne scet pour qui on amasse
En peu d'eure nostre temps passe;
10836 Tous fault morir pour une pomme;
Contre la mort n'a point d'appel.
Qui bien volra morir, bien vive;
Folz est qui a la mort estrive
10840 A tous y fault lassier la pel.
Tout se passe fors le merite;
Il n'est qui puisse mort fuir;
Cellui doit on bien enssuir
10844 Qui de bonne heure a Dieu s'acquitte.
Cellui qui ez sains cieux habite
Nous veulle sa grace donner
Et tous les pechiés pardonner

10830   Hassell E 82 (Gerson VII, 300).
10831-10832 Cf. Hassell H 76: Tel est hui qui demain n'est pas (Gerson VII, 294).
10833   Hassell E 76 (Gerson VII, 288).
10834   Hassell A 86 (Gerson VII, 292).
10835   Cf. Hassell T 29 «Le temps passe».
10836   Hassell M 225 (Gerson VII, 292).
10837   = v. 10411, V. note.
10838   Hassell M 231 (Gerson VII,291).
10839   Hassell M 192: contre la mort ne peut nulz estriver (Froissart).
10840   = v. 10412, V. note.
10841   Hassell B 99 (Gerson VII, 290), Morawski n°2407 + note.
10842   Hassell M 195 (Gerson VII, 290).
10843-10844 Cf. 10825 avec note.

10848   Dont nous avons fait la poursuite.
         Or me fault avant qu'il anuitte
         Au bon arcevesque parler.
         Je croy bien qu'il n'a pas grant suitte;
10852   Je le voy, il m'y fault aller.

                                   [il arrive chez Remi]

         Sire, cellui qui rappeller
         Nous volt des mains des ennemis
         Vous deffende de chanseller
10856   Que en sa gloire ne soiez mis.
         Le roy devers vous m'a transmis
         Qui joieusement vous salue.   [85 v°a]
         Devers lui sont ses grans amis
10860   Par qui grant joie est soustenue.
         Le roy dit qu'a leur bienvenue
         Vueilliez venir sans arester;
         Toute joie y est espandue
10864   De ce me puis je bien vanter.

         SAINT REMI
         Mon ami, les bons frequenter
             Est grant noblesse.
         On y acquiert los et proesse,
10868   On y acquiert sens et honneur,
         On y acquiert l'amour du seigneur;
         La est fontaine de liesse,
         La est riviere de largesse:
10872   Au monde n'a joie grigneur!

10870   Locution Di Stefano p.366-367 *fontaine de*.

Alons y trestous, je le vueil.

KARITAS

Sire, je suis ja sur le seul

Et vostre breviaire en mon poing;

10876   J'ay de l'aler moult grant soing,

Tant pour vous comme pour le roy.

[chez Clovis]

CLOVIS

Certes, je cuide que je voy

Le saint preudomme ici venir;

10880   Homme ne me pourroit tenir

Que je ne li aille au devant.

CONNESTABLE

Or sus, sus, tout le convent:

Deux a deux au devant de ly.

SAINT REMI

10884   Sire, cellui qui nous tolly

De la destresse,

De la tritresse

De la prison   [85 v°b]

10888   Ou tous ceulx furent condampnés

Qui oncques furent d'Adan nés

Vous doint au cuer parfaitte joie.

10881   *Li*, car l'expression était *aller au-devant à quelqu'un.*

10882   *Tout le couvent*: la bonne compagnie; cf. Di Stefano p.215 *par couvent* «en société de».

CLOVIS

Or levez sus, Dieu vous envoie,
10892 Qui par sa grace vous consente
Le chemin trouver et la sente
Du lieu de consolacion.
Ung bien peu de collacion
10896 Faire vueil entre mes amis,
Par quoy a Reins vous ay transmis
Querir, mes pardonnez le moy.

SAINT REMI

Mon seigneur, mon prince, mon roy,
10900 Le dire ainsi trop mesprenés,
Mais tel me veez, tel me prenés,
Car vostre suis ou que je soie
Et mieux se dire le savoie
10904 Je le vous jure loiaument.

CLOVIS

Grant merci, sus, au parlement!
Il me tarde que ce soit fait.
Seigneurs, je vous diray mon fait:
10908 Alari, le roy de Prouvence,
De quoy j'ay au cuer grant aïr
A moy grever moult fort s'avance
Et quiert engien pour moy traïr.
10912 De ce le doy je bien haïr
Et luy monstrer son villain tort,

10901 Locution Hassell V 147; Morawski 2319 (Charles d'Orléans), Di
Stefano p.726.
10905 Indique peut-être un déplacement.

Mais s'a moy volés obeïr
Je veuray qui sera plus fort.

10916   Tout ainsi a juré ma mort   [86 r°a]
Gondebaut le roy de Bourgongne;
Son frere et lui sont d'un acort
Pour moy donner peinne et ensonne.

10920   Jasoit ce que pou les resonne
Et pour ce visiter les vueil.
Or vous ay je dit ma besongne
Dont je requiers vostre conseil.

CONNESTABLE

10924   Assez et mieux que je ne seul.
Plus oÿ, plus voy, plus suis joieux.
Sire, foy que je doy mon oeul,
Je ne requiers au monde mieux.

10928   Seigneurs, soiez tretous songneux
De vengier ceste villenie!
Qui plus sara, si face mie
Ou autrement je vous renie.

AMIRAL

10932   La requeste vous est fournie,
Connestable, je vous dis bien,
Et l'ame de moy soit honnie
Se je le doubte ne qu'un chien.

10936   Mon cuer, mon corps et tout le mien
Y mettray pour le roy deffendre,

10918   *Son frere*: i.e. Godegesile, roi de Genève.
10935   Cf. Di Stefano p.164 qui donne *ne qu'un chien pourri* et *ne qu'un chien puant*.

Mais se ce traistre Alari tieng
A mes deux mains le volrai pendre.

MARECHAL

10940 Tant que mon corps porra estendre
Je le jure a Dieu de lassus
Que je vueil estre mis en tendre
Se je ne vieng bien au dessus.
10944 Moy tout seul ferai je confus
Alari et ses Prouvenceaulx,
Et Gon[de]baut ne tumbe jus   [86 r°b]
Donnés ma charoigne aux porceaulx.

AURELIENS

10948 Riches banieres, penonceaulx,
Haulx estandars beaux et luisans
Et cent milliers de jovenceaux
Pour combattre tous vos nuysans,
10952 Telz choses vous sont bien duissans;
Ainsi arez vous loing et prez
En ce roiaume ains qu'il soit .X. ans
Vrai union et bonne paix.

10938   Manuscrit: - *lalar* + *alari*.
10942   *En tendre*: cf. *estendre* 10940: il veut être mis sur la roue s'il
        n'est victorieux. Faut-il comprendre *tendre* comme un infinitif
        substantivé?
10945   Manuscrit: *po\r/ceaulx*.
10946   *Et* au conditionnel: «si».
10951   Manuscrit: - *vs* + *vos*.

CLOVIS

10956 Et c'est le mieux dit de jamés!
Aureliens, s'il plait a Dieu,
Assez tot irons sur le lieu
Les visiter, c'est mon entente.
10960 Mainte courtine et mainte tente,
Maint pavillon et maint hault tref
Mener y feray et bien brief,
Avant qu'il soit ung po de temps
10964 Et qui plus est, ou tout m'atens
A l'aide de mon createur,
Mon vray Dieu, mon redempteur,
Y soit a nostre departement
10968 Ad fin qu'on voie appertement
De France l'onneur affermee.

CONNESTABLE

Loez soit Jhesus, nostre armee
Est ordonnee pour partir.

CLOVIS

10972 Grant merci, mais au departir
Veul avoir congié de beau pere
L'arcevesque, mon tresdoulx frere.   [86 v°a]
Sire, vous savez mon affaire,
10976 Conseillez moy que j'ay affaire,
Je le vous requier par amour,
Si que je puisse sans demour

10964   Manuscrit: *ou - plus + tout m'atens*.
10978   Dans les *Miracles de Notre Dame*, cette expression est toujours
         au masculin: *sans long demour*; cf. Locey 1976 p.xxiii note 6.

Aller contre mes ennemis.

SAINT REMI

10980 Sire roy, Dieu vous a transmis
Et esleu pour la gouvernance
Du treschrestien roiaume de France,
Dont a present vous estes roy
10984 Par le congié et par l'octroy
Du tresdigne siege roial.
Si devez bien estre loial,
Hardi et plain de couraige
10988 Pour garder si bel hiretage,
        Promis l'avez.
Premierement garder devés
La sainte foy de Jhesucrist,
10992 Magnifier le saint esprit,
Auctorisier les sacremens,
Accomplir les commandemens
De nostre mere sainte Eglise.
10996 Noble prince, c'est la devise
Premier[e] ou vous devez entendre;
Aprés celle vous devez tendre
A justice faire rengner
11000 Pour vostre royaume gouverner,
Car sans elle certainement
N'arés vous beau gouvernement
        Et o tier point
11004 Requerez a Dieu qu'il vous doint
De vos subgetz obeïssance,
Si que par eulx aiez puissance
De subcomber vos ennemis;   [86 v°b]

11008 Il n'est tresor qui vaille amis,
       L'ami au besoing point ne fault,
       Mais grant tresor souvent default.
           Or est ainsi
11012 Que ces vaillans seigneurs cy,
       Ou tant a bonté et proesse,
       Honneur, hardement et gentillesse,
       Viennent comme preux et fëaulx
11016 Et comme vrais amis loiaulx
       Pour vous servir jusqu'a la mort.
       Y m'est avis qu'ilz sont d'acort
           De vous vengier,
11020 De vous rescourre et revengier,
       De leurs corps mectre a l'aventure,
       D'attendre la desconfiture
       Ou la victoire s'elle y est.
11024 Chacun de bien faire est tout prest;
           Si vous conseille,
       Ainchois que droit de vous ne doeulle,
       D'y aviser, il est saison,
11028 Car droit consent, si fait raison,
       L'omme deffende sa maison,
       Son honneur garder contre tous
       Si est besoing, sire, que vous

11008 Hassell A 92, cf. Hassell T 82 (paix), T 83 (vivre à son aise).
11009 Hassell A 100 (e.a. Gerson).
11010 Manuscrit: - *fau* + *souvent*.
11028 Cf. v.1315 avec note.
11029 Puisque, au début du XVIe siècle, la guerre défensive était
       considérée comme autorisée par Dieu: idée centrale chez Erasme
       et dans le *Pantagruel* de Rabelais.

11032   Monstrez que vous estes seigneur
         Le pluspuissant et le grigneur
         De tous les xrestiens de ce monde
         Et si avez ou je me fonde
11036   Toute fleur de chevalerie,
         Sire, sire, ne laissiez mie
         Que ne fachiez vostre debvoir.

         CLOVIS
         Sire, je n'ay pas grant avoir
11040   Ne grant chevanche   [87 r°a]
         Pour avoir vostre pourveance
         De pain becuit premierement,
         De vin aussi pareillement,
11044   N'ay je mie grant cantité,
         Mais pour estre mieux acquitté
         Des sermens que j'ay faiz a Dieu
         En personne iray sur le lieu
11048   Sans redoubter meschief ne peinne.
         Celle qui est de grace pleinne
         Vueille estre a mon departement
         Et vous ossi benignement,
11052   Vous requier par devocion
         De Dieu la benedicion
         Et la vostre ossi sur nous tous
         Et puis prenons congié de vous;
11056   Vous alez sur ces Pourvenceaulx.

SAINT REMI
Le fruit avec les rainseaulx
Presenta le bon saint Thomas
Aux nopces des deux jovenciaulx,

11060   Dont le roy d'Inde fit le pas;
Ce fut ung moult glorieux cas,
Car l'espousé et l'espousee
Par le fruit furent hors des las

11064   De grant doleur desmesuree.
Or soit le pample figuree
A ung aultre presentement;
C'est que la guerre avez juree

11068   Pour vostre honneur tant seulement.
Mais pour vostre gouvernement
Ou nom de Dieu, le roy divin,
Vous donne gracieusement

11072   Ce noble flacon plain de vin,
Le vaissel est plaisant et fin,   [87 r°b]
Et le vin est moult vertueulx,
Qui durra tant que la fin

11076   Arez sur tous vos ennemis;
Buvez en et soyez joieulx

11057   Il s'agit d'une branche avec des dattes. L'histoire remonte aux *Actes de Thomas* (syriaque, IIIe siècle) et a été reprise dans *De miraculis beatæ Thomæ apostoli* (VIe siècle); cf. James pp.369-370. Ces *actes* ont déjà été condamnés par saint Augustin, mais la tradition est reprise par Voragine (trad. Roze-Savon pp.59-60) et figure au portail de Semur ainsi que sur un vitrail de la cathédrale de Sens (Mâle 1958 II,290sq.).

11063   Car ils s'endorment et ont tous les deux le même songe.

11065   *Pampre* «cep de vigne», mais pourquoi cette comparaison?

11072   Cf. la cinquième tapisserie de saint Remi à Reims; cf. Sot p.389.

En loant Dieu de tous ses biens
Sans trop estre avaricieulx;
11080   L'autrui convoiter ne vault riens.
Dieu a assez pour tous les siens;
Qui l'aime n'a point de deffault;
Se bien l'amez, sire, je tiens
11084   Que plus arez qu'i ne vous fault.
Longue demeure po vous vault;
Partés et faictes bon debvoir,
Si que le vray Dieu de l'en hault
11088   Vous vueille en bon gré recepvoir.
En exsauchant vostre couronne.
Or me requerez que vous donne,
Ma beniçon et vous l'arés
11092   Si qu'en tous lieux ou vous serés
Aiez de cellui souvenance
Ou la fontaine de science
    Pose tousdis.
11096   C'est le seigneur de paradis,
C'est le seigneur de deïté,
C'est Dieu en sainte trinité,
De cellui Dieu vous soit donnee
11100   Sa beniçon enluminee:
Benedicio Dei patris omnipotentis
Et filii et spiritus sancti
Descendat super vos et maneat
11104   *Semper, amen!*

11080   Cf. Di Stefano p.193 *Convoitise est racine de tous maux.*
11081   Cf. Hassell D 72 «Dieu donne tous les biens».
11085   Cf. Hassell D 25 «Longue demeure fait changer amy».
11094   *Fontaine de…* Di Stefano p.366-367.

CLOVIS [87 v°a]

Sire, je pren congié de vous:
A Dieu, vous souviengne de nous!
Connestable, assamblés vos gens.
11108 Or soiez vous diligens
D'acquerir los et hault honneur
Autant le grant que le meneur:
Chacun doit amer sa personne.

CONNESTABLE

11112 Sire, il est vray: heraut, qu'on sonne
Haultes trompettes et degois,
Clarins et cors sarazinois,
Haulx menetrez, doulces busines,
11116 Beaux estandars, banieres fines!
Venés, gens d'armes a derroy,
Archiers, mettez vous en arroy,
Amiral, prenez l'avantgarde
11120 Et sur les esles m'en iray.
Du corps du roy songneuz seray,
Car se chacun est bien loial
Pour honnourer le sanc roial,
11124 Honneur arons a tousjours mais.
Or partez, sire, sus, aprez!
Cornez, faittes vostre debvoir!

MESSAGIER TROTEMENU   *[chez Gondebaut]*

Sire, je vous fas assavoir
11128 Que Clovis, le roy des Franchois
Vous deffie et sera ainchois
Ici qu'il soit trois jours passez.
Je n'en dy plus, or y pencez!

GONDEBAUT

11132 Par Mahon, j'en suis moult joieux,
Et foy que je doy a mes dieux,
La venue li sera chiere
Et li dy, faisons bonne chiere,
11136 Laisons plouvoir, laissons venter,
Laissons ces François barbeter.
Frere, se je les puis tenir,   [87 v°b]
Jamais n'y voulront revenir.
11140 Appelez moy Trubert, Volant,
Clabaut, Bridou et Taillevant:
C'est compaignie serpentine.
N'oubliez point aussi Vermine,
11144 C'est la milleur beste du toit.

JOSSELIN

A vostre voulenté en soit;
Je y vois, il est assez matin.
Ilz ne quierent que le hutin,
11148 Je vous promés.

                              [L'armée burgonde]

TRUBERT

          Or sus, sus, sus,
Qui veult meilleur fleur de vergus?
Vez le ci ou tout bien s'espent.

11141   *Clabaut* désigne, selon Di Stefano p.172 un chien; dans le *Vieil*
         Testament (éd. Rothschild II,7 v.9528) c'est effectivement le nom
         d'un chien. *Bridou* serait celui qui *bride les oies* (cf. Rabelais)
         alors que *Taillevant* peut être celui dont l'épée ne taille que l'air.

Il ne peut mourir s'il ne pent.

11152 Volant, pourrirons nous ici?

VOLANT

Pourrir, las, je suis tout ainsi

Que cilz qui joue aux esbahis.

Alons nous en par le paÿs

11156 Puis qu'autre chose ne faisons.

CLABAUT

Tout homme qui entent raison

Scet bien de nous le hault couraige

Qu'est ce que c'est, hahay, c'est rage,

11160 Par mes dieux, c'est rage a raconter.

Ou est cilz qui pourroit surmonter

L'un de nous sans plus, je ne sçay.

BRIDOU

Qui oncque puis que je laissay

11164 Le courrir, ferir et combatre,

Je n'oz de bien en ces jours quatre,

Je ne suis ci ne bien ne beau   [88 r°a]

Non plus que seroit ung pourceau

11168 Quant il se witroule en la boe.

11151   Manuscrit: - *noier* + *mourir*.

11154   *Jouer aux ébahis*: locution Di Stefano p.280 (exemples chez
        Deschamps, Perceforest)! Cf. éd. Cohen 1949 n°III, *Farce des
        Ebahis*, en fait plutôt une sottie.

11155-11156 Cf. le problème des *routiers*!

11159   Locution Di Stefano p.746.

TAILLEVENT
On nous devroit faire la moe,
Je renie Mahon se j'en mens.
Alors souloit aux mandemens
11172 Des plus grans seigneurs d'Aquilee,
De Babilonne et de Caldee,
D'Arrabe et des Assiriens
Et des nobles Sodomiens
11176 Ou tant ay eu soulas et joie.
C'est dommaige que je ne m'emploie
En guerre mortelle.

VERMINE
                              Il est voir,
Il est bon assavoir
11180 Que pis ne puis, se je n'enrage.
Dido la royne de Cartage,
        Femme de Ulice,
Me tint sept ans en son service
11184 Ou je conquis honneur a bauge
Et j'ay ici le becq en l'auge.
        Dieu, quel dommaige,
Sur m'ame, je pers mon langage,

11169 Locution Di Stefano p.565.
11172-11175 Suite de nations païennes. Notons que les Burgondes furent
        ariens. Il est à remarquer que Taillevent qualifie les Sodomiens
        de *nobles*! Anacoluthe.
11182 Didon femme d'Ulysse!
11185 Cf. Hassell B 39, Di Stefano p.73 *tenir le bec a l'eaue*: «repaître
        de belles espérances»? Ou cf. Cotgrave *C'est un porc à l'auge*:
        «il se nourrit à s'en crever le ventre».

11188   Hahay, feray je point mon quay
              Ains que je meure.

         JOSSELIN *[arrive chez les sergents]*
         Qui est la (qui est la)?

         TRUBERT
                                  Il est belle heure
         Jamais Mahon ne me sequeurre
11192   Se je...

         JOSSELIN
                        Hola, venez vous en,
         Or soit il entrez en bon an
         Qui nous mettra fort en besongne
         Je rez, je tons, je taille et rongne   [88 r°a]
11196   Ne ne crains fevre ne fournier.

         VOLANT
         Nous irons widier le grenier
         De ces François qui tant est plain.

         CLABAUT
         Et quant partirons nous?

11188   Sans rime, ou faudrait-il y voir deux tétrasyllabes?
11190   Correction pour le mètre.
11196   Locution non retrouvée.
11197   *Grenier*: peut-être s'agit-il d'une indication scénique; cela signi-
         fierait que nous nous trouvons au souterrain. Ou bien compren-
         dre: *vider le grenier* «accaparer les provisions».

JOSSELIN

Demain

11200   Ou tout en l'eure.
Tel rit qui au main pleure,
Tel y venrra bonté riant
Qui s'en retournera criant
11204   Je vous promés.

[Sur le champ de bataille]

GONDEBAUT

Or ça, beau frere,
Une bataille chaude et fiere
Nous fault a ces François livrer
Et si s'en convient delivrer,
11208   Car on m'a dit qu'ilz boutent feux
Par mon païs en pluiseurs lieux,
Dont dolant et marri je suis;
Si vous pri tant comme je puis
11212   Et sur la foy que me devez
Veu le serment qu'a moy avez
Que ces Franchois soient veincus
Chacun de vous cent mille escus

11201   Hassell R 55, Morawski n°2368, Di Stefano p.768.
11202-11203 Proverbe?
11208   Cf. le problème des boutefeux en Champagne au début du XVIe
             siècle; cf. Penny Roberts (que je remercie de m'avoir donné le
             texte de sa communication au colloque de Warwick sur la culture
             populaire, juillet 1994: «Arson, Conspiracy and the Power of
             Rumour in France»). Le livre de raison de Nicolas Versoris
             (1519-1530) mentionne également à plusieurs reprises les *boute-
             feux* en Champagne, p.ex. aux pp.61, 63, 66, 68, 69, 88. Notre
             mystère contient également un épisode sur l'incendie de Reims.

11216   Ara, foy que doy ma couronne.
          Tenez, ma foy, je les vous donne
          Et promés sans aucune doubte.

          BRIDOU
          Yci n'a homme qui redoubte
11220   Sa venue ne sa bataille.

          TAILLEVENT
          Par ceste espee qui bien taille
          Ja n'est mestier qu'il se rebarbe   [88 v°a]
          Sans rasoir li feray barbe,
11224   Vueille ou non, je l'ose bien dire.

          VERMINE
          Qui suis je, qui, qui suis je, sire
          C'est tout neant, qui ne fait le cocq!
          Vermine suis de Lenguedoc,
11228   Je suis de tous le nompareil
          Si hardi non soubz le souleil
          Que s'il me voit entre deux yeux
          Qu'i ne recule pour le mieux,
11232   Car j'ay, par la loy que je tien,
          Arrachiez maint cuer de xrestien,
          Taillé gorge, crevé bouelles,
          Espandu le sanc des servelles
11236   De mille et mille fors vassaux.

11220   Sc. *Clovis*.
11223   Cf. Hassell B 12 (Froissart).
11226   Locution Di Stefano p. 194 «se donner des airs».

JOSSELIN

Assez tot arons fort assaux,
　　Je voy merveilles,
Estandars, bannieres vermeilles;
11240　　Sire, regardés leur arroy.

GONDEBAUT

C'est voir, je voy Clovis le roy
Atout ses trois fleurs de lis;
Nous les metterons en tel derroy
11244　　Que ja tot seront amolis.
Mains en ara ensevelis
Aval les champs ains que je fine,
Dont riches serons et jolis.
11248　　Sus, sus, sonnez nostre busine!

Taillevent, Bridou et Vermine,
Entre vous trois irez devant!
Tout sera nostre, je m'en vent;
11252　　Tous leurs tresors vous sont dechus.
Je ne vueil que Clodoveüs,
Le remanant vous habandonne.
Tout est vostre, je le vous donne;　　　　　[88 v°b]
11256　　Or soiez bien sur vostre garde.

11242　　Il y aura bien trois fleurs de lys sur l'écu de France; selon une
légende de la fin du moyen âge, les armes du roi Clovis portaient
originellement trois crapauds qui se muèrent, après sa victoire, en
fleurs de lys (cf. Lombard-Jourdan; Koopmans 1994). Notons
également que les armes de France sont passés en 1376 de
France ancient («semé de lys») à *France modern* («trois lys»,
pour signifier la sainte Trinité).

Je vous commés l'arriere garde,
Trubert, Volant, et vous, Clabaut!
Vous savez bien que ceci vault
11260 Honneur a tous, n'en doubtez point;
Oncques ne fut si bien a point.
Ferés, tuez, n'espargniez homme
Et vous verrez assez tot comme
11264 Je m'en iray sur eulx salir.
Or sus, alons les asaillir,
Pieça sa terre conjuree
Li avoie et la mort juree.
11268 A eulx, a eulx! Tout sera nostre.

CLOVIS
Hé, bon Remi, de Dieu apostre,
Soit ennuit avec nous
Avant seigneurs, avant trestous!
11272 Aiez couraige de lyon,
L'un prez de l'autre nous lion,
Connestable, pencez de France,
Moustrez ici bonne prudence:
11276 Veci venir voz ennemis.

CONNESTABLE
Sire, nous vous serons amis;
C'est po de chose, c'est tout vent.

11267 Allusion à la première campagne de Gondebaud, qui ne figure
pas dans le mystère; cf. Grégoire de Tours.
11272 *Courage de lion* locution: Di Stefano p.488 *courageux comme
lion*
11278 Hassell V 35.

Amiral, vous irez devant
11280   Et la bataille arez premiere.
Qui mieux sera ferir, si fiere;
Mes amis, soiez diligens.
Le roy aprez, or ça, ses gens,
11284   Chacun doit acquerir honneur;
Mareschal, par mon createur,
Se l'arriere garde voulez,
Je vous en prie et appellez
11288   Vos gens ou tant a de noblesse.
Sachiez de vray que par proesse   [89 r°a]
Ennuit enterons a Digon,
La ville arons et le donjon
11292   A l'onneur du roy nostre sire.

MARESCHAL

Mon seigneur, mon frere desdire
Pour nul or je ne voulroie.

CONNESTABLE

Criez, criez trestous «Monjoie,
11296   Montjoie, saint Denis, Montjoie».
Menestrez, trompes et buisines
Sonnez, sonnez trompes clarines;
Chacun soit preudomme aujourd'uy.
11300   A eulx, a eulx, et par mon corps,
Y semblent ja a moittié mors,
On le congnoit bien a leur huy.

11286   Au v.11119, l'amiral reçut l'avant-garde.
11290   Cf. les notes au vv.10393, 10587.
11296   Pour le mythe de Saint-Denis: voir Lombard-Jourdan.

A l'arme, a l'arme!

GONDEBAUT

A mort, a mort!

AMIRAL

11304   A eulx, a eulx!

JOSSELIN

Tuez, tuez!

MARESCHAL
Veez en la ung!

ANGELOT

Cestui ci dort!

TRUBERT
A l'arme, a l'arme!

LUCERNE

A mort, a mort!

VOLANT
Revengiez vous!

OLIVIER   [89 r°b]
Fort, fort, fort, fort!

CLABAUT
11308   Ancore, ancore!

FLORET

    Vous suez!

BRIDOUL

A l'arme, a l'arme!

COINTINET

      A mort! [A mort!]

TAILLEVENT

A eulx, a eulx!

AMIET

    Tuez, tuez!

JOSSELIN

Ha, mon seigneur, retraiez vous!
11312 Cest[e] journee est contre nous!
Nous sommes traÿs faulsement.

GONDEBAUT

Ce poise moy, mais autrement
En cheviray, se je ne faulx.

CONNESTABLE

11316 Sire, sire, ces traytres faulx
  Battent froit fer:
Ilz sont trop plus bas qu'en enfer
Ravalez, voire, Dieu merci.

11317 Hassell B 25.

CLOVIS

11320 Tant avons nous moins de souci;
Loez en soit mon createur,
Loez en soit mon redempteur
Et la sainte vierge pucelle   [89 v°a]
11324 Qui de Dieu est mere et ancelle.
Loez en soit le bon Remi,
Mon beau pere, mon vrai ami,
Mon seigneur, mon frere xrestien
11328 De qui le vrai conseil je tien
Et grant merci a vous trestous,
Merci vous rens, mes amis doulx,
Merci aux petis et aux grans;
11332 Des ci vous faiz quittes et frans
De servitude, par mon roiaume,
Comme nobles, preux et hardis.

AMIRAL

Dieu par sa grace de paradis
11336 Vous vueille rendre ce beau don,
Sire roy, a vostre habandon
Sommes en cuer, en corps, en biens.
Moy premier, voir et tous les miens
11340 Pour vous servir par toutes terres
En paix et en mortelles guerres
Suis prest d'aller et de courir
Pour vous servir jusques au morir.
11344 En mon cry porte loiauté
Comme devise de beaulté
Qui tousdis en mon cuer sera.

CLOVIS

Cellui qui tous jugera,

11248   Amiral, vous doint puissance,

Force, vertu, sens et science

De surmonter noz ennemis

Et tellement que soiez mis

11352   Ou nombre des preux honnourez.

On parle de vins couleurez,

De vins blans et de vins clerés,

Mais, s'il plait a Dieu, vous sarés

11356   Quel vin il y a ci dedens.

Ça, ça, ça! trestous venez ens;

Chacun sa part en doit avoir,

Car chacun a fait bon debvoir.

11360   Le flacon est bel et joieulx   [89 v°b]

Et encore plus precieulx

S'il est vrai ce que dit nous a

Nostre beau pere. Ça, ça, ça!

11364   Vaiselle, tasses a derroy.

Qui volra boire, viengne a moy;

Moy mesmes le vueil departir

Ceste fois, car au departir

11368   Me dit que le vin dureroit

Tant que ma guerre fineroit;

Je buverai, ça, et puis tendez,

Connestable, et vous deffendez.

11372   J'ay bien taté ce que peult estre.

11356   *Ci dedans*: le flacon de Clovis. Par la suite, tous boivent.
11368   *Me dit*: sujet: Remi.

CONNESTABLE
Je croy qu'en paradis terrestre
A esté coeulli, par ma foy.
Sire amiral, pardonnez moy
11376   La soif m'a fait le premier boire;
Il est tresbon.

AMIRAL
                              Et par Dieu, voire!
Onques ne vint de male souche
Ne je ne croy pas c'onques bouche
11380   Beust de milleur, mareschal frere.
Il a couleur sainne et entiere,
Il a sauveur suppelative,
Il a odeur infinitive.
11384   Or buvez et vous en souviengne.

MARESCHAL
J'en buvray mais que je ne tiengne,
Or versés bien, hola, il clicque!
Par mon corps, c'est ung angelicque
11388   Et l'eust planté ung cheraphin,
Il est cler, net, sain et fin
Pour tout homme reconforter.

CLOVIS
Il le fault a noz gens porter.
11392   Aureliens, amis, tenez;   [90 r°a]
A vostre plaisir en prenés

11378   Locution, cf. Di Stefano p.806 *de bonne souche*.

Et puis en donnés a chacun.
De nos vaisseaulx n'en laissiez ung
11396   De ceulx qui armés ont esté.

AURELIENS
Sire, par grant solempnité
Leur porteray devotement,
Car chacun a necessité
11400   De boire mervilleusement.
Si en buvray premierement
Pour apaisier dame Nature,
Et puis iray songneusement
11404   Donner aux aultres leur droiture.

Le noble nom de charité
Qui donné fut si saintement,
C'est ung vin plain de dignité
11408   Pour celebrer le sacrement.
Il n'apetache nullement;
Tousdis est plain et toujours dure;
Pour ce m'en voy joieusement
11412   Donner aux aultres leur droiture.

Ça, compaignons, grant cantité.
Venez boire courtoisement!
A chacun ferai equité:
11416   Si en buvrez plus largement.
Tenés, buirez gaillardement:
C'est vostre droitte noureture!
Tenez, je vueil hastivement
11420   Donner aux aultres leur droiture.

[il se met en route; puis, chez les ennemis]

JOSSELIN

Ha, sire, la male aventure,
La journee diabolicque
Pire que le cocq bazilicique
11424   Qui croupit les parfons desers.
Je croy que nous sommes desers;
Fortune nous a cumbé jus   [90 r°b]
Et le deable les a mis sus,
11428   Mais trop me desplait de Vermine
A qui j'oÿ rompre l'eschine
Et cheÿ mort dessus mes piez.
Tuez soit il de mille espiez
11432   Qui ly fit si cruel assault.

GONDEBAUT

Devant moy vy morir Clabaut
Dont je suis dolant et seray:
Jamais milleur ne trouveray,
11436   Il estoit hardi compaignon.

JOSSELIN

Ou irons nous?

GONDEBAUT

                    En Avignon!
En Avignon nous fault fuir,

11423   cf. 10422-10424 avec note.
11437   *Avignon*: correct selon Grégoire de Tours II,32 (Thorpe p.46).

Il n'ont garde de nous suir.
11440 Je voy que je suis essilliét:
Tout sera ravi et pilliét
Et bouterons le feu partout.
Certainement mon fait est rout:
11444 A mort le cuidoie destruire,
Mais destruit m'a, il doit souffire:
Desir de fol souvent remaint.

                    [dans le camp de Clovis]
CLOVIS
Or prions a Dieu qu'il nous maint
11448 Par son bon vouloir sains et saulx
Noz ennemis les Pourvenceaux
Resvellier par bonne maniere;
Roy Alari me vitupere
11452   Par son orgueil,
        Don j'ay grant dueil
Et pour ce requerir vous vueil
        Puis qu'il est heure
11456   Qu'on y labeure.   [90 v°a]
Et chacun de vous me sequeure
        A ce besoing,
        Ce n'est pas loing.
11460 Si vous prie, prenez en le soin

11442 *Bouterons*: lire *bouteront*, cf. v.11209; ou est-ce une allusion à la technique de la terre brûlée?
11446 Morawski 948, 1320; Hassell F 139, toujours avec *moult* au lieu de *souvent* et *de ce que fol pense* au lieu de *desir de fol*.
11455-11456 Cf. le proverbe «En peu d'heure Dieu labeure» (Hassell D 87, Morawski 679).

Et y alons joieusement.

CONNESTABLE
Sire, vostre commandement
    Et voulenté ferons
Et tellement labourons
Que vous en serez hors de dangier.

AMIRAL
Mareschal, nous l'irons vengier
De ces tirans, a dieu, le vueil;
Je n'ay cousin, frere, nepveu
Pour qui laissasse la besongne.

MARESCHAL
Moult a povre cuer qui resongne
Ces Pourvenceaux ne ces Gotois:
Ce sont Ariens malcourtois.
Nous irons quant il vous plaira,
Ja piét de nous ne vous laira
Jusques a la mort endurer,
Tant que piece en pourra durer
Quant chacun y mettra la main
Nous les arons d'uy a demain,
    Je m'en fais fort.

11471   *Gotois*: sur les relations possibles entre Gondebaud et Alari, voir
        Verseuil pp.143-146.
11472   En effet, ils furent Ariens.
11474   *Piét de nous*: cf. au v.10208 *le corps de moy.*

CLOVIS

11480 Et par mon chief, j'en suis d'acort;
Il est ferme, il est conclus.
Message, va tot, n'atens plus,
   Le roy Alari deffier
11484 Sans jour preficq signiffier.
A sanc, a feu et a oultrance   [90 v°b]
Combatray lui et sa puissance
   Et de plain jour.

MESSAGIER TROTEMENU

11488 Jamais ne quier estre a sejour,
Honneur, beau don ne los ne pris,
Mais que ne soie mort ou pris
Se hautement ne lui voy dire.
11492 Je pren congé, adieu, chier sire.

[en route]

Foy que je doy mon pucelage,
   No fait est bon:
J'ay ung morselet de jambon,
11496 J'en vueil mengier tout en alant.
C'est estat d'un galin galant
Et puis buvray la fois courtoise.
Ça, ma bouteille, dia qu'elle poise.
11500 Boire me fault. Hé Dieu, quel vin!
C'est du terroir angevin!
   Clic, c'est assez.

11485   Locution Di Stefano p.341.
11493   Trotemenu jure par son pucelage! Cf. v.4215 où Parceval jure
par sa *virginité*. Est-ce que ce vers indique que le rôle de messager était tenu par un jeune garçon?

Or sont tous mes maux passez
11504   Si ne doy pas
         Aler le pas.
J'ay, Dieu merci, prins mon repas
         Jusques a soupper
11508   Per ou nomper
Y fault courir ou galoper.
         Sus, jambes, sus!

                                        [en Provence]

         ALARI
Je voy ung messagier lassus
11512   Moult est hosé, comment il trotte.
Il joue moult bien de la botte,
Je croy qu'il vient ci, ce fait mon!
De quel part vient le compaignon?
11516   Hola, compains, arreste toy!
A qui es tu.

         MESSAGIER TROTEMENU   [91 r°a]
              Je suis au roy
Des Frans que Dieu vueille garder.
Si n'ay mestier de toy tarder,
11520   Roy Alari je t'affie
Que le roy Clovis te deffie
Par moy, je le te convenance,

11508   Locution Di Stefano p.630.
11511   *Lassus*: indication scénique indirecte?
11513   Locution Di Stefano p.95.
11519   *Tarder quelqu'un* c'était, bien sûr, le faire attendre.

A feu, a sanc et a oultrance
11524 Pour toy oster l'ame du corps.

ALARI
Laisse garir ceulx qui la mors
Premierement, et si ly dy
Qu'avant qu'il soit jamais lundi
11528 Le sanc du corps li tir[e]ray.

MESSAGIER TROTEMENU
Je ne sçai, mais je lui diray
La responce que vous me dittes.

ALARI
Viengne le roy des contredittes,
11532 Par mes dieux, il sera receux;
Beaux li sera de querir suittes
Si tot que je seray esmeu.
Encor n'et pas congneu
11536 Le tiers des tours que je sçai faire;
Mieulx li vaulsist qu'il se fut teu,
Car les deux yeulx li ferai treire.

J'ay retenu mains tours de luitte,
11540 J'ay mains fors champions recreu
11544 Et si ay maintes verges duites
11542 Dont maint homme a esté decheu

11523   Locution Di Stefano p.341.
11525   Sens? Lire: *Ceux qu'il a mors*?
11535   *Et* pour «est».
11539-11546 Nous avons rétabli l'ordre des vers.

11543 Ne ne me voy goutte recreu
11541 En place nulle ou je repaire
11545 Dont a Clovis est trop mescheu
Car les deux yeulx li feray traire.   [91 r°b]

J'ay maintes grans cités destruites
11548 Par le faulx art que j'ay conchue;
J'ay maintes grans guerres conduittes
Par le hault vouloir que j'ay eu
J'ay par ma puissance acoucheu
11552 Tous ceulx qui m'ont volu meffaire
Dont tot sera Clovis decheu,
Car les deux yeux li feray traire.

Nazart, Nazart, c'est a refaire!
11556 Ou es tu? Vien ça, despeche toy!
Fay que tantot viengnent a moy
Le grant calife de Baudas,
Le Redoubté de Tartarie,
11560 Hideux, le marquis de Hault Pas,
Le souviguier de Satanie,
Le chastelain de Forte Espie
Voire et Rambache d'Engoulesmme.
11564 Se ceulx la sont de ma partie
Je ne faulray point a mon esme.

11551   *Acoucheu* pose problème; le sens devrait être «terrassé», mais ce
        sens précis n'est pas attesté. Une forme *aconcheu* n'offre pas de
        sens satisfaisant.
11558   Série de rois fantaisistes; cf. les chansons de gestes.
11563   Locution Di Stefano p.307.

NAZART, *messagier païen*
Tous ceulx qui ont rechupt batesme
Mourront trestous, il en est picq.
11568 Onques oiseau dedens son nit
Ne fut plus joieulx que je suis.
Et si ferai tant se je puis
Que vous arez des gens assez;
11572 J'aray assez tot amassez
Foison gens d'armes a monseaulx.
Vive le roy des Pourvenceaulx,
Des Ariens et des Gottois.
11576 Y n'est si bel qu'a haulte voix
Voise crier l'arriereban.
Or soit il entré en bon an
Qui se tara
11580 Tant que mon cry crié sera.

Oiez trestous, oiez, oiez!   [91 v°a]
De par Alari de Prouvence
Savoir vous faiz, que vous soiez
11584 Nobles, non nobles, a puissance
Devers lui en belle ordonnance
Pour combatre nos ennemis.
Faittes que par bonne aliance
11588 Demain vous troeuve bons amis.
A ce mandement suis commis

11567   Locution Di Stefano p.672.
11568-11569 Cf. Hassell N 19 «A chaque oisel son nid est bel».
11579   *Topos* ou réelle demande de silence?
11581   Ici, nous avons droit à un petit mandement; cf. Aubailly 1976,
           Verhuyck 1989.

Et a demain est la journee.
Voulentiers m'en suis entremis,
11592   Car ce sera joie germee.
Venez, venez a celle armee
D'armes parez bien richement,
Puisque la guerre est confermee
11596   Nous serons riches haultement.
J'ay fait mon cry publicquement:
Qui voulra venir si viengne,
Mais du plus loin qu'i me souviengne
11600   Si est que je ne bus pieça.
Dame bouteille, venez ça,
Ung po vous fault haper l'oreille.

[à Bagdad]

KALIFFE DE BAUDAS
Et dont vous vient ceste merveille,
11604   Dittes, Rambace d'Angoulemme?
Je renie l'ame de Karesme
S'il n'est pas bon qu'on y sommeille.

RAMBACE D'ANGOULEMME
Mais est saison qu'on se resveille,
11608   Seigneur kaliffe de Baudas.
Ce nous sera joie et soulas
D'aler devers ce noble roy.

11602   Locution Di Stefano p.619.
11605   Est-ce que les païens s'opposent au Carême? Ou l'observent-ils
justement?

CHASTELLAIN DE FORT ESPIE

Hahay, Redoubté, par ma loy,

11612   Nous irons faire une estampie.   [91 v°b]

C'est droitement joie flourie.

Ça, souviguier et vous, Hideux.

REDOUBTE DE TARTARIE

Alons y, alons deux et deux

11616   Par maniere d'esbatement.

Je sçai bien que joieusement

Nous recepvra le bon seigneur.

HIDEUX, *marquis de Hault Pas*

C'est de mes joies la grigneur:

11620   Alons y, je vous en supply.

Mon desir sera acomply

Par la sainte mort que j'atens.

SOUVIGUIER

Nous n'y venrons jamais a temps,

11624   Ce m'est avis, avanchons nous!

Alez devant, et vous et vous,

Je voy le roy, ce me semble.

[en Provence]

ALARI

Or ça, ça, ça! Mon ost s'asamble.

11628   Par mon corps, bien soiez venus.

11622   Un païen qui attend «une sainte mort»: notre auteur n'est pas à une contradiction près.

11627   Cf. la note au v.1315.

Tous mes desirs sont avenus:
Faisons riviere de liesse,
Si est la fleur de hardiesse,
11632   Bien dire l'oze.

KALIFFE DE BAUDAS
                        Sire, sire,
Gentillesse le vous fait dire
Et franchise qui vous gouverne,
Car si noble n'a soubz l'eterne
11636   Du ciel lassus comme vous estes.

ALARI
Des grans honneurs que vous me faictes   [92 rᵒa]
Tous ensemble je vous mercy.
Hideux, Rabache, venez cy,
11640   Souviguier et vous, chastellain,
Sire marquis, ça, vostre main;
Chacun s'assee bas ou hault!
Vien ça, Nazart, nostre heraut:
11644   Plus que le pas t'en va et trotte
Et deffiance a mort reporte
De par moy tot au roy Clovis.

NAZART
Je le ferai, ce m'est avis,
11648   Foy que vous doy, de bon hait.
Je ne quieroie autre souhait;
Je y vois, et comment, par mon ame!

11644   Locution non retrouvée.

Plus tot que pencee de femme:
11652   Oiseau ne vent n'y feroit euvre.

ALARI

Or est il temps que je vous euvre
La matiere pour quoy ci sommes.
Nous sommes trestous gentilzhommes
11656   De noble sanc, de grant linage,
Preux et hardis, fiers de couraige
Pour entreprenre qui qu'en grongne
Contre tout homme une besongne
11660   Qui touche honneur et hardement.
Vous savez comment fausement
Clovis nous a tourné l'espaulle,
Je dy Clovis, le roy de Gaule,
11664   Qui n'a gueires estoit païen,
Or ne l'est plus: il est xrestien.
Que li deable gré li en saiche
    Les yeux du chief;
11668   Nous venrons bien de li a chief
Et l'eust juré son dieu Jhesus.

11651   Cf. sub Hassell F 44 («les femmes sont muables»): *Pensee de feme est tot changee* (Vieil Testament v.34356). Di Stefano p.666 signale la jolie locution *De pensees de femme vont li molin molant* ce qui renvoie également la rapidité du vent (plutôt que la légèreté de la plume — au vent).

11652   Cf. Hassell O 44 («léger comme un oiseau volant»), V 38 («isnel comme le vent») et V 40 («léger comme le vent»).

11662   Locution Di Stefano p.300.

11666   Isolé pour la rime, syntaxe brouillée; faut-il ajouter un vers comme *Et que Tervagant li arraiche*?

11668   Locution Di Stefano p.153.

KALIFE

Je desconfis le roy Cresus   [92 r°b]
Atout cent mille combatans.
11672   Si les amenay tous batans
De Babilonne et de Perse
Jusqu'en la cité de Perse,
Et la fu Cresus desilé;
11676   Si seroie fol afollé
De redoubter ces villains chiens.

HIDEUX

Dittes que Hideux ne vault riens!
S'il ne se monstre tel qu'il est
11680   En mon fait n'a goutte d'arrest.
Je ferai tout quanque qu'on voulra,
Mais se Clovis vient, il mourra
Plus tot s'il fait rebellion
11684   Qu'entre les griffes d'un lion.
Griffon de Grece l'orgueilleux,
Qui d'armes fut si merveilleux
Et si redoubté que les Turs
11688   Sailloient par dessus les murs
De la cité de l'Yle bonne

11670-11676   Crésus fut déconfit par Cyrus (Hérodote I,75-94); Perse au v.
11674 est une reprise du v.11673; il s'agit de la ville de Sardeis.
désilé fait problème. Crésus ne fut pas tué, mais mis à l'épreuve
sur le bûcher, d'où il sortit sain et sauf. L'assimilation du caliphe
aux actions de Cyrus mérite d'être notée.

11689   Passage problématique. Est-ce qu'il s'agit d'une description (fort)
anachronique de la guerre de Troie (*Ilion*)? Parfois, à la fin du
moyen âge, Troie et Ilion étaient considérés comme deux villes
distinctes. Ou s'agit-il de la prise de *Lisbonne* sur les Maures en

Pour la freeur de sa personne.
Et touteffois je le conquis
11692   En fait d'armes et si le pris.
Adonc le livray comme espave
Au patron de la haulte nave
Sur la mer de septentrion
11696   Qui en fit execucion.
Par quoy vous ne devez doubter
Que Clovis doie redoubter:
Si le livrerai mort ou pris.

SOUVIGUIER
11700   Sire roy, j'emportay le pris,
Vous le savez, quant Oloferne
Ravi la royne de Dalerne.
    La fut la feste,
11704   Car d'un seul cop fendi la teste   [92 v°a]
Brohadas jusques a l'estival

1147 à l'occasion de la seconde croisade? On pense au contexte
maritime (*mer septentrion* ce qui évoque, aux XVe et XVIe
siècles, la mer polaire). Bien que l'allusion ne soit pas claire, elle
fait songer aux rivalités franco-portugaises des années '20 du
XVIe siècle. Cf. le *Disciple de Pantagruel* (*Les Navigations de
Panurge*, éd. Demerson-Lauvergnat p.17 avec note). Le plus
probable, cependant, c'est d'y voir une allusion à *Lillebonne* près
du Havre. Lillebonne a joué un rôle dans l'invasion anglaise de
1415 (Jacob 1947 pp.90-91). Rappelons que ce n'est que vers
1520 que le port du Havre, construit par François Ier, commence
à prendre de l'importance. Restent les *Turs*.
11701   Cf. Jdt 12-13; l'allusion est claire, mais les noms propres posent
problème: pourquoi Judith devient-elle reine de *Dalerne*? qui peut
bien être ce *Brohadas* (cf. v.3031 où c'est le nom fantaisiste d'un
diable).

Si fierement que son cheval
Cheÿ par pieces dedens terre,
11708   Et par ainsi fina la guerre
Et fut la dame ramenee.
Pour ce vous requier que donnee
Me soit l'avantgarde de l'ost
11712   Si vraiement que se bien tost
Ne rens Clovis mort ou veincu
Jamais ne veul porter escu
Ne blazon d'armes en ce royaume.

CHASTELLAIN
11716   Targes, escus, lances ne heaumes,
Armes, estandart ne banniere
Ne mon espee Haulteclere
Ne portera moy ne les miens
11720   Se roy Clovis et tous les siens
Ne vous rens a vostre bandon.

REDOUBTE
Onques mallart prins au lardon
Ne chat en sacq ne loup en piege
11724   Si tot que je venray au siege
Ne perdirent sens ou avis
Tant com fera ce roy Clovis
De moy regarder seulement;
11728   Je le mett(e)ray pareillement

11718   *Haulteclere* est l'épée d'Olivier dans la *Chanson de Roland*. Ce
passage est placé dans un contexte de chansons de geste.
11722   Hassell L 18 «prendre au lardon».
11723   Hassell C 83 «acheter chat en sac».

Que je fis le grant Waradac
Morfilias, Ramparadac,
Chaudelifer, Zalopidinis
11732   Narinas le pere au Fenis:
Tous ceulx ci fis lier et pendre
Et a hars au gibet estendre
Enchainnez de fer, piez et poins
11736   Ja n'en ara cestui cy moins
Et m'en cre[e]z quant je le dy.

ALARI

Oncques joie ne me sourdi
Telle, s'il est vrai, par mon corps,   [92 v°b]
11740   Tout aussi tost qu'ilz seront mors
Leurs richesses vous donneray.
Alons, je vous y men(e)ray:
Y les nous convient assallir.

                                        [chez Clovis]

NAZART

11744   Je n'ay pas doubte de fallir
A faire du roy le message:
Je le voy la et son parage.
Hahay, je voy haultes richesses,
11748   Par foy, c'est la fleur de noblesse.
Or ça, je le voy deffier,
C'est pour la guerre ediffier:
On n'aura garde dezoremais

11729-11732 Il est sans doute inutile de chercher ici des références historiques!
11733-11735 La punition est excessive.

11752 D'avoir en France bonne paix
Je croy non ara il vers nous.
Sire roy, santé aiez vous!
Roy Alari, roy trespuissant
11756 Vous deffie a feu et a sanc
Et dedens demain par puissance
Vous venra combatre a oultrance
Comme vostre ennemi mortel.

CLOVIS
11760 Loez soit Dieu, est il itel?
Messagier, a lui t'en iras
Et de par moy tu li diras
Que li et son conseil desprise
11764 De faire si folle entreprise,
Car la folie est sur la mort.
On li monstera qu'il a tort
Avant qu'il soit demain le jour.

NAZART
11768 Jamais ne seray a sejour
Que la responce ne li face.
Je pren congié!   *[exit]*

CLOVIS   [93 rᵒa]
                    L'eure se passe,
Mes amis, il est temps d'aler.

11756   Locution Di Stefano p.341.
11760   Jeu phonique *est-il / itel.*

[sur le champ de bataille]

CONNESTABLE

11772 Devant, devant, sans plus parler!
Et qui voulra honneur avoir
Face haultement son devoir.
Venir les voy, sus, en bataille!
11776 Il est heure qu'on les assaille:
Criez «Montjoie», a eulx, a eulx!

KALIFE

A mort, a mort, avant, Hideux!
Avant, Rabace, ilz sont ja nostres.

AMIRAL

11780 Je dy fy de vous et des vostres:
A male heure estes ci venus.

HIDEUX

Tel tas de coups grans et menus
Te donneray qu'il souffira.

MARESCHAL

11784 Cestui jamais ne s'en fuira:
Il est paié de ses bienfais.

CHASTELLAIN

Je t'occiray, traitre mauvais,
Se tu n'as sur mon corps victore.
11788 A ly, a ly!

11784   Didascalie indirecte: il indique un cadavre.

ANGELOT
        Et voire, voire!
Ceci aras premierement
Par maniere d'esbatement.
A l'autre, a l'autre!

SOUVIGUIER
11792 Ferez dessus, comme sur l'autre:
        N'espargniez riens!

LUCERNE   [93 r°b]
Traitres Gothois, faulx Ariens,
Vous mourrez ci de male rage

REDOUBTE
11796 Riens ne vault escu ne targe,
Ha, traitre faulx, tu m'as tué!

OLIVIER
C'est bien, il en est sué;
Cestui ci en ara autant.

SOUVIGUIER
11800 Tien cela, tien, ez tu contant?
Helas, tu m'as a mort feru.

FLORET
Gothois, se tu n'ez secouru
Ceci aras pour ton salaire!

11789   *Ceci* indique un coup d'épée ou une violence pareille.

RABACHE
11804 A la mort, je puis assez braire,
Rabache s'en vat de Molesme.

CLOVIS
Traitre Alari, par mon batesme,
A ce cop seras a mort mis
11808 Je le t'avoie bien promis!

ALARI
A ly, a ly!

CLOVIS
        A la, a la!
Il est trebuchié, vez le la,
        La panse envers.
11812 La charongne donrez aux vers,
        C'est sa desserte,
Mais ou l'ame sera offerte,
Je m'en rapporte ou a raison.

11816 Mes amis, or est il saison   [93 v°a]
De Dieu mercier humblement,
Car les euvres que nous faison,
C'est en son nom, non autrement.
11820 Noz ennemis honteusement
Sont desconfis ou pris ou mors,

11805 Locution? Y aurait-il ici une allusion à Cîteaux, fondé par S. Robert (v.5936, 6561) de Molesme? A noter que Molesme se trouve à mi-chemin entre Reims et Dijon.
11809 Manuscrit: *A la \a/ la*.

Si debvons gracieusement
Dieu loer, et ceans et la hors.

11824 Mes amis, prenez les tresors:
Tout est vostre, je les vous quitte.
La vaillance d'une mitte
N'en vueil avoir, tretout vous donne.

COINTINET
11828 Vive le roy, vive tel homme!
Largesse au noble roy Clovis
Qui richesse donne a devis
A ses servans, j'en suis joieulx.

CONNESTABLE
11832 Vous demourez ici, vous deux,
Pour faire des biens inventore.

AMIET
Hé mi, las, c'est quanque je vueil.

AMIRAL
[Vous demourez ici, vous deux,
11836 ....
.........................]
Vous demourez ici, vous deux,

11823 Indication scénique indirecte: *ceans* désigne l'aire de jeu, *la hors*
l'aire du public.
11826 Hassell M 160 (e.a. Machaut et Deschamps)
11835-11837 Le manuscrit porte un triolet mutilé (saut du même au même):
restitution des éléments qui manquent.

Pour faire des biens inventore.

CLOVIS

11840   Seigneurs, trestous aiez memore
        Des beaux dons que Dieu nous envoie
        Premierement c'est la victoire
        Que ci et ailleurs nous octroie,
11844   Depuis la bataille de Troye
        Ne fut telle desconfiture.
        Cellui nous en doint bonne joie
        Qui fourma toute creature.

AMIRAL

11848   Ce seroit bien contre nature   [93 v°b]
        Qui ne seroit enclin a ce,
        Car bonne foy, raison, droiture
        Nous enseigne qu'ainsi se face.
11852   Or nous envoie Dieu telle espace
        De le mercier doulcement,
        Que l'ennemi ne nous mefface
        Aprez nostre definement.

MARESCHAL

11856   Roy tresxrestien, songneusement
        Soions, s'il vous plait, a genoulx
        En priant Dieu devotement
        Qu'il ait merci de nous tous;
11860   Tousdis soit il avec nous
        Et nous avec ly tousdis,
        Car il peult bien, le seigneur doulz,
        Place donner en paradis.

CLOVIS

11864 Bien servir en faiz et en dis
Le doy par grant humilité,
Car il sera et fu jadis
Pere de toute sainteté.

11868 Faisons, faisons solempnité
Gente et joieuse,
Pour la journee glorieuse
Sans vanité!
11872 Car la haulte divinité,
Qui tant est saincte et precieuse,
A huy esté de nous songneuse.
Loee en soit sa dignité,
11876 La sainte Vierge en soit loee
Qui des biens de Dieu est doee,
Sans fin et sans commencement!   [94 r°a]
L'orde des archanges sacree
11880 Que Dieu le pere a consacree
Doy je honnourer benignement.

Les prophetes d'antiquité
D'amour piteuse
11884 Et de pensee vertueuse
En unité
Doy servir, c'est necessité;
Car la mort villaine et crueuse,
11888 Qui tant est fiere et angoisseuse,
M'a ja devant elle cité.
Des apostres nous soit donnee
Grace d'amour enluminee
11892 Et des martirs pareillement.

Des confesseurs joie ordonnee,
Des vierges foy determinee
Qui touche nostre sauvement!

11896   Paix nous doint Dieu par charité
            Delicieuse
        Si qu'en la glore plentureuse
            Aions clarté
11900   Avecques la societé
        Des sains, qui tant est amoureuse!
        La compaignie est gracieuse;
        Qui la peult estre, a saincteté.

11904   Faisons, faisons solempnité.
            Gente et joieuse,
        Pour la journee glorieuse
            Sans vanité!
11908   Car la haulte divinité,
        Qui est tant saincte et precieuse
        A huy esté de nous songneuse
        Loee en soit sa dignité.

11912   Vaillans seigneurs, faictes grant chere,
        Nous alons veoir nostre beau pere   [94 r°b]
        Qui tant de biens nous a donnés.
        Amiral, ce flacon tenez:
11916   Ce n'est pas raison c'on l'oublie.

11895   Hinnrichs suppose ici une reprise du refrain, pour que le virelai
        soit complet. Comme le jeu des refrains dans le théâtre médiéval
        reste énigmatique, nous nous contentons de signaler cette possibi-
        lité sans intervenir dans le texte.

Venez vous en trestous, venez,
Et adieu soit la compaignie. Amen

*Explicit l'istoire des batailles que le roy Clovis obtint
contre le roy de Prouvence Alari et contre Gondebaut
roy des Bourguignons.*

*Ci commence l'istoire d'un tresgrant seigneur païen
appellé Phillas que saint Remi converti et baptiza, et
commence le curé*

CURÉ
Ou nom de la vierge Marie,
11920   Mere Dieu, sainte et precieuse,
Soit mon ame nette et garie
De toute peinne injurieuse,
Et en la joie glorieuse
11924   Ou Jhesus Crist est permanable
Soustenue sainne et joieuse
Et franche du lieu miserable.

Ja par mon corps ne soit perie
11928   Ne de vil pechié convoiteuse,
Mais serve Dieu sans que varie

11918   Formule d'adieu: donc fin d'une unité de diffusion (session,
journée?).
11926   Il s'agit de l'enfer.
11927-11928 *Perie, convoiteuse* puisque le sujet est toujours *mon ame*
(v.11926)

A la haultesse gracieuse.   [94 v° a]
Haulte vierge tresglorieuse
11932   Qui de tous biens ez charitable,
Par toy soit elle bien eureuse
Et franche du lieu miserable.

Mon corps qui nuit et jour charie
11936   A mener vie ruyneuse,
Mon cuer ou bonté est tarie
Par rapine avaricieuse
Seront perilz, dame piteuse,
11940   Se non par t'amour amiable.
Souviengne t'en comme songneuse
Et franche du lieu miserable.

Ce m'est bien chose inraisonnable,
11944   Non mie que je vueille dire
Parolle contre nostre sire
Ne contre sa majesté,
Toute la sainte Trinité
11948   M'en vueille garder et deffendre,
Mais je ne puis savoir n'entendre
Comment Philas, le plus riche homme
Qui soit en la poste de Romme
11952   N'est crestienné selon la guise
De nostre mere sainte eglise

11939   *Perilz* participe passé: «péris».
11951   *Poste*: le sens n'est pas tout à fait clair. Le mot apparaît dans le
Jeu d'Adam au sens «position», chez Marco Polo au sens «écurie
de chevaux», puis réapparaît à la fin du XVe (1480 selon Rey).
Ici, on comprendra «circonscription, région (de Rome)».

Pour desprisier l'idolatrie
Qui en enfer son ame tire.
11956   Son corps en terre pourrira
Et la povre ame s'en ira
Selon nostre foy naturelle
En la peinne perpetuelle,
11960   Qui tant est aspre, amere et dure
Qu'a peinne pourroit creature
    Pencer la dyme
Des tourmens qui sont en l'abime.
11964   Si est dommage,
Car Dieu le fist a son ymage
Et li donna sens et science
D'aviser a sa conscience
11968   Qu'il ne voise a perdicion.   [94 vᵒb]
Or est en la subjection
De l'ennemi qui sans cesser
Li veult son honneur abaissier.
11972   Hé, quelle angoise!
Or demoure il en ma paroisse,
Ja soit ce qu'il n'est pas xrestien,
Je voulroie bien, c'est la somme,
11976   Qu'i me coustat assez du mien.
Et Remi, le tressaint preudomme,
Qu'on dit qu'i est en ce paÿs
Pour conforter les esbaÿs
11980   L'eust informé de nostre loy,
Y m'est avis, et si le croy

11978   Remi se serait donc trouvé en Italie, ce qui suggère un lien avec
les campagnes d'Italie (et avec les thèmes nationalistes). Au
v.12174 pourtant, Remi se trouve à Reims!

Que par lui il seroit sauvé.

[chez Philas]

PHILAS

Je doubte qu'i soit jour de vé

11984 Mon cuer est tout sur espinettes,

Je fume a tant de besongnettes

Que c'est grant hideur, qu'esse a dire:

Chacun amende, mais j'empire,

11988 Le temps est chauciez a rebours

Et qui vit oncques tant de tours

Que je fas, ne tournioles.

Ja empliroit on deux fiolles

11992 De la grant sueur de mon corps.

Toutesfois que je me recors

   De ces xrestiens

Je voy que la loy que je tiens

11996 Et ay tenue tout mon temps

Ne me vaurra riens et que par temps

Mon corps en terre pourrira,

Ainsi ma vie finera.

12000   Las, que sera ce?

Ou iray je n'en quelle place?

Sera ce jamais riens de moy?

Foy que doy mon corps, quant je voy

12004 La noblesse de mon parage,   [95 r°a]

La puissance de mon linage,

11984   Locution: cf. Di Stefano p.302 *avoir des épinettes à l'entour des pieds.*

11987-11989 *Mundus inversus.*

11198   Cf. 11956.

L'estat que j'ay et les noblesses,
Villes, chasteaux et forteresses,
12008   Or et argent, chevaux de pris:
Sitot que la mort m'ara pris
Ce sera tout fiens et ordure,
Et pour ce tant comme je dure
12012   Et suis en force et en memoire.
Je vueil mander nostre prouvoire
Qu'il viengne ci, si m'en dira
Je ne sçay quoy. Ça, qui ira?
12016   Malepart, Gauvain, Brisemiche,
Happelart, Basin, Molebriche?
Qui vient a moy?

BAZIN, *messagier*
                        Vez me cy, sire.
Mon gent corps fait comme de cire
12020   Est ordonné et preparé
Sans jamais estre separé
De vous, mon chier seigneur et maistre,
Pour faire a destre et a senestre
12024   Vostre bon plaisir, prez et loin.

PHILAS
Tu dis moult bien, or aiez soin
De faire mon commandement:
Va moy querir secretement

12016-12017   Noter la combinaison des noms comiques avec Gauvain, héros
arthurien.
12019   Locution Di Stefano pp.170-171 («qui convient parfaitement»).
12023   Locution Di Stefano p.255.

12028   Ce curé qu'on dit messire Yve.

BAZIN
Le curé, sire, ja ne vive
Le bon Bazin jour ne sepmaine
Si bien tot ne le vous ameinne;
12032   Quoy qu'il doit couster, je y vois.

[chez le curé]

CURÉ
Je ne vy, il a neuf mois,
Philas, le terrible païen,
Ne je ne sçai tour ne moien
12036   Veu sa haulte seignourie   [95 °b]
Pour le faire croire en Marie
Ne pour lui donner congnoissance
D'avoir en Dieu vraie creance,
12040   Au sacrement et au saint cresme
Qu'on rechoit ez sains fons de baptesme,
Car il vit en pechié mortel.

BAZIN *[arrive]*
Hola, qui est en cest hostel?
12044   Messire Yve, bon jour aiez

CURÉ
                    Et bon an.
    Bien venu soiez,
Mon bel ami. Vous plait il rien?

12031   Manuscrit: \tot/.

Que dittes vous?

BAZIN
                              Y n'y a que bien:
12048 Philas, le prince des richesse,
       Seigneur d'amoureuses largesses,
       Par devers vous m'envoie icy
       Hastivement et par tel si
12052 Que tot veingniez a lui parler,
       Je vous le dy.

CURÉ
                           Je y vueil aler
       De bon cuer et joieusement,
       Car je vous jure bonnement
12056 Que desiré l'ay moult lonc temps.
       Or, alons, Bazin, je m'attens
       Que ja pis ne nous en sera.

                                        [à Reims]

SAINT REMI
       O doulz Jhesus, quant cessera
12060 La grande tribulacion,
       La dure dominacion,
       Dont l'ennemi ort et immonde   [95 v°a]
       Suppedite le povre monde?
12064 Je croy qu'il n'est païs sur terre
       Ou po s'en fault, qu'i n'y ait guerre,
       Mortalité ou grant famine

12065-12072 Parle-t-on du Ve ou du XVIe siècle?

Et par orgueil, qui est rachine

12068 De tous les sept pechiez mortelz,
Les hommes sont deconfortés
Pour leurs enfans, leurs femmes pleurent
Et les fors les foibles deveurent:

12072 Ainsi le peuple est en destresse.
Helas, c'est douleur et tritresse
    Quant loberie
Est couverte de roberie,

12076 Sans raison veult rengner par force
Et violantement efforce
Grans et petis sans laissier nulz
Dont pluiseurs sont povres et nus

12080 Et languisent en desconfort,
    Voire si fort
    Que le plus fort
N'attent que l'eure de la mort.

12084 Ainsi est joie anichilee
Puis que pitié s'en est alee.
Pitié s'en vat, pitié se deult,
Pitié voit que nul ne la veult,

12088 Or est pitié quant pitié fault,
Mais quoy? C'est par nostre deffault.
Si prie a Dieu devotement
Qu'il nous doint tel amendement

12092 Que par souvent le requerir
Puissons son amour acquerir
Et sa sainte grace piteuse.

12077   *Violantement*, attesté au XIVe siècle, est irrégulier par rapport
aux adverbes comme *forment* (régularisé par la suite en *fortement*).

[chez Philas]

BAZIN

Vive Philas en paix joieuse,

12096   Santé et sens puist il avoir.

Chier seigneur, j'ay fait mon debvoir:

Le curé vous ameinne cy.

PHILAS

Curé, beau sire, grant merci.   [95 v°b]

12100   J'en suis a vous moult bien tenu

Et vous soiez le bien venu.

Bazin, tu t'en peulz aler.

Or ça, je vueil a vous parler,   *[exit Bazin]*

12104   Mon tresdoulz ami debonnaire.

Je suis paien, que doy je faire?

Puis je par croire vostre loy

Estre sauvé, dittes le moy!

12108   Je ne vueil nul mal a personne,

Selon mes biens souvent en donne

Ne de l'autrui ne quier avoir,

Grant chevance ne grant avoir,

12012   Car j'ay assez,

Mais il y a trois mois passez

Que je ne dors ne ne repose,

Pour ce qu'en mon cuer est enclose

12116   Une vision mervilleuse

Dure, parverse et ennuieuse

Et doubteuse a moy et aux miens.

On dit que la foy des chrestiens

12106   Manuscrit: *nostre*.

12120 Est bonne et vraie, digne et sainte
Et qu'on doit honnourer sans fainte
Jhesus qui pendit en la croix
Et que vous li donnez la voix
12124 D'estre Dieu, hahay, qu'esse a dire?
Il ne vous peult aidier ne nuire
Puis qu'il est mort, c'est chose clere
Ou je n'entens point la matiere.
12128 Que vault ung Dieu qui n'est vif?
Je ne sçai Sarazin ne Juif
Qui le me sceust bien faire entendre.

CURÉ
Sire, se vous voulez apprendre
12132 Ou savoir de sa dignité
Comment par grant benignité
Du ciel en terre descendi,
Je vous promés et si vous dy
12136 Que pieça ne fu si joieulx
Et ad fin que l'entendez mieux: [96 r°a]
Ung seigneur vous enseigneray
Que moy mesmes querir iray
12140 S'il vous plait le moy commander.
Voire, se le voulez mander,
Car il est preux, courtois et saige,
Bien lettré et de hault linage,
12144 Saint homme, devot et parfait
Ne n'a que redire en son fait
N'y a orgueil ne convoitise,

12131   Manuscrit: \vous\.

Ains est prelat en sainte eglise,
12148   Je vous dy bien.

PHILAS
                    Et tant mieulx vault,
Sire, son nom savoir me fault,
Ou il demeure et qui il est
Et, par ma loy, je suis tout prest
12152   D'en faire tout ce que direz
Et quanque vous m'enseignerez,
Nommez le!

CURÉ
                    Il a nom Remi,
Champion de Dieu et ami,
12156   Et est arcevesque de Reins,
En Champaigne, oultre les Lorrains.
Il est si plain de humilité,
De bien, d'onneur, de charité
12160   Que tantot venra, n'en doubtez
Et se de bon cuer l'escoutez
Moult grant joie au cuer vous fera,
Car la foy vous enseignera
12164   Que Jhesus Crist nous a donnee.

PHILAS
Bon jour aiez et bonne annee,
Messire Yve, vous dittez bien
Et grant merci; assez du mien

12157   Car nous sommes en Italie, cf. v.11978 avec note.

12168 Tout en l'eure vous bailleray.
Tenez!

CURÉ
Jamais je n'aresteray, [96 r°b]
Je le vous promés sur mon ame,
Tant que je y soie. Hé doulce dame,
12172 Mere Dieu, vueilliez moy conduire,
Mere Dieu, vueilliez moy duire
A Reins, celle noble cité,
Pour ceste grant necessité.
12176 Necessité en est san faulte,
Car ceste chose est la plus haulte
Besongne qu'onque mais fis.
Dame, vueille que ton chier filz
12180 Me doint puissance de ce faire,
Car se Philas se veult retraire
D'estre payen
Pour devenir loial xrestien
12184 Je seray de bonne heure né. *[exit]*

PHILAS
Puis que je suis ad ce mené
D'envoier querre ce seigneur,
Y lui fault faire la grigneur
12188 Honneur que nous pourrons tous.
Venez, Jozias, et vous,
Sire Nazor de la Montaingne:

12173 Hypomètre nécessaire pour la rime et superflu pour le sens.
Faute de copiste.
12174 Cf. le v.11978 où Remi est supposé être en Italie.

Gardez bien que nul ne se feingne
12192 De parer ce lieu haultement.

JOZIAS
Il sera receu gentement,
Sire, hault prince redoubté,
Car ceans a grant cantité
12196 De paremens et de cointises
A maintes estranges devises,
Riche linge et belle vaisselle
Ouvree a la façon nouvelle,
12200 Banquiers, tappis sarrazinois,
Batus a or et a orfrois.
Or sus, Nazor, tot, qui mieux mieulx!

NAZOR
Je m'y bouteray jusqu'aux yeulx!
12204 Jozias, alons sans mot dire,   [96 v°a]
Laissons reposer nostre sire.
J'ay tenailles et martelez,
Verges de fer et annelez
12208 Aporté.

JOSIAS
        Quoy?

12202   Locution Di Stefano p.545.
12203-12219 Les serviteurs construisent un décor de tapisseries ou de toiles
        peintes; sur l'emploi de tapisseries pour des représentations
        dramatiques, cf. l'introduction.

NAZOR
                    Le beau tappis,
Il est moult bel!

JOZIAS
                    Il met au pis
Tous ceulx qui sont soubz le soleil,
De le bien faire se je vueil.
Or ça! Tendons nous deux ensamble
Et ça et la de bonne guise!

NAZOR
Vez le ci moult bel, ce me samble!

JOZIAS
Or ça! Tendons nous deux ensamble!

NAZOR
Cestui ci moult bien lui resemble.

JOZIAS
Ce fait mon! Dia, avise, avise!

NAZOR
Or ça! Tendons nous deux ensamble
Et ça et la de bonne guise!

                                        [en route]

CURÉ
O vray Dieu qui en sainte eglise

Je doy aourer et servir
Pour mon sauvement desservir.
Regarde moy, sire, en pitié
12224 Et aucun signe d'amitié
Me monstre comme vray ami.   [96 v°b]
Au bon seigneur, au bon Remi,
S'il te plait, me fais adrecer,
12228 Ad fin que dire et confesser
Puisse le vouloir de Philis.
Hé doulz royaume des fleurs de lis
Qui tant est gracieux et gent
12232 Et ou a tant de doulce gent,
Est bien paré a dire voir
De si digne arcevesque avoir,
    D'un si preudomme.
12236 Hé, mere Dieu, je ne sçay comme
N'en quel lieu je le trouveray.

                                       [à Reims]

SAINT REMI
Ça, le breviaire si diray:
Prime, tierce, midi et nonne
12240 Ad fin que se la messe sonne
Nous soions prests.

12221   Manuscrit: *Te*, correction pour le sens.
12229   *Philis*: forme pour la rime.
12230   Le patriotisme des Rémois: les étrangers adorent toujours être en
       France. Les *lis* renvoient peut-être à une cérémonie de sacre
       royal.

KARITAS

Vé le ci, sire.

SAINT REMI

Loez soit Dieu, or alons dire
Noz heurettes et noz psautiers
12244   Au lonc de ces jolis sentiers:
Il y fait bel.

KARITAS

Je voy venir
Ung seigneur d'eglise vers nous,
A Dieu en vueille souvenir,
12248   Je le voy la, le veez vous?
Y semble estre moult esbaÿs.

SAINT REMI

Il n'est mie de ce paÿs
N'en doubtez point.   *[le curé arrive]*
12252   Mon ami, que bon jour vous doint
Le benoit Dieu de paradis,   [97 r°a]
Dont venez vous?

CURÉ

Devers Brandis,
Mon chier seigneur; j'en vien tout droit,
12256   Car enchargiez suis orendroit
De trouver ung loial ami

12244   Il y aura donc une promenade ici.
12250   Ici, nous sommes donc en France (cf. v.11978 avec note).

Nommé l'arcevesque Remi.
Moult l'ay quis et si le querray
12260   Jusqu'a tant que je le veuray
Si plait a Dieu que je le voie.

SAINT REMI
Dont est parfaitte vostre voie,
Je vous promés, mon ami doulz,
12264   Je suis Remi, que voulez vous?
     Ne me celez:
Dittes moy quanque vous voulez
Je vous orray tout a loisir.

CURÉ
12268   Et puis que c'est vostre plaisir,
Mon chier seigneur, je vous dy bien
Qu'en une cité, dont je vien,
A ung païen le plus puissant
12272   Qui soit desoubz souleil levant,
Assez aagié et plain de sens
Et sur le point de quarante ans,
Homme d'onneur fors seulement
12276   Qu'il n'a de Dieu nul sentement,
Des sacremens ne de l'eglise,
Ne d'escripture qu'on li lise.
Mais touteffois il est traitable
12280   Pour oïr bonne raison convenable,

12260   Manuscrit: *vêray*, la tilde nasale sert aussi souvent à rendre *u*,
        preuve du caractère «graphique» du travail de copiste; cf. *debvo⁰*
        pour *debvons*.
12270   *Une cité*: pourquoi cette imprécision?

Car mainte fois bien dit li ay
Tant peu de bien comme je sçay
Et tant que son cuer s'abandonne
12284 De parler a vostre personne
Et sans faulte a l'aide de Dieu,   [97 r°a]
Si vous plait venir sur le lieu
En nom de sainte charité,
12288 Ung païen arez acquesté
Et mis a la foy catolicque
Bien tot, et c'est euvre angelicque.
    Mon chier seigneur,
12292 Y n'est point aumosne grigneur
    Et par mon ame,
Ne foy que doy la vierge dame,
Li mesmes m'a vers vous tramis
12296 Comme au milleur de ses amis
Et ou il a plus de fyence.

SAINT REMI

Mon ami, par ma conscience,
Je suis moult joieulx de voz dis.
12300 Si plait a Dieu de paradis
Et j'ai puissance ne santé,
Je iray de bonne voulenté
Sans attendre jour ne demi.
12304 Or alez devant, mon ami,
Tout doulcement, et nous aprez.

[chez Phillas]

JOZIAS

Au moins sont noz tappis tous prestz
Et l'ostel gentement paré

12308   Est il; or viengne le curé
         Quant bel et bon li samblera.

         NAZOR
         Je sçai bien que chascun dira
         Que l'ostel est bien ordonné.
12312   Que de mal jour soit il estriné,
         Nostre boutillier, il desgeune
         Et je me tue ici et geune!
         Il scet moult mal ce qu'il me fault,
12316   Pendu soit il!

         JOZIAS
                         Bien hault, bien hault!   [97 v°a]
         Dy le deux fois ad fin qu'il oie;
         Il est de ceulx qui gaignent l'oie.
         Il fait la moe aux compaignons.
12320   Ung petit pasté aux oignons,
         M'entens tu, Nazor, de mouton.

         NAZOR
           Ha, quel glouton!
         Par m'ame, c'est bien ma maree!
12324   Pren moy celle tasse doree
         Et la me verse du plus sain;
         Je metteray ceci en mon sain.
         Or verse pour toy et boy bien!

12318   *Gaigner l'oie*; Di Stefano donne *couper l'oie* («réussir, avoir du
         profit») et *bailler de l'oie* («tromper»).
12320-12321 Incise; on connaît l'emploi fréquent de l'incise chez Villon.

JOZIAS

12328 Que verseray je? Y n'y a rien!

NAZOR

   Y n'y a rien? Si a!

JOZIAS

Non a pour faire la pance d'un A,
Or t'en souviengne!

NAZOR

                   Si fait il!
12332 Pren en gré, mon ami gentil,
Tout ainsi va il de ce monde:
Quant l'un abaisse, l'autre monte.
      Ne compaingnie
12336 Ne vault plus rien sans tricherie;
Tu as mengié et j'ay bien beu:
Une autre fois soiez pourveu
De moy rendre le penneron.

JOZIAS

12340 Oil, oil, sces tu que nous ferons?
Alons nous deux en ce celier,
La trouverons ce boutillier
Et en buvrons du plus espez;

<hr>

12330   Locution non retrouvée, empruntée au travail de copiste.
12333   Cf. Hassell M 176-178.
12334-12335 Morawski n°408 «Compaignie sans traïson ne vault rien».
12339   Locution non retrouvée. Si le sens figuré est bien clair, le sens
           littéral m'échappe.

12344   Ainsi sera faitte la paix.   [97 v°b]
        Di je bien?

        NAZOR
                        Hahay, mais tresbien!
                Et vien t'en, vien,
                Si hardi de quaqueter.

                                                    [En route]

        CURÉ
12348   Jhesus qui se volt aombrer
        En la sainte vierge benigne
        Vous envoit la joie enterine,
        Mon tresreverend pere en Dieu,
12352   Car sans faulte je voy le lieu
        Ou le puissant paien demeure;
        Nous y serons tretout en l'eure;
        Veez le la, c'est il proprement!

        SAINT REMI
12356   Dieu en soit loez haultement,
        La sainte vierge et tous les sains,
        Quant nous y sommes venus sains.
        Sire, devant nous en irez
12360   Et au seigneur de ceans direz
        Que tantost devers li seray.

        CURÉ
        Sire, moult voulentiers iray
        Anoncier vostre bien venu.

[chez Philas]

PHILAS

12364 Par le grant Dieu qui fit la nue,
Je desire moult que je voie
Yves, qui pour moy fait la voie
En France, la doulce contree,
12368 Ad fin que me soit demonstree
La differance des xrestiens
Encontre la loy que je tiens.
Y fault que cellui soit moult sage
12372 Et bien garni de beau langage,
Qui m'ostera de ma creance.

CURÉ

[98 r°a]

Cellui qui fit a sa samblance
Adan et Eve nostre mere
12376 Et qui crea par sa puissance
En paradis vraie lumiere
Vous gart, sire. Je vien de France
Ou j'ay trouvé ce que je querroie:
12380 C'est cellui qui par esperance
Vous vient visiter a grant joie:

C'est cellui que dit vous avoie,
C'est l'arcevesque aux Reinciens.
12384 Faittes li feste, honneur et joie,
Car assez tot sera ceans.
C'est le docteur aux anciens,
Chevaliers, bourgois et commun

12378 Cf. v.11978 avec note.

12388   Et tous les bons clers sont des siens,
         Je n'en saroie exepter ung.

         Il est tant amé de chascun
         Que creature pourroit dire:
12392   Il est de si tresbel homme brun
         Qu'on faulroit bien a mieux eslire,
         Il est de tous pechiez le mire,
         Il est plain de doulz reconfort.

         PHILAS
12396   Alons li au devant, beau sire,
         Car par ma loy, je suis d'acort.

         Santé, plaisir, joyeux deport
         Vous soit donné, vaillant seigneur,
12400   Je n'oz pieça joie grigneur
         Que j'ay au cuer, ce m'est avis.

         SAINT REMI
         Voulentier, sire, et non envis
         Je vien a vostre mandement;
12404   Que Dieu vous doint amendement
         Au corps et a l'ame, si vray
         Que vostre bon plaisir feray
         A vostre pourfit, se je puis.

         PHILAS   [98 r°b]
12408   Arcevesque Remi, je suis

12392   Pourquoi *brun*?

Ici assez prez de mon sueil;
Alons y, deux mos de conseil
   Dirons ensemble.

SAINT REMI

12412 A vostre plaisir, y me semble
Que c'est ici ung tresbeau lieu.

PHILAS
Or nous seons!

SAINT REMI
           Or y soit Dieu.

PHILAS
Sans le faire lonc a deux mos,
12416 Ma voulenté et mon propos
Vous diray, sire, c'est raison.
J'ay des richesses grant foison
Dedens ce palais, et bas et hault,
12420 Et cent fois plus qu'i ne me fault:
Mes greniers plains et mes cuisines,
Chambres tendues et courtines,
Draps de fin lin et lis parez,
12424 Si bien fais et si reparez
Que c'est droitte chose a l'eslite,
Mais ung seul point me suppedite
Qui depuis trois mois en requoy
12428 Me vient, dont je suis en effroy,
Tellement que point ne sommeille.
Et me souvient d'une merveille:
Comment noz peres anciens

12432   Tenoient la loy que je tiens.
        Tant me samble inraisonnable
        Que de moy est inseparable.
        Je fus païen, suis et seray
12436   Tant que par la mort fineray.
        Ne n'ay de riens si grant envie,   [98 v°a]
        Mais je vous dis et sur ma vie
        Que je voulroie bien savoir
12440   Pour la moittié de mon avoir
        Ou grant partie de mes biens
        La loy ou la foy des xrestiens,
        Que c'est et dont elle est venue
12444   Ne pourquoy elle est soutenue.
        J'en suis esbahy.

        SAINT REMI
                            Voire, sire,
        Je suis tenus a le vous dire;
        A vous le dire suis prest.
12448   Mon office tel qu'il est
        Veult par raison que je le face
        Sur peinne que je ne mefface
        Et meffaire je ne voulroie.
12452   Ains ay desir, plaisir et joie
        Des doulces parolles conter
        Que tout vray cuer doit escouter.
        Or avez vous hault sentement;
12456   Y n'y fault que consentement
        Pour retenir et pour oïr
        Ce qui vous fera resjoïr.
        Saichiez qu'il est ung Dieu qui fist
12460   Le ciel et la lune et y assist

Le cler soleil et les estoilles,
Les plennettes luisans et belles,
Le feu, l'air, la terre et la mer.

12464   L'omme de la terre volt former,
Bestes, oiseaulx de maintes guises
Et poisons de pluiseurs devises;
Les anges fist, les cherubins,

12468   Archanges et beaux seraphins,
Trones et dominacions
Et ordonna les regions
Pour toute humaine creature

12472   Qui sera de bonne nature,
Je vous dy bien.

PHILAS   [98 v°b]
             Et ce Dieu la,
Vit il ancor? Moult y a
Lonc temps qu'il fit ce que vous dictes

12476   Et si croy c'onques ne le veistes.
C'est moult fort, je vous convenant;
Je ne cuide pas que mil ans
Vesquit oncques homme mortel.

12480   Comment pourroit il estre tel
Que d'avoir formé tout le monde?
Je vous octroy que l'on me tonde
Se je croy ceci nullement,

12484   Ou vous me direz autrement,
Car je n'entens point la matiere.

12467-12469   On cite six des neuf ou dix hiérarchies célestes (cf. le ps.-Denys
                l'Aréopagite; Roques 1962).
12482   Locution Di Stefano p.841

SAINT REMI

La matiere est assez legiere
A cuer de bonne voulenté.
12488   Saichiez que Dieu est trinité,
Trois personnes en unité
Et tous trois d'une equalité:
C'est pere et filz et [saint] esprit,
12492   En quoy est le nom de Jhesucrist.
Yci ne fault point de replicque:
C'est la sainte foy catolicque
Que devant toute euvre devez
12496   Bien croire, ou vous vous decevez
Et vous mettez en action
De voie de dampnacion.

PHILAS

Dampnacion, ostez ce point!
12500   Ancor ne l'entens je point.
Je sçay bien que je doy mourir;
Nul ne m'en pourroit secourir,
Mais qui est mort, n'est il pas mort?
12504   Et si, et si! Ce seroit fort
Qu'on fust ne sauvé ne dampné;
A peinne est il de mere né,
Tant soit saige qui me feist croire   [99 rᵒa]
12508   Que jamais soit de moy memoire
Nomplus que des vielles matines.

12491   Correction pour le mètre et pour le sens.
12499   Phillas a peur.

SAINT REMI

Et se je vous dy les rachines
De point en point, que ce peult estre,
12512 M'en croirez vous?

PHILAS

Par mon oeil destre,
Je croy que oil et si ne sçay,
Mais moult bien vous escouteray,
Et si vous pri doulcement
12516 Que vous me dictes clerement
Trestoute vostre entencion.
Qu'appelez vous l'Ascencion,
Pasques, Noel et Pentecouste?
12520 Je le vueil savoir, quoy qu'il couste;
On n'en fait conte en nostre loy.

SAINT REMI

Bien peult estre; a ce que je voy,
Peu en avez de congnoissance.
12524 Creez que Dieu par sa puissance
Forma Adam, com j'ai dit,
Et Eve aprez, sans contredit
Ordonna et mist com maistre
12528 Adam en paradis terrestre,
Qui est le lieu de tous les lieux,
Le plus bel et le plus joieux,
Car toutes fleurs souef flairans:
12532 Ciprais, sapins bien odorans,
Arbres floris et frutenelles,
Tous oiseaulx, males et femelles
Y sont chantans, que vous diroie:

12536   C'est le jardin de toute joie.
         De tous les fruis qui la estoient,
         Qui tant belle couleur portoient,
         Li donna Dieu congié de prenre
12540   Exepté d'un, mais sans mesprenre
         Ne volt qu'a cellui atouchast
         Sur peinne que trop ne pechast.   [99 r°b]
         Mais par ung seul ennortement
12544   Trespassa le commandement
         Dont fut donnee la sentence
         Que lui et toute sa semence
         Yroit en peinne tenebreuse,
12548   Dampnable, amere et angoisseuse:
              C'est en enfer
         Soubz la puissance Lucifer.
         Ainsi dura la discorde
12552   Jusqu'a tant que Misericorde
         S'acorda que le filz de Dieu
         Venroit racheter de ce lieu
         Eulx et tous ceulx qui le saint cresme
12556   Receveront ez fons de baptesme.
         L'entendez vous bien clerement?

         PHILAS
         Si fas assez bien, mais comment
         A nom le filz?

         SAINT REMI
                        Ha, c'est bien dit:
12560   Il est appellé Jhesucrist.
         C'est Jhesucrist que je vous dy,
         Qui au jour du saint venredi

Endura mort et passion
12564 Pour l'umaine redempcion
Et pour estaindre le meffait
Qu'Adam ot envers Dieu forfait,
Mais le mort la mort surmonta,
12568 Car au tier jour rexucita
Et ala querre ses amis
En enfer, ou ilz furent mis;
Et est ce tiers jour appellé
12572 Pasques et temps renouvellé,
Dont on fait feste en mainte guise,
Tous ceulx qui aiment sainte Eglise,
La fait chacun solempnité.

PHILAS   [99 v°a]
12576 Ja ne puist il avoir santé
Qui n'est joieux de vous oïr,
Mais pour mon cuer plus resjoïr,
Dittes moy vostre entencion:
12580 Que c'est de celle Ascencion?

SAINT REMI
L'Ascencion prenons tousjours
Aprez Pasques quarante jours,
Que Jhesucrist monta ez cieux
12584 Vers son pere comme vray Dieux,
Et ainsi fut humanité
    Unie avec deité.
Et tout pour nostre sauvement

12570   Tradition du Christ aux Limbes: cf. v.375 avec note.

12588
Les apostres devotement
Par dix jours ça jus demoure[re]nt
Qui doulcement Dieu aourerent,
Tant par cuer comme par escript.
12592
Lors descendi le saint Esprit
Sur eulx, qui les resconforta
Et hors de grant doleur getta.
La fut grace Dieu estendue
12596
Et sapience respandue,
Amour, bonté, parfaitte joie,
Fraternité, plaisance coie.
Lettrez furent tous et si saiges
12600
Qu'ilz entendirent tous lengages,
Ainsi monstre Dieu ses vertus
A cellui qui de plus en plus
La parole de lui escoute.
12604
Ceste feste est la Pentecouste,
La plus joieuse de l'annee.

PHILAS
Ja mon ame ne soit dampnee
Pour ceste foy entretenir.
12608
Chier seigneur, je la vueil tenir,
Car elle est sainte et vertueuse,
Pourfitable et fructifieuse,
Plainne de douceur et de grace,
12612
Par quoy, se Dieu me donne espace,
Je la tenray jusqu'a la mort   [99 v°b]
Et par m'ame, je suis d'acort

12599   *Lottrez*, net dans le manuscrit: corrigé en *lettrez*.

Que tantost soie baptizié.

SAINT REMI

12616   Ha, le seigneur bien avisié,
C'est haultement dit, sans offence.
Jhesucrist vous doint congnoissance
D'estre vrai filz de sainte Eglise.
12620   Sy vous plait que je vous baptise,
Je le feray, mon chier seigneur.

PHILAS

Certes, j'en ay desir grigneur
Que de raconter ne vous saroie.

CURÉ

12624   Hé Dieu, le cuer me rit de joie,
Joie, joie, joie tousdis.
Hahay, je suis en paradis,
Je suis joieux et ne suis pas,
12628   Je n'ay mie perdu mes pas
Puis que Philas a congnoissance
De Jhesus et de sa naissance.
Chier seigneur, donnez li baptesme!

PHILAS

12632   Je le vous requier.

SAINT REMI

                      Ça, le cresme,
Le feu et le chierge benit.
Faittes tot, curé!

CURÉ

Se Dieu m'ayt,
Je le feray joieusement.

SAINT REMI

12636 Or, Philas, le sacrement
De batesme qui tant est saint
Voulez avoir se Dieu me saint.   [100 r°a]
C'est grant grace que Dieu vous donne,
12640 Car par ce pourrez la couronne
Avoir des sains cieulx, n'en doubtez,
Ne nul ne scet les grans bontez
Du saint cresme ne les vertus.
12644 Tous pechiez en sont rabatus
Et lavez sans iniquité;
Le diable en est suppedité,
Matté, ravalé et confus.
12648 Ce n'est pas chose de reffus,
Ains est tresjoieulx reconfort,
Fort et puissant contre la mort,
Car vueille ou non nostre ennemi,
12652 Tous xrestiens ont Dieu a ami.
Dieu a amour perpetuelle,
Vraie, certaine et immortelle
Ne jamais l'amour Dieu ne fault
12656 Se ce n'est par nostre deffault.
Dieu tout puissant devez amer
Et comme vray Dieu reclamer,

12634-12635 Sur une ligne dans le manuscrit.
12646 Manuscrit: - es + en.

De cuer, de corps, d'amour entiere
12660 Aourer sa tresdoulce mere,
Nuit et jour, glorieusement
Et garder le commandement
De sainte Eglise et la haultesse
12664 Du saint sacrement de la messe
Qui nous met en possession
De toutes consolacion.
Vos parens devez honnourer
12668 Et vostre prochains supporter;
Aux povres vostre pain partir
Et avoir soin de les vestir
Selon vostre estat, c'est raison.
12672 Ces poins ci donnent garison
A la povre ame pecheresse
Et la convoient a l'adresse
Et au chemin de paradis.

PHILAS
12676 Helas, sire, dittes tousdis,
Voz parolles sont de fin or;
Y n'est en ce monde tresor   [100 r°b]
Qu'on doie a telz mos comparer.
12680 Mais haultement m'en vueil parer
Et mettre a effect charité
Pour moy oster de l'orfanté
Ou j'ai esté si longuement.
12684 Je vous requier le sacrement

12667   Ex 20,12; Mt 15.
12668-12671 Rappel de quelques oeuvres de charité.

Du saint baptesme precieulx,
Si qu'en enfer le tenebreux
Jamais ne soie condampné.

SAINT REMI

12688   Cellui qui a Noel fut né
Vous en saiche gré, beau doulz sire.
Basin, mon ami, alez dire
Au curé que nous alons la,
12692   Si que le saint cresme qu'il a
Soit tout prest, et les fons aussi.

BAZIN

Tout en l'eure m'en vois par ci
Sans arrester ne pas ne voie,
12696   Car y me tarde que je voie
Mon seigneur devenir xrestien.

[chez le curé]

CURÉ
Ou ez tu, dy, clercq?

CLERC
               Vé me ci!

CURÉ
                     Tien

Ceste torche, va t'en au feu.
12700   Y nous fault au plaisir de Dieu
Baptizier ung seigneur nobile;
Fais que tu soies bien habille
Et je vois les fons descouvrir.

CLERCQ

12704 Tenez, les clefs pour les ouvrir,   [100 v°a]
Et je voy querir ce qu'i fault.
Par le benoit Dieu de l'en hault,
Je suis joieulx, car je conchoy
12708 Que j'en aray je ne sçay quoy
Pour moy jouer mais de sepmaine.

BAZIN

En l'onneur de la Magdeleinne,
Messire Yvon, avanchiez vous.
12712 Vez ci venir les seigneurs, tous
Remplis de joie et de liesse:
Certes, y n'est plus de noblesse.
Vous aideray je a quelque chose?

CURÉ

12716 Grant merci, Bazin, je suppose
Qu'il n'y fault plus riens; tout est prest.

SAINT REMI

Dieu gart, curé; or ça! Ou est
Tout ce que nous venons querir
12720 Pour la grace Dieu acquerir?
Ou sont les fons?

CURÉ

                Sire, c'est ci,
Et si sont tout plain, Dieu merci;

12709   Di Stefano p.793cf. Villon *Testament* v.353.

A Pasques en fut l'eaue benite.
12724 Je pri a Dieu qu'i li pourfite
Au bon seigneur.

SAINT REMI
                        Ça, Karitas!
Apportez moy sans estre las
Mon manuel a baptizier
12728 Et ung beau bacin a puisier
De ces fons l'eaue belle et clere.
Or despouilliez nostre beau frere
Et faisons feste a sa venue.
12732 La loy qu'il a si lonc temps tenue
Au plaisir Dieu deguerpira
Et sainte Eglise servira   [100 v°b]
    S'il a baptesme.

KARITAS
12736 Apportez tot l'uile et le cresme
A mon seigneur, faittes, curé!

CURÉ
Ja Dieu n'en sera parjuré,
    Je y vois en l'eure;
12740 De grant joie le cuer me pleure
    Quant je regarde
Que Philas sera en la garde
De nostre sauveur Jhesucrist.
12744 Mon seigneur, veci par escript

12744   Pourquoi *par escript*? Est-ce qu'un écriteau, une banderolle ou un
         pancarte tient lieu des objets sacrés?

Le vaissel ou l'uile est enclose
Et ci ou le cresme repose.
On ne peult falir a les lire
12748 N'on ne pourroit plus bel eslire.
Dieu doint qu'il en y ait assez.

SAINT REMI
Regardez y!

CURÉ
                    Ilz sont quassez!
Ilz sont tous wis, las, y n'y a rien.
12752 Helas, seigneurs, or doy je bien.
Plaindre, gemir et lamenter
Et mon povre corps tourmenter.
Y n'y a riens, las, qu'esse a dire?
12756 On me devroit a mort destruire
Ou emprisonner de tous poins.
Helas, sire, deux mains vous joins
Que me regardez en pitié,
12760 Jassoit ce que nulle amitié
Ne me devroit nul homme faire.
Helas, la douleur et la haire   [101 r°a]
Qu'a mon tres povre cuer sens
12764 Me gettera hors de mon sens
Et non sans cause, car j'ay fait
Le plus maugré cieulx meffait
Qu'onques avenist a povre homme.
12768 Y n'y a riens, helas, non, comme
N'ay je fait visitacion
Plus tot; le cresme et l'onction
Ay laissié perdre et gaster,

12772 Les vaisseaulx fendre et craventer
  Helas, vaisseaulx
 Que je vis plains, frez et nouveaulx,
  Perdu vous ay,
12776 Dont jamais joie au cuer n'aray,
 Ains viveray en desesperance
 Se Dieu ne met remede en ce
 Et vous, chier sire.

 SAINT REMI
       Or avons paix!
12780 Ce qui est fait n'est pas a faire
 Et gardez, curé, que jamais
 Tel pechié ne vueilliez soustraire:
 Il est en Dieu de les reffaire
12784 Et de les ramplir sauvement,
 Mais que nul ne voise au contraire
 De le prier devotement.

 Et pour ce requier humblement
12788 A trestous et de bon cuer prie
 Que chacun amiablement
 A jointes mains merci li crie.
 Prions, et je vous certiffie
12792 Que Dieu par son humilité
 Et par sa grace infinee
 Nous donnera cresme a plenté.

 Chantons par grant solempnité

12780 Proverbe Hassell F 7, Morawski n°335.

12796   *Veni Creator Spiritus*
         Mains jointes vers la trinité   [101 r°b]
         En regardant au ciel lassus.
         Le vaissel d'estain mettray sus
12800   L'autel, Dieu le vueille remplir.
         A deux genoulx alons tout jus
         Pour nostre besoingne acomplir.

         Adonc chantent "Veni creator" et l'ange vient emplir
         les vaisseaulx d'uile et de cresme et saint Remi dit
         O Dieu qui mains en paradis,
12804   Possesseur de toute science,
         Qui acrois en fais et en dis
         De nostre cuer la conscience,
         J'ay en toy si vraie esperance
12808   Que je croy que nous oÿs.
         Seigneurs, veci grant habondance
         Cresme, nous sommes resjoïs.

         Je suis possesseur, je joÿs
12812   Entre mes mains visiblement
         Des dons de Dieu bien assouvis
         Nous a de grace plainement.
         Alumez, sonnez haultement!
12816   Nostre joie est renouvelee:
         L'euvre ferons joieusement
         Que nous cuidons anichilee.

12802   Reprise du miracle du baptême de Clovis.

PHILAS

Ja Dieu ne vueille que celee
12820 Soit la vertu que je voy cy.
Je voy l'onction avalee
Du ciel; pour moy il est ainsi.
Sire, prenez moy a merci
12824 Et me baptiziez, je vous prie;
Aultrement j'ay le cuer nerci,
Car mon ame est presques perie.

SAINT REMI

Perie, perie estoit elle,   [101 v°a]
12828 Mais la laveure sainte et belle
Des benois fons la fera clere
Du tout en tout, or ça, beau frere,
Tout est prest: aussi estes vous?

PHILAS

12832 Ce suis mon. Je prie a tous
Que j'aie ce que je doy avoir
Et je feray moult bon debvoir
Envers cellui que dit m'avez.

SAINT REMI

12836 Philas, bel ami, vous savez
Que l'orison envers Dieu faitte
N'est preux s'elle n'est bien faitte:
Je le vous dy certenement.

12830   Locution Di Stefano p.848.

PHILAS

12840 Ainsi le croy je fermement.

SAINT REMI

Estes vous bien obeïssant
A Dieu le pere tout puissant
Qui crea le ciel et la terre?

PHILAS

12844 Ja Dieu ne doint que vers li erre;
Je le croy, sire.

SAINT REMI

    Et Jhesucrist
Qui fut conceu du saint Esprit
Ez flans de la vierge Marie?

PHILAS

12848 Aussi le croy.

SAINT REMI

     Puis par envie
Fut a Pilate delivré
Et a la crois a mort livré,
Dont au tier jour rexucita   [101 v°b]
12852 Et ses amis d'enfer gecta:
Ainsi le creez?

PHILAS

    Voire, sire,
Ne jamais ne m'en quier desdire,
Ains y ay ferme entencion.

SAINT REMI

12856   Vous creez qu'a l'Ascencion
Il monta ez cieux et volt estre
Assis de son pere a la destre
Et au grant jugement sera
12860   Ou tous mors et vifz jugera
Comme vray Dieu.

PHILAS

Ainsi le croy je.

SAINT REMI

Et par ainsi, Philas, vous doy je
Baptisier, et je vous baptize
12864   Com vray filz de sainte Eglise.
Ou nom du pere, ou nom du filz,
Ou nom du tressaint Esprilz
Qui de l'ennemi vous deffende.

PHILAS

12868   Grant merci et je fas offrande
A Dieu et a la belle dame
De tout mon corps et de mon ame,
De mes biens, de ma chevance,
12872   Si vray que j'ay ferme creance
En tous les biens que m'avez dis.

SAINT REMI

Loez soit Dieu de paradis!
Curé, or avisez le lieu
12876   Ou les tressains vasseaulx de Dieu
Seront mis honnourablement.   [102 r°a]

PHILAS

De fin or precieusement,
De pierrerie et de richesse
12880 Y mettray a si grant largesse
Qu'a grant peinne homme, tant soit saige
N'en pourra deviser l'ouvrage
Au plaisir de Dieu qu'il n'y soit fait.

CURÉ

12884 Sire, veci moult beau retrait,
Pieux, plaisant et bien assis
Et si me consens d'estre occis
S'il n'est bien gardé nuit et jour.

SAINT REMI

12888 Sans faulte il y a bel atour;
Le don de Dieu mis y sera
Jusqu'a tant que mieux nous fera.
Il y est, il est bel et bien.
12892 Or avisez, y fault y rien
Avant que nous partons de ci?

PHILAS

Nennil, sans faulte.

SAINT REMI

Dieu merci
Enuit avons bonne euvre faicte.

PHILAS

12896 Loez soit Dieu, elle est parfaitte,
Si bien qu'il n'y a rien a redire.

Or nous en alons, treschier sire,
S'il vous plait, jusques sur mon lieu;
12900   Je vous en pri ou nom de Dieu.
Et la prenrons nostre repas
Et vous trestous, n'y falez pas:
Mieulx en vaulra la compaignie.
12904   Jhesucrist, le doulz fruit de vie,
Nous envoit a tous sentement   [102 r°b]
De faire nostre sauvement. Amen

*S'enssuit l'istoire saint Gennebaut premier evesque de
Laon.*

SAINT GENEBAUT
Ne sçay que je face,
12908   Ne sçai que je die:
Sathan me manace
Qui fort estudie
D'estaindre la grace
12912   Que j'avoie ourdie.
Dieu me doint espace
Que le contredie.

J'ay mortelement
12916   Pechié en ordure
J'ay fait telement
Que c'est grant laidure
Dont trop malement
12920   Aray peinne dure.
N'y vault parlement:
Y fault que l'endure.

Je ne puis comprenre
12924 Les maulx que j'ay fais
Ne mon cuer reprendre
Des crueux forfais
Que par li apprenre
12928 Ay voulu grans fais.
Or n'y a que prenre:
Mort sont mes biensfais.

Me doit Dieu amer
12932 Heure ne demie;
Son doulz m'et amer
N'en lui ne croy mie.
Bien m'en doit blamer
12936 Sa mere et amie;
En terre et en mer
Le cuer m'en fremie.

Chasteté moy, las,
12940 Avoie juree;
Trop tot en fu las,
Je l'ay parjuree.
Sathan en ses las
12944 Mon ame emmuree
Ara, hé mi, las: [102 v°a]
Ja est conjuree.

Que fera mon ame
12948 Qui tant est chetive;

12933   *Et* pour «est».

Chetive la clame,
Sa peinne est hative:
Tost ira en flamme
12952 Voire infinitive
Se la sainte dame
Pour elle n'estrive.

De dueil je souppire,
12956 Asez m'en merveille,
Nuit et jour empire;
Pechié me traveille,
J'ay des maulx le pire.
12960 Helas, Dieu ne vueille
Du tout me despire
Souvent m'en reveille.

Helas, j'ay mespris,
12964 J'ay le cuer nerci;
Au roy de hault pris
En requier merci
Si qu'en son pourpris
12968 Soit par tel si
Que ne soie pris
Au lieu obscurcy.

Sommillier me convient ici,
12972 Ma charongne quiert le repos
Et toutefois c'est le suppos
Ou pechié moult souvent se loge;

12970 Ici encore c'est l'enfer qui est désigné.

C'est le beffroy, voire et la loge
12976   Qui plus blandit norrissemens,
Combien que toute creature
Fault reposer selon nature
Mais que mesure y soit assise.

[chez Remi]

SAINT REMI
12980   De parfaitte amour sans feintise
Doy amer le bon Genebaut
Qui sa chevance a sainte Eglise   [102 v°b]
Donne de cuer joieux et baut;
12984   Si ay desir, se Dieu me saut,
De l'aler veoir secretement.
Il est a Laon sur le mont haut,
La le sacray joieusement.

12988   La est evesque sans feintise
Comme cellui qui bien le vaut;
Assez po li est de cointise
Combien qu'il n'a point de deffaut.
12992   Or le gart Dieu d'avoir assaut
Dont il peche mortelement.
Nous irons, face froit au chaut:
La le sacray joieusement.

12996   L'alee y ay pieça promise;
Se c'est ung po loin, ne m'en chaut.
Official, a ceste emprise

12997   Remi s'est rendu en Italie pour convertir Phillas, mais il trouve
Laon «un peu loin»!

Avec nous venir vous faut!
13000   Registreur, y n'y a qu'un saut,
Ce n'est qu'un droit esbatement.

ROZEBEC
Dimenche en vins comme heraut.

SAINT REMI
La le sacray joieusement.

L'OFFICIAL
13004   Mon seigneur, principalement
Faire me povez ou deffaire
Et moy povre imparfait parfaire,
Car vous m'avez nourri et mis
13008   A honneur sur tous mes amis,
Par quoy je suis hors de dongier.
Si ne me doy mie estrangier
De faire chose qui vous plaise:
13012   Pas ne suis digne que je baise
La terre que vous voy marchier
Et pour ce, mon seigneur treschier,   [103 r°a]
Mon cuer si consent
13016   D'estre obeïssant
A ceste fois et plus de cent
Que compaignie je vous face.

REGISTREUR
Ja Dieu ne doint que je trespasse
13020   Vostre vouloir.
Trop m'en devroit le cuer doloir,
Car vostre grace

M'amonneste qu'ainsi le face
13024   Et si n'en puis que mieux valoir.
J'en feray, sire, tel debvoir
Se Dieu m'en veult donner espace
Que bien le pourrez parcevoir.

MAISTRE THIERRI
13028   Rozebec, beau frere, y convient
Faire a monseigneur compaignie!

ROZEBEC
Et je suis Rozebec, qui vient.

MAISTRE THIERRI
Rozebec, beau frere, y convient!

ROZEBEC
13032   Quoy! mon cuer joieux en devient.
Hé, mon seigneur, je vous en prie.

MAISTRE THIERRI
Rozebec, beau frere, y convient
Faire a monseigneur compaignie!

SAINT REMI
13036   Avant qu'i soit heure et demie
Nous partirons au plaisir Dieu.

13028   Cf. Sot p.408: saint Thierry, disciple de Remi et le premier
cénobite de la région, fonde un monastère.

[à Laon]

VICAIRE DE GENEBAUT
Maistre d'ostel!

MAISTRE D'OSTEL DE GENEBAUT
Sire?

VICAIRE DE GENEBAUT   [103 r°b]
                                  En quel lieu
Est mon seigneur, le savez vous?
13040   Il ne parla pieça a nous:
Est il point alé a l'eglise?

MAISTRE D'OSTEL DE GENEBAUT
Je fas grant doubte qu'il ne lise
Leçon, ewangile ou espitre.
13044   Je l'ay veu aler vers chapitre;
Si cuide bien qu'ancor y soit.

VICAIRE DE GENEBAUT
Je vous pri doncques qu'on y voit.
Chapitre n'est que trop relant
13048   Et se seroie trop dolant,
Je le vous dy, mais c'est conseil,
S'il avoit mal ne que mon oeil.
Venez ça, messire Ferri,
13052   Et toy, Milet, tot, alez y!
Et vous avancez, y le faut!

MAISTRE FIERRI
Nous irons par tout bas et hault;
Y n'y convient autre priere.

13056 Jhesucrist et sa doulce mere
Le voeulle garder de doleur;
C'est ung prelat de haulte honneur
En toute place ou il arive.

MILET, *clercq*
13060 Vive Genebaut, vive, vive,
Vive tousdis, jamais ne meure.
Hé, Ferri, se Dieu me sequeure
Et des sains cieulx la chastelainne,
13064 Je le voy la ou il se seingne.
Retraions nous, y se faut taire
Pour sa devocion parfaire.
   S'on ne me tonde,
13068 Si devot n'a en tout le monde
Et j'en appelle Dieu a juge.

MESSIRE FERRI
C'est voir, vela son droit reffuge.   [103 v°a]
Y ne li chaut d'esbatemens,
13072 Ains a son cuer aux sacremens
Et aux articles de la foy.
Grant bien fait quant je le voy
De l'eglise tenir la rieule;
13076 Je n'aconte mie une nyeulle
   De grant richesse
   Ne de noblesse
De chastel ne de forteresse:
13080 Il a son cuer a Dieu donné.

13067 Locution Di Stefano p.841.

MILET, *clerc*
Il fut de moult bonne heure né,
  Helas, helas,
Il en ara joie et solas
13084   Aprez sa mort.

GENEBAUT
Ou est ce que j'oÿ parler si fort,
Mere de Dieu, *ave, ave*!
Mon cuer de larmes est lavé
13088 Moult villainnement me meffis
Quant contre chasteté forfis.
Chasteté est a Dieu plaisant,
Mais au deable est tresdesplaisant
13092 Car chasteté le corps nettie.
Ainsi n'est l'ame desmentie
Ne plaiee de vil pechié.
Or en suis je entechié,
13096   Dont je soupirre,
  Dont je suis pire,
Dont chacun jour ma mort desire,
Et me vueille Dieu conforter
13100 Et ma deffaulte supporter.
Venez ça, venés, mes amis!
Ferriet, qui vous a ci mis?
Alez appeller mon vicaire
13104 Et veingne ci, j'en ay a faire
Et aussi le maistre d'ostel.

'13081   Manuscrit: - *pierp* + *MILET.*

MESSIRE FERRI

Par les sains qui sont sur l'autel,   [103 v°b]

Songneusement et tot iray

13108   Et le mandement leur diray

Que vous leur faittes.

GENEBAUT

Sa, Milet!

Ung gourmant se prent par le becq

Et ung bourdeur par sa parolle;

13112   A toy le dy par parabole.

Il est trois choses, Dieu devant,

Dont ung josne homme vient avant:

L'une est de bien estudier

13116   Et a science soy lier,

Car ce droit rengne en court romaine,

Theologie est la souveraine

Pour proceder, or est ce ung point.

13120   Le deuxieme est, n'en doubtez point

Bons clers sont a recommander;

Ceci peulz tu bien demander

Comme parfait gramariens

13124   Retoricque, musiciens,

Estudiant en geometrie

Et maistre en philozophie:

Tous ceulx la sans malefice

13110-13111 Proverbe? Pas dans Hassell ni dans Morawski. A rapprocher du proverbe cité par Le Roux de Lincy p.148 «On prend les bestes par les cornes et les hommes par les parolles»; Hassell donne (H 50) «On prend l'homme par la langue (et le buef par la corne)».

13123-13126 Les arts libéraux, mais il n'y en a que cinq.

13128   Doivent avoir beau benefice;
       Raison le donne.
    Les nobles selon leur personne
    En ont par force de linage
13132   Pour ce qu'ilz sont de hault parage
    Et leurs parens en ont tel soing
    Que maintesfois, l'espee au poing,
    Vont requerir les benefices,
13136   Mais c'est pour les beaux ediffices
    Que les grans seigneurs ont fondez,
    Dont ilz sont bien recommandez
       Et doivent estre.
13140   Or, Milet, ung servant a maistre,
    C'est le tier point,   [104 r°a]
    Garde que ne l'oublie point
    Quant il est humble et debonnaire,
13144   Diligent en ce qu'il doit faire
    Sans soy donner auctorité.
    Ne soit d'orgueil suppedité,
    Serve son maistre loiaument,
13148   Obeïsse courtoisement,
    Soit aussi doulz qu'une pucelle
    Et le conseil du seigneur celle;
    Joieux se vueille maintenir
13152   Ad fin que le temps avenir
    Dieu li envoie l'aventure
    D'aucune bonne creature

13130   Les nobles!
13140   Ici, ce sont les devoirs du serviteur qu'on explique; est-ce que
    cela a à voir avec la mentalité «élitaire» que respire notre pièce?
13150   *Celle*: forme verbale de *celer* («cacher»).

Qui avisera aux biens fais
13156 Qu'en ses services ara fais.
Tel serviteur fait a amer
Et sans les autres poins blamer,
Il est bien venus en tous lieux
13160 Et cellui qu'on aime le mieux
Tele fois est, or t'en souviengne.

MILET
Mon chier seigneur, quoy qu'il aviengne,
Mon doulz vouloir, mon hault desir
13164 Est de faire vostre plaisir;
Dieu serviray, l'eglise et vous
Ceans, la hors, par dessus tous,
Sans forfaiture trop vilainne.

MESSIRE FERRI
13168 La vierge qui est chastelainne
De la gloire de paradis
Vous envoit et en fais et en dis
Acquerir l'amour du seigneur,
13172 Qui des sains cielz est le grigneur.
Venez vous en a nostre maistre.
Je ne sçay pas que ce peult estre;
Il est malade, a mon avis.

MAISTRE D'OSTEL
13176 Nous irons, je le vous plevis,   [104 r°b]
De bon cuer et joieusement,
Car moult bien et songneusement
    Le debvons faire.
13180 Or ça, mon seigneur le vicaire,

Venez devant, alons ensemble.

VICAIRE

Et touteffois que vous en semble,
Thierrion, est il a malaise?
13184   Alons y tot, ja Dieu ne plaise
Qu'il ait en sa santé a dire;
Alons, Dieu nous vueille conduire
Et li envoit bonne alegence.

MESSIRE FERRI

13188   Quant a moy, j'ay bonne esperance
Qu'il n'y ait point si grant meschief
Qu'on n'en viengne bientot a chief,
Mais touteffois mandé vous a.

GENEBAUT

13192   Bien viegniez, mes amis, or ça!
Je vous ay par amour mandez
Et ad fin que bien m'entendez
Je vous diray ma convenue.
13196   Une chose m'est avenue
        Moult angoisseuse,
        Bien tenebreuse,
        Tresdolereuse,
13200   De quoy mon ame est moult honteuse
Et mon corps pencis en devient,
Par quoy je sens bien qu'il convient
Avoir parfaitte diligence

13183   Confusion entre Thierry (chez Remi) et Ferri.

13204 De trouver aucune alegence
De mon meschief hativement;
Si me vueilliez secretement
   Conseil donner
13208   Sans blasonner
Pour mon ame desprisonner
De la prison ou je l'ay mise.   [104 v°a]

VICAIRE
Mon chier seigneur, tout le servise
13212 Que cuer humain pourroit pencer
Pour vostre santé pourpencer
De grant couraige prenray soing.
Si vrai que mes mains vers vous join
13216 En vous suppliant d'amour fine
Se de le savoir je suis digne
Que me dittes vostre vouloir
Et je feray tant que douloir
13220 Ne vous devrez de ma personne.

MAISTRE D'OSTEL
Mon seigneur, je vous habandonne
Cuer et corps, soit lonc ou prez.
Moy et mes gens sommes tous prez
13224 De parfaire vostre plaisir:
Dittes nous bien et a loisir,
Si vous plait, vostre voulenté,
Si vrai que par ma xrestienté
13228 J'en feray si vaillant debvoir
Que bien pourrez apparcevoir
   Ma diligence.

GENEBAUT

Grant merci, j'ay bien congnoissance

13232 De vostre honneur il a lonc temps,

Par quoy du tout a vous m'attens

De mon hostel et de ma court.

Necessité m'est brief et court

13236 Que mon chier oncle viengne ci

Ad fin qu'il ait de moy merci.

C'est mon chier oncle l'arcevesque

Remi par qui je fus evesque

13240 De Laon, ceste belle cité;

Mandé soit, c'est necessité

Si tot que faire se pourra.

VICAIRE   [104 v°b]

Pas nul de nous ne demourra;

13244 Milet y scet moult bien la voie.

Je conseille qu'on li envoie

Pour ce qu'il est frez et legier.

MILET *le clercq*

Ja Dieu ne me vueille alegier

13248 De tous les pechiez qu'onques fis

Se je n'y vois.

S[AINT] GENEBAUT

     Or, va, beau filz,

Et ces lettres ici li porte

Et les nouvelles me rapporte

13236-13240 Cf. Sot p.387.

13252   De sa response.

MILET
                    Voulentiers!
Parez voz voies et sentiers,
S'en iray plus legierement.
Je saray assez tot comment
13256   La cité de Reins est jolie.

                                        [à Reims]

SAINT REMI
Mere de Dieu, vierge Marie,
Dame des anges appellee
Doulz aiglantier, rose fleurie
13260   Lis odorant, fleur desiree,
Clere fontainne enluminee
Des dignes vertus nostre sire,
Ne soiés contre moy iree,
13264   Mais mon ame vers toy atire.

Ne seuffre qu'elle soit perie,
En la prison desordonnee
A jointes mains merci te crie
13268   Que par toy lassus soit menee,
Combien qu'elle soit enclinee
Souvent en orgueil et en ire,
Soit ma charongne aux vers donnee,   [105 r°a]
13272   Mais mon ame vers toy atire.

13262   Comprendre: «vertus [de] notre sire» (génitif archaïque).

En peresse, en gloutonnie,
En luxure faulse et dampnee
De grant convoitise et d'envie
13276 Est maintefois environnee,
Mais se grace li est donnee
De ton enfant, mon Dieu, mon sire,
Fay de mon corps ce qu'il t'agree,
13280 Mais mon ame vers toy attire.

[Milet arrive]

Qui est ce la? Dieu en soit mire!
Ne voy je Ne-sçay-qui venir?
Y n'en peult que bien venir.
13284 C'et Milet, ça, ça, ça, ça,
Je croy que quelque chose y a.
  Quel vent te meinne?

MILET
Cellui qui d'enfer le domaine
13288 Volt racheter Eve et Adam,
Baptiste Jehan et Abraham,
Jessé, David, Jheremias
Et le prophete Ysaÿas,
13292 Vous doint honneur, santé et joie.
Mon seigneur devers vous m'envoie
Qui haultement se recommande
A vous, et ces lettres vous mande
13296 Comme a son chier oncle et seigneur.

13287   Allusion à la descente du Christ aux Limbes, cf. v.375 avec note.

SAINT REMI
Joie ne puis avoir grigneur
Et tu soies li bien venu.
Va sus, faictes qu'il soit tenu
13300   Paix et aise, je le vueil.

[à la cave]

DAN THIERRI
Y ne fault que passer le sueil;
Entrons en la boutillerie.

TOURRIER
Par la doulce vierge Marie,
13304   Je m'esbaÿ plus ouen qu'anten
Ou je ne sçay a quoy j'enten   [105 r°b]
Mes besongnes vont de travers,
Puis a l'endroit, puis a l'envers.
13308   C'est ung droit songe de mon fait!
Qu'est ce ci, dya, je suis deffait;
Je suis tout deffait mau gré m'ame!
Et se m'ait Dieu, ce fait ma femme.
13312   Y n'est point de telle au monde,
Elle voulroit, s'on ne me tonde,
Que tousdis je fusse au moustier.
Par Dieu, ce n'est pas mon mestier!
13316   C'est le sien, aussi je le veulx,

13304   *Ouen* < lat. *hoc anno*; *anten* < lat. *ante anno*. L'opposition, ici, est donc étymologique.

13311   Passage topique: la femme bigotte et les querelles de ménage ont bien été illustrées par les farces de l'époque.

13313   Locution Di Stefano p.841.

Voise Dieu prier pour nous deux,
Car en yver quant il yverne
Il fait milleur en la taverne,
13320   Et c'est cela!
Toutefois je ne beu pieça
Et pour quoy? Pour çe,
Par la croix Dieu, dedens ma bourse
13324   N'a souvent fourme de monnoie.
Et doy je donc avoir grant joie?
Nennil, se Dieu est droiturier!
Qu'ay je gaignié d'estre tourier?
13328   Je suis tourrier de Beuriette,
C'est la prison qui plus me haite;
Je suis tourrier de la Duchié
Ou maintefois suis trebuchié
13332   Devant les dames.
Et puis de la prison aux femmes
Suis je tourier et de Poilly.
Or, avisez se j'ay failly
13336   A grans offices:
Compté vous ay mes benefices
Et quoy gaignie de huit ou de nuef,
Ilz ne m'estanchent point la suef.
13340   Qui bien me voulroit appointier,
Je devenroie pourpointier.
Ça, je ne crache que cotton;
On ne met plus ame en prison   [105 v°a]
13344   Si ne gaingne pas mes despens.

13318   Indication de date?
13342   Locution: Villon *Testament* v.730; Di Stefano p.216.

Secret soit, mais je me repens
Que mon seigneur est si preudomme.
Chacun le dit, chacun le nomme
13348 Qu'il est saint et ce poise moy.
Et qui me respondroit pour quoy,
Je diroie: il est trop piteux
Et ce n'est pas ce que je veulx.
13352 Nullui ne vient mais en ma prison;
Je souloie avoir garnison
   De prisonniers,
De laboureux, de charbonniers,
13356 De charpentiers et de massons
Et larrons de toutes fachons:
Tout le monde y estoit receu,
Mais maintenant je suis deceu
13360 Ne je n'ay plus present ne don,
Mau gré m'ame, en tant de pardon
Com il fait, ce n'est pas deduit.
Y ne s'en vat ame esconduit
13364 Ainsi ma gaingne ne vault rien.
Je n'ay de l'autrui ne du mien.
   Je pers mon temps,
   J'ay froit aux dens,
13368 Je doy autant aux chiens qu'aux gens.
Comment iray je par la voie,
Par Dieu, le milleur que g'y voie
C'est d'aler dire ma raison

13352 Ironie: le tourier se plaint de la bonté de Remi, ce qui fait penser
aux diables des mystères qui se plaignent du manque d'âmes en
Enfer (à cause du Christ, de quelque saint ou sainte...).

13372   Au vin de la Rouge Maison.
         Il resjoït, il reconforte;
         Je voy querir aucune sorte
         Et puis si irons bourbeter.
13376   Venez vous y trestous bouter
         Quanque vous estes, je vous en prie:
         Je paieray pour la compaignie,
         Mais toutefois avancez vous!

                                                    [chez Remi]

         SAINT REMI
13380   Beau sire Dieu qui tant ez doulz,   [105 v°b]
         Je te rens graces et loenges,
         A ta mere et a tous les anges,
         A tous sains et a toutes sainctes
13384   Des secours et des amours maintes
         Que faictes m'as par ta doulceur.
         Je doubte que aucune douleur
         A Genebaut soit avenue.
13388   Mon cuer et mon couraige mue
               Pour la doubtance
               D'aucune offence
         Qu'il ait fait contre ma deffence

13372   Vin de Rouge Maison: la Rouge Maison était un établissement
         situé en face de la cathédrale de Reims; Jeanne d'Arc y a
         séjourné.
13375   *Bourbeter* doit signifier ici «boire» ou quelque chose d'analogue,
         mais je ne l'ai pas trouvé ailleurs dans ce sens.
13377   Le tourier s'adresse au public (*quanque vous estes*) et leur offre à
         boire. Cela rappelle la distribution de vin aux spectateurs pendant
         la *Passion* rémoise de 1488 (voir introduction, «datation»).
13380   De nouveau, Remi prie.

13392   Ou je suppose
         Sans mettre glose
         Qu'il ait aucune dure chose.
         Ça, seigneur, ça, venez avant!
13396   Milet, beau filz, marche devant.
         Piét a piét irons aprez toy.
         Or ça, trestous, ça, suiez moy!
         Raison n'est pas que Dieu acueille
13400   Cellui qui pour aultrui ne veille:
         Veillier doit on pour son amy.
         Moult vault po Guillaume ou Remi
         Qui pitié en son cuer ne fiche,
13404   Soit pour le povre ou pour le riche:
         Selon le bien fait l'ame ira,
         Mais la charongne pourrira
         Et aux vers sera delivree.
13408   Devise n'y fault ne livree:
         Si grant seigneur n'est qui ne muire;
         Ung drap troué pourra souffire,
         Sans plus, pour nous envoleper
13412   Quant la mort nous venra happer.
         Mais grant chose est de la bonne ame
         Qui de son corps a esté dame,
         Qui tant a fait a Dieu plaisir,
13416   Qui tant de bien voulut choisir,
         Qui tant fait en fais et en dis
         Qu'elle en peult avoir paradis:
         Celle la est enluminee   [106 r°a]

13402   Locution; cf. Hassell G 18; cf. Di Stefano p.420. Ici, le nom
         Remi a la connotation de «tout le monde» ce qui est plutôt éton-
         nant, surtout dans la bouche de Remi lui-même.

13420 Et devant son Dieu couronnee.
Et si est chose naturelle
Que son corps soit sauvé par elle.
Or faisons donc tellement
13424 Que nostre ame soit nettement
A l'eure que vourra partir
Ad fin qu'elle puisse partir
En la haulte gloire des cieux.

[A Laon]

TOURRIER
13428 Mouchiez, Courtin, enfans morveux!
Bidez, ridez! Faictes moy voie!
Car il est bien temps que je voie
Si venrra aucun prisonnier.
13432 Je ne sçai maille ne denier,
Foy que doy mon mariage,
J'en tray ma femme en tesmoinnage
Qui bien souvent de moy se deult,
13436 Car elle n'a pas quanqu'elle veult.
De telles en est il assez,
Tous mes bons jours sont ils passez,
Ce seroit bien, le deable y soit.
13440 Hé, ma prison, qu'il y fait froit!
C'est tout par m'ame, j'ay veeslé.

MAISTRE D'OSTEL
Avisez a ce destre lé.

13432 Locution Di Stefano p. 502.
13433 Invocation curieuse; cf. *supra* Karesmeprenant

Qu'est cela et quelz gens ce sont?
13444 Sans faulte ilz viennent sur ce mont;
Dieu nous envoit bonne nouvelle!

SAINT GENEBAUT
Hé, tresdoulce vierge pucelle,
C'est mon seigneur, c'est mon ami,
13448 C'est mon arcevesque Remi!
C'est il, c'est il, je vous convent.
Sus, seigneurs, alons au devant:
Raison le veult et droit le donne.

VICAIRE
13452 Vostre raison est belle et bonne,
Mon seigneur, aprez vous irons,
Car sa venue desirons.
Chascun de nous en est joieux.   [106 r°b]

S[AINT] GENEBAUT
13456 Mon seigneur, le hault roy des cieulx
Vous octroit santé et lyesse,
Prudence, force et hardiesse
Et en la fin repos a l'ame.

SAINT REMI
13460 Beau nepveu, je pri celle dame
Qui par la voix du saint Esprit
Enfanta le doulz Jhesucrist
    Qu'elle soit mire

13451   Cf. la note au v.1315.

13464   De quanque vostre cuer desire.
         Comment vous est?

         S[AINT] GENEBAUT
                         Nompas trop bien.

         SAINT REMI
         Ce poise moy et pour ce vien
         Par devers vous de bon vouloir
13468   Pour vostre grant doleur douloir.
         Or alons ung po jusque cy.

         S[AINT] GENEBAUT
         Mon seigneur, je vous cri merci,
         Je vous cri merci, mon seigneur
13472   Bien sçai que je suis le grigneur
         Et le plus grant pecheur du monde
         Et doubte que terre ne fonde
         Dessoubz moy pour les grans pechiez
13476   Que j'ay en mon faulx cuer fichiez
             Trayteusement.

         SAINT REMI
         Je n'entens point ceci; comment,
         Sire, ce n'est pas la maniere
13480   De dire chose si amere
         Si non par grant devocion
         Et en vraie confession
         Comme repentant du meffait.   [106 r°a]

         S[AINT] GENEBAUT
13484   Helas, sire, j'ay tant meffait

Envers Dieu que je ne pourroie
Avoir merci dont je vourroie
Mourir cent fois plustot que vivre
13488   Tart m'est que je soie delivre
De ceste lengueur dolereuse
De ceste douleur langoureuse
Qui plus a grant meschief me tire
13492   Que cuer humain ne pourroit dire,
Dont je fenis plus que le cours.

SAINT REMI
Sire, pour vous donner secours
De vostre tribulacion,
13496   De vostre lamentacion,
Du grant meschié que vous souffrez,
Suis ci venu, or vous offrez
A vostre vouloir eslarchir
13500   Sans vous de dueil ainsi nercir.
Voulentiers vous escouteray
Et se je puis vous boutteray
Hors de pensee si diverse.

S[AINT] GENEBAUT
13504   Helas, helas, le cuer me perse
De la honte qui me court sus.

SAINT REMI
Je requier a Dieu de lassus
Qu'il vous doint telle oppinion

13491   Locution Di Stefano p.210.
13502   Manuscrit: - *j* + *se je*.

13508   Que par sainte confession
         Je vous puisse oster de la voie
         Qui si durement vous desvoie.
         Desvoyez estes, bien le voy,
13512   Mon beau frere, ce poise moy.
         Pencez que Dieu a ordonnee
         Confession par qui donnee
         Nous est de tous maulx alegence.

         S[AINT] GENEBAUT
13516   Confession et penitence   [106 v°b]
         Vous requier, monsieur et maistre,
         Je sçai bien qu'a bouche de prestre
         Le fault dire soit tot ou tart
13520   Ou l'ennemi par son faulx art
         Aroit en enfer ma povre ame.
         Helas, or suis je si infame
         Et de mauvais pechié si plain
13524   Que je n'aconte ne ne plain
         Martire que j'en doie avoir.

         SAINT REMI
         Faittes donques vostre debvoir
         Envers Dieu comme il appartient
13528   Sans riens celer, y le convient:
         En son saint nom le vous commande.

         S[AINT] GENEBAUT
         Commandez, las, Dieu me deffende
         De vostre vouloir contredire,
13532   Mais mes villains pechiez vueil dire
         Tout hault et nommé a conseil,

Si que mon cuer au plusgrant dueil
Et que mon ame en larme et pleure.

SAINT REMI
13536 Ja par moy, sire, ne demeure,
Car c'est au corps assez couleur
D'endurer amere doleur,
De vous entendre ay grant desir:
13540 Commencez a vostre plaisir.
De la destre de Dieu le pere
Soiez vous seingniez, mon beau frere
Et de la court de paradis.

S[AINT] GENEBAUT
13544 J'ay pechié en fais et en dis
Contre le hault Dieu de droiture;
Je me confesse que jadis
Noblement me crea Nature;
13548 Or ay fait telle forfaiture
Que noblesse ay de moy bannie   [107 r°a]
Par quoy je suis en aventure
D'avoir villainne villenie.

13552 Que feray, las, m'ame est honnie
Dont j'ay perdu joie et lyesse.
Ce fut a moy grant tirannie
Quant j'espousay vostre nyesse.
13556 Elle et moy feymes grant rudesse
De tous deux vouer chasteté
Mal tenue avons la promesse
Et le serment qu'avions cranté.

13560 Helas, or avons frequanté
En ce pechié ici lonc temps
Par quoy je seray debouté
De grace Dieu, je m'y attens,
13564 Et non sans cause, pour l'injure
Que nous deux a trouvez mentant
Du ser(e)ment dont je suis parjure.

Moy las, moy fiens, moy pourriture,
13568 Je confesse publicquement
Que moy estant en prelature
Mais non obstant le serement,
Elle et moy larcineusement
13572 Par mauvaise temptacion
Assemblames soubtivement,
Voire par sa monicion.

Deux enfans concut, filz et fille
13576 Dont je ne fis pas bon devoir,
Mais par ma mauvaitié soubtille
Nommay le filz Larron, c'est voir.
Mauvais salaire en doy avoir
13580 Et puis la fille par raffarde
Fis de par moy nommer Renarde.
Helas, helas, la mauvaitié,
Le cuer me part plus qu'a moittié;
13584 On me devroit la jus flantir
Ou desmembrer com[me] martir,
Car mon euvre est diabolicque

13566   Un vers manque (rime -ant) ou s'agit-il d'un septain ababcbc?
13578   Cf. Sot p.387.

Et pire que le coq basilicque
13588 Qui l'omme occist par son regart.
Par quoy, sire, se Dieu me gart,   [107 r°b]
Je vous vueil rendre les joiaulx:
Mitre, crosse, gans et anneaux
13592 Et tous les biens que me baillastes
Quant ceste eveschié me donnastes
Ne jamais ne les vestiray:
Digne n'en suis; je m'en iray
13596 Tant que terre me durera.

SAINT REMI
Beau frere, Dieu vous donnera
De vostre doleur alegence.
Se vous avez vraie esperance,
13600 Esperance devez avoir
Et vous doy pire gré savoir
Plus du dehait que du meffait.
Gardez, quoy que vous aiez fait
13604 Qu'en desespoir vous ne chaiez!
Point ne faulrez que vous n'aiez
Merci, si vous la demandez
Et que le meffait amendez.
13608 Or aiez bonne repentence
Et vous livrez a penitence;
Aiez en vostre cuer escript
Ce que l'ewangile nous dit
13612 Et comme saint Paul le recorde:
Que Dieu par sa misericorde

13587-13588 V. v.10422 avec note.

Plus peult et assez pardonner
Que pecheur ne peult foisonner.
13616   Ne Jhesucrist pas ne haÿ
Jherusalem qui le traÿ
Et bati et crucifia
Ne Longis qui s'umilia
13620   Quant du pechié se repenti.
Vers Dieu bientot fut converti
Ne nul n'a tant vers Dieu meffait
S'il est repentant de son fait
13624   Qui n'en puist a merci venir.

S[AINT] GENEBAUT

Las, je ne sçay que devenir,
Je ne sçay que je face, hé my, las.   [107 v°a]
Trop plus traitre que Judas
13628   Qui vendi nostre createur
Dont a un aubre se pendi.
Or ay je esté persecuteur
De mon ame, je le vous dy;
13632   Si ne doy mieux avoir que ly.

SAINT REMI

Or entendez, mon bel ami,
Judas pecha, je le sçay bien,
Mais comme ung vif enragié chien
13636   Se bouta en desesperance
Ne ne volt avoir esperance
D'avoir pardon de ses meffais
Et pour ce il emporta le fais
13640   Tel comme au cas appartenoit.
Saichiez que point ne convenoit

Que saint Pierre Dieu reniast
Ne que sa puissance oubliast;
13644 Or le renya par trois fois,
Mais quoy? Depuis a haulte voix
Requist merci piteusement
Et tant ploura amerement
13648 Que Dieu li fit grace et pardon.

S[AINT] GENEBAUT
Qui pourroit acquerir tel don,
Il seroit de bonne heure né.

SAINT REMI
Mais est cellui bien forcené
13652 Qui ne croit mie qu'ainsi soit
Car le vrai Dieu qui tout conçoit
Scet le vouloir, l'entencion,
Le desir, la devocion
13656 De toute humaine creature.
Et vous qui estes par nature
    De noble sanc
Devez avoir le cuer si franc
13660 Que ne faichiez euvre villainne.
Prenez pour la povre ame peinne
Ainchois que la mort vous assaille.

S[AINT] GENEBAUT   [107 v°b]
Hé Dieu, veci dure bataille;
13664 Mon cuer se plaint, mon ame pleure,
Dieu par sa grace me sequeure!
J'ay de ma faulte moult grant dueil,
Mais je croiray vostre conseil

13668   Sans vous desdire,
         Autre juge ne vueil eslire:
         Faictes de moy vostre vouloir!

         SAINT REMI   *[l'emmène en prison]*
         Venez doncques, sans vous douloir
13672   En prison amiablement;
         Je vous en fas commandement.
         Yci serez, ici vous livre:
         Assez vous livreray a vivre
13676   Pour avoir vostre soustenance.
         Entrez dedens, c'est ma sentence:
         Jusqu'a sept ans n'en partirez.

         SAINT GENEBAUT
         Je feray quanque vous direz:
13680   Raison le donne.
         Mon seigneur, ma povre personne,
         Tant com je puis, vous recommande.
         Trop ay mesprins et je l'amende
13684   A vostre vouloir, bas et hault.
         Se la mort fait de moy bersault,
             Mon treschier pere,
         Mettez moy en vostre priere,
13688   Je vous en pri, ou nom de Dieu,
         Et a l'entree de ce lieu.
         Trois fois ferai la croix piteuse
         En l'onneur de sa precieuse

13680   Cf. la note au v.1315.
13686   *Pere* est ici un terme hiérarchique.

13692 Ou Jhesucrist, mon Dieu, fut mis.
A Dieu vous command, mes amis:
Priez pour ma povre personne.

SAINT REMI
Nous avons fait hui euvre bonne
13696 Plainne de grant humilité;
Loee en soit la sainteté   [108 r°a]
De mon createur, or convient,
Puis que le fait ainsi avient,
13700 Que de la prison ferme l'uis
Et si feray je se je puis.
La clef me semble bonne et belle,
Mais ad fin qu'i n'ait faulte en elle
13704 De mon sceau l'uis scelleray.
Par ainsi le retrouveray,
Car qui bien ferme bien retreuve;
Par ma conscience, j'appreuve
13708 Moult bien le vouloir de cest homme.

OFFICIAL
Hé, mon seigneur, regardez comme
Il s'est offert sans fiction
A recepvoir punicion!
13712 Je n'oz oncques joie grigneur!
Lui qui est ung grant seigneur
Demonstre bien a ceulx le vice
Qui n'obeïssent a justice:
13716 Y ne li en venra que bien!

13706   Proverbe; cf. Di Stefano p.81 qui cite Charles d'Orléans *Qui bien*
         fera, bien trouvera / Qui bien entend, bien luy viendra.

SAINT REMI

Donnez li son cotidian,
Vous, chacun jour, maistre d'ostel
Et le service au grant hostel
13720 Feray pour lui, n'en doubtez mie,
N'y ara faulte ne demie
Tout le temps qu'en prison sera.

MAISTRE D'OSTEL

Mon chier seigneur, on li fera,
13724 N'en doubtez, chacun jour livree
Qui par moy sera delivree;
Je vous en fas vraie promesse.
Dieu li doint grace, qu'il ne blesse
13728 Sa conscience nullement.

SAINT REMI

Vous me reverrez bonnement
Assez souvent dedens l'eglise;
Puis que la chose m'est commise,
13732 Se Dieu plait, j'en aray le soing.   [108 r°b]
Adieu vous dy, je vous enjoing
De bien viseter vostre maistre;
Parlez a lui par la fenestre,
13736 Ainsi le vueil.

                              [sept ans plus tard, au ciel]
DIEU

                    Or ça, Michiel!
Pieça vous fis prevost du ciel
Et gardien de paradis.
En mon nom chasates jadis

13740 L'ennemi des cieux en enfer,
Car le maleureux Lucifer
Par le crueux pechié d'orgueil
S'efforça d'estre a moy pareil,
13744 Et touteffois creé l'avoie
Tant bel que c'estoit toute joie
Et si ne li souffissoit point.
Tout ainsi seront en tel point
13748 Ceulx qui d'orgueil feront leur maistre,
Ja ne seront a ma main destre
Aprez le jour du jugement,
Mais en fu pardurablement
13752   Seront tramis
Avec[ques] tous les ennemis.
Mais ceulx qui bien me serviront
Avecques ma mere seront
13756 Couronnez en parfaicte joie.
Or est il temps que je pourvoie
A mon serviteur et ami,
C'est Genebaut, qui par Remi
13760 A esté sept ans prisonnier;
Et pour ce vueil de lui soingnier,
Car assez souvent me supplie
Que sa penitence adcomplie
13764 Soit dezoremais et je le vueil.
Il a souffert assez traveil,
Il a souffert assez meschief,
Il a tant fait qu'il est a chief

13745   La beauté de Lucifer?
13748   Manuscrit: *seront*; correction pour le sens.
13753   Correction: cf. v.13755.

13768 De la grieve punicion
 Qui aprez sa confession   [108 v°a]
 De Remi lui fut enchargee
 Ne n'a sa voulenté changee
13772 Ez sept annee que tout bien
 Ains s'est monstré devot xrestien
 Et repentant de ses pechiez.
 Pour ce vueil bien que vous saichiez
13776 Que mon vouloir et mon desir
 Est de li faire ung beau plaisir.
 A sa prison vous en irez
 Et doucement vous li direz
13780 Que contant sui de sa penance
 Et tellement que par sentence
 Je vueil qu'il soit de prison hors,
 Car quant de pitié me remors
13784 Et de la peinne qu'il a eue
 D'avoir esté sept ans en mue,
  Je li pardonne
 Ses pechiez et congié li donne
13788 De la charte issir ou il est.
 Alez y, Michiel!

 MICHIEL
     Je suis prest,
 Mon Dieu, mon vrai Dieu debonnaire;
 Je le feray, je le doy faire
13792 Songneusement,
  Joieusement,
 Puis que c'est vostre mandement.
 Je prens congié, veci la voie;
13796 Finer ne vueil tant que je voie

La prison ou il est bouté
Dont assez tot sera osté
   S'il me veult croire.

[en prison]

SAINT GENEBAUT

13800   Hé, tresdoulz Dieu, hault roy de gloire,
Vueilliez avoir de moy pitié;
De ce pecheur aiez memoire,
Faites lui aucune amitié.
13804   J'ay fait, las, tant de mauvaitié
Qu'a peinne en ay le cuer failly;
J'en cuide estre mort a moitié   [108 v°b]
Et Dongier m'en a assailly.

13808   Quant premier en Orgueil sailli
Je fus de mort en aventure.
Envie a mes deux mains cueilly
Et Ire fut ma norriture;
13812   En Peresse prins ma pasture
Sans faire a vous, vray Dieu, service,
Dont je suis a desconfiture
Se mon dur cuer ne se ravise.

13816   De Luxure prins la devise
Par le faulx art dame Peresse;
Je fus servant de Convoitise
Qui trop ma conscience blesse,
13820 . Et Gloutonnie ma maistresse
M'as combatu et mis au bas.
Trop me suis mis en leur adresse,
Helas, c'est ung mauvais pas.

13824 Assez et trop ay d'aultres cas,
       Par quoy je suis trop deslavé;
       De pechier ne fus oncques las;
       Helas, comment seray sauvé.
13828 Mere Dieu, *ave*, *ave*!
       Gette moy hors de ceste peinne
       Ad fin que je soie eslevé
       Lassus en ton noble demaine.

       MICHIEL *[arrive en prison]*
13832 Genebaut!

       SAINT GENEBAUT
               Sire, que vous mainne?

       MICHIEL
       Amoureuse dilection.
       Cellui qui souffri passion
       En la sainte croix precieuse
13836 M'a donné commission
       Que de ceste prison hideuse
       Par my sa grace gracieuse
       Te mette hors, mon bel ami!   [109 r°a]

       SAINT GENEBAUT
13840 Que diroit mon seigneur Remi?
       Ja Dieu ne plaise qu'il aviengne
       De partir jusques qu'il viengne.
       Il m'y a mis; je y demourray

13840 Manuscrit: - *Sire que vous maine* / *MICHIEL*.

13844   Jusques a son dit, ou je mourray
       Cy en la peinne.

MICHIEL
Dieu m'a commis que je t'emmainne
Hors de ce lieu, ton terme est fait
13848   Et pardonné est tout ton meffait;
Tout ton meffait t'est pardonné.
Or fay que ton cuer soit donné
Dezoremais principalement
13852   A servir Dieu devotement,
La haulte vierge et sainte Eglise;
Si ne vous sera rien qui te nuise
A la sainte gloire acquerir
13856   Que tout xrestien doit requerir.
Or en venez ou nom de Dieu.

SAINT GENEBAUT
Moy, que je parte de ce lieu,
Dieu m'en gart et la sainte Vierge
13860   Qui est de paradis conchierge.

MICHIEL
Vien t'en dehors!

SAINT GENEBAUT
       Non feray, sire.

13844   *Dit*: l'échéance mentionnée dans son verdict.
13848-13849 Inversion.

MICHIEL
Je romp(e)ray l'uis.

SAINT GENEBAUT
                    Ce poise moy.

MICHIEL   [109 r°b]
Je le te vien de par Dieu dire.
13864   Vien t'en dehors!

SAINT GENEBAUT
                    Non feray, sire.

MICHIEL
Le sceau rompray et la chire.

SAINT GENEBAUT
Ja pour Dieu n'yray ne pour toy.

MICHIEL
Vien t'en dehors!

SAINT GENEBAUT
                    Non feray, sire.

MICHIEL
13868   Je rompray l'uis.

13865   Hypomètre ou bien lire *sceau* en 2 syllabes; sinon: corriger
         romp[e]ray

SAINT GENEBAUT
>Ce poise moy.

MICHIEL
Genebaut, a ce que je voy
Tu as ung vrai cuer et cordial.
Ton grant ami especial,
13872 Remi, l'arcevesque de Reims,
Qui maint pecheurs d'enfer a reins,
En ceste prison attenderas.
Si te diray, tu t'y tenras
13876 Jusques a tant que vers luy seray;
Je y voy tantot et lui diray
>Qu'il viengne cy.

SAINT GENEBAUT
Ange de Dieu, je t'en merci
13880 Cent mille fois et plus assez.
Lors seront tous mes maulx passez;
Toutes mes doleurs passeront
Et mes souppirs se cesseront.   [109 v°a]
13884 Joie arai en lieu de tritresse
Sans plus logier en moy destresse;
Dieu serviray; or alez, sire!

MICHIEL
Je m'en vois, or puis je bien dire:
13888 Genebaut est le nompareil
Des hommes qui soubz le souleil
Sont et seront ou ont esté

Tant en yver comme en esté,
13892   Car il est plain de franc vouloir
Ny n'a desir de soy doloir
De penitence tant soit peu.

Cy doivent jouer les orgues.

[il arrive a Reims]

Remi, je suis l'ange de Dieu
13896   Et Dieu vers toy ici m'envoie
Disant que tu faces la voie
A Laon, le mont joieulx et baut,
Pour oster le bon Genebaut
13900   De la prison ou tu l'a mis,
Car Dieu avec[ques] ses amis
L'a esleu par sa grant bonté.

SAINT REMI
Hé Dieu, benie la clarté,
13904   La lueur, la belle lumiere,
La grant joie, l'amour entiere
Qui aujourd'uy m'est avenue.
Loé soit Dieu de la venue;
13908   Je congnois en faiz et en dis
Que c'est l'ange de paradis.
Or sus, sus, sus, sus, toutes mes gens
Mes amis, soions diligens:
13912   A Laon tantot aler nous fault.

13891   Locution Di Stefano p.436.
13899   Manuscrit: \bon/.

OFFICIAL
Loé soit le Dieu d'en hault,   [109 v°b]
Sire, qu'i vous en vueille oïr;
Je ne me puis trop resjoïr
13916   Des euvres de Dieu et de vous.

REGISTREUR
Je croy qu'i n'a celli de nous
Qui oncques vei chose pareille,
Par quoy, sire, je m'apareille
13920   Et suis tout prest de vous suïr.

MESSIRE THIERRI
Pour voz euvres mieux enssuïr
Ne vous lairay piét ne demi.
Je n'ay pere, mere n'ami
13924   A qui tant obeïr je doie.

ROZEBEC
En quelque place que je soie,
Vostre servant suis et seray
Et vostre bon plaisir feray
13928   Assez et mieulx que ne souloie.

[en prison]

SAINT GENEBAUT
Prince des cieulx, recteur de joie,
Seigneur d'enfer, Dieu de equitté,
Dieu glorieux, Dieu qui resjoie
13932   Saintes et sains en unité,
Vray Dieu qui mains en deité,
Souviengne toy de ma povre ame

Si que de grant dignité
13936   Ne soit banie comme infame.
Vrai Dieu, se pechié me desvoie,
Male pensee ou vanité
Ou que vers toy je me fourvoie
13940   Par aucune fatuité
Dont je soie suppedité.
Souviengne toy de ma povre ame
Si que de ta grant dignité
13944   Ne soit banie comme infame.

Hé sire Dieu, je ne sçay voie   [110 r°a]
Se de toy n'ay auctorité
Que face a face je te voie,
13948   Car pechié m'a deshireté.
Helas, en sainte charité
Souviengne toy de ma povre ame
Si que de ta grant dignité
13952   Ne soit banie comme infame.

                        [arrivée de Remi en prison]
SAINT REMI
Dieu soit ceans et nostre Dame;
Dieu vous gart, mon frere et ami.

SAINT GENEBAUT
Bien viengniez, mon seigneur Remi,
13956   Mon seigneur Remi, bien veingniez.

13947   Cf. S. Paul.
13955-13956 Inversion.

Helas, sire, si vous dagniez
Seulement me donner le don
Qu'avant ma mort eusse pardon
13960   Des villains pechiez que j'ay fais
Je ne voulroie autres souhais
Mon seigneur, je le vous dy bien.

SAINT REMI
C'est assez dit, ne doubtez riens,
13964   Mais d'une chose vous requier,
La dirés vous?

SAINT GENEBAUT
                    Oÿ, voulentier
Se je la say ou se je puis.

SAINT REMI
Quy vous [a] deffermé cest huis,
13968   Rompu le sceau et la chire?

SAINT GENEBAUT
Digne ne suis pas de le dire,
Dire ne le doy nullement.

SAINT REMI
Et je vous fas commandement   [110 r°b]
13972   Que mot a mot vous me le dictes;
Autrement n'en serez vous quittes
Et si vueil bien que chacun l'oie.

13967   Correction pour le mètre.

SAINT GENEBAUT

Cellui qui les pecheurs desloie
13976   Ne me vueille mau gré savoir:
Je le dirai, sire, il est voir
Qu'un message vint en ce lieu
Qui se disoit ange de Dieu;
13980   Ange de Dieu estoit sans doubte
Qui de plaisance passoit route,
Lequel par pluiseurs fois me dit,
Voire et commandement me fit
13984   Que de ceans ississe hors
Et m'embracha par my le corps.
Si reculay, lors tire et sache
Adoncques acollay ceste estache
13988   Si fort par la puissance mienne
Que la force n'en fut pas sienne.
Lors demouray, il s'en ala
N'oncques puis ne vint par deça.
13992   Se j'ay mesprins, que feray, las?

SAINT REMI

Frere, vous estes hors des las
De l'ennemi, vostre adversaire.
Or m'est il chose necessaire
13996   Et si m'et enjoint de par Dieu
Que je vous oste de ce lieu,
Car adcompli est la penance
Que vous tergay, dont aliance
14000   Lassus es cieux avez acquise.

13981   *Passoit route*: locution, cf. Huguet *passe-route* «qui surpasse
tout».

Partés vous, (partez) venez en vostre eglise
Et la, par consolacion,
Vous feray restitucion
14004   De vostre office   [110 v°a]
Avecques le beau benefice
Que j'ay sept ans pour vous servi.
Tellement l'avez desservi
14008   Que mitre, croche, gans, anneaux
Et tous les precieulx joiaulx
Que je prins par punicion
Rarez par grant dilection.

14012   Or n'a ici josnes ne vieux
Tant ait en lui dure destresse
Qu'i ne doie estre moult joieux
A concepvoir ceste noblesse.
14016   Or loons Dieu et sa haultesse,
Sa mere et les sains de lassus
[C']est en alant par grant liesse
Chantans *Te Deum laudamus*.

*Explicit saint Genebaut contenant XI cent vers a .XIII.
personnages.*

*Ci commence comment saint Pierre et saint Paul vinrent
devers saint Remi en la chapelle lui aidier a dire matines.*

14019'   Est-ce que cela indique que l'épisode a pu être joué à part?

[au paradis]

DIEU

14020　Anges joieux et seraphins,
　　　　Delez moy ça sus vous tenez,
　　　　Haulx archanges et cherubins,
　　　　Mes parolles bien retenez:
14024　Tous ceulx qui sont de mere nez　　　　[110 v°b]
　　　　Doivent avoir en leur cuer joie,
　　　　Car pittié les a ramenez
　　　　Au lieu que promis leur avoie.

14028　C'est le vergier, c'est la saussoie
　　　　Ou desplaisance ne peult estre,
　　　　C'est le beau lieu ou mis avoie
　　　　Adam, c'est paradis terrestre.
14032　Pieça l'en fis seigneur et maistre
　　　　Combien que trop po y regna,
　　　　Car de pechié il fist son maistre
　　　　Dont Justice le condampna.

14036　Pechié ainsi le domina,
　　　　Dont il souffrit doleur amere,
　　　　Car droit en enfer le mena
　　　　Ou jamais n'a vraie lumiere
14040　Si non de feu et de fumiere
　　　　Pleinne de tribulacion
　　　　Soubz les cielz n'a telle misere
　　　　Ne si grant admiracion.

14044　Mais ma fille Contriction,
　　　　Repentence et Misericorde
　　　　Ont route l'obligation

Et m'ont requis que je m'acorde
14048 A effacier la discorde
De moy et du linage humain
Pour ce me consens et recorde
Que de l'arrest lieve la main.

14052 Or est levee si a plain
Que tous ceulx qui me serviront
Et du baptesme cler et sain
En mon nom se baptizeront
14056 Et sainte Eglise obeïront,
Seront mis en ma sauvegarde
Et a ma joie partiront
Et de Sathan n'aront plus garde.

14060 Desja pour faire l'avantgarde
Y ay ordonné et commis
Remi qui bien se contregarde   [111 r°a]
C'est ung de mes loiaux amis
14064 Et pour ce faire l'ay je mis
Arcevesque de Reins la cité
Ad fin que les faulx ennemis
N'y claiment nulle auctorité.

14068 Il est plaisir de benignité,
Il honneure tous sacremens,
Il est garnis de sainteté,
Il garde mes commandemens,
14072 Il a moult beaux ensengnemens,
Il est en ma grace tousdis
Dont il ara hebergement
En la joie de paradis.

14076   De jolis chans, de joieux dis
         Entrelassez de haulte joie
         D'esbatemens, de beaulx deduis
         Moult voulentiers de vous orroie.
14080   Commenchiez hault que chacun l'oie;
         J'ay grant desir de vous oïr,
         Aprez ferez vous une voie
         De par moy pour vous resjoïr.

         MICHIEL
14084   Saintes ne sains ne pueent joïr
             De lyesse,
             De richesse,
             De noblesse,
14088   Si non par la grant haultesse
         De ton saint nom, beaux sire Dieux;
         Si debvons bien de cuer joieux
             Joie mener
14092   Et sans finer
             Chief encliner
         Si que vueillez enluminer
         De plus en plus nostre vouloir.
14096   Or commençons sans nous douloir,
         Gabriel, frere, haultement.

         GABRIEL   [111 r°b]
         Je le feray joieusement,
         Je le feray, faire le doy,
14100   C'est nostre Dieu, c'est nostre roy,
         C'est cellui que debvons amer,
         En ciel, en terre reclamer,
         C'est mon vray Dieu, si ay desir

14104   Que son plaisir
        A son choisir
        Me consente tout a loisir.
        Commenchiez une hymne amoureuse,
14108   Gracieuse, precieuse, glorieuse,
        Sur toutes aultres vertueuse:
        C'est belle salutacion
        Qui la dit par devocion.
14112   C'est a mon gré, n'attendons plus:
        Veni, Creator, spiritus.

        Adonc chantent les anges «Veni, creator».

        [A Reims]

        LIENART, *clercq*
        Bon jour ait il qui se taira,
        Bon an, bon mois et bonne annee.
14116   En l'onneur de la belle nee
        Qui porta le vrai filz de Dieu
        M'en vueil aler parer le lieu
        Ou mon seigneur dira matines,
14120   Car ses pencees sont enclines
        Sans point d'amer
        A Dieu amer
        Et souvent son nom reclamer
14124   Nuit et jour de prudent couraige,
        Ad ce voit on qu'il est moult saige,
        Car qui Dieu sert et nostre Dame
        Il fait assez pour sa povre ame

14114   Rime avec fin de l'hymne? Demande de silence.

14128 Qui ne demande que pardon.
Aray je tappis bel et bon   [111 v°a]
Tappis? Il est sarazinois,
A l'ouvraige bien le congnois.
14132 C'est pour parer devant l'autel
A terre. Ho! Y n'y a tel
Et cestui, c'est quanque il me fault,
Il est bel, c'est pour mettre en haut:
14136 Il est tretout tissu a or.
Oncques Nabugodonosor,
Qui sans nombre avoit richesses,
Nobles tresors, belles noblesses,
14140 Ce croy, n'avoit point de pareil.
Vez en ci ung aultre vermeil,
Je ne sçai comment on l'apelle,
Mais la couleur en est moult belle:
14144 On li donna en Espaingne.
Et cestui ci vint de Behaingne,
Pour mon ame, il est bel et fin
Et l'eust tissu ung seraphin
14148   Joieux et fricque.
Et cestui, c'est euvre angelicque,
Hahay! il est de main de maistre:
De ci en paradis terrestre
14152 Ne trouveroit on mieux ouvré.
C'est assez, je suis recouvré,
Je m'en vois avant qu'i soit jour;
Je n'ay mestier d'estre a sejour,
14156 Car il venra par aventure

14129 *Tapis*: cf. introduction sur le lien avec les tapisseries.

Assez tot, c'est sa norriture,
Tout son vouloir et sa devise
Est de venir a sainte Eglise
14160 Soigneusement.

SAINT REMI

Sire qui feis divinement
  Sans vanité
Humanité et deité
14164 Ensemble joindre francement,
Je te requier benignement
  Qu'en charité   [111 v°b]
Vueilles estaindre adversité
14168   Qui asprement
Procede moult soutivement
Que ce roiaume soit deshireté
  Ou autrement
14172   Prochainement
Pitié sera de xrestienté.

Envoie paix en sainte Eglise,
Tu sces bien que c'est nostre mere;
14176 Garde le droit et le franchise
Que doit avoir nostre saint pere,
C'est la clarté, c'est la lumiere
Ou tout xrestien se doit mirer;
14180 Vrai dieu, exauce ma priere
Sans toy a tes subgetz yrer.

De mieulx en mieux par toy se duise
Nostre bon roy sans vitupere;
14184 Donne li faire tele emprise

Que tous soions soubz sa banniere;
Gardez de guerre et de misere
Ailleurs ne nous debvons tirer,
14188   Vrai Dieu, exausse ma priere
Sans toy a tes subjetz irer.

Aux nobles donne la devise
De loiauté porter entiere
14192   Sans le pechié de convoitise
Qui d'orgueil est la messagiere.
C'est des vices la singuliere
Et qui plus fait l'omme empirer.
14196   Vrai Dieu, exausse ma priere
Sans toy a tes subgetz yrer.

A tout le peuple donne avis
De debouter folie amere
14200   Si que voulentier, non envis,
Serve ta sainte vierge mere
Ad fin que l'ame ne compere
Ce que le corps doit despirer,
14204   Vray Dieu, exausse ma priere
Sans toy a tes subgetz yrer.   [112 r°a]

Or ay je fait petit devoir
De ton service entretenir;
14208   Dire le puis, car il est voir,
Dont pour pecheur ne me doy tenir.
Grant meschié en peult survenir
A ma povre ame dolereuse
14212   Se je n'ay au temps avenir
Ta sainte grace vertueuse.

Si prie ta mere glorieuse,
Royne du ciel, vierge pucelle,
14216 Qu'elle soit de moy curieuse
A l'entrer dedens ma chapelle.

Je y vois, bonne foy m'y appelle
Et la mes matines diray.
14220 Personne ne m'y appelleray
Fors l'aide de Dieu seulement.
Dieu soit a mon commencement,
Je le requier, le tresdoulz sire.

[au ciel]

DIEU
14224 Alez bientost aidier a dire
Les matines a mon ami,
Vous, Pierre et Paul, c'est a Remi.
Il est de commencier tout prest.
14228 C'est a Remi qui a Reins est:
La verrez que souvent m'apelle.
Lui tout seul est en sa chappelle,
Il m'a amé, il m'a servy,
14232 Il a haultement desservi
La gloire de mon paradis.

SAINT PIERRE
Vray Dieu tout puissant qui jadis
Ma vie sauvas en la mer,
14236 Toy doy servir, toy doy amer;

14236-14237 Inversion.

Toy serviray, toy ameray
Et ton commandement feray:
Droit le veult et je m'y consens.

SAINT PAUL

14240   Toute ma puissance et mon sens,
Tout mon vouloir, tout mon plaisir,   [112 r°b]
Tout entierement mon desir
Est clos et fermé vraiement
14244   Pour acomplir le mandement
         Que ci nous fais.
Car desservir ne puis jamais
De l'amour la centyme part
14248   Que pieça me fis aultre part
Sans l'avoir vers toy desservi.
Je sçai bien que je fus ravi
Jusques au tier ciel, moy indigne,
14252   Ou demonstré me fut maint signe
Que point ne doy mettre en oubli,
Dont a jointes mains te supply
Que tousdis, quelque part que soie
14256   Ta seule amour acquerir doie.
En toy servant joieusement
Je ne desire nullement
Fors qu'a toy faire obeissance:
14260   C'est mon vouloir, c'est ma plaisance,
C'est quanque desirer debvons.
Pierre, treschier frere, or alons
La jus faire nostre devoir.

[A Reims]

ARCEDIACRE

14264 Quele heure est il, je ne sçay voir.
J'ay sommillé oultre mesure.
Ce sera bien grant aventure
Se mon seigneur n'est ja levé.
14268 Ez sains cielz soit il eslevé,
Car je croy que soubz le souleil
Ne nasquit oncques le pareil
   Dont je suppose
14272 Et sans mesprenre dire l'ose
Que Dieu par sa divine grace
Li donnera temps et espace
D'aquerir en fais et en dis
14276 Place ez sains cielz de paradis.
   Las, j'ay meffait
   Que je n'ay fait
Diligence de cuer parfait.
14280 Or est il seul sans compaignie;   [112 v°a]
Avoir n'en puis que vilonnie:
Je congnois moult bien mon deffault.
Dez la mynuit jamais ne fault
14284 D'estre en priere nuit et jour;
Si ne doy pas estre a sejour
Ne dormir quant mon maistre veille
Ad fin que de moy ne se dueille.
14288 Hé my, las, iray je savoir
Au moins pour faire mon devoir

'14264   L'*ARCEDIACRE*, c'est, bien sûr, le clerc *Liénart*.
14285   Locution Di Stefano p.792.

S'il a necessité de moy.
Raison le veult et bonne foy.
14292 Sainte tresdoulce vierge dame,
Qui est ce la? Qui c'est? Par mon ame,
Je suis esbaÿ de tous poins
Ne je n'ay bras, jambes ne poins
14296 Qui ne tremble com la fueille.
Le vray Dieu conseiller me veulle:
Ces gens la ne vis oncquemais!
Yrai je vers eulx? Nennil, mais
14300 Je regarderay leur maniere.
Ilz ont tous deulx moult belle chiere;
Certes, ilz sont de bon paÿs,
Ce sont mon, mais je m'esbaÿs
14304 Ou ilz vont; bientot le saré.

*Adonc les epie, et saint Pierre entre en la chappelle et
prent la beniçon de saint [Remi] et dit la premier leçon.*

SAINT PIERRE
Jube domine benedicere.

SAINT REMI
Benedictione perpetua, etc.

Saint Pierre et saint Paul dient le respons ensemble.

SAINT PAUL
Jube domine benedicere.   [112 v°b]

14296   Hassell F 75.

SAINT REMI
14308   *Deus Dei filius, etc.*

Saint Pierre et saint Paul dient le .IIE. respons.

SAINT REMI
Jube domine benedicere.

Dieu li donne la beniçon

*Tous trois dient le .IIIE. respons, et tantot s'en vont saint
Pierre et saint Paul sans mot dire.*

SAINT REMI, *a genoulz, dit*
A nulz genoulx, a jointes mains,
Benoitte sainte trinité,
14312   Vray Dieu qui en paradis mains,
Graces rens a ta dignité,
Graces rens a ta sainteté,
Graces te rens, Dieu charitable,
14316   Graces par grant humilité
Te rens, mon doulz pere amiable.

Graces doy rendre aux deux bons sains
Qui servi m'ont en charité;
14320   L'un est saint Pierre que tant ains,
L'autre saint Paul sans vanité;
C'est moult belle solempnité
N'onque mais ne vy si notable.
14324   Merci par grant humilité
Te rens, mon doulz pere amiable.

Moult sont de parfaicte amour plains
Et de vraie societé
14328 De moy aidier ne se sont feins
A ma grant necessité.
C'est moult belle fraternité;
Si leur seray sers serviable   [113 r°a]
14332 Dont graces a ta voulenté
Te rens, mon doulz pere amiable.

ARCEDIACRE
Helas, povre homme miserable,
Que t'est il anuit avenu?
14336 Mon chier seigneur s'en est venu
Tretout seul par ma negligence.
Ancor en aray penitence
En mon cuer dolereusement.
14340 Je vois a lui courtoisement;
Si me blame, je me tairay
N'un tout seul mot ne sonneray
De ces deux seigneurs qui s'en vont.

SAINT REMI
14344 Je m'esbaÿ ou mes gens sont,
Ad ce qu'il est assez bonne heure:
Pieça ne firent il tel demeure
    A venir cy.

ARCEDIACRE
14348 Mon seigneur, je vous cri merci!
Je sçay moult bien que j'ay mesprins,
Mais si grant sommeil m'avoit pris
Que je ne sçai que dire en doie.

SAINT REMI

14352 Je croy bien, Dieu vous en doint joie,
Je ne le dy mie pour moy,
Mais raison veult et bonne foy
Que Dieu soit servi sans feintise
14356 Dedens et dehors sainte Eglise
    Par grant liesse
    Maugré peresse
Qui des pereceux est la maistresse,   [113 r°b]
14360 Car elle meinne a mauvais port
Cellui qui prez de lui s'endort.
Si ne la doit nullui amer,
Mais diligence reclamer
14364   Comme prochainne
    Comme hostelainne
Comme des cieux la chastelainne,
Comme celle qui ses amis
14368 A maintefois en gloire mis.
C'est une vertu angelique
Qui contre l'art diabolicque
    Souvent debat
14372   Et se combat
Pour son servant tant qu'elle abat
    Temptacion,
    Abusion,
14376   Extorcion,
    Derision,
    Sedicion,
    Destruction
14380 Et mauvaise operacion.
Sy ne la mettez en oubly
Ad fin que soiez anobly

Lassus en la gloire des cielz.

ARCEDIACRE
14384   Paroles d'or, mos precieulx,
Ensengnemens delicieux
Me monstrer on ne pourroit mieux,
   Dont j'ay tel joie
14388   Que n'en vourroie
   Or ne monnoie
Ne de richesse une montjoie,
   Mais mille fois   [113 v°a]
14392   A haulte vois,
Cent fois mercier vous en dois,
Non mie une tant seulement,
Mais tousdis par amendement
14396   Feray, se Dieu plait, vostre gré.

SAINT REMI
Avez vous nullui encontré
Ça ou la? Y le vous faut dire.

ARCEDIACRE
Je ne sçai pas bien, nennil, sire,
14400   Ne je ne parlay hui qu'a vous.

SAINT REMI
Y n'y a mais ici que vous;
Dittes moy voir sans point mentir
Ou tart venrez au repentir,
14404   Je vous dy bien.

ARCEDIACRE

Sire, celer ne vous doy rien
Ne de vous mentir n'ay je cure.
Je vous diray mon aventure
14408 Comme moult bien faire le doy,
Mais s'il vous plait, pardonnez moy
A si grant secret reveller.
Il est vrai que je vis aller,
14412 Quant devers vous ici venoie,
Deux seigneurs en vostre chappelle,
Dont me vint tresparfaitte joie.
Ne sçai comment on les appelle,
14416 Mais voulentier je les veoie,
Car ce m'estoit chose nouvelle.

Je sçay bien que par mes deffaux
Matines dire leur oÿ,   [113 v°b]
14420 Dont les respons furent si haux
Que tout mon cuer s'en resjoÿ;
Mais a leur depart esbloÿ
Je fu, ne sçay qu'ilz devinrent
14424 Oncques puis ne les poursuivy:
Telz s'en allerent comme ilz vinrent.

SAINT REMI

Delez moy doulcement se tinrent;
Loé en soit le createur
14428 Qui de nous est conservateur.
Par raison joieux en doy estre,
Car venus sont de par le maistre
Qui ez cielz les a couronnez.
14432 Ilz sont de grace enluminez,

Servans a la divinité,
Apostres de la trinité,
Pasteurs de toute creature
14436   Et gardiens de la closture
Que Dieu leur ordonna jadis.

ARCEDIACRE
Donques sont ilz de paradis
Descendus glorieusement.
14440   Ilz s'en revont joieusement,
      Je vous dy bien.

SAINT REMI
Mon bel ami, n'en dictes rien
A personne tant com je vive
14444   Sur peinne que de moy vous prive:
Ce n'est point chose a reveler.

ARCEDIACRE
Dieu me deffende d'en parler
Puisque deffendu le m'avez;   [114 r°a]
14448   Je croy que leurs noms bien savez,
Qui ilz sont et de quelle terre.

SAINT REMI
L'un est saint Paul, l'autre saint Pierre;
Deux apostres c'om doit amer
14452   Et devotement reclamer;
Souvent du cuer les requerir
Pour leur sainte grace acquerir,
Car qui bien les sert, n'en doubtez,
14456   Ilz sont si plains de grans bontez

Qu'a dire voir
A peinne pourroit mal avoir
La creature qui a soin
14460   De les requerir prez et loin.
Or suis d'acort
Qu'aprez ma mort
De tout ceci faciez rapport
14464   A sainte Eglise.

ARCHEDIACRE
C'est chose juré et promise
Et quant promise la vous ay
Au plaisir Dieu, tant en feray,
14468   Sire, que bon gré m'en sarez.

SAINT REMI
Par ainsi mon ami serez;
Or nous en alons au palais
Pour reposer joieusement.
14472   Dieu mette en France bonne paix
A tousjours mais, prochiennement,
Si que chacun son sauvement
Puisse acquerir ez cielz lassus
14476   Ou les benois sains haultement
Chantent *Te Deum laudamus*.

[FINIS]

DRAMATIS PERSONÆ
par ordre d'apparition

Mathieu 3554
Yvon 3722
Official 3744
Registreur 3750
Promoteur 3754
Firembras 3802
Chassecoc 3808
Parceval 4113
Le Corps 4695
Prolice 4809
Gayette 4845
Serie 4847
Porrus 4882
Alari 4986
Fille folle (Fleurie) 5010
le Pere 5038
Cousin 5062
Alixandre 5326
Pyetre Paule 5350
Saint Benoit 5458
Ambroise 5508
Gallois 5513
Messagier Trotemenu 6973
Clovis 7005
Aureleans 7105
Royne 7121
Roy alemant 7247
Messagier alemant 7248
Connestable français 7263
Marischal français 7297
Admiral français 7301
Chansellier français 7305

Seneschal français 7312
Janne 7686
Lorine 7688
Alis 7690
Katherine 7690
Messagier français 7746
Connestable alemant 7886
Mareschal alemant 7894
Admiral alemant 7906
Seneschal alemant 8135
Ragone 9255
Burgas 9279
Hazart 9381
Hurtaut 9385
Hedroit 9389
Hargneux 9393
Vignolles 9459
Joyeux 9559
Courtois 9561
Plaisant 9563
Hardi 9565
le Mosnier 9792
Mouflart 10193
Lourdin 10195
Gondebaut 10341
Josselin 10397
Paterne 10488
Angelot 10762
Lucerne 10764
Olivier 10766
Flouret 10768
Cointinet 10770

Amiet 10772
Trubert 11148
Volant 11153
Clabaut 11157
Bridou 11163
Taillevent 11169
Vermine 11178
Kaliffe de Baudas 11603
Rambace d'Angoulemme 11607
Chastellain de Fort Espie 11611
Redoubte de Tartarie 11615
Hideux 11619
Souviguier 11623
Nazart 11647

Cure 11919
Philas 11983
Bazin 12018
Jozias 12193
Nazor 12203
Saint Genebaut 12907
L'official 13004
Registreur 13019
Maistre Thierri 13028
Vicaire de Genebaut 13038
Maistre d'ostel de Genebaut 13038
Milet 13060
Messire Ferri 13070
Tourrier 13303
Lienart 14114

INDEX NOMINUM

Barbarie — territoire païen. 9441

BARNABON, S. — saint Barnabé, apôtre (au sens large), coopéra avec saint Paul (Act 4,36; 11,22-30; 13-15). 5923

BASIN — serviteur de Phillas. 12017, 12030, 12057, 12102, 12690, 12717

Baudas — Bagdad. 11558, 11608

BAUDON — échevin de Reims. 2903, 2906, 2909, 2933, 2936, 3225

BEAU POIL — seigneur de Judée, baron rebelle. 9326

Behaingne — la Bohême. 3471, 3699 (*écu de* -), 5315, 14141

BELZEBUS — diable. 1846, 2068, 2088, 2119, 2126, 2128, 2150, 2296

BENOIT, S. — ascète (V-VIe siècle), d'abord à Subiaco, puis (529) au Montcassin. 5665, 6050, 6061, 6356

BENNADES — Bennadius, précurseur de Remi dans la fonction d'archevêque de Reims. 927

BERIT — diable. 3029

Berne — ville en Suisse. 3465

BERTHELEMI, S. — saint Barthélémy, apôtre (Jo 21,1-13; surtout dans les livres apocryphes). 43, 5922

BESNOY, S. — V. BENOIT; *sanc de* — ne désigne pas une relique, mais renforce seulement l'invocation. 4069

Betanie — ville en Palestine. 4666

Beuriette — tour à Reims. 13328

Bise — vent froid du Nord. 1805

FLEURIE   fille de Toulouse (territoire wisigpthi-
                           que) possédée. 4820, 4832, 4844,
                           4845, 4848, 4851, 4941, 5223, 5386,
                           5530, 5622, 5696, 5704, 5858, 5859,
                           5907, 6190, 6223, 6235, 6249, 6250,
                           6257, 6265, 6345, 6371, 6395, 6461,
                           6496, 6657, 6713, 6779, 6788
FLOQUART   fils d'Alfons, possédé. 1780, 1790,
                           1858, 1946, 1947, 2074, 2129
FLORIDAS   roi de Barbarie. 9441
FLOURIMONDE   héroïne littéraire. 8368
Forte Espie   pays barbare de fantaisie. 11562
FORTIN   serviteur de dame Gente (*fortin* est en
                           général l'épithète de Samson, cf.
                           Verhuyck 1977 p.114). 2643, 2672,
                           2724
FORTIN 2.   roi païen. 9325
FORTUNE   personnification. 131, 3934, 4809,
                           5495, 5763, 6129, 7337, 7595, 8140,
                           8618, 10136
France   territoire des Francs, souvent emploi
                           anachronique. 61, 230, 325, 352,
                           380, 390, 394, 413, 420, 422, 430,
                           488, 496, 589, 755, 845, 1248,
                           1465, 2452, 2874, 4127, 4149, 4197,
                           4297, 4998, 7554, 7661, 7912, 8143,
                           8627, 8782, 8838, 8974, 9234, 9475,
                           9722, 9901, 10524, 10969, 11274,
                           11752, 12367, 12378, 14471
Francfort   ville allemande. 3468
FRANCHOIS   les Francs, emploi souvent anachroni-
                           que pour les Français. 323, 7549,

Hongrie	3469
HUBERT, S.	saint des Ardennes (VII-VIIIe siècle), patron des chasseurs, Hubert guérit également de la folie. V. note. 5728, 6562
HUET	nom plaisant dans la locution *être appelé Huet* «être hué». 9636
HURTAUT	soldat de Ragone. 9411, 9414 (-*l'Estourdi*), 9417, 9439, 9610
HURTEBELIN	V. note. 10035

Inde	11056
INGOMER	premier fils de Clovis, mort très jeune. 7090, 7137
IRE	personnage allégorique. 13811

JACQUELINE	femme du messager. 1166, 1180
JACQUES, S.	apôtre; église à Reims depuis 1183. 5921
JAZON	héros antique. 10358
JEDEON	V. GEDEONS. 9761
JEANNE	servante de Clotilde. 7684, 8529
JEHAN, S.	évangéliste; invocation fréquente. 1056, 1992, 3830 (*sanc —*), 5923
JEHAN BAPTISTE	personnage biblique. 5916, 6562, 13289
JEHAN	— COLTEGNASSE: nom plaisant. V. note 1854
JESSÉ	père du roi David (Ruth 4,17-28). 13290

	6191, 6232, 6332, 6495, 6606, 6656, 6778, 8990, 11919, 12037, 12847, 13257, 13303
MARS	dieu païen. 9057, 9275
MARSON	femme de chambre de Céline. 651, 1056
MARTIN, S.	né en Pannonnie (316/317), ascète, évêque de Tours. Important dans la symbolique mérovingienne et premier patron de la France. 3854
Marueil	vin provenant de Mareuil-sur-Ay, sur la Marne près d'Ay. 2481
MATHATHIAS	personnage biblique. La Bible compte dix *Mathathiates*; ici, c'est sans doute le père des Macchabées. 9762
MATHELIN, S.	saint Mathurin (de Larchant) guérit les fous (cf. *Pathelin* éd. Tissier VI-I,405). 5578, 6562, 10031
MATHIEU	chanoine de Hidrissen. 3544, 3551, 3563, 3722, 4089
MATHIEU, S.	évangéliste. 5923
MAXANCE	empereur qui tortura sainte Katherine. 446
Mayence	ville allemande. 3462
MEDEE	héroïne antique. 10755
MENELAUS	mari d'Hélène. 10361
Merceille	Marseille, V. LOYS. 1284
MERCURION	dieu païen. 6975, 9057, 9271, 10481
Metz	*gros de* -: «monnaie». 1135, 1177
MICHIEL	archange. 305, 314, 509, 5914, 8759, 8783, 13736, 13789
MILET	serviteur de Genebaut. 13052, 13109,

RAPHAEL   ange (Tb 11). 879
REDOUBTE   — *de Tartarie*: roi païen, nom de
                 fantaisie. 11559, 11611
REGNIER   serviteur de Gente, tante de Remi.
                 2575
REINCIENS   Rémois. 12383
Reins   103, 357, 358, 563, 758, 848, 963,
                 989, 1150, 1198, 1239, 1256, 1268,
                 1277, 1416, 1421, 1466, 1616, 1707,
                 2097, 2130, 2594, 2904, 2910, 3137,
                 3189, 3208, 3330, 3342, 3362, 3420,
                 4130, 4200, 4206, 4541, 4789, 6071,
                 6072, 6382, 6609, 7023, 7111, 7112,
                 7171, 7584, 7697, 8216, 8346, 8665,
                 8762, 9853, 9935, 9970, 10198,
                 12156, 12174, 13255, 13872, 14065,
                 14228
REMI, S.   59, 99, 123, 493, 494, 495, 500,
                 559, 566, 843, 1219, 1306, 2087,
                 2097, 2098, 2099, 2114, 2127, 2137,
                 2211, 2279, 2594, 3107, 3108, 3165,
                 3179, 3338, 3415, 3421, 4135, 4136,
                 4193, 4301, 4352, 4695, 4709, 6073,
                 6074, 6077, 6084, 6085, 6167, 6381,
                 6465, 6611, 6717, 6744, 6771, 6894,
                 7030, 7038, 7078, 7110, 7119, 7581,
                 7580, 7955, 8219, 8337, 8521, 8584,
                 8636, 8863, 9129, 9148, '9220,
                 9510, 9721, 9826, '10341, 10811,
                 11269, 11325, '11919, 11977,
                 12154, 12226, 12258, 12262, 12408,
                 13239, 13448, 13759, 13770, 13840,

13034

TACANUS   empereur romain; probablement
                     Trajan. 9749
TAILLEVANT   sergent de Gondebaut. 11141, 11249
Tartarie   région païenne. 9440, 12158
TARTARO   diable; cf. Tartarus «enfer». 3029
Terse   Tarse? V. note. 9429
TERVAGANT   dieu païen. 9057, 9263, 10482
THIERRION   serviteur de Genebaut (=Ferri?).
                     13183
THOBIAS   personnage biblique (Tb 11). 880,
                     890
THOLOMEUS   Ptolomée d'Alexandrie, héros anti-
                     que. 10359
THOMAS, S.   apôtre; protagoniste des actes apo-
                     cryphes de Thomas (IIIe siècle; éd.
                     James 1983 pp.364-436). 5923,
                     11058
Toulouse   capitale wisigothique. 4997, 5324,
                     5361
Trieves   Trèves (Allemagne). 3463
Tris   ville allemande. 3463
TRITRAN   héros littéraire. 8368
Troie   10343, 11844
TROTEMENU   messager. 7005, 7200, 7727, 7782,
                     8585, 10708
TROYLUS   héros troien. 10351
TRUBERT   sergent de Gondebaut. 11140, 11258
TRUTIN   — PANSE PELEE: nom plaisant.
                     6701
Turquie   3470
TURS   Turcs, païens. 11687

Glossaire

Ce glossaire est conçu comme un guide pour le lecteur; on n'y trouvera point les multiples néologismes, intéressants pour le lexicographe, mais transparents pour le lecteur moderne, ni les mots courants dans l'ancienne langue.

abandon sb. «droit, permission» 289

abusche sbj.3 «abuse» 6524

acertené p.p. «assuré» 6078

acertes adv. «assurément» 19, 5665

aconte ind.pr.1 «tiens compte de» 13076, 13516

acoucheu p.p. «terrassé»? V. note 1555

acquesté p.p. «acquis» 12288

acteur sb. «auteur» 1515

adjourner inf. «assigner, convoquer» 1225

admonnetez imp.5 «incitez à» 1635

adommagier inf. «gâter» 1573

adroit adj. «remis en ordre» 10151

adurci p.p. «durci» 10775

affaitiez p.p. «dressé» 10099

affermee p.p. «affirmée» 10969

affiert ind.pr.3 «concerne» 4709

affinés p.p. «abusés» 10134

affinité sb. «voisinage, pays environnant» 9919

affourees p.p. «nourris de fourrage» 9795

agrapper inf. «saisir» 6323

agreant p.pr. «satisfaisant» 8024

agrippe ind.pr.1 «saisis» 1924

agrippe ind.pr.3 «saisit» 2260

aiglantier sb.m. «églantier» 13259

aiguieres sb. «vases à eau» 2650

ainchois adv./prép. «avant» 3065, 6044, 7054, 7080, 7550, 8512, 9283, 10057, 11026, 11129, 13662

ainçois adv./prép. «avant» 9202, 9337

ains ind.pr.1 «aime» 14320

ains conj./prép. «avant, mais, mais plutôt» 62, 97, 2241, 2331, 2953, 3122, 3477, 3571, 3831, 4300, 4977, 6134, 6141, 6742, 7489, 7899, 8011, 8286, 9502, 9707, 10223, 10311, 10437, 10573, 10817, 10954, 11188, 11246, 12147, 12452, 12649, 12777, 12855, 13072, 13773

aisie adj. «facile» 3242

aist sbj.3 «aide» 1284, 2261, 2477, 2905, 6358, 6645

ait sbj.3 «aide» 5393, 9413, 9640

aitre sb. «âtre» 5383

alee sb. «voyage» 2460, 12996

alermi p.p. «percé de frais» 2616

aligence sb. «allègement» 6469

aloy sb. «mélange» 9588

ambezas num. «double as (au jeu de dés)» 5876

amblee p.p. «enlevée» V. note 2786

amende sb. «correction» 5604

amenrir inf. «amoindrir» 8984

amit sb. «amict» 1507

amonne sb. «aumône» 6520

ammoneste ind.pr.3 «incite à» 1555, 13019

amonnesterent p.s.6 «incitèrent à» 15

amort ind.pr.3 «s'applique à» 194

an sb. «situation» 11193, 11578

ancelle sb. «servante» 344, 2963, 11324

ancoucherons fut.4 «mettrons à reposer» 5404

angloutir inf. «engloutir» 5718

aniel sb. «anneau» 1174

annelez sb. «boucles d'attache» 12207

annemi sb. «diable» 364, 462, 2922

annuit adv. «ce soir, aujourd'hui» 10831

ante sb. «tante» 2789

anten adv. «l'année passée» 13304

antesne sb. «antienne» 9215

anuit adv. «ce soir, aujourd'hui» 14335

anuitte sbj.3 «fasse noir» 10848

aombrer inf. «se protéger, s'incarner» 12348

aouré p.p. «adoré» 819, 5580

aourer inf. «adorer» 6965, 7644, 9193, 10479, 12221, 12660

aourera fut.3 «adorera» 2374

aourerent p.s.6 «adorèrent» 12590

aourné p.p. «garni, paré» 140, 6474, 7219, 8234, 9203

apere sbj.3 «soit apparent, paraisse» 10240

apetache ind.pr.3 «diminue» 11410

appareil sb. «équipement, prépara-

tion» 3163, 3568

appasiez p.p. «appaisé» 6193

appeau sb. «appel juridique» 4930

appellacion sb. «appel juridique» 7447

appere sbj.1 «apparaisse» 260

appert adj. «habile, doué» 3732

appertement adv. «clairement» 10968

aqueult ind.pr.3 «accueille» 7940

archegaye sb. «arbalète, lance» 7219

ardoir inf. «brûler» 2102

arme sb. «âme» 2575, 2704, 9690

arrabis p.p. «enragé» 2681

arraille ind.pr.1 «arrache» 1927

arriereban sb. «convocation pour la guerre» (V. note) 7204, 7270, 7670, 11577

arroy sb. «disposition, équipage, contenance» 5050, 5814, 7282, 8080, 8128, 8163, 9270, 9580, 10706, 11118, 11240

ars imp.2 «brûle» 3342

ars p.p. «brûlé» 2048, 3295, 3341, 3362, 5109, 7340

aspre adj. «dure» 2993, 9781, 11960

asprement adv. «durement» 5057, 6144, 6445, 8169, 14168

assaurroit fut.3 «assaillira» 7980

assee sbj.3 «asseoie» 11642

assemblames p.s. «fîmes l'oeuvre de chair» 13573

assenee p.p. «destinée, dirigée» 7431

assener inf. «destiner, diriger» 6126

asserray fut.1 «mettrai, asseoirai» 10058, 10171

asservi p.p. «assujetti» 11

asservir inf. «assujettir» 22, 9932

assouage ind.pr.3 «console, soulage» 8969

assouagier inf. «consoler, soulager» 7599

atour sb. «dignité» 12888

atout prép. «avec» 2157, 3919, 4513, 9597, 10047, 11242, 11671

attrempee p.p. «tempérée, modérée» 9870

aubalestriers sb. «arbalétriers» 10444

aubre sb. «arbre» 93, 7914, 13629

aunera fut. «prendra la mesure», V. note 2033

autel sb. «la même chose» 4120

autel adv. «de même» 9053

autrier sb. «autre jour» 2685

aval sb. «gouffre» 406

aval prép. «vers le bas de» 11246

avalee p.p. «abaissée, descendue» 5516, 12821

avaler inf. «descendre» 622

avennes sb. «avoines» 9356

avironné p.p. «environné» 5716, 5918, 6416

avironner inf. «environner» 10014

avis sb. «bon sens» 2329

avisera fut.3 «s'occupera de» 13155

avisez imp.5 «regardez» 13442

ayst sbj.3 «aide» 3916

ayt sbj.3 «aide» 673

baceler sb. «jeune homme» 2679

bachinet sb. «heaume léger» 8272

baee p.p. «ouverte» 3412

baillance sb. «action de remettre, adjudication» 3252

balay sb. «espèce de rubis» 8284

balent ind.pr.6 «voltigent, flottent» 1026

baler inf. «danser, secouer» 3771, 9421

ballent ind.pr.6 «flottent, voltigent» 8497

bandon sb., loc. *a —* «abondamment» 2713, 11721

banquiers sb. «housses pour les bancs» 12200

barbarins adj. «de Barbarie» 7880, 8060

barbetant p.pr. «marmottant» 3159

barbeter inf. «marmotter» 11137

baronnie sb. «suite d'un prince» 3334

bauge sb. «gîte fangeux» 11183

baut adj. «fier» 12983, 13898

bazilicque adj/sb. «serpent, le petit cobra d'Egypte» 10422, 11423

becuit p.p., *pain —* «biscottes» 11042

bender inf. «faire bande» 8790

beniçon sb. «bénédiction» 6200, 6206, 11090, 11100

bersaut sb. «cible» *(faire — de* «prendre pour cible, viser») 4912, 5040, 13685

bersillier inf. «tourmenter, massacrer» 7928

bestourné p.p. «bouleversé» 10113

beuban sb. «pompe, présomption» 7271

bezans sb. monnaie d'or de Byzance 9681

bidez imp.5 «trottez» 13429

biffetee p.p. *chose* — «fausse apparence» 6349

bille sb., loc. *belle* — «grande quantité» 3831

blanches — *de camelin* sb. «étoffe blanche de poil de chameau» 10033

blandit ind.pr.3 «flatte» 12976

blasonner vb. «critiquer» 13208

boe sb. «boue» 5764

bombarde sb. «machine de guerre lançant grosses pierres» 9237

bonde sb. «borne» 10053, 10167, 10212

bondez p.p. «borné» 10064

bondon sb. «bonde d'un tonneau» 2712

bondonnal sb. «bonde d'un tonneau» 2700

bonne sb. «borne» 10186

bonner inf. «borner» 10214, 10221

boucle sb. «anneau» 8287

bouelles sb. «boyaux» 11234

bourbeter inf. «boire» 13375

bourdeur sb. «menteur» 13111

bourrees sb. «sorte de plat» 9812

bours sb. «bourgs» 231

bousves sb. «boves, cavernes souterraines utilisées pour l'extraction de la craie» 9436

boutillerie sb.f. «cave» 13302

boutillette sb. «petite bouteille, boisson» 4209

brachet sb. «chien de chasse» 9541

braire inf. «crier» 2103, 9864, 11804

brait ind.pr.3 «crie» 1750

brasse ind.pr.1 «projette, trame» 3193

braux sb. «fange, boue» 8287

brehaingne adj. «stérile» 4928

brenaille sb. «excréments» 1940

bresille ind.pr.3 «massacre, tourmente» 5832

bresilliez p.p. «massacrer, tourmenter» 9630

brief adv. «d'ici peu» 10962

broches sb. «dents saillantes, crocs» 8240

brosse sb. «broussaille» 1190, 2047

brouté p.p. «encaissé» 10773

bruira fut.3 «brûlera» 2053

bruire inf. «brûler, souffler» 3207, 3227

brunis p.p. «polis» 8966

bruÿe p.p. «brûlée» 4074

buchinés p.p. «malmenés» 10137

buffes sb. «coups» 9386, 10768

bugle sb. «instrument à vent» 1970

buisines sb. «trompettes» 8060, 11297

bullees p.p. «scellées» 10326

busche sbj.3 «tende un piège» 6524

busines sb. «trompettes» 7879, 11115, 11248

cabuseur sb. «trompeur» 3338

camahieu sb. «camée, sardonyx» 8282

camelin sb. «poil de chameau» 10033

cantité sb. «quantité» 11044, 12195

cariage sb. «équipage» 4272

carouaille sb. «sorcellerie» 1939

carquant sb. «carcan» 2143, 9682

ceans adv. «ici» 830, 1103, 2085, 2140, 2490, 3881, 3912, 3939,

9976, 12195, 12360, 12385, 13166, 13953, 13984

cele sbj.1 «cache» 2984

cele imp.2 «cache» 3112

celee p.p. «caché» 12819

celer inf. «cacher» 1096, 2789, 3101, 3621, 6071, 13528, 14405

celez ind.pr.5 «cachez» 2222

celez imp.5 «cachez» 1095, 12263

celle sbj.3 «cache» 13146

celle ind.pr.1 «cache» 7998

celleray fut.1 «cacherai» 2372, 7636, 10548

cellés imp.5 «cachez» 8317

celoie cond.1 «cacherais» 1097

cemonnent ind.pr.6 de *semondre* «ordonner» 10301

cent sb. «quantité maximale» 4277

ceps sb. «instrument de torture» 9679

certain adv. «certes» 789

certes loc. *a bonne —* «définitivement» 3037

cervelerie sb. «heaume» 5398

ceurt ind.pr.3 *— sure* «attaque» 6543

chaiez imp.5 «tombez» 13605

changle sb. «sangle» 3011

chantiers sb. «supports de tonneau» 1262

chappe sb. «manteau» 5870

chardieu interj. «par la chair de Dieu» 4317

charie ind.pr.3 «tourmente» 11935

charriere sb. «route carossable» 9751

charte sb. «prison» 13788

charton sb. «charretier» 6983

chauches sb. «chaussettes» 5516

chee ind.pr.3 «tombe» 363, 382, 657

cherra fut.3 «tombera» 9022

chetis sb. «misérable» 9039

chetive adj. «captive, pauvre» 5470, 12948, 12949

chevance sb. «profit, ce qui est dû, bien» 1238, 3674, 6470, 9985, 10129, 12111, 12871, 12982

cheviray fut.1 «me tirerai d'affaire» 11315

cheÿ p.s.3 «tomba» 11430, 11707

chief loc. *avoir le —* «en venir à bout» 7456

chief loc. *venir a —* «en venir à bout» 1743, 1958, 3172, 3495, 3768, 6177, 7960, 8275, 11668, 13190

chiere sb. «visage, mine» 1013, 4917, 10800

cité p.p. «sommé à comparaître» 3707, 3924, 10763, 11889

claiment ind.pr.6 «revendiquent» 14067

clame ind.pr.1 «prie, appelle» 214, 12949

clamé p.p. «appelé» 4136, 9182

clameur sb. «bruit» 4963

clamez p.p. «appelé» 7832, 10370

clarez adj. «clairet» 2482

clarines adj. «sonores» 11298

clarins sb. «clairons» 7879, 7910, 8059, 11114

clerés adj. «clairet» 11354

cleu sb. «clou, quantité négligeable» 29

clicque ind.pr.3 «brille» 11386

cloez imp.5 «fermez» 1821

clos sb. «clous» 3

cocquart adj. «sot, niais» 2128, 9616

cogitacion sb. «réflexion» 9168

coie adj. «tranquille» 12598

coifette sb. «calotte de fer portée sous le heaume» 7221

cointise sb. «parure, vanité, ruse» 5070, 6807, 6943, 12196, 12990

commise p.p. «confiée, effectuée» 13731

commission sb. «lettre de créance» 10066

compaignier inf. «accompagner» 8081

compains sb. «compagnon» 2069

compas loc. *par* — «avec art, exactement» 9895

compere sbj.pr.3 «paie» 14202

conchierge sb. «gouverneur d'un château» 1030

confés sb. «confesseurs de la foi» 253, 3403

confez adj. «confessés» 6282

contrefais sb. «gens difformes» 5649, 6363, 7040, 10118

contregarde ind.pr.3 «sauvegarde» 14062

contregarde sbj.3 «sauvegarde» 7905

contretiens ind.pr.1 «chanter le contre-ténor, le haut-de-contre» 9584

convant ind.pr.1 «garantis» 10073

convenance ind.pr.1 «promets» 11522

convenant ind.pr.1 «garantis» 2015, 5734

convent ind.pr.1 «garantis» 2015, 2798, 5330, 7202, 8475, 13449

convent ind.pr.3 «garantit» 8590, 13449

convenue sb.f. «situation, affaire» 13195

converse sb. «converti» 4834

convoie imp.2 «accompagne» 661, 2980

convoie ind.pr.3 «accompagne» 635, 2505

convoient ind.pr.6 «accompagnent» 12674

coquart sb. «cocu, sot, niais» 1781, 2128

corbilees sb. «quantité pouvant tenir dans une corbeille» 1891, 6927, 10047

cornette sb. «cornet, étui» 2652

corsage sb. «taille du corps» 9306

cosses sb. «cosses (de pois)» 5399

costé de — prép. «à côté de» 1093, 1131, 2130, 2466, 5927, 9591

cotidian sb. «nourriture quotidienne» 13717

cotte sb. «manteau» 6755

couart adj. «lache» 2133

coulx sb. «cocu» 1797

courge ind.pr.3 «courbe» (cf. *courge* «bâton recourbé») 1516

coursiers sb. «chevaux de course» 5304

courtillier sb. «jardinier» 7923

courtine sb. «tenture» 10960, 12422

couvant avoir — loc. «promettre» 4247

couvent ind.pr.1 «promets» 7057, 7060, 7063

couvers adj. «secrets» 9313

couverte p.p. «rétablie» 1057

couvine sb. «assemblée» 7904

coux sb. «choux» 10773

coye adj. «gentille» 5546

cranté p.p. «juré» 13559

crapaudine pierre — sb. «pierre contre le venin qu'on crut trouver dans la tête des crapauds» 8283

craventer inf. «briser, abattre» 12772

creance sb. «croyance» 1665, 3312, 7098, 8110, 8331, 8632, 8839, 8973, 12039, 12373, 12872

creanter inf. «garantir» 8477

cremeur sb. «crainte» 3132

cresmer inf. «oindre du chrême» 8890

crez imp.5 «croyez» 11737

criesme sb. «crime» 9713

crobera fut.3 «s'affaisera» V. note 3115

croche sb. «crosse» 1189, 3122

crocquepoix sb. «bâtons ferrés» 3076

crueux adj. «cruel» 407, 6336, 6536, 6729, 9713, 11887, 12926, 13742

cueur sb. «choeur» 938

cuidasse sbj.impf.1 «pensasse» 4370

cuide ind.pr.3 «pense» 2152, 2715, 2953, 5018, 10228, 13806

cuide ind.pr.1 «pense» 2505, 2953, 3037, 3230, 5700, 5851, 6155, 9725, 12478, 13045, 13806

cuide ind.pr.2 «penses» 6016

cuident ind.pr.6 «pensent» 4268

cuidiez ind.pr.5 «pensez» 8070

cuidoie impf.1 «pensais» 2800,

2811, 2816, 11444

cuidons ind.pr.4 «pensons» 12818

cuis ind.pr.1 «pense» 4204

cumbé p.p. «abbatu» 11426

dan sb. «monsieur» 2068, 6894, 9700

darrains sb. «derniers» 7172

deffaicte p.p. «vaincue» 8138

deffault sb. «perte» 3008

deffault sb. «défectuosité, (jur.) action de ne pas comparaître devant un juge» 3796, 3836, 3848, 3877, 3883, 3894, 3895, 3905, 3911, 3921, 7207

deffaulx sb. «déloyautés» 2431

deffié adj. «vaillant»? V. note 7988

deffinement sb. «fin» 1300, 11855

degois sb. «réjouissance» 9355, 11113

deguerpira fut.3 «abandonnera» 12733

dehait sb.m. «chagrin» 13598

deité sb. «divinité» 115, 3394, 6763, 7426, 8711, 8984, 9151, 11097, 12587, 13933, 14163

delez prép. «à côté de» 9855, 14426

delivre ind.pr.3 «dégage» 2512

delivre adj. «libre, délivré» 13488

delugee p.p. «inondée» 4323

demaine sb.m. «domaine» 13831

demeure sb. «retard» 14346

demoniacle adj. «diabolique, possédé» 1971, 2084, 2237, 6731

demour sb. «retard» 10978

demouré p.p. «tardé» 818

dens a — loc. «le visage tourné contre la terre» 8179

dent avoir la — loc. «être têtu» 4094

depart ind.pr.3 «divise» 9846

departement sb. «départ» 4798, 8073, 10967, 11050

departie sb. «départ» 2316, 7911, 8303

departir inf. «séparer, partager» 331, 8834, 11366

departir sb. «départ» 10972, 11367

deport sb. «divertissement» 6305, 12398

deportés imp.5 «conduisez» 2751

derout p.p. «rompu» 10034

derrains adj. «derniers» 964

derroy sb. «déroute, confusion» 1179, 9268, 9572, 11117, 11243, 11364

desclorray fut.1 «ouvrirai» 1242

desconfis p.p. «abattu» 11821

desconfit p.s.3 «mit à sac» 9791´

desconfit p.p. «abattu» 8041

desconfiture sb. «sac» 11845

descorder inf. «délier» 8791

desdie ind.pr.1 «contredis» 8093

desdira fut.3 «contredira» 4609

desdiray fut.1 «contredirai, refuserai» 2282

desdire inf. «contredire, refuser» 4592, 7064, 10109, 11293, 12854, 13668

desdis ind.pr.2 «refuses, contredis» 6055, 7052

desert adj./p.p. «dépouillés» 6913

deserteray fut.1 «expulserai» 7203

deshireta p.s.3 «déshérita» 8251

deshireté p.p. «deshérité» 9520, 14170

desilé p.p. «déconfit»? Voir note

11675

desjon sb. «déjeûner» 4743

deslavé p.p. «sali» 13826

desloie ind.pr.3 «délie» 13975

desmesle ind.pr.3 «cesse de s'occuper» 3177

desnervee p.p. «sans ressort» 2706

despendu p.p. «versé» 2716, 2821

despire ind.pr.3 «outrage» 12961

despirer vb. «outrager» 14203

despite ind.pr.3 «méprise» 31

despiteux adj. «irascité» 3273

desprisonner vb. «libérer» 13209

desrains adj. «derniers» 10199

desrivé p.p. «débordé» 3116

desront ind.pr.3 «rompt» 5095

desroy sb. «force, désordre, confusion» 2576, 2634, 6291

desserte sb. «reste, récompense» 20, 3076, 5666, 11813

desservant p.pr. «méritant» 24

desserve ind.pr.1 «mérite» 4966

desservi p.p. «mérité, recompensé» 12, 523, 1714, 7127, 9613, 9831, 14007, 14232

desservir inf. «mériter, recompenser» 526, 1036, 2364, 3611, 3612, 4171, 5137, 6685, 7436, 8439, 9149, 9931, 9992, 9997, 12222, 14249

desserviras fut.2 «mériteras» 525

destinés p.p. «fixés par la fortune» 10136

destoupperay fut.1 «déboucherai» 2712

destriers sb. «chevaux de bataille» 1426, 5304

destrois sb. «tourments» 1473

destroit adv. «en détresse» 1763

desvoie sbj.3 «égare» 7246

desvoie ind.pr.3 «égare» 2978, 5201, 7512, 10512, 13509, 13937

desvoyez p.p. «égaré» 13511

desvoyez sb. «égarés» 3144, 3145

detraire inf. «écarteler, torturer» 2100

deult ind.pr.3 «fait mal, afflige» 527, 5840, 7528, 7937, 9876, 12086, 13436

devis a — loc. «comme il faut» 4367, 11830

devise sb. «entretien, propos, projet» 3082, 13408, 14159, 14190

devisee p.p. «partagée» 5042

devises sb. «espèces, motifs» 12198, 12468

dieu pour — loc. «comme aumône» 2772

diffame sb. «déshonneur» 7128, 7616, 9554

differance sb. «délai» 1466

dilection sb.f. «amour» 13834

dine adj. «digne» 1596

discension sb. «discorde» 333, 529, 977, 7593

doctrina p.s.3 «enseigna» 6085

doee p.p. «dotée» 4433

doeulle sbj.3 «s'afflige» 11026

doie sbj.1 «doive» 2801, 2872, 2961, 3541

doions sbj.4 «devions» 1036

dois sb. «dais, tenture» 10194

dolant p.pr. «triste» 3014, 3299, 4069, 5063, 6217, 7098, 9470, 9659, 11210, 11433, 13048

dolent adj. «affligé» 9311

doloir inf. «affliger» 7158, 13021, 13893

dondainnes sb. «machines à lancer de grosses pierres» 3348

dongier sb. «dangier» 5037, 5038, 6221, 9244, 9581, 13009, 13807

doublier sb. «nappe repliée en double» 2429, 2646

doubtance sb.f. «peur» 3264, 13389

doubte sb. «crainte» 1027

doulante p.pr. «triste» 2733, 2788

doulez ind.pr.5 «lamentez» 2202

douloir inf. «affliger, lamenter» 2941, 4491, 4950, 6143, 7067, 7656, 8256, 13219, 13468, 13671, 14096

droiture sb. «justice, ce qu'il convient, portion» 451, 6808, 6833, 6952, 7045, 7496, 11404, 11412, 11420, 11850, 13545

droitures sb. «droits, justice» 3691

droiturier adj. «équitable» 5842, 8259, 13326

druesse sb. «amitié» 7334

drugemens sb. «interprètes» 5314, 8603, 10622

dueille sbj.pr.3 «afflige» 14297

duise sbj.pr.1 «conduise» 6937

duise sbj.3 «conduise» 8939, 14182

duissans p.pr. «plaisant» 10952

duites p.p. «conduites» 11544

dyme sb. «un dizième» 11962

eaue sb. «bouillon, préparation culinaire» V. note 2476

ectoremens sb. «équipement» 5322

ediffié p.p. «instruit, enseigné» 7660

elz pr.pers.6 «eux» 2112

embely p.p. «amélioré, devenu plus beau» 8419

emblé p.p. «volé» 2716

emmit prép. «au milieu de» 8268

emperaire sb. «empereur» (ancien cas sujet) 9949, 9918

empeschié p.p. «embarassé, pris au piège» 108

emplie p.p. «remplie, grosse» 1108

empreu num. «un» (utilisé pour entamer un compte) 1169

emprins p.p. «entrepris» 8226

emprise sb. «entreprise, prouesse» 836, 8465, 12998, 14184

enchargiez p.p. «chargé (d'une commission)» 12256, 13770

encline ind.pr.1 «incline» 1165

encliner vb. «incliner» 14093

encloer inf. «clouer» 447

encloiure sb. «enclos, empêchement, noeud de la difficulté» 3972

encontre sb. «rencontre» 3542

encontré p.p. «rencontré» 14397

endité p.p. «indiqué» 4214

enforce ind.pr.3 «efforce» 3097

engin sb. «ruse, intelligence» 415, 3096, 7508, 7947

enlumina p.s.3 «rendit la vue à» 1886

enluminee p.p. «pourvue de vue» 1015

enluminer inf. «rendre la vue à» 850

ennortement sb. «incitation» 12543

ennuit adv. «aujourd'hui» 3222, 11270, 11290

enorter inf. «inciter» 2946

enquerre inf. «demander» 633

enrouer inf. «mettre sur la roue» 448

ensaier inf. «essayer, déguster» 2908

ensement adv. «de même» 3287

enseri sb. «soirée» 3267

ensonne sb. «embarras» 10919

enssuir inf. «suivre» 10843, 13917

entechié p.p. «infecté, souillé» 1023, 1982, 2761, 4191, 13095

entencion sb. «intention» 1323, 2435, 2830, 5862, 6342, 7591, 7954, 8558, 10564, 12517, 12579, 12855

entendre inf. «viser» 10997

entendre inf. «s'efforcer, faire attention» 1327

entente sb. «intention» 126, 10959

enteray fut.1 «entrerai» 9566

enterine adj. «complète, achevée» 81, 2927, 3290, 4186, 12350

enteriner inf. «accomplir entièrement» 6127, 6147

enterons fut.4 «entrerons» 11290

enterrage sb. «enterrement» 4743

entichiés p.p. «infectés» 1022

entrebasier inf. «s'entre-baiser» 9494

entredeux adv. «entre-temps» 5373

entremez sb. «entremets, ruse» 8229

entremis p.p. «occupé de» 8246

enuit adv. «ce soir, aujourd'hui» 12895

envers adv. «le dos à terre» 8179

enverse adj. «renversée» 4821, 5425

envis adv. «à contrecoeur» 2330, 2815, 4480, 6982, 6993, 7360, 7547, 7867, 9059, 9768, 10384, 10473, 12402, 14200

envoit sbj.3 «envoie» 799, 1082,

12905

epidemie sb. «maladie contagieuse» 4625

er sb. «air» 3280

erement sb. «encre» 2896

erre sbj.1 «commette une erreur» 12844

errement sb. «aventure, disposition, procédure» 2987

ersoir adv. «hier soir» 3267

ert fut.3 «sera» 599

eschars adj. «rare, insuffisant» 10454

eschela p.s.3 «escala» 1823

eschés sb. «échec, peine perdue» 4454

eschus p.p. «tombé» 209

escondire inf. «refuser» 5509

escondis imp.2 «refuse» 6819

esconte ind.pr.3 «attend» 659

esjoïra fut.3 «réjouira» 502, 8075

eslarchir inf. «libérer» 13499

eslarchis p.p. «libérés» 9046

eslite loc. *a l'*— «de choix» 12425

esmaie ind.pr.1 «étonne» 10498

esme sb. «projet» 11565

esmier inf. «émietter» 2513

esmouvoir inf. «mettre en mouvement» 4420

espan sb. «empan» 1547

espandi p.s.3 «répandit» 7646

espandre inf. «répandre» 6

espandu p.p. «répandu» 10863, 11234

espantee p.p. «épouvanté» 6439

espent ind.pr.3 «dépense» 11150

espeuse p.p. «épousée» 3621

espeuses sb. «épouses» 443

espeux sb. «époux» 710

espiét p.p. «répéré» 6548

espiez p.p. «trahis» 5774

espiez sb. «épieux» 11431

esploitier inf. «se dépêcher» 7371

esplouree p.p. «triste» 2733

espoir adv. «peut-être» 660, 1877, 5298

esrage ind.pr.1 «enrage» 10126

essilliét p.p. «chassé, banni, devasté» 11440

essoingne sb. «embarras» 1253

essourdés p.p. «empêché d'entendre» 4046

est sb. «situation» 2224

estache sb. «attache» 13987

estampie sb. «vacarme, bataille» 5438, 9398, 10452, 11612

estanchent ind.pr.6 «assouvissent» 13339

estancher inf. «assouvir» 10696

estancherez fut.5 «assouvirez» 9879

estanchié p.p. «assouvi» 9166

estant p.pr. loc. *en* — «debout» 1045

estendaille sb. «jambières de fer» 1498

estendi p.s.3 «tua» 7645

ester inf. *laissier* — loc. «laisser la situation comme elle est, ne pas intervenir» 6157

estival sb. «bas de chausse» 11705

estonnez ind.pr.5 «étourdissez» 10235

estouffle sb. «milan». V. note 2111

estraine sb. «fortune» 3861

estrangier inf. «éloigner» 9907, 13010

estranneray fut.1 «éloignerai» 6770

estre sb. «jardin, espace clos, demeure, condition» 94, 95, 2224, 2306, 4797, 6015

estriné p.p. «étrenné» 12312

estrive ind.pr.3 «combat» 10839, 12954

estrive ind.pr.1 «combats» 5758, 6484

estriver inf. «combattre» 7511

estudie sb. «application» 1321

et adv. «aussi, également, en outre» 3824

et ind.pr.3 «est» 93, 9180

eterne sb. «éternel» 11635

euvre ind.pr.1 «ouvre» 11653

exemplaire sb. «exemple, précédent, guide» 56, 92, 2551, 4569, 7972, 8099, 8248, 8864, 8948

exille ind.pr.3 «dévaste» 5214

exploitier inf. «se hâter» 1287

explotier inf. «suivre avec ardeur» 5618

ez ind.pr.2 «es» 2439, 2732, 5990, 6014

factisse adj. «jolie, élégante» 5785

fade adj. «languissant» 1090

failly adj. «faible» 9629

faingne sbj.1 «hésite» 7560, 8070

faingniez imp.5 «hésitez» 10018

fains sb. «foins» 5296

fainte sb. «hésitation» 12121

faintise sb. «hésitation» 2851, 6804, 6932, 7973

fais sb. «travail, besogne» 844

fais 2. sb. «faisceau» 6279

faisseau sb. «fardeau» 10404

faitissement adv. «élégamment» 9550

falent ind.pr.6 «font défaut» 9358

falez imp.5 «faillez, manquez» 3712, 4088, 9956

fas par — et par nefas loc. «de toute manière» 4321

fatuité sb.f. «sottise» 13940

fauch ind.pr.1 «me trompe» 10211

faulray fut.1 «faillirai, manquerai» 5179

faulx ind.pr.1 «me trompe» 2430, 6872, 11315

faurray fut.1 «manquer, faillir» 5125

feindre inf. «hésiter» 8858

feingne sbj.3 «hésite, manque de courage» 12191

feingniez ind.pr.5 «êtes laches» 5777

feingniez imp.5 «hésitez, manquez de courage» 287

feins imp.2 «hésite» 2142

feins p.p. «hésités» 14328

feint sbj.pr.3 «soit lache» 5770

feintise sb. «lâcheté, hésitation» 8675, 12980, 12988, 14355

fengier sb. «état de déchéance» 7698

fenir inf. «finir» 2324, 2325, 3007, 3274, 4049, 10821

fenis ind.pr.1 «finis» 13493

ferés imp.5 «frappez» 8363, 11262, 11792

ferir inf. «frapper» 6793, 11164, 11281

ferme adj. «confirmé» 11481

feru p.p. «frappé» 11801

ferroualle sb. «ferraille» 1939

fervestus p.p. «armés de ferraille» 7016

fevre sb. «forgeron» 3332, 11196
feymes p.sp.4 «fimes» 13556
fiance sb. «confiance» 1538, 3313
fiche sbj.pr.3 «mette» 13403
ficher inf. «transpercer» 3
fichier inf. «mettre» 4
fichiez p.p. «mis» 13476
fié sb. «fief» 7208
fience sb. «confiance» 648, 1895
fiens sb.f. «fiente» 12010, 13567
fiere sbj.3 «frappe» 7398, 9693, 11281
fiere ind.pr.3 «frappe» 4918
fievez p.p. «fieffés» 10591
fillez sb. «filets, lacs» 4784
flageau sb. «flûte» 2160
flageaux sb. «bouteilles» 10691
flairans p.pr. «odorant, sentant» 12531
flambe sb. «flamme» 3212
flantir vb. «abattre, jeter à terre» 13584
floquart sb. «houppe d'étoffe (cf. floche)» 5312, 10668
fluche sb. «flèche» 5042
foisonner vb. «prospérer» 13615
fonde sb. «fronde» 1833
fondez imp.5 «jetez des pierres» 6867
forains sb. «étrangers» 1393
forbours sb. «faubourgs» 9938
forfaire inf. «transgresser» 9770
forfait p.p. «commis un crime» 12566
forfaiture sb. «crime par violation de serment» 5995, 6938, 6946, 6954, 13167, 13548
forfis p.s.1 «commis un crime» 9036, 13089

formen adv. «fort» 3215
forment sb. «froment» 9802
fort au — loc. «en fait» 7120
fouir inf. «fuir» 4585
foullez p.p. «épuisés» 9794
fources sb. «fourches patibulaires» 1794
fourdriez p.p. «foudroyés» 3297
fourme sb. «apparence sensible» 13324
fourmens sb. «froments» 3296
fourment adv. «fortement» 8612
fournier sb. «faiseur de feu, boulanger» 2573, 3332, 11196
foy imp.2 «fais» 3732
fraction sb. «rupture» 1334
franche adj. «gratuit» 4000
franchement adv. «gratuitement» 4000, 4468, 10179
freeur sb. «peur» 11690
frenaisie sb. «frénésie» 5131
fretz adj. «frais» 2589
frichon sb. «peur, frayeur» 10240
fricque adj. «gracieu» 14148
frivolles sb. «frivolités» 8055
fructefieuse adj. «profitable» 5475, 12610
fructefieux adj. «fertile» 8720
frutenelles sb. «arbres fruitiers» 12533
fu sb. «feu» 3421
fuissons sbj.impf.4 «fussions» 8622
fume ind.pr.1 «irrite, échauffe» 11985
fumee sb. «colère» 5761
fumiere sb. «fumée» 14040
furgon sb. «tisonnier, fourgon» 3180
futz sb. «bois de lance, hampe»

7376
fyance sb. «confiance» 1579
fyence sb. «confiance» 12297

gaingne sb. «récompense» 13364
galan sb. *galin* — «amusement»
    10030, 11497
galee sb. «galère, navire de guerre»
    10582
galois adj. «joyeux» 4154
game sb. «jeu» 10110
gardon sb. «récompense, salaire»
    10330
gari p.p. «guéri» 5184, 5369, 5455,
    5653, 5908, 6367, 6667, 7147,
    7539, 11921
garir inf. «guérir» 7040, 11525
garira fut.3 «guérira» 6467, 7804
garirez fut.5 «guérirez» 5435
garison sb. «guérison» 12672
garit ind.pr.3 «guérit» 6365
garnachie sb. «grenache, type de
    vin» 7224
garnison sb. «beaucoup» 13353
gars sb. «gardes» 7354
gary p.p. «guéri» 2382, 5908,
    6263, 6367
germee p.p. «commençant à se
    développer» 11592
gesines sb. «accouchement» 1010
gesir inf. «être couché» 1044
giez sb. «lacet, lien» V. note 6590
gigues sb. «cuisses» 9793
glay sb. «glaïeul» 8542, 10663
godendars sb. «arme munie d'une
    massue et d'un fer de dague»
    3076
gorgette sb. «petite gorgée» 4208

gort sb. «fourberie» 6800
gouvernance sb. «gouvernement»
    10981
gouvernement sb. «conduite» 217,
    1338
gouverner inf. «conduire» 1343
gresillons sb. «branches de gro-
    seiller, utilisées pour rosser
    quelqu'un» 9653
grever inf. «nuire, blesser» 1588,
    3867, 7268, 7924, 9366, 10910
greves sb. «jambières de fer» 1499
grigneur adj. comp. «plus grand» 7,
    258, 781, 1464, 1605, 1962,
    2403, 2755, 2883, 4113, 4365,
    4629, 5520, 5982, 6520, 6644,
    7188, 7473, 8480, 8915, 9381,
    9475, 9883, 9884, 10872,
    11033, 11619, 12187, 12292,
    12400, 12622, 13172, 13297,
    13472, 13712
grigneurs adj. «plus grands» 960,
    7990
groigne sbj.3 «grogne» 10368
gronche sbj.pr.3 «grogne» 4281
gros sb. pièce de monnaie (de Metz
    ou de Tours) 1136, 1177, 1178
grue sb. «instrument de punition».
    V. note 9685
guermente ind.pr.1 «lamente» 2189
guermenter inf. «lamenter» 5063
guerria p.s.3 «fit la guerre» 8619
guichet sb. «petite porte» 9542
guise sb. «façon, façon de faire,
    conduite» 933, 2428, 3083,
    3774, 7974, 8106, 10213,
    11952, 12213, 12465, 12573
gurent p.s.6 «furent couchés» 887

habandon sb. «disposition» 2776

habillee p.p. «parée» 10049

haire sb. «chemise de crin» 976

haire sb. «hère, misérable» 3842, 6830

haire sb. «misère, douleur» 12762

haite ind.pr.3 «plaît» 2916, 13329

halenee sb. «bouchée, trait (de vin)» 8503

hardement sb. «courage» 5315, 9453, 9759, 10357, 11014, 11661

harié p.p. «tracassé» 1144

harper inf. «happer, prendre» 8199

hart sb. «gibet» 1793, 7394, 7406, 11734

has sb. «as» 9939

haubergement sb. «logement» 3410

haubregon sb. «cotte de mailles» 3507

heïr inf. «haïr» 4739

helle sb. «aile» 10271

het loc. *de bon* - «de bon coeur» 8506

heurettes sb. «heures» 12243

hideur sb. «horreur, chose hideuse» 2705, 3282, 10249, 11986

hiretage sb. «héritage» 4770, 4778, 10040, 10988

hiretiers sb. «héritiers» 8782

hobregon sb. «cotte de mailles» 1506, 1514, 1546

hoir sb. «héritier» 4771, 8255, 10756

hongne sbj.pr.3 «grogne entre ses dents» 3784

hongnier inf. «grogner entre ses dents» 3784

hosé p.p. «botté» 11512

hosteliers sb. «auberges» 1202

hostellaine sb.f. «hôte, hôtelière» 14365

hottees sb. «plusieurs fois le contenu d'une hotte» 9801

hours sb. «tréteaux» 1430

hue ind.pr.3 «crie» 1750

hues ind.pr.2 «cries, appelles» 3074

huier inf. «appeler» 1783

huiez imp.5 «appelez» 6576

hurepois sb. «perruque» 2149

hutin sb. «querelle» 7378, 11147

huy sb. «cri» 11302

imperial sb. «empereur» 2276

impetrant p.pr. «implorant» 1442

impetré p.p. «imploré» 4697

infinitive adj. «sans fin» 11383, 12952

innumerable adj. «infini» 5275, 5415

insensibles adj. «hors du sens» 5651

inventore sb. «inventaire» 11833, 11839

ire sb.f. «courroux» 2067, 5043, 8000, 8536, 9493, 10500, 13270

iree p.p. «courroucée» 13263

irer inf. «se courroucer» 14189

iretage sb. «héritage» 4008, 4083, 4273, 4280, 4336, 4426, 4458, 4575, 4711, 4770, 4778, 4993, 5001, 5009

issant p.pr. «sortant» 7916

issi p.s.3 «sortit» 2968

issiez ind.pr.5 «sortez» 3682

issir inf. «sortir» 5756, 13788

issir sb. «le fait de sortir» 2360

ississe sbj.impf.1 «sortisse» 13984

issit p.s.3 «sortit» 5134

ist ind.pr.3 «sort» 2699, 2701

istoire sb. «jeu dramatique à sujet historique» 142

itel pron. «tel» 9432, 11760

jangler sb. «caquet, bavardage» 3003

jasoit — que conj. «bien que» 7937, 10920, 12760

join sb. «joug» 8437

jolis adj. «joyeux» 4150

jour sb. «cause, affaire» 3794

journee sb. «jour fixé pour une comparution, assemblée, procès» 3737, 3925, 4078, 4294, 4473, 7217

journee 2. sb. «journée de travail, salaire» 3797

joyans adj. «joyeux» 1329

juise adj. «juive» 8817

jus adv. «en bas» 6011, 8806, 14263

labeur sb. «travail, peine» 5512

labourage sb. «le travail de la terre» 2566

ladre sb. «lépreux» 4667, 5650, 6917

lairiez cond.5 «laisseriez» 5600

lairoie cond.1 «laisserais» 10481

lant adj. «lent» 9471

laras fut.2 «laisseras» 8776

laray fut.1 «laisserai» 9472, 9580

larcineusement adv. «par larcin» 13571

lardon sb. loc. *prendre au —* «attraper» 11722

laroie cond.1 «laisserais» 7360

las sb. «lacs» 10125, 11063, 13993

laschié p.p. «abandonné» 3203

lassus adv. «là-haut» 2759

laval adv. «là-bas» 406, 4111, 8762, 8773, 10705

laveure sb. «ablution» 12828

lé sb. «côté» 13442

lee adj. «large» 1568

leesse sb. «joie, gaieté» 1066, 1409, 6316, 7321

lengagier inf. «parler» 4032

lere adj. «mauvais» 4739

lerre sb. «larron» 5872

lez sb. «côtés» 3216, 9802

lice sb. «femelle d'un chien de chasse» 6320

lice 2. sb. «barrière» 6321

licheu sb. «linceul» 10820

liesse sb. «joie, gaieté» 2317, 2935, 4372, 6152, 6153, 7734, 8076, 8486, 8725, 9256, 9604, 9777, 10661, 10711, 10870, 11630, 12713, 14018, 14357

liez adj. «joyeux» 506, 1859, 8796

lignage sb. «lignée» 180, 301, 1450, 1489

linage sb. «lignée» 4523, 12143, 13131

lippe sb. «lèvre» 1926

livree sb. «livraison» 13408, 13722

lo sb. «louange, renom» 6869, 6910, 8367, 9607, 9632, 10867, 11109, 11490

loberie sb. «flatterie, tromperie» 12074

loux sb. «taux, mesure» 5825

loyons imp.4 «lions» 5390

luite sb. «lutte» 8624

lyens adv. «ici à l'intérieur, là-dedans» 2242

lyesse sb.f. «joie» 925, 13457, 13553, 14085

main sb. «matin» 1027

mains adv. «moins» 9427, 10132, 10788

mains ind.pr.1 «demeure» 12803

mains ind.pr.2 «demeures» 5471, 13933, 14313

maint ind.pr.3 «demeure» 10795

mainterra fut.3 «maintiendra» 1668

mais ind.pr.3 «m'est»? Voir note 5383

maishui adv. «jamais» 6013

maistrie sb. «maîtrise» 452

malereux sb. «malheureux» 2136

mallart sb. «canard sauvage» 11722

manoir inf. «demeurer, séjourner» 7817

mansion sb. «demeure» 156

marchepiez sb. «tapis» 1054

maree sb. «marchandise» 12323

marri adj. «triste, abattu» 6137, 11210

mast adj. «abbatu» 2930

maté p.p. «vaincu» 1803, 12647

maucrueuse adj. «vilaine cruelle» 6730

maufez sb. «diable» 3228

maynage sb. «ménage» 1077

mehaignee p.p. «mutilée» 5380

meneur adj. «mineur, plus petit» 8480, 11110

menistre sb. «délégué, chargé de pouvoir» 1298, 3913

merci ind.pr.1 «remercie» 1403, 1404, 1405, 1702, 1706, 2401, 3015, 3963, 7589, 9134

merciant p.pr. «remerciant» 3517

mercie ind.pr.1 «remercie» 1718, 2365, 2558, 4158

mercié p.p. «remercié» 1111, 2423, 8223

mercier inf. «remercier» 128, 195, 2363, 3445, 10281, 10302, 10465, 11817, 11853, 14393

merciez ind.pr.5 «remerciez» 6180

mercioie cond.1 «remercierais» 2327

mercions ind.pr.4 «remercions» 2215, 8952

mercy ind.pr.1 «remercie» 1701, 1710, 7329, 7338, 7347

merdaille sb. «excréments», d'où «pègre» 4277, 5777, 9393, 9655

merencoleux adj. «mélancolique» 8174

merierne sb. «midi» 2579

merriens sb. «bois de construction» 9580, 10163

mes ind.pr.1 «mets» 7217

mesaise sb. «malaise, malheur» 7756

mescherra fut.3 «arrivera un malheur» 5021

mescheu p.p. «arrivé un malheur» 11545

meschief sb. «infortune» 3220, 3496, 5290, 5973, 7455, 7636, 8278, 10069, 10506, 13205

meseaulx sb. «lépreux» 6364, 7040

mesfaux sb. «faute, délit» 6871

mesiaux sb. «lépreux» 638, 3149

message sb. «messager» 1233,
    10705, 13974
messonnage sb. «moisson» 2567
mestier sb. loc. *avoir* — «avoir
    besoin» 5254, 5617, 11519,
    14155
mestier sb. loc. *estre* — «falloir»
    1288, 11222
mettapolitain sb. «métropolitain (au
    sens religieux)» 564
mezelerie sb. «léprosité» 1883
milleur adj.comp. «meilleur» 1004,
    3182, 3699, 4239, 5126, 5683,
    8955, 10697, 11144, 11380,
    11435, 12296, 13319, 13370
mire sb. «médecin» 1006, 1608,
    5044, 5971, 7367, 10550,
    12394, 13281, 13463
mire sbj.3 «reconnaisse» 1469,
    2019, 2958, 3358, 5712, 6413,
    7368, 9023, 10293
mirer vb. «refléter, prendre pour
    modèle» 14179
moien sb. «médiateur» 935, 8764
    Mon adv. «certainement» 1788,
    3425, 3780, 5906, 7244, 7529,
    7531, 7814, 8865, 11514,
    12832, 14303
mon adj. «certain» 2417, 5608
monicion sb. «avertissement» 10269
montjoie interj. cri de ralliement
    des Francs 8873, 9136, 11295,
    11296, 11777
montjoie 2. sb.f. «abondance»
    14390
mors sb. «morsure» 9121
morselet sb. «petit morceau» 11495
moustier sb.m. «église» 13314
muaux sb. «muets» 639, 3148, 8046

muche sbj.3 «cache» 2035
mue sb. «cage, prison» 13785
mue 2. ind.pr.3 «change» 6710,
    13388
muer inf. «changer» 3224, 9999
muez imp.5 «changez» 4490
muire sbj.1 «meure» 6111, 13409
munde adj. «pur, net» 132
munde ind.pr.3 «purifie» 3151

nave sb. «navire» 11694
nefas voir *Fas*
nerci p.p. «noirci» 7792, 7797,
    7798, 10783, 12825, 12961
nercir vb. «noircir» 13500
nercy p.p. «noirci» 2185, 3014,
    3226, 7348
nettie ind.pr.3 «nettoie» 13092
nezun pron.ind. «aucun» 887
niche sb. «sot, niais» 4751
noeleuse adj. «émaillée de noir»
    10175
noiselle sb. «nacelle» 2966
nominacion sb. «institution» 6875
nominé p.p. «mis au nom de quel-
    qu'un» 3625
nompas adv. «tout de même» 3058
nuef num. «neuf» 13334
nuefvainne sb. «neuvaine, jeûne de
    neuf jours» 5366, 5540
nuisement sb. «tourment» 2325
nuittie sb. «nuitée» 1741
nulz adj. «nus» 860, 2217
nyeulle sb. «nielle» 13076

occiray fut.1 «tuerai» 11786
occire inf. «tuer» 8479

occis p.p. «tué» 12886

occist ind.pr.3 «tue» 8004, 13588

official sb. «officier de justice» 3716, 3736, 12998

orains adv. «tout à l'heure» 2595, 9971

oray fut.1 «aurai» 14029

orendroit adv. «maintenant» 12256

orfanté sb. «privation, misère» 3189, 12682

orfenin sb. «orphelin» 1620, 2171, 5577

orfenté sb. «privation, misère» 9200

orseau sb. «bénitier» 7176

ort adj. «sale» 6302, 12062

ost sb. «armée» 7172, 8086, 9314, 9464, 10746, 10760, 11627, 11711

ottrie ind.pr.1 «accorde, concède» 3711

ouen adv. «maintenant» 13304

ouvre sb. «oeuvre» 4793

oz p.s.1 «eus» 685

paiennie sb. «les régions non chrétiennes» 6998, 10419

palefrois sb. «chevaux de somme» 5304

pallion sb. «pallium» 1646

palut sb. «marais, fange» 2975

pample sb. «pampre» 11065

parage sb. «ensemble des pairs» 10384, 10619, 11746, 12002

paraige sb. «rang, naissance» 76, 1308

pardurable adj. «éternel» 425, 8692, 10794

pardurablement adv. «de manière

permanente» 13747

parement sb. «parure» 1054, 8350

parferons fut.4 «terminerons» 1497

parfin sb. «fin» 1686

parfont adj. «profond» 2058, 2107, 3121, 3349, 11424

parlement sb. «pièce où le conseil réunit, discussion» 7715, 8580, 10905, 12921

part ind.pr.3 «divise, fend» 13579

part sbj.3 «fende» 331

parte sbj.3 «divise, sépare» 8012

partie p.p. «divisée» 4705, 7912

partir inf. «avoir part à» 5679

partir inf. «diviser» 2893, 9293, 12669

partiront fut.6 «auront part à» 14058

partit p.s.3 «partagea» 8825

parvenir inf. «atteindre le but» 457

patouille sb. «boue» 2574

paumee p.p. «frappée» 5786

pavaux sb. «pavois, boucliers» 5309, 8064

pavez sb. «boucliers» 10729

pellerie sb. «perles» 5320

pellez adj. «chauves» 9792

penance sb. «pénitence» 4781, 13780

penanciers sb. «pénitents» 1625

pencis adj. «pensif» 13201

penneron sb. «?» V. note 12339

penonceaulx sb. «bannières à longue queue» 10947

perdurable adj. «permanent» 7153

pereceux sb.m. «paresseux» 4886, 14359

peresse sb. «paresse» 8729, 10512, 13269, 14358

perilz p.p. «péris» 11939

permanable adj. «permanent» 11924

perrons sb. «grosses pierres» 8063

persant p.pr. «perçant» 9122

perse adj. «bleue» 2168, 4836, 6136

perse 2. ind.pr.3 «perce» 2169, 4837, 4867, 13504

pesant sb. «poids» 9600

pezas sb. «tige sèche de pois» 5875

phanon sb. «manipule du prêtre» 1532, 1537

picq loc. *estre picq* «en être fini de» 5571, 11567

picques sb. «pics, armes pointues» 3075

pie sb. «boisson» 4159

pieça adv. «depuis longtemps» 482, 554, 619, 732, 774, 1264, 3188, 4456, 6225, 7077, 7237, 7604, 7842, 8517, 9364, 10067, 11270, 11600, 12140, 12400, 13040, 13321, 13737, 14032, 14346

piler sb. «pilier» 302

plaidier inf. «intenter un procès» 4720

plaiee p.p. «blessée» 13094

plait sb. «procès» 4498, 4630, 4688

plance sb. «planche» 10116, 10164

plat adj. V. note 1617

pleur sb. «larmes» 88

plevis ind.pr.1 «porte garant» 13172

po adv. «peu» 222, 624, 993, 1025, 1044, 1282, 2686, 3199, 3835, 4326, 4417, 4944, 5281, 5369, 5791, 5787, 5865, 6388, 6469, 6641, 6818, 7563, 7655, 8420, 8494, 9401, 9405, 9886, 9979, 10698, 10963, 11085, 11278,

11602, 12990, 13469, 14033

poestez sb. «puissances» 171

poingniez adj. «piqués» 8233

poins sb. «poings» 11735

poinssons sb. «pot, vase; mesure de liquides» 2492

pointure sb. «piqûre» 9925

poire sb. «flacon en forme de poire» 2634

pois sb. «poids» 1136

poit ind.pr.3 «pète» 5032

porcés sb. «procès» 4487

portee sb. «fertilité» 555, 775

poste sb. «position, endroit où un navire est amarré» 11951

potence sb. «béquille» 626, 654

pou adv. «peu» 20, 10920

pourchas sb. «poursuite» 9320

pourpencer vb. «réfléchir» 13213

pourpens sb. «réflexion» 7842

pourpointier sb. «faiseur de pourpoints» 13341

pourpos sb. «propos» 7967

pourpris sb. «enceinte» 12967

poursuie sbj.1 «poursuive» 8111

poursuite sb. «requête» 5948

poursuy p.p. «poursuivi, chassé» 8242

pourtraiture sb. «belle jeune fille» 5998

pourveance sb. «provision» 2796, 11041

poutres sb. «jeunes juments» 9796

preficq adj. «fixé d'avance» 11484

prelature sb.f. «dignité de prélat» 13569

premerains num. «premiers» 1706

pren ind.pr.1 «pense» 1164

prescheux adj. «damné» 7350

presse sb. «hâte, accablement» 2390, 3572, 7343

presse sb. «mêlée» 8268

preu sb. «profit» 9798, 9806, 9814

preudommie sb. «sagesse, qualité» 81

preuvoire sb. «prêtre» 8822, 12013

principal sb. «fond d'une affaire», terme juridique 3702

privé adj./sb. «secret, familier» 7074, 7075

promés ind.pr.1 «promets» 1081

promoteur sb. «officier judiciaire qui instruit un procès d'église» 3717, 4047

prophés sb. «profès, ceux qui font profession monastique» 254

prothomartyr sb. «premier martyr» 5928

prouvoire V. preuvoire

provingnee p.p. «née» 5638

publier inf. «montrer au public, rendre public» 5904

pueent ind.pr.6 «peuvent» 14086

puis prép. «depuis» 229, 4240

puiza p.s.3 «alla chercher au fond» 8801

punaisie sb. «puanteur» 5132, 6673, 8699

pyautre sb. «étain» 3343

pyler sb. «pilier» 1585

quanque adv. «autant que» 910, 1232, 1529, 2272, 2781, 3193, 3629, 3809, 4038, 4615, 5896, 7844, 9074, 9080, 9086, 9415, 9625, 11681, 11834, 12153, 12266, 13377, 13437, 13465, 13679, 14130, 14261

quant — que conj. «autant que» 1907

quarees adj. «de bonne carrure, bien fournis» 9803

quarteron sb. «quart d'un cent, d'une mesure quelconque» 3698

quassez p.p. «cassés» 12750

quay sb. «repos» 11188

que…que… loc. «d'aucuns…d'autres» 8147

quitter inf. «pardonner» 2760

quoquars sb. «cocus, sots, niais» 1785

rachine sb. «aïeux» 10756

raffarde sb. «moquerie» 13580

rainchiaux sb. «branches» 7920

rainseaulx sb. «branches» 11057

rainsseaux sb. «broussailles» 2418

ramage adj. «rameux, sauvage» 676

ramee p.p. «mise sur la roue» 3292

ramembrance sb. «souvenir» 5856

ramembre imp.2 «rappelle» 343

ramenant sb. «reste» 6925

ramentevoir inf. «rappeler» 4175, 4293, 7488

ramon sb. «balai» 1789

randir inf. «courir avec impétuosité» 5515

rapine sb. «pillage» 11938

rappassoie impf.1 «repassais» 10587

raras fut.2 «auras de nouveau» 8383

raray fut.1 «aurai de nouveau» 3780, 3785, 3786, 4279, 4341

rarez fut.5 «aurez de nouveau» 14011

ravalant p.pr. «descendant» 7909

ravalé p.p. «descendu» 12647
ravaler inf. «descendre» 241
ravalez imp.5 «descendez» 11319
raverdie sb. «fête» 7316
ravoie ind.pr.3 «remet sur la bonne
    voie» 3144, 7241
ravoiez sb. «gens remis sur la voie»
    3145
ray sb. «rayon» 1370
ray ind.pr.1 «ai de nouveau» 4070
rebaillent ind.pr.6 «remettent» 4289
rebarbe ind.pr.3 «résiste» 11222
recepvable adj. «digne de confi-
    ance» 1195
receuvre ind.pr.3 «recouvre» 5656
receux p.p. «reçu» 11532
rechoy ind.pr.1 «retombe» 4818
reclame ind.pr.1 «invoque» 1682
reclamer inf. «invoquer» 1978,
    6932,   9254,   12658,   14102,
    14123, 14363, 14452
reclamés imp.5 «invoquez» 2851
reclamez ind.pr.5 «invoquez» 7194
reclus p.p. «hermite» 225, 262,
    504, 656, 724, 833, 853
recorde ind.pr.3 «rappelle, relate»
    13612, 14050
recorder inf. «expliquer» 4591
recordz sb. «réflexions» 1677
recors ind.pr.1 «me rappelle» 208,
    11993
recors sb. «souvenirs» 7573
recreans adj. «faibles, lâches» 239,
    8019
recreu p.p. «fourbu, épuisé» 11540,
    11543
recteur sb. «celui qui dirige» 8483
recyner inf. «manger, souper» 2656
refy p.s.3 «refit» 2858

regarde sbj.3 «prenne soin» 961
registreur sb. «administrateur»
    3718, 13000
regracie ind.pr.1 «remercie» 2366
reins sb. «branches» 1422
reins 2. p.p. «rachetés» 6383,
    13873
relant adj. «puant, infect» 13047
relief sb. «reste» 1890, 6926
remaint ind.pr.3 «demeure» 9131,
    11445
remanant sb. «reste» 1418, 7810,
    7999, 9888, 11254
remembre ind.pr.1 «souviens» 6799
remenant sb. «reste» 5733
remés imp.2 «remets» 1039
rengrigiez p.p. «aggravé» 3418
renlumina p.s.3 «rendit la vue à»
    64, 6084
renlumine ind.pr.3 «rend la vue»
    3147
renluminé p.p. «doté de sa vue» 498
renverdie sb. «verdure» 2418
renvois sb. «réjouissances» 3027
repaire ind.pr.1 «reviens» 11541
reparez p.p. «ornés» 12424
repris p.p. «blâmé» 7446
reput p.s.3 «abreuva» 1888
requoy en — loc. «en cachette»
    7639, 12427
rescourre inf. «préserver, secourir»
    11020
rescous p.p. «secouru» 1796, 5826,
    8411
resoingne sbj.1 «redoute» 10580
resongne ind.pr.1 «redoute» 2065
resongne ind.pr.3 «redoute» 11470
resonne ind.pr.1 «redoute» 10920
respace sbj.3 «fasse revenir à la

santé» 6140

respasses sbj.2 «fasses revenir à la santé» 2303

resverie sb. «folie» 6662

retorique adj. «poétique, éloquent» 6400

retourver inf. «retrouver» 4682

retraions imp.4 «retirons» 13065

retraire inf. «retirer, relater» 10575, 12181

retrait sb. «portrait» 12884

retraites p.p. «retirées» 8527

revel sb. «joyeuseté» 1200

revengier inf. «secourir» 6584, 6679

revenray fut.1 «reviendrai» 990

reverse sb. «coup de revers» 9672

reviaigne sbj.3 «revienne» 8231

revois ind.pr.1 «vais de nouveau» 5752

revont ind.pr.6 «vont de nouveau» 14440

revoy ind.pr.1 «vais de bouveau» 10280

rez p.p. «rasé» 11195

ridez imp.5 «voguez» 6868, 13425

rieulle sb.f. «règle» 13071

riffle imp.2 «éraffle, pille» 5385

riffleray fut.1 «rafflerai, pillerai» 5386

rifflerie sb. «pillerie» 5385

rigoler inf. «se moquer de» 4582

robé p.p. «volé» 326

rober inf. «voler» 4734

roberie sb. «vol» 12075

rochet sb. «robe» 1352

rochez sb. «tampons fixés au bout de la lance» 1427

rocquet sb. «blouse» 1169

roe sb. «tribunal ecclésiastique»

3728, 3943

roiaux sb. «sujets du roi» 10210

ront ind.pr.3 «rompt» 2153

rost sb. «rôti» 3071

rostir inf. «battre» 9425

rot p.p. «rompu» 1803

roti p.p. «battu» 9698

roussez imp.5 «rossez» 5771

rout p.p. «rompu, brisé» 11443

route sb. loc. *passer —* «surpasser les autres» 13981

route p.p. «rompue, brisée» 14046

roux p.p. «rompus» 10139

sache ind.pr.3 «tire» 13986

sachié p.p. «tiré» 2728

sacque ind.pr.1 «tire» 2709

sadinet sb. «mignon» 1276

saichet sb. «petit sac, bourse» 3662

sain sb. «sein» 12326

saint sbj.1 «guérisse» 12638

saintisme adj. «très saint» 8934, 9220

saisine sb. «possession» 3852, 6784, 10075

salir inf. «assaillir, calomnier» 3765

sallade sb. «heaume léger» 8274

sanee p.p. «guérie» 5676

sanemens sb. «guérisons» 8702

sanson sb. «sansonnet, étourneau» 9400

saray fut.1 «saurai» 2720, 13251

sarazins adj. *cors —* V. *Barbarins, cors —* 8060

sarazinois adj. *cors —* V. *Barbarins, cors —* 11113

sarazinois adj. *tapis —* «moquette orientale» 14130

saré fut.1 «saurai» 14304

saroie cond.1 «saurais» 1259

saussoie sb.f. «lieu planté de saules» 14028

saut sbj.3 «sauve» 12984

sceu sb. «le fait d'avoir connaissance de quelque chose» 7173

secoux p.p. «déconfit» 9563

seez imp.5 «asseyez» 1497

sejour estre a — loc. «être en repos» 956, 5347, 11488, 11768, 14155, 14285

semons p.p. «invité» 2810

semont ind.pr.3 «invite» 618, 5626

senez adj. «sage, raisonnable» 7889, 7944

sensibles adj. «en possession de leurs facultés» 5652

sente sb. «sentier» 1012, 2587, 10106, 10893

sentement sb. «sentiment, intelligence, sens» 1337, 1863, 5966, 7626, 7926, 7947, 9228, 12276, 12455, 12905

sequeure sbj.3 «prête secours» 773, 855, 2735, 3331, 3578, 4978, 5078, 5163, 5283, 5790, 6883, 8587, 11191, 11456, 13062, 13665

sequeure ind.pr.1 «secours» 6883

sera fut.3 «siègera» 7794

serement sb. «serment» 949

seriens cond.4 «serions» 3848

series adj. «douces, harmonieuses» 513

serpentine adj. «diabolique» 407, 11142

serray fut.1 «siègerai, serai assis» 7772

servaige sb. «servitude» 179

serve sb. «servante» 4965

seuf sb. «soif» 8498

seul sbj.1 «ai l'habitude» 10924

seure courir — loc. «attaquer» 7440

sevrer inf. «séparer» 4684

si sb. «manière» 12051, 12968

sifait adj. «tel» 3667, 4260

sinacle sb. «signe, marque, signe de la croix» 2867

soile sb. «seigle» 9802

soing de — loc. «qui songe à tout» 3765

sombre — *sault* sb. «mort (jeu sur *soubresaut*)» 10438

somme sb. «charge» 2382, 5619, 11975

sommier sb. «poutre» 8803

sommillier sb. «sommeil» 544

songié p.p. «tardé» 1160

songneusement adv. «soigneusement» 6939, 7499, 7888, 9192, 10181, 11403, 11856, 13107, 13178, 13792

songneux adj. «soucieux» 4091, 8123, 8721, 10298, 10928, 11121, 11874, 11910, 11941

sornes ind.pr.2 «moques» 2156

sossons sb. «courtiers» 1304

soubtivement adv. «habilement» 4814, 8352, 13573

souef adj. «doux» 12531

souloie impf.1 «avais coutume de» 2383, 5440, 8700, 13349, 13928

souloit impf.3 «avait coutume» 8809, 9286, 11171

souppris p.p. «surpris» 7445

sourt ind.pr.3 «résulte» 10496

soutivement adv. «habilement» 14169

souviguier sb. «magistrat» 11561, 11614, 11640

subcomber inf. «vaincre» 8337, 11007

subjection sb. «soumission» 9302, 11969

suef sb. «soif» 13335

sueil sb. «seuil» 12409

sueil 2. ind.pr.1 «ai l'habitude» 7072

suie sbj.3 «suive» 8112

suiez imp.5 «suivez» 7296, 8730, 13398

suions imp.4/ind.pr.4 «suivons» 8398, 10251

suir inf. «suivre» 8436, 11439, 13920

suppedita p.s.3 «soumit» 8249

suppedite ind.pr.3 «soumet» 12063, 12426

suppedité p.p. «soumis» 4998, 8447, 12646, 13146, 13941

suppediter inf. «soumettre» 5996, 9301, 10228

suppelative adj. «la plus haute, la meilleure» 11382

surclamee p.p. «qui a mauvaise réputation» 9180

surgerie sb. «chirurgie» 1882

surplis sb. «vêtement de prélat» 1352

suryssant p.pr. «plus que rempli» 2385'

suyent ind.pr.6 «suivent» 9380

suyez imp.5 «suivez» 2395

tace sb. «tache» 9925

tailla p.s.3 «frappa d'un impôt, d'une redevance» 3647

taillarde sb. «tranchant (d'une épée)» 8127

taindre inf. «colorer» 3216

taint p.p. «coloré» 2185

taloche sb. «bouclier rectangulaire» 3501, 3507

tant ne — ne quant loc. «nullement» 2142

tara fut.3 «taira» 11579

targe sb. «écu» 1427, 8064, 11716, 11796

tart loc. *tart m'est* «il me tarde» 8956, 10501, 10510, 10757, 13488

tart ind.pr.1 «tarde» 8111

tasse sb. «poche» 4017

tasse sb. «coupe» 12324

tempeste ind.pr.3 «enrage» 1750, 1941

tempeste imp.2. «faites tempête» 3346

tempestee p.p. «malmenee» 6907

tenaisie sb. «obstination» 6267

tenant en un — loc. «tout de suite» 6924

tenchons sb. «disputes» 2039

teneur sb. «ténor» 9657

tenir inf. «chanter le ténor» 9505

tenser inf. «chercher querelle» 10086

tente sb. «tante» 2765

tergay p.s.1 «essuyai» 13995

timbre sb. «heaume» 1612, 8274

tirannizier inf. «torturer» 7389

tire sb. «tresse» 8542

toit sb. «abri pour cochons» 11144

tolir inf. «enlever» 3865

tolly p.s.3 «enleva» 10884

tolt ind.pr.3 «enlève» 3108, 4915

tonnoires sb. «tonnerres» 3349

tor sb. «taureau» 7900, 8237

tortiller inf. (avec dérivés) «entortil-
ler» 1813-1819

toudis adv. «toujours» 7069, 8579,
8779, 10373

tourble ind.pr.3 «trouble» 7753

tourier sb.m. «gardien de la tour»
13327, 13328, 13330, 13334

tournioles sb., loc. *faire des* —
«tournoyer» 11990

tousdis adv. «toujours» 121, 158,
741, 1088, 6972, 7471, 7824,
7897, 8023, 9199, 9789, 10271,
11095, 11346, 11410, 11860,
11861, 12625, 12676, 13061,
13314, 14073, 14255, 14395

touse sbj.3 «tousse» 10700

traitable adj. «avec qui on traite
facilement» 12279

traveil sb.m. «souffrance» 13761

traverse ind.pr.3 «» 9673

travillié p.p. «peiné» 267, 1731,
2030

tray ind.pr.1 «prends» 9480, 9720,
13434

trayteusement adv. «par trahison»
13477

tref sb. «tente» 10961

trempee p.p. «arrangée» 1572

tremprer inf. «tempérer» 9876

tremperay fut.1 «tempererai» 9875

tresfons sb. «fonds au sous-sol»
409, 3125

tresforts sb. «outils, armes» 1571

trespasse ind.pr.1 «transgresse»
13019

trespasser inf. «transgresser» 3694

tribouler inf. «tourmenter, troubler»
3773

tribulacion sb. «adversité, épreuve»
3300, 3336, 4982, 5090, 9167,
10256, 12060, 13495, 14041

tripotaige sb. «manège» 10042

trippe ind.pr.1 «saute, gambade»
1925, 2259

tritresse sb.f. «tristesse» 13884

troterie sb. «trot, marche, allure»
7730

trudaines sb. «choses sans valeur»
2251, 4611

trufes sb. «railleries» 9386

vaisseaulx sb. «récipients» 11395,
12772, 12773

vaissel sb. «récipient» 11073, 12799

vaissel 2. sb. «vaisseau» 2966

vaisselage sb. «vaillance, prouesse»
4999

varier inf. «hésiter, vaciller» 8481

varieuse adj. «variable, mobile»
7597

vaulsist p.s. «valut» 11537

vé sb. «menace, malédiction» 11983

veeslé p.p. «mugi» 13445

vent ind.pr.1 «vante» 9332, 10642

venter inf. «se vanter» 10408

vergus sb. «verjus» 11149

verse ind.pr.3 «abat» 5762, 6554,
10425

versee p.p. «abattu» 5764

vert sb. «tissu léger» 1917

vesquit p.s.3 «vécut» 133

vest ind.pr.3 «revêt» 976

vesture sb. «vêtement» 1353, 1565

veura fut.3 «verra» 7794, 8099

veuray fut.1 «verrai» 3769, 9857, 8092, 10915, 12260

veurez fut.5 «verrez» 7191, 7886, 8366, 8513

veurras fut.2 «verras» 6310

veüx p.p. «vu» 7143

villenaille sb. «ramassis de gens de rien» 5169, 5564

villeneuse adj. «vilaine» 10567

villonneuse adj. «vilaine» 10176

vilonnie sb. «affront» 6999

vinee sb. «récolte de vins» 2483

vis adj. «vivant, vif» 4747, 6995, 7790, 9407

viseter inf. «examiner et soigner, se rendre présent» 4846, 4975, 10919, 13734

visons imp.4 «observons, examinons» 6683

vitupere sb. «blâme, faute» 7568, 10268, 10492, 11451, 14183

voir adj. «vrai» 750, 765, 841, 1360, 1899, 3544, 3955, 3976, 4551, 4593, 4740, 7003, 7106, 7130, 7302, 8854, 9074, 9080, 9086, 9725, 10029, 11178, 11241, 12233, 13578, 13977, 14208, 14264, 14457

voir adv. «voire» 11339

voires sb. «verres» 2650, 6989

voise sbj.1 «aille» 629, 9880, 10145

voises sbj.2 «ailles» 8773

voise sbj.3 «aille» 2075, 4347, 7054, 9193, 13317

voit sbj.3 «aille» 3731

voit ind.pr.3 «vit» 10822

voix sb. «réputation» 80

volt p.s.3 «voulut» 13284

vourriens cond.4 «voudrions» 4518

vremeil adj. «vermeil» 2797

vueil sb. «vouloir, désir» 4910, 6735

vueille ind.pr.3 «veille» 7490

wacarme interj. cri de guerre 8133

warangle sb. «partie du harnais d'un cheval» 3012

widier inf. «vider» 11197

wit adj. «vide» 2385', 5614, 6987, 12751

witroule ind.pr.3 «vautre» 11168

woitiez imp.5 «attendez» 3504

wy adj. «vide» 2725

y sb. «yeux» 1741

ynde adj. «couleur bleue, indigo» 4836

yre sb. «courroux» 8177

yré p.p. «courroucé» 432

yrer inf. «courroucer» 14181, 14197, 14205

ysse sbj.1 «sorte» 6089

ysse 2. sbj.3 «sorte» 410, 6089, 7786

yssi p.s.3 «sortit» 1479

yssir inf. «sortir» 10671

ysterai fut.1 «sortirai» 6285

ystre inf. «sortir» 3864

yverne ind.pr.3 «fait froid» 13314

BIBLIOGRAPHIE

P. Aebischer (éd.), *Trois farces françaises inédites trouvées à Fribourg*, Paris 1924

Alexandre de Paris, *Le roman d'Alexandre*: voir éd. Harf-Lancner 1994

Guillaume Alexis: voir éd. Piaget-Picot 1896-1901

Apocryphes du Nouveau Testament: voir éd. James 1983

H.H. Beek, *Waanzin in de middeleeuwen. Beeld van de gestoorde en bemoeienis met de zieke*, Anvers 1969

J.-C. Aubailly (éd.), *Deux jeux de Carnaval*, Genève 1978

C. Beaune, *Naissance de la nation France*, Paris 1985

Benoît de Sainte-Maure: voir éd. Constans 1904-1912

Bible: voir éd. Colunga-Turrado 1982, éd. Verhuyck 1977

Bibliotheca sanctorum, Rome 1965

W.N. Bolderston (éd.), *La vie de saint Remi*, Londres-Rennes 1912

M. Brandenburg, *Die festen Strophengebilde und einige metrische Künsteleien des Mystère de sainte Barbe, ihr weiteres Vorkommen und ihre verwandten Formen in anderen Mysterien*, Greifswald 1907 (thèse)

H.M. Brown, *Music in the French secular Theater*, Cambridge (Mass.) 1963

J.-C. Brunet (éd.), *Recueil de pièces rares et facétieuses anciennes et modernes en vers et en prose remises en lumière pour l'esbattement des Pantagruélistes*, Paris 1872-1873 (4 vols.; 150 ex.)

J. Carnandet (éd.), *La vie et passion de monseigneur sainct Didier, martir et evesque de Lengres*, Paris 1855

N. Catach (dir.), *Dictionnaire historique de l'orthographe française*, Paris 1995

Chansons: voir éd. Jeffery 1971-1977

Charles d'Orléans: voir éd. Mühlethaler 1992

H. Chatelain, *Recherches sur le vers français au XVe siècle: rimes, mètres et strophes*, Paris 1908 (New York 1971; Genève 1974)

J. Chocheyras, *Le théâtre religieux en Savoie au XVIe siècle*, Genève 1971

J. Chocheyras, *Le théâtre religieux en Dauphiné du moyen âge au XVIIIe siècle*, Genève 1975

G. Cohen (éd.), *Recueil de farces françaises inédites du XVe siècle*, Cambridge (Mass.) 1949

A. Colunga & L. Turrado (éd.), *Biblia Sacra iuxta Vulgatam Clementinam, sexta editio*, Madrid 1982 (1977)

L. Constans (éd.), *Le roman de Troie en vers*, Paris 1904-1912 (6 vols.)

Continuation de Perceval: voir éd. Van Coolput-Storms 1993

Coq-à-l'âne: voir éd. Meylan 1956

Guillaume Coquillart: voir éd. Freeman 1975

A.C. Cox-Davies, *A Complete Guide to Heraldry*, New York 1978 (1909)

Dante, *Inferno*: voir trad. Risset 1985

M. Deloche, *Saint Remi en Provence au moyen âge*, Paris 1892

J. Devisse, *Hincmar, archevêque de Reims 845-882*, Genève 1976-1979 (3 vols.)

Dictionnaire des Lettres françaises. Le Moyen Age, Paris 1992

G. Di Stefano, *Dictionnaire des locutions en moyen français*, Montréal 1991

G. Di Stefano, *Toutes les herbes de la Saint Jean*, Montréal 1992

E. Droz (éd.), *Les Fortunes et Adversitez de Jean Regnier*, Paris 1923

E. Droz & H. Lewicka (éd.), *Le recueil Trepperel II. Les farces*, Genève 1961

N. Dupire, *Jean Molinet. Le vie — les oeuvres*, Paris 1932

N. Dupire (éd.), *Jean Molinet. Les Faictz et Dictz*, Paris 1937-1939

A. Duplat (éd.), *Andrieu de La Vigne, Le mystère de saint Martin (1496)*, Genève 1979

Farces: voir éd. Aebischer 1924, éd. Cohen 1949, éd. Droz-Lewicka 1961, éd. Philipot 1939, éd. Tissier 1986 sq.

Guillaume Flamang, *Mystère de saint Didier*: voir éd. Carnandet 1855

Florent et Octavien: voir éd. Laborderie 1991

P. Fouché, *Morphologie historique du français. Le verbe*, Paris 1967

A. Foulet & M.B. Speer, *On Editing Old French Texts*, Lawrence (Kansas) 1979

A. France, *Vie de Jeanne d'Arc*, Paris 1924 (2 vols.)

M.J. Freeman (éd.), *Guillaume Coquillart. Oeuvres*, Paris-Genève 1975

A.N. Galpern, *The Religion of the People in Sixteenth Century Champagne*, Cambridge (Mass.) 1976

P.J. Geary, *Before France and Germany. The Creation and Transformation of the Merovingian World*, Oxford 1988

C. Ginzburg, *Les batailles nocturnes*, trad. française de *I Benandanti: Stregoneria e culti agrari tra Cinquecento e Seicento*, Milan 1966

G. Gougenheim, *Grammaire de la langue française du 16e siècle*, Paris 1974

M. Guy, *Présentation des tapisseries de Reims*, Reims 1967

L. Harf-Lancner (éd.), *Alexandre de Paris. Le roman d'Alexandre*, Paris 1994

J.W. Hassell jr. (éd.), *Middle French Proverbs, Sentences and Proverbial Phrases*, Toronto 1982

A. Heinz, *Der Wortschatz des Jean Miélot, Ubersetzer im Dienste Philipps des Guten von Burgund*, Vienne 1964

Hélène de Constantinople: voir éd. Roussel 1995

B. Hinrichs, *Le mystère de saint Rémi. Manuskript der Arsenalbibliothek zu Paris 3364, nach Quellen, Inhalt und Metrum untersucht*, Greifswald 1907

E.F. Jacob, *Henry V and the Invasion of France*, Londres 1947

P.-L. Jacob (éd.), *Bonaventure des Périers, Contes ou nouvelles récréations et joyeux devis*, Paris 1872

Jacques de Voragine: V. trad. Roze-Savon 1967

H. Jadart, «Bibliographie des ouvrages concernant la vie et le culte de saint Remi, évêque de Reims, apôtre de France», TRAVAUX de l'ACADEMIE NATIONALE de REIMS 87 (1884-1885) pp.224-268

H. Jadart, «La vie de saint Remi dans la poésie populaire. Anciens hymnes & proses, le mystère de saint Remi, les tapisseries», TRAVAUX de l'ACADEMIE NATIONALE de REIMS 97 (1894-1895) pp.115-169

M.R. James (éd.), *The Apocryphal New Testament*, Oxford 1983 (1924)

B. Jeffery (éd.), *Chanson Verse of the early Renaissance*, Londres 1971-1976

Jeux de Carnaval: voir éd. Aubailly 1978

P. Joutard (éd.), *Journal d'un bourgeois de Paris sous François Ier*, Paris 1963 [= le *livre de raison* de Nicolas Versoris]

W.W. Kibler, «Relectures de l'épopée», *Au carrefour des routes d'Europe: la chanson de geste* (= Actes du Xe Congrès de la Société Rencesvals, Strasbourg 1985), *Senefiance* 20, 1987 (2 vols.) I, pp.103-140

R.J. Knecht, *Renaissance Warrior and Patron: The Reign of Francis I*, Cambridge 1994

A.E. Knight, *Aspects of Genre in late midieval French Drama*, Manchester 1983

J. Koopmans, «Un pièce parodique à trois codes implicites: la moralité de la *Condamnacion de Banquet* de Nicolas de La Chesnaye», FIFTEENTH CENTURY STUDIES 18 (1991) pp.159-174

J. Koopmans & P. Verhuyck (éd.), *Nicolas de La Chesnaye, La condamnation de Banquet*, Genève 1991

J. Koopmans, «Aspects de l'histoire artésienne dans la *Belle Hélène de*

818   BIBLIOGRAPHIE

Constantinople», M.-M. Castellani & J.-P. Martin (réd.), *Arras au Moyen Age. Histoire et littérature*, Artois 1994 pp.125-136

J. Koopmans & P. Verhuyck (éd.), *Le recueil des repues franches de maistre François Villon et de ses compagnons*, Genève 1995

G. Kurth, «Les sources de l'histoire de Clovis dans Grégoire de Tours», G. Kurth, *Etudes franques*, Paris 1919 II,207-271

G. Kurth, «Le baptême de Clovis», G. Kurth, *Etudes franques*, Paris 1919 II,273-296

A. Labarre, *Le livre dans la vie amiénoise du XVIe siècle*, Paris-Louvain 1971

N. Laborderie (éd.), *Florent et Octavien*, Paris 1991

André de La Vigne, *Le mystère de saint Martin*: voir éd. Duplat 1979

Nicolas de La Chesnaye, *La condamnation de Banquet*: voir éd. Koopmans-Verhuyck 1991

R. Lebègue, *Le mystère des Actes de Apôtres. Contribution à l'étude de l'humanisme et du protestantisme français au XVIe siècle*, Paris 1929

A.J.V. Le Roux de Lincy, *Le livre des proverbes français*, Paris 1859 (2 vols.)

O. Le Roy, *Etudes sur les mystères*, Paris

H. Lewicka, *La langue et le style du théâtre comique français des XVe et XVIe siècles*, Varsovie-Paris 1960-1968 (2 vols.)

H. Lewicka, *Recueil du British Museum. fac-similé de l'original*, Genève 1968

D. Liebs, *Lateinische Rechtsregeln und Rechtssprichwörter*, Munich 1982

L. & M. Locey (éd.), *Le mistere d'une jeune fille laquelle se voulut habandonner a peché*, Genève 1976

A. Lombard-Jourdan, *Fleur de lis et Oriflamme. Signes célestes du royaume de France*, Paris 1991

H. Loriquet, *Catalogue des manuscrits de la bibliothèque municipale de Reims*, Paris 1904

Macé de La Charité, *Bible*: voir éd. Verhuyck 1977

E. Mâle, *L'Art religieux du XIIIe siècle en France. Etude sur l'iconographie du Moyen Age et sur ses sources d'inspiration*, Paris 1958 (1948; 1re éd. 1898)

Dom G. Marlot, *Histoire de la ville, cité et université de Reims*, Reims 1846 (4 vols.)

Comte de Marsy, «Les origines tournaisiennes des tapisseries de Reims», TRAVAUX de l'ACADEMIE NATIONALE de REIMS 89 (1886-1887) pp.359-399

P. Meyer, «Notice de deux manuscrits de la vie de saint Remi en vers ayant appartenu à Charles V», *Notices et extraits de manuscrits de la Bibliothèque Nationale* t.35[1] (1896) pp.117-130

H. Meylan, *Epistres du coq à l'âne. Contribution à l'histoire de la satire au XVIe siècle*, Genève 1956

F. Michel (éd.), *Le mystère de saint Louis*, Londres 1871

Miracles de Notre Dame: voir éd. Paris-Robert 1876-1893

L. Mills (éd.), *Le mystère de saint Sébastien*, Genève 1966

Mistere d'une jeune fille laquelle se voulut habandonner...: voir éd. Locey 1976

Jean Molinet, *Les Faictz et Dictz*: voir éd. Dupire 1937-1939

J. Morawski (éd.), *Proverbes français antérieurs au Xve siècle*, Paris 1925

J.C. Mühltethaler (éd.), *Charles d'Orléans, Ballades et Rondeaux*, Paris 1992

Mystère de saint Didier: voir éd. Carnandet 1855

Mystère de saint Louis: voir éd. Michel 1871

Mystère de saint Sébastien: voir éd. Mills 1965

G. Paris & U. Robert (éd.), *Les miracles de Notre Dame par personnages*, Paris 1876-1893 (8 vols.) t.7 pp.195-277.

L. Paris, *Toiles peintes et tapisseries de la ville de Reims*, Reims 1843 (2 vols.)

L. Paris, *Le théâtre à Reims depuis les Romains jusqu'à nos jours*, Reims 1885

Bonaventure des Périers, *Contes ou nouvelles récréations et joyeux devis*: voir éd. Jacob 1872

A. Petit, *L'anachronisme dans les romans antiques du XIIe siècle*, Lille 1987

L. Petit de Julleville, *Les mystères*, Paris 1880 (2 vols.)

E. Philipot (éd.), *Six farces normandes du Recueil La Vallière*, Rennes 1939

A. Piaget & E. Picot (éd.), *Guillaume Alexis. Oeuvres poétiques*, Paris 1896-1901

E. Picot, *Recueil général des sotties*, Paris 1902-1912

Proverbes: voir éd. Hassell 1982, éd. Morawski 1925, éd. Le Roux de Lincy 1859

D. Quéruel, «Fête et théâtre à Reims à la fin du XVe siècle», *Et c'est la fin pourquoi nous sommes ensemble. Hommage à Jean Dufournet*, Paris 1993 (3 vols.) t.3 pp.1171-1186

Recueil du British Museum: voir Lewicka 1968

Jean Regnier, *Les Fortunes et Adversitez*: voir éd. Droz 1923

Repues franches de François Villon: voir éd. Koopmans-Verhuyck 1995

R. Resoort, «*Jonathas ende Rosafiere*: een religieuze roman?», *Tijdschrift voor Nederlandse Taal- en Letterkunde* 112 (1996) pp.1-17

A. Rey, *Dictionnaire historique de la langue française*, Paris 1992

J. Risset (éd.-trad.), *La Divine Comédie: L'Enfer*, Paris 1985

P. Roberts, «Arson, Conspiracy and the Power of Rumour in France», communication au colloque de Warwick sur la culture populaire, juillet 1994

Roman d'Alexandre: voir éd. Harf-Lancner 1994

Roman de Troie: voir éd. Constans 1904-1912

R. Roques, *Structures théologiques. De la gnose à Richard de Saint-Victor*, Paris 1962

E.E. Rosenthal (éd.), *Theseus de Cologne. A General Study and a Partial Edition*, Londres 1976 (thèse dactylographiée; 4 vols.)

M. Rouche, *Clovis*, Paris 1996

C. Roussel (éd.), *Le roman de la belle Hélène de Constantinople*, Genève 1995

J.-B. M. Roze & H. Savon (trad.), *Jacques de Voragine. La légende dorée*, Paris 1967 (2 vols.)

G.A. Runnalls, «Towards a Typology of Medieval French Play manuscripts», P.E. Bennet & G.A. Runnalls (réd.), *The Editor and the Text*, Edimbourg 1990 pp.96-113

J. Sallmann, *Les sorcières, fiancées de Satan*, Paris 1989

M. Sot, *Un historien et son église. Flodoard de Reims*, Paris 1993

Sotties: voir éd. Picot 1902-1912

M. Spencer, «Dating the Baptism of Clovis 1886-1993», EARLY MODERN EUROPE 3 (1994) pp.97-116

J.E. Stadtler, *Vollständiges Heiligenlexikon*, Augsbourg 1801

W. von den Steinen, *Chlodwigs Uebergang zum Christentum, eine Quellenkritische Studie*, Darmstadt 1969

G. Tavani, «Il dibattito sul chierico e il cavaliere nella tradizione mediolatina e volgare», ROMANISTISCHES JAHRBUCH 15 (1964) pp.51-84

Theseus de Cologne: voir éd. Rosenthal 1976

Cl. Thiry (éd.), *François Villon, Poésies complètes*, Paris 1992

A. Tissier, *Recueil de farces (1450-1500)*, Genève 1986 sq. (10 vols. parus; vol.7 contient la *Farce de maître Pathelin*)

M. Tóth-Ubbens, *Verloren beelden van miserabele bedelaars*, Lochem-Gand 1987

C.-A. Van Coolput-Storms (éd.), *La première continuation de Perceval*,

Paris 1993

P. Verhuyck (éd.), *La Bible de Macé de La Charité II. Lévitique, Nombres, Deutéronome, Josué, Juges*, Leiden 1977

P. Verhuyck, 'Et le quart est à Arras. Le roman de *La Belle Hélène de Constantinople* et la légende du Saint-Cierge d'Arras', *in*: M.-M. Castellani & J.-P. Martin (réd.) *Arras au moyen âge. Histoire et littérature*, Arras 1994, pp.111-124

J. Verseuil, *Clovis ou la naissance des rois*, Paris 1992

Nicolas Versoris: voir éd. Joutard 1963

Vie de saint Remi: voir éd. Bolderston 1912

François Villon: voir éd. Thiry 1992

R. Weiss, *Chlodwigs Taufe: Reims 508. Versuch einer neuen chronologie für die Regierungszeit der ersten christlichen Frankenkönigs unter Berücksichtigung der politischen und kirchlisch-dogmatischen Dogmen seiner Zeit*, Berlin 1971

I. Wood, «Gregory of Tours and Clovis», REVUE BELGE de PHILOLOGIE et d'HISTOIRE 63 (1985) pp.249-272

S.K. Wright, *The Vengeance of Our Lord. Medieval Dramatizations of the Destruction of Jerusalem*, Toronto 1989

G. Zink, *Morphologie du français médiéval*, Paris 1989

M. Zink, *La prédication en langue romane avant 1300*, Paris 1976

TABLE des MATIERES

COLLECTION TLF

436. **Lefèvre de la Boderie, Guy,** *Diverses Meslanges poetiques.* Éd. crit. par R. Gorris. 1993, 464 p.

437. *Le Roman de Tristan en prose,* pub. sous la dir. de Ph. Ménard. T. VI, éd. par E. Baumgartner et M. Szkilnik. 1993, 478 p.

438. **Challe, Robert,** *La Continuation de l'Histoire de l'admirable Don Quichotte de la Manche.* Éd. crit. par J. Cormier et M. Weil. 1994, 506 p.
ISBN: 2-600-00006-2.

439. **Lucinge, René de,** *Lettres de 1587, l'année des Reîtres.* Éd. crit. de J. Supple. 1994, 416 p.
ISBN: 2-600-00010-0

440. **Hardy, Alexandre,** *Didon se sacrifiant.* Tragédie. Éd. crit. d'A. Howe. 1994, 216 p.
ISBN: 2-600-00018-6

441. *Recueil de farces,* tome VIII. Éd. critique d'A. Tissier. 1994, 320 p.
ISBN: 2-600-00011-9

442. **Regnard, Jean-François,** *Le Légataire universel.* Éd. crit. de Ch. Mazouer. 1994, 320 p.
ISBN: 2-600-00009-7

443. **Du Ryer, Pierre,** *Lucrece,* tragédie (1638). Texte établi et présenté par J. F. Gaines et P. Gethner. 1994, 132 p.
ISBN: 2-600-00026-7

444. **Gide, André, et Beck, Christian,** *Correspondance.* Éd. crit. de P. Masson, préf. Beatrix Beck. 1994, 296 p.
ISBN: 2-600-00019-4

445. **Du Fail, Noël,** *Propos rustiques.* Texte établi d'après l'édition de 1549, introduction, notes et glossaire par G.-A. Pérouse et R. Dubuis, avec la collaboration de D. Bécache-Leval. 1994, 190 p.
ISBN: 2-600-00024-0

446. **Hesteau de Nuysement, Clovis.** *Œuvres poétiques,* livres I et II. Éd. crit. par R. Guillot. 1994, 416 p.
ISBN: 2-600-00028-3

447. **Mikhaël, Ephraïm,** *Poèmes en vers et en prose.* Éd. crit. de M. Screech. 1994, 240 p.
ISBN: 2-600-00034-8

448. **Aubigné, Agrippa d',** *Histoire universelle,* tome VIII. Éd. crit. d'A. Thierry. 1994, 384 p.
ISBN: 2-600-00029-1

449. **Girart d'Amiens,** *Escanor.* Roman arthurien en vers de la fin du XIIIe siècle. Éd. crit. par R. Trachsler. 1994, 2 tomes totalisant 1086 p.
ISBN: 2-600-00039-9

450. *Le Roman de Tristan en prose,* publié sous la direction de Philippe Ménard, tome VII (De l'appel d'Yseut jusqu'au départ de Tristan de la Joyeuse Garde), éd. par D. Queruel et M. Santucci. 1994, 528 p.
ISBN: 2-600-00050-X

451. **Quinault, Philippe,** *Alceste* suivi de *La Querelle d'Alceste. Anciens et Modernes avant 1680.* Éd. crit. par W. Brooks, B. Norman et J. Morgan Zarucchi. 1994, LXII–164 p.
   ISBN: 2-600-00053-4

452. **Madame de Saint-Balmon** (Alberte-Barbe d'Ernecourt), *Les Jumeaux martyrs.* Éd. crit. de C. Abbott et H. Fournier. 1995, 168 p.
   ISBN: 2-600-00074-7

453. **Coignard, Gabrielle de,** *Œuvres chrétiennes.* Éd. crit. de C. H. Winn. 1995, 696 p.
   ISBN: 2-600-00073-9

454. *La Belle Hélène de Constantinople,* chanson de geste du XIVe siècle. Éd. crit. de C. Roussel. 1995, 942 p.
   ISBN: 2-600-00077-2

455. *Les Repues franches de maistre François Villon et de ses compagnons.* Éd. crit. de J. Koopmans et P. Verhuyck. 1995. 208 p.
   ISBN: 2-600-00060-7

456. *Recueil de farces,* tome IX. Éd. crit. d'A. Tissier. 1995, 416 p.
   ISBN: 2-600-00078-X

457. **Tagaut, Jean,** *Odes à Pasithée.* Éd. crit. de F. Giacone. 1995, CLVI + 316 p.
   ISBN: 2-600-00088-7

458. **Aubigné, Agrippa d',** *Histoire universelle.* Tome IX: 1594-1602. Éd. crit. d'A. Thierry. 1995, 440 p.
   ISBN: 2-600-00087-0

459. **Magny, Olivier de,** *Les trois premiers livres des Odes de 1559.* Éd. crit. de F. Rouget. 1995, 378 p.
   ISBN: 2-600-00095-X

460. *Textes d'étude (Ancien et moyen français).* Éd. de R.-L. Wagner renouvelée par O. Collet. Préface de B. Cerquiglini. 1995, XIV-386 p.
   ISBN: 2-600-00103-4

461. **Molinet, Jean** (?), *Le Mystère de Judith et Holophernés.* Éd. crit. de G. A. Runnalls. 1995, 280 p.
   ISBN: 2-600-00106-9

462. *Le Roman de Tristan en prose,* pub. sous la dir. de Ph. Ménard. T. VIII (De la quête de Galaad à la destruction du château de la lépreuse), édité par B. Guidot et J. Subrenat. 1995, 408 p.
   ISBN: 2-600-00108-5

463. **Gougenot, N.,** *Le romant de l'infidelle Lucrine.* Texte établi et annoté par F. Lasserre. Préface de J.-P. Collinet. 1996, 568 p.
   ISBN: 2-600-00111-5

464. **Ḥesteau de Nuysement, Clovis,** *Œuvres poétiques.* Livre III et dernier. Éd. crit. de R. Guillot. 1996, 232 p.
   ISBN: 2-600-00120-4

465. **L'Estoile, Pierre** de, *Registre-journal du règne de Henri III*. Tome II (1576-1578), éd. par M. Lazard et G. Schrenk. 1996, 296 p.
ISBN: 2-600-00117-4

466. **Challe, Robert**, *Mémoires. Correspondance complète. Rapports sur l'Acadie et autres pièces*. Edition de Frédéric Deloffre avec la collaboration de Jacques Popin. 1996, 768 p.
ISBN: 2-600-00130-1

467. *L'Isle des Hermaphrodites*. Ed. crit. de C.-G. Dubois. 1996, 208 p.
ISBN: 2-600-00132-8

468. **Nostradamus**, *Les premières Centuries ou prophéties (Edition Macé Bonhomme de 1555)*. Edition et commentaire de l'Epître à César et des 353 premiers quatrains par Pierre Brind'Amour. 1996, LXII-600 p.
ISBN: 2-600-00138-7

469. **Aneau, Barthélemy**, *Alector ou le coq, histoire fabuleuse*. Edition critique de Marie-Madeleine Fontaine. 1996, CXXVII-1011 p. en 2 t.
ISBN: 2-600-00137-9

470. **Poissenot, Bénigne**, *Nouvelles histoires tragiques [1586]*. Edition établie et annotée par Jean-Claude Arnould et Richard A. Carr. 1996, 336 p.
ISBN: 2-600-00146-8

471. *Recueil de farces*, tome X. Edition critique d'André Tissier. 1996, 440 p.
ISBN: 2-600-00160-3

472. *La suite du roman de Merlin*. Edition critique de Gilles Roussineau. 1996, 968 p. en 2 volumes.
ISBN: 2-600-00163-8

473. *Le Mistere de l'institucion de l'Ordre des Freres Prescheurs*. Texte de l'édition de Jehan Trepperel (1504-1512?) établi et présenté par S. de Reyff, G. Bedouelle et M.-C. Gérard-Zai. 1997, 440 p.
ISBN: 2-600-00189-1

474. *Le Roman de Tristan en prose*, publié sous la dir. de Ph. Ménard. T. IX (La fin des aventures de Tristan et de Galaad), édité par L. Harf-Lancner. 1997, 352 p.
ISBN: 2-600-00190-5

475. *Le roman de Ponthus et Sidoine*. Edition critique par M.-C. de Crécy. 1997, CLVI-460 p.
ISBN: 2-600-00195-6

476. **Imbert de Boudeaux (?), Guillaume**, *Recueil de Lettres secrètes. Année 1783*. Edition critique par P. Adamy. 1997, 400 p.
ISBN: 2-600-00196-4

Les catalogues *Général* et *Nouveautés* sont maintenant disponibles sur le World Wide Web / *General catalogue* and *New publications* are now available on WWW.

Tapez / Type : http://www.eunet.ch/Customers/droz

Le mystère hagiographique inédit de *saint Remi*
est une glorification du pouvoir archiépiscopal
rémois par rapport au roi français et face à Rome.
Spectaculaire dans sa mise en scène et subtile dans
sa versification, cette pièce adapte l'hagiographie
traditionnelle à des buts de propagande locale. Sa
structure est épisodique à tel point qu'on se
demande si elle n'a pas été jouée à plusieurs
endroits de la ville pendant une célébration importante comme un sacre royal. L'épisode du baptême
de Clovis, inconnu des historiens de la formation
du «mythe national», joué mille ans après les faits,
retient notamment l'attention. Ce texte peut en
outre être considéré comme un témoin très important du théâtre citadin à la fin du moyen âge et de
la culture locale à Reims.

ISBN: 2-600-00203-0

IMPRIME
RIE MEDE
CINE mh
HYGIENE
mars-1997